Reinhart Lunderstädt

Aus dem Leben eines Hochschullehrers
Ein persönlicher Bericht

```
      E
 E    G    O
      O
```

Aus dem Leben eines Hochschullehrers
Ein persönlicher Bericht

Reinhart Lunderstädt

2012

Carola Hartmann Miles – Verlag Berlin

CIP-Kurztitelaufnahme der Deutschen Nationalbibliothek:
Reinhart Lunderstädt: Aus dem Leben eines Hochschullehrers. Ein persönlicher Bericht.

ISBN 978-3-937885-52-0

Herstellung und Verlag: Books on Demand GmbH, Norderstedt

© Carola Hartmann Miles – Verlag,
(www.miles-verlag.jimdo.com; email: UHWHartmann@aol.com)

Alle Rechte, insbesondere das Recht der Vervielfältigung und Verbreitung sowie der Übersetzung, vorbehalten. Kein Teil des Werkes darf in irgendeiner Form (durch Fotokopie, Mikrofilm oder ein anderes Verfahren) ohne schriftliche Genehmigung des Verlages reproduziert oder unter Verwendung elektronischer Systeme gespeichert, verarbeitet, vervielfältigt oder verbreitet werden.

Printed in Germany

ISBN 978-3-937885-52-0

Danksagung

Meinen Schülern und Kollegen, den Professoren Dr.-Ing. *Klaus Krüger* und Dr.-Ing. *Thomas Netzel*, danke ich für die kritische Durchsicht des Manuskriptes. Über das Auffinden von Schreibfehlern hinaus haben sie mir wertvolle Hinweise zu Darstellung und Text gegeben. Meiner Ehefrau, Frau Oda-Maria Pohle, danke ich für die Endredaktion.

Bei *Thomas Netzel* bedanke ich mich für seine Unterstützung bei der Textverarbeitung, bei Frau *Sabine Graef* von der Hochschulbibliothek der Helmut-Schmidt-Universität für ihre Hilfe und Beratung bei den verlegerischen Aktivitäten.

Ganz besonders danke ich auch Frau *Carola Hartmann* vom MILES – Verlag für die angenehme Zusammenarbeit.

Inhalt

	Seite
Vorwort	**12**
Prolog	**14**
1. Meine Kindheit	**16**
1.1 Besuch bei Tante *Astha* in Weimar	19
1.2 Besuch in der Klostermühle	19
1.3 Mutti: „Mutz"	20
1.4 Knecht Ruprecht	20
1.5 Die Kriegsgefangenen und Fremdarbeiter/innen	21
1.6 Die Geburt von Bruder *Dietrich*	22
1.7 Besuch des Vaters	23
1.8 Tod der Großeltern	24
1.9 Erlebnisse mit Russen	26
1.10 Hommage an *Feldmann*	27
1.11 Meine Flucht aus der DDR	28
2. Meine Jugend	**29**
2.1 Bauer *Hager*	31
2.2 Lehrer R.	31
2.3 Nochmals Lehrer R.	32
2.4 Glück im Unglück	33
2.5 Unfall im Chemielabor	34
2.6 Abiturientenfeier 1959	35
3. Meine Studentenzeit	**37**
3.1 Gespräch mit Onkel *Walter*	40

3.2 Meine Begegnung mit *Franz Josef Strauß*	40
3.3 Meine Erlebnisse mit *Peter S.*	41
3.4 Aktivitäten außerhalb des Studiums	48

4. Schul- und Leistungssportler — 50

5. Meine Erlebnisse als junger Dipl.-Ing. in der Industrie — 54

6. Wissenschaftlicher Assistent an der *Fridericiana* in Karlsruhe — 61
6.1 Der Institutsaufbau	61
6.2 Lehre	62
6.3 Forschung	63
6.4 Institutsleben	71

7. Hochschullehrer in Hamburg, Teil 1 — 73
7.1 Die Aufbauphase in Hamburg	74
7.2 Die Hochschule im politischen und gesellschaftlichen Umfeld	87
7.3 Aktivitäten außerhalb von Forschung und Lehre	89
7.4 Einzelerlebnisse	91

8. Professor und Bundeswehr — 103
8.1 Besucher und Beobachter	103
8.2 Wehrübender	107

9. Gründungssenator der Technischen Universität Hamburg-Harburg — 109

10. Hochschullehrer in Hamburg, Teil 2 — 115
10.1 Die Konsolidierungsphase in Hamburg	115

10.2 Die Gründung einer Firma und eines Ingenieurbüros	120
10.3 Eigener wissenschaftlicher Nachwuchs	134
10.4 Von der HSBwH zur UniBwH	137
10.5 Verleihung des Bundesverdienstkreuzes	139
10.6 Einzelerlebnisse	140
11. Ruf an die Universität Stuttgart	**147**
12. Für die Wissenschaft in fremden Ländern, Teil 1	**152**
12.1 Ungarn	152
12.2 Bulgarien	153
12.3 USA	155
12.4 Japan	158
12.5 Ägypten und Tunesien	163
12.6 USA und Spanien	164
12.7 England	165
12.8 Norwegen	166
13. Reise nach „Absurdistan"	**169**
14. Weitere Ehrungen	**173**
14.1 Dean of Honour an der Naval Postgraduate School (NPS)	173
14.2 Ehrenkreuz der Bundeswehr	173
15. Als Hochschullehrer in den neuen Bundesländern	**175**
15.1 Aktivitäten als Bundeswehrangehöriger	175
15.2 Aktivitäten an der TU Ilmenau	182

15.3 Aktivitäten als Hamburger Professor in Mecklenburg-Vorpommern	184

16. Hochschullehrer in Hamburg, Teil 3 — **190**
16.1 Quasistationärer Zustand	190
16.2 Einzelerlebnisse	210

17. Ehrenpromotion — **222**

18. Für die Wissenschaft in fremden Ländern, Teil 2 — **226**
18.1 China	226
18.2 Australien	228
18.3 Japan	230
18.4 Finnland	231
18.5 Korea	232
18.6 USA	232
18.7 Indonesien	235
18.8 USA	236

19. Abschied aus dem aktiven Dienst — **239**
19.1 Abschiedsveranstaltung	239
19.2 Reflektionen	241

20. Außerdienstliche Aktivitäten in der „Neuen Welt" — **256**
20.1 Mein Freund *Walter*	256
20.2 Land und Leute	268

21. Back to the Roots — **288**
21.1 Rückübertragung	288
21.2 Eigentumsverwaltung und Eigentumsabwicklung	293

21.3 Was bleibt?	296
22. Pensionärsdasein	302
23. Strandgespräche	307
Epilog	313
Anhang	315
Namensregister	321

Vorwort

Ich bin seit 1989 Mitglied im Rotary Club Hamburg-Hafentor. Bei den Rotariern ist es üblich, sich bei seinen rotarischen Freunden durch einen sogenannten EGO-Bericht einzuführen, durch den man sich im Club vorstellt. In diesem Bericht referiert man sehr persönlich aus seinem bisherigen Leben. Aus diesem Grund findet dieser Bericht auch nur vor den Clubmitgliedern statt, obwohl sonst bei den rotarischen Meetings Gäste stets willkommen sind. Nach einer gewissen Zeit der Zugehörigkeit zu seinem Club wird erwartet, dass man diesen Bericht aktualisiert wiederholt, also gewissermaßen einen EGO II-Bericht verfasst, in dem dann besonders die Zeit nach dem ersten EGO-Bericht Berücksichtigung findet.

Ich habe meinen ersten Bericht 1990 gehalten und bin nunmehr nach 20 Jahren wieder an der Reihe. Im ersten Bericht 1990 lagen die Schwerpunkte auf den Themen

- die Frühgeschichte meiner Familie,
- meine Kindheit,
- meine Jugend,
- mein Berufsleben bis zum damaligen Vortragsdatum.

Bei der Vorbereitung von EGO II musste ich nun feststellen, dass in den mittlerweile vergangenen 20 Jahren in meinem Leben so viel passiert ist, dass dies auch annähernd nicht - auch bei spezifischer Schwerpunktsetzung - in einen 20minütigen Vortrag hineingepackt werden kann. Denn, bei Rotary darf man über alles reden, nur nicht über 20 Minuten!

Ich habe mich deshalb entschlossen, über mein Leben eine Autobiografie zu verfassen. Damit komme ich auch einem Anliegen ehemaliger Mitarbeiter und Studenten nach, die mich mehrfach animiert haben, Teile meines Lebens einmal aufzuschreiben. Chronologisch werden die wesentlichen Abschnitte meines Lebens abgehandelt, wobei in den einzelnen Abschnitten auch mir wichtige Einzelereignisse weitgehend chronologisch herausgehoben werden. Die Abhandlung dient zum einen mir selbst, um mein Leben Revue passieren zu lassen, zum anderen ist sie aber auch für mir nahestehende Personen gedacht, die mich auf einzelnen Abschnitten meines Lebens begleitet haben. Letztlich ist sie den Personen gewidmet, die in meinem Leben eine zentrale Rolle eingenommen und dieses nachhaltig beeinflusst haben. Ihnen bin ich zu großem Dank verpflichtet.

Die Darstellung ist keine wissenschaftliche Abhandlung, also kein Traktat. Deshalb wähle ich auch eine „lockere Schreibe", die für jeden Leser gut verständlich ist. Unter diesem Aspekt sind in den einzelnen Abschnitten auch die Einzelereignisse ausgewählt worden, um einerseits das Spektrum meiner Erlebnisse aufzuzeigen und um andererseits einen großen Kreis von mir nahestehenden Lesern anzusprechen.

Nun viel Freude bei der Lektüre!

Prolog

Die *Lunderstädt*er Familiengeschichte in ihrer letzten Fassung von 1925/30 beginnt mit *Homer*:

„Gleich wie Blätter im Walde, so sind die Geschlechter der Menschen;
einige streuet der Wind auf die Erd' hin, andere wieder
treibt der knospende Wald, erzeugt in des Frühlings Wärme;
so der Menschen Geschlecht, dies wächst, und jenes verschwindet."

Derer von *Lonerstadt* stammen aus Lonnerstadt an der Weisach, einem Marktflecken bei Höchstadt an der Aisch, also aus Franken. Eine erste Genealogie ist bei *Johann Gottfried Biedermann* in seiner 1748 verfassten Abhandlung über die „Fränkische Reichsritterschaft" enthalten. Demnach wurde 1303 ein *Fritz von und zu Lonerstadt* vom Hochfürstlichen Hause Brandenburg-Culmbach und von den Hochstiftern Bamberg und Würzburg mit verschiedenen Latifundien belehnt, und es wurden ihm Rechte zur Zollerhebung zugewiesen.

Auf der Grundlage von Kirchenbüchern besonders des 16. Jahrhunderts ist eine erste Familiengeschichte dann um 1900 entstanden. Die letzte bereits genannte Fassung stammt von Studienrat Dr. *Paul Lunderstedt* (Danzig) aus dem Jahre 1925/30. Über dies hinaus liefert das Wappen derer *von Lonerstadt*, die silberne Speerspitze im blauen gotischen Schild, Hinweise über deren Herkunft.

Demnach ist festzuhalten: Der Name stammt wahrscheinlich von

Lonhar – Statt,

wobei **Lonhar** für *Leonhard* steht, einem fränkischen Einsiedler aus dem 6. Jahrhundert, mittlerweile als heiliger *Leonhard*, Patron des Viehs, vor allem der Pferde, bekannt; **Statt** steht für Stätte/Stette, also Hof oder Burgstatt, möglicherweise aber auch Stette als Tränkstelle des Viehs. Über das Wappen ist nachvollziehbar, dass ein Zweig der fränkischen *Lonerstadt* um 1100 nach Kärnten ausgewandert ist und dort die Niederlassung Lonsdorf, das heutige Launsdorf gegründet hat; die diesbezügliche Urkunde stammt von 1138.

In Franken selbst sind u.a. erwähnt
- *Chunrad von Lornstat* 1185,
- *Fritz von und zu Lonerstadt*, eben um 1300,
- *Moritz von Lonerstadt* 1430,

um nur die wichtigsten zu nennen.

Über letzteren Zweig tauchen auf *Langerstats* und *Lauffenholtz*, die wiederum über die Tochter des *Götz - Friedrich von Lauffenholtz* ehelichte *Margarete von Berlichingen* - in Verwandtschaft zu denen *von Sickingen (Franz), von Sachsenheim (Reinhard)* und *von Bernhausen (Jacob)* stehen, also hin ins Hohenloher Land.

Um 1400 wandert aus Franken ein Zweig der *Lonerstadt*s nach Thüringen aus. Erwähnt ist 1477 *Johann Friedrich von Lonerstadt* als Besitzer der Lobeda-Burg bei Jena im Saaletal. Einer seiner Nachfahren, *Erasmus von Lonerstadt*, rebellierte 1525 mit 3000 Anhängern auf der Seite von *Thomas Münzer* im Bauernkrieg gegen die Fürsten. Er verlor, wurde 1529 hingerichtet, der Besitz (Lobeda-Burg) eingezogen und die Sippe entadelt. Damit sind wir bei den *Lunderstädt*s, Kleinbauern, Gastwirte, einige Pfarrer und Stadtschreiber. Mein Vater *Kurt* stammt aus Rausdorf bei Stadtroda, wo mein Großvater *Armin Lunderstädt* den Gasthof „Zum Grünen Baum" betrieb und sich außerdem auf einem kleinen Hof als Landwirt betätigte. Von den Vorfahren mütterlicherseits, den *Stöckigt*s, ist relativ wenig bekannt. Sie waren Grund- und Großgrundbesitzer sowie Mühlenbesitzer im Thüringischen, also im Gegensatz zu den *Lunderstädt*s wohlhabende Leute. Mein Urgroßvater stammt aus der Janismühle im Zeitzgrund (bei Stadtroda), er hat sich um 1870 in Trockhausen mit einem grösseren landwirtschaftlichen Anwesen eingekauft. Es wurde der Stammsitz meiner Familie.

1. Meine Kindheit

Am 20. Januar 1939 wurde ich als erstes Kind des (damaligen) Studienassessors *Kurt Lunderstädt* und dessen Ehefrau *Erika*, geb. *Stöckigt*, in der Privatklinik *Dr. Müller* in Jena geboren. Da man mir keine große Lebenserwartung einräumte, wurde ich durch meinen Großonkel, den Pfarrer *Emil Lunderstädt*, notgetauft. Deshalb habe ich auch nur einen einzigen Vornamen: **Reinhart**.

Die junge Familie lebte bis zum Kriegsausbruch 1939 in Poppendorf, einem kleinen Bauerndorf zwischen Camburg und Eisenberg in Thüringen, wo mein Vater als Dorfschullehrer tätig war. Mit Kriegsbeginn rückte mein Vater als Offizier zur Wehrmacht ein, und die Familie zog nach Stadtroda in die Klostermühle zu Onkel *Fritz*, der parallel zu seiner Mühle ein kleines Gästehaus besaß. Die meiste Zeit verbrachten allerdings meine Mutter und ich bei den Großeltern in Trockhausen, einem Dorf an der Wöllmisse zwischen Schlöben und Schöngleina, von Stadtroda in knapp einer Stunde zu Fuß zu erreichen. Großvater *Max Stöckigt* besaß ein größeres landwirtschaftliches Anwesen; er gehörte zu den Honoratioren an der Wöllmisse. Im Vergleich zur Wohnung bei Onkel *Fritz* war die Unterkunft beim Großvater mehr als komfortabel. Das Herrenhaus hatte 400 m² Wohnfläche mit einer zusätzlichen Ausbaureserve von weiteren 200 m². Das Gehöft insgesamt war als Karree gebaut. Das Herrenhaus nach Süden, die Scheune mit den Getreidesilos und der Dreschmaschine nach Norden, der Kuhstall und die Remisen sowie der zweistöckige „Heuboden" nach Osten und der Schweine- und Pferdestall mit einem weiteren „Heuboden" nach Westen. Im Hofplatz war als Rondell ein Garten, und es befanden sich dort die Silos für Silage und der Misthaufen. Zusammen mit dem außerhalb des Gehöfts gelegenen großen Gemüse- und Obstgarten einschließlich der Bienenstöcke bestand das Anwesen aus einer Fläche von rund 1,5 ha, also 15.000 m². Es bedeutet dies eine Kantenlänge von rund 125 m.

In Trockhausen wurde 1944 auch mein Bruder *Dietrich* geboren. Da meine Mutter während des Krieges längere Zeit in der Rüstungsindustrie (*HESCHO*, Hermsdorf) tätig war, oblag den Großeltern ein wesentlicher Teil meiner Erziehung. Insofern ist meine

Kindheit durch die Landwirtschaft geprägt. Schon früh lernte ich den Umgang mit den Tieren des Hofes und wurde zu den Feld-, Wiesen- und Waldarbeiten mitgenommen. Mit fortschreitendem Alter nahmen mich der Großvater und ebenso der Vater, wenn er von der Front auf Heimaturlaub war, auch mit auf die Jagd. Zudem lernte ich das Angeln in den Fischteichen des Großvaters und das Fischen mit der Hand im Bach des Trockhäuser Grundes. Ich hatte also eine glückliche und sorgenfreie Kindheit. Dies änderte sich ab 1944 mit der sich abzeichnenden Kriegsniederlage Deutschlands. Onkel *Horst*, der Erbe des landwirtschaftlichen Anwesens in Trockhausen, fiel in Russland. Die Großmutter *Martha* hat diesen Verlust nie überwunden. Die Amerikaner machten mit ihren Jabos Jagd auf uns bei der Feldarbeit und beschossen mit Bordwaffen auch die Gehöfte und die sich dort aufhaltenden Menschen und das Vieh. Es waren Opfer zu beklagen. Infolge der näher rückenden Front wurden Trecks von Kriegsgefangenen und KZ-Häftlingen von Osten in das Landesinnere nach Westen geführt. Auf dem großen Hofplatz von Großvater *Max* übernachteten die ausgemergelten Gestalten. So gut es ging, versorgte der Großvater sie mit Kartoffeln und Rüben, in Sonderfällen wurde auch einmal ein Schwein geschlachtet. Wir Kinder verstanden dies alles nicht, merkten aber, dass hier die Welt nicht (mehr) in Ordnung war.

Am 12. April 1945 war für uns der Krieg zu Ende. Die Amerikaner marschierten ein. Der deutsche Widerstand war gering oder gar nicht mehr vorhanden. Trotzdem schossen die Amerikaner auch in Trockhausen zwei Gehöfte in Brand. Deren Vieh wurde bei Großvater *Max* eingestellt, der Dorffeuerwehr (bestehend aus Veteranen, Kriegsgefangenen und Fremdarbeitern) gelang es, die Brände zu löschen. Am nächsten Tag nahmen die Amerikaner offiziell Trockhausen und die umliegenden Orte in Besitz. Der Großvater musste - wie alle anderen auch - seine Jagdwaffen, Ferngläser und Fotoapparate abgeben. Die Amerikaner machten sich einen Spaß daraus, alles zu zerstören. Ansonsten waren sie aber ganz friedlich, insbesondere zu uns Kindern. Ich erinnere mich noch gut daran, wie mich ein dunkelhäutiger GI in seinem Jeep mitnahm und seine Kurven mit mir auf dem Hofplatz drehte. Auch die uns von den amerikanischen Soldaten geschenkten Süßigkeiten wurden dankbar angenommen. Leider blieben die Amerikaner nicht lange. Sie tauschten das von ihnen besetzte Thüringen und Teile von Sachsen gegen Teile von Berlin (das spätere Westberlin) ein, das von den Russen in Besitz genommen war. Welch ein Unterschied zu den Amerikanern, als die Russen einmarschierten! Eine voll motorisierte, in jeder Beziehung bestens ausgerüstete Armee zog ab, ein heruntergekommener, teilweiser zerlumpter Haufen mit Panjewagen zog ein. Obendrein unzivilisiert und in Teilen aggressiv gegenüber der deutschen Bevölkerung. Übergriffe waren an der Tagesordnung. Jetzt merkte man, wer Sieger und wer Besiegter war.

Im Herbst 1945 wurde ich in die zweiklassige Volksschule in Schlöben, einem Nachbarort von Trockhausen eingeschult. Die beiden Lehrer waren sogenannte Neulehrer. Es waren dies linientreue Personen aus der Arbeiterklasse, die in einem Schnellverfahren zu Lehrern ausgebildet worden waren. Entsprechend war das Unterrichtsniveau. Auch waren sie schlecht bezahlt, denn sie gingen mittags reihum zu den (größeren) Bauern zum Mittagessen. Da aus mir einmal „etwas werden" sollte, versuchte meine Mutter, mich im Herbst 1949 mit der Versetzung in die fünfte Klasse an einer höheren Schule in Stadtroda anzumelden. Ich war aber weder Arbeiter- noch Bauernkind, der Großvater war nach der SED-Diktion „Junker", der Vater war Akademiker, zudem Offizier in der Wehrmacht und PG (Mitglied der NSDAP) gewesen und lebte obendrein im „Westen", so gab es für mich keine Chance für eine weiterführende Schule. Die Flucht zum Vater wurde deshalb vorbereitet. Als Zwischenstation wechselte ich auf eine achtklassige Volksschule für Jungen nach Jena über. Ich wohnte dort unter der Woche bei Verwandten, am Wochenende fuhr ich mit dem Fahrrad (ca. 15 km) zu Mutter und Bruder nach Trockhausen. Die Schule in Jena gefiel mir gut, sie hatte ein ordentliches Niveau und auch der Klassenverband war sehr kameradschaftlich. Der Aufenthalt in Jena hatte zudem den großen Vorteil, dass ich mich gezielt auf meinen Weggang aus der DDR vorbereiten konnte. Ich sollte nämlich danach das *Röntgen-Gymnasium* in Remscheid-Lennep besuchen. Da meine Flucht auf Januar 1950 geplant war, sollte ich dort in die Sexta eingeschult werden und damit praktisch eine Klasse überspringen. Um dies zu schaffen, hatte mein Vater die entsprechenden Lehrbücher besorgt und diese mir zugeschickt. Meine Verwandten, in ihrer Freizeit Sänger im akademischen Chor der Jenaer Universität, machten einen Studenten ausfindig, der mich nachmittags an Hand der Lehrbücher privat unterrichtete. So wurde ich für den Westen fit gemacht.

Auch wenn meine Kindheit nunmehr über 60 Jahre zurückliegt, sind mir eine Reihe von Erlebnissen noch gegenwärtig. Einige, die ich für erwähnenswert halte, will ich hier anführen.

1.1 Besuch bei Tante *Astha* in Weimar

Der Großvater hatte eine Schwester, die in Weimar mit dem dortigen Leiter der Nervenheilanstalt verheiratet war. Das Paar war kinderlos und die Tätigkeit des Ehemannes hatte auf das Verhalten der Ehefrau „abgefärbt". Insbesondere konnte sie mit Kindern überhaupt nichts anfangen.

Es muss Anfang 1943 gewesen sein, als ich sie mit meiner Mutter in ihrer Villa besuchte. Die beiden Frauen hatten sich einiges zu erzählen, mir war sehr langweilig, was zur Feststellung und Frage an meine Mutter führte: „Mutti, mir gefällt es hier gar nicht, wann gehen wir wieder?" Die Tante reagierte empört „bist Du ein unerzogenes Kind" und sperrte mich trotz des Protestes meiner Mutter in ihren Wintergarten weg. Ich fühlte mich dort ganz wohl und fand Interesse an den dort von der Tante gezüchteten Kakteen. Viele von ihnen standen kurz vor der Blüte. Die Knospen hatten es mir angetan. Ich „popelte" sie alle ab, sei es aus Spieltrieb oder aber, um mich an der Tante zu rächen. Als dann mein Arrest aufgehoben wurde, da wir zum Zug auf den Weimarer Bahnhof mussten, und die Tante die Vernichtung ihres Lebenswerkes sah, brach Weltuntergangsstimmung aus … .

1.2 Besuch in der Klostermühle

Ende 1943 wurde meine Kusine *Astrid* in Untergneus geboren, einem Weiler ca. 6 km südwestlich von Stadtroda. Meine Mutter leistete ihrer Schwester Beistand. So waren wir zu Besuch bei den Verwandten, die ebenfalls ein größeres landwirtschaftliches Anwesen besaßen. Da sich alle auf die Geburt der Kusine konzentrierten, waren mein drei Jahre älterer Vetter *Wolfgang* und ich unbeaufsichtigt. Wir wollten etwas unternehmen. Wir richteten einen Handwagen her und beschlossen, mit diesem Onkel *Fritz* in der Klostermühle zu besuchen. Wolfgang kannte den Weg auf der ersten Hälfte der Strecke von Untergneus bis Tröbnitz, ich auf der zweiten von Tröbnitz bis Stadtroda. Wir packten Verpflegung ein und marschierten los. Natürlich meldeten wir uns nicht ab. Am Abend wurde unser Fehlen bemerkt. Nachdem alle Nachfragen in der Nachbarschaft ergebnislos waren, bestand die Befürchtung, dass wir in einen der zahlreichen Fischteiche gefallen sein könnten. Mit Polizei und Feuerwehr wurde eine Suchaktion nach uns gestartet. Ergebnislos! Man kann sich die allseitige Erleichterung vorstellen, als sich Onkel *Fritz* aus der Klostermühle meldete und berichtete, er habe Besuch von zwei „jungen Männern" erhalten.

1.3 Mutti: „Mutz"

Wenn sich meine Mutter mit mir in unserer Stadtrodaer Wohnung aufhielt, wurde ich immer früh mit meinem kleinen Einkaufskorb zum nahegelegenen Bäcker geschickt, um Thüringer Semmeln zu holen. Dabei schärfte mir die Mutter stets ein, beim Betreten und Verlassen des Ladens artig mit „Heil Hitler" zu grüßen. Nach meiner Rückkehr erkundigte sich die Mutter, ob ich ihre Anweisungen befolgt hätte. Ich verneinte verschämt. Sie fragte nach den Gründen. Ich verwies auf das Führerbild, das im Laden hinter dem Tresen hing und dabei auf den dunklen Oberlippenbart von *Adolf Hitler* und sagte zur Mutter: „Mutti, da ist Mutz (gemeint Schmutz)!"

1.4 Knecht Ruprecht

Weihnachten wurde als Familienfest in der großen Küche der Großeltern gefeiert, wobei Familie alle Bediensteten einschloss. Es waren dies insbesondere auch die beim Großvater beschäftigten Kriegsgefangenen (zwei Franzosen, ein Pole) und die Fremdarbeiter/innen (ein Russe, zwei Ukrainerinnen). Am Heiligabend 1944 war die Stimmung gedrückt, denn der Krieg war für uns verloren und niemand wusste, was werden würde.

Dennoch wurde bescheiden gefeiert. Es gab einen großen Weihnachtsbaum und als Weihnachtsessen Gänsebraten mit Thüringer Klößen. Jeder bekam von den Großeltern ein Weihnachtsgeschenk. Mit dem Polen *Stanislaus* verband mich eine besonders enge Freundschaft. Er hatte mir als Geschenk ein Flugzeug aus Holz gefertigt, das zwei Motoren mit drehbaren Propellern besaß. Es war mein ganzer Stolz. Offenbar geht darauf mein späteres Interesse an der Flugtechnik zurück!?

Zu fortgeschrittener Stunde kam nach alter Tradition Knecht Ruprecht, der Gehilfe des Weihnachtsmannes, und verlas Lob und Tadel. Alle Anwesenden wurden bedacht. Als ich an der Reihe war, wurde die Rute gezückt. Ich hatte wohl etwas ausgefressen, an das ich mich allerdings nicht mehr erinnere. Es gab Hiebe. Diese fielen offenbar etwas massiv aus, denn es rief dies den Großvater auf den Plan, der seinen Enkel in Schutz nahm. Der Disput zwischen ihm und Knecht Ruprecht endete damit, dass der Großvater ihm den Bart vom Gesicht zog und - welche Überraschung - der Nachbar zum Vorschein kam. Damit war der Glaube an den Weihnachtsmann und seinen Gehilfen dahin.

1.5 Die Kriegsgefangenen und Fremdarbeiter/innen

Den beim Großvater beschäftigten Kriegsgefangenen und Fremdarbeitern/innen ging es den Umständen entsprechend sehr gut. Sie waren vollständig in die Gemeinschaft am Hofe integriert; sie gehörten (verbotenerweise) praktisch zur Familie, was dem Großvater durch das NS-Regime eine Menge Ärger bereitet hat.

Die beiden französischen Kriegsgefangenen, *Alain* und *Firmin*, waren neben der Feldarbeit für die Pferde und den Traktor zuständig und sie unterstützten die Großmutter bei der Gartenarbeit. Sie durften nicht bei uns übernachten; sie waren in Gröben (ca. 5 km von Trockhausen entfernt) mit anderen Franzosen in einem zentralen Kriegsgefangenenlager untergebracht. Sie wurden morgens gebracht und abends abgeholt. Bei besonderen Anlässen (Erntedankfest, Weihnachten, ...) erwirkte der Großvater allerdings eine Sondergenehmigung für sie und sie konnten dann über Nacht bleiben. Für sie war dies ein herausgehobenes Ereignis. Besonders gut verstanden sie sich mit meinem Vater. Wenn er auf Fronturlaub war, baten sie ihn stets: „*Kurt*, schieß uns kleine Fuchs". Der Vater tat es und die Franzosen genossen die gebratenen Eichhörnchen als Delikatesse.

Nach dem Krieg haben sich meine Eltern noch lange mit *Alain* und *Firmin*, beide aus Südfrankreich, geschrieben, und mein Vater hat sie in den 50ern auch einmal besucht.

Mein besonderer Freund war *Stanislaus*, unser polnischer Kriegsgefangener. Er war neben der Feld- und Waldarbeit ebenfalls mit für die Pferde zuständig und hatte sich um die Zugochsen zu kümmern. Im Erdgeschoss des Herrenhauses hatte er ein kleines Zimmer, das er sich sehr wohnlich eingerichtet hatte. Er litt sehr unter der Trennung von seiner Familie und war oft sehr traurig. Ich habe viele Stunden mit ihm verbracht; ich glaube mich zu erinnern, dass er zu Hause Kinder in meinem Alter hatte. Nach der Kapitulation blieb er noch mehrere Monate (aus welchen Gründen auch immer) bei uns, bis er nach Polen zurückkehrte. Auch mit ihm hatten wir noch mehrere Jahre brieflichen Kontakt.

Der Russe war Fremdarbeiter. An seinen Namen erinnere ich mich nicht mehr. Er war für den Kuhstall zuständig (Melken, Füttern, Ausmisten). Er war sehr verschlossen und man fand keinen persönlichen Kontakt zu ihm. Anders die beiden Ukrainerinnen, Mutter und Tochter. Die Mutter, *Anna*, war um die 40, die Tochter um die 20, sie hieß *Halina*. Beide waren sehr „kommunikativ". Sie hatten der Großmutter zur Hand zu gehen und waren zudem für die Schweine und das Federvieh zuständig. *Halina* war sehr hübsch, was ihr durchaus bewusst war. Sie musste mehrfach von der Großmutter zu Recht gewiesen werden, wenn sie ihre fraulichen Reize bei den männlichen Mitarbeitern des Gehöfts einzusetzen versuchte.

1.6 Die Geburt von Bruder *Dietrich*

Mein Bruder *Dietrich* wurde am 13. April 1944 geboren. Zur Niederkunft begab sich meine Mutter von Trockhausen aus nach Jena in die Privatklinik *Dr. Müller*, in der auch ich 1939 das Licht der Welt erblickt hatte. Am Tag nach der Geburt besuchten meine Großmutter und ich Mutter und Bruder in der Klinik. Wir gingen von Trockhausen zu Fuß nach Stadtroda und fuhren von dort mit der Bahn nach Jena. Nach dem Klinikbesuch wollten wir in gleicher Weise nach Trockhausen zurückkehren. Es kam aber ganz anders.

Auf dem Weg zum Bahnhof gerieten wir in einen schweren Luftangriff anglo-amerikanischer Bomber, deren Ziel die Zeiß-Werke waren, die mitten in der Innenstadt von Jena lagen. Im Vorfeld des Angriffs heulten die Sirenen, und Jenaer Bürger zogen die Großmutter und mich in einen Luftschutzbunker, wo wir zusammen mit mehreren hundert Mitbürgern auf Holzpritschen Platz nahmen. Die ersten Bomben fielen unmittelbar, nachdem die Bunkertore geschlossen worden waren, zunächst in größerer Entfernung, dann ganz nah, so dass wir befürchten mussten, der Bunker selbst würde getroffen. Es rieselte Staub von seiner Decke und die Wände bebten, aber der Bunker hielt stand.

Nach ca. einer Stunde war der Angriff vorüber und wir konnten den Bunker unbeschadet verlassen. Es empfing uns ein Inferno. Ganze Straßenzüge standen in Flammen, Berge von Trümmern lagen vor dem Bunker, dazu viele Tote, teilweise bis zur Unkenntlichkeit verbrannt, die Leiber zerfetzt. Wir waren geschockt. Da auch der Bahnhof zerstört war, machten sich die Großmutter und ich zu Fuß auf den Weg, um nach Trockhausen zurückzukehren. Es war ein mühevoller Marsch durch die zerstörte Innenstadt und dann bei Dunkelheit über die Wöllmisse nach Trockhausen. Wir waren ca. drei Stunden unterwegs. Der Großvater, der den Angriff von Ferne beobachtet hatte, war um uns in großer Sorge. Er war überglücklich, als er uns unversehrt in die Arme schließen konnte. Ich habe viele Monate gebraucht, um den geschilderten Luftangriff und seine Folgen zu verarbeiten. Einige der Bilder sind sogar heute noch in meinem Kopf und meiner Seele präsent.

1.7 Besuch des Vaters

1947/48 wurde mein Vater aus amerikanischer Kriegsgefangenschaft entlassen. Er kam zunächst in einer Außenstelle der *Bethel*schen Anstalten in Freistatt unter, wo er als Diakon Schwererziehbare im Wietingsmoor beim Torfstechen beaufsichtigte. Natürlich war es sein Wunsch, nach Jahren der Trennung seine Familie wiederzusehen. So überquerte er im Frühjahr 1948 „schwarz" die grüne Grenze im Harz, um uns in Trockhausen zu besuchen. Der erste Versuch misslang, er wurde gefasst und festgenommen. Allerdings war der Grenzbeamte, der ihn stellte, dem erfahrenen Frontsoldaten unterlegen. Er wurde von meinem Vater überwältigt. Der dann folgende Versuch gelang. Mein Vater blieb ca. eine Woche bei uns, wobei er das Gehöft nur nachts verlassen konnte, um nicht gesehen zu werden. Er hatte mir versprochen, mit mir den Leipziger Zoo zu besuchen. So brachen wir eines Morgens so gegen 4 Uhr in der Frühe auf, um zu Fuß nach Eisenberg zu gehen und von dort mit dem Zug nach Leipzig zu fahren. Der Zoobesuch war für mich ein einmaliges Erlebnis, zumal er im Zoorestaurant mit Rinderroulade, Rotkraut und Thüringer Klößen endete - dachte ich. Plötzlich fasste mich mein Vater während des Essens bei der Hand und verschwand mit mir (ohne zu bezahlen!) zum nächsten Ausgang des Zoos. Eine Polizeistreife mit Hund war aufgetaucht und machte Personenkontrolle. Wir schlugen uns zum Bahnhof durch und traten die Rückfahrt an. Kurz vor der Einfahrt des Zuges in Eisenberg tauchte eine erneute Streife zur Kontrolle der Reisenden auf. Wir liefen vor dieser im Zug her und schafften es bis in den Bahnhof, wo wir bei noch fahrendem Zug auf der „falschen Seite" absprangen und uns auf den Rückmarsch nach Trockhausen machten. Nach Eintritt der Dunkelheit kamen wir dort wieder wohlbehalten an. Insbesondere meine Mutter war nach unserer Rückkehr doch sehr erleichtert.

1.8 Tod der Großeltern

Wie schon erwähnt, spielen meine Großeltern (mütterlicherseits) eine zentrale Rolle in meiner Kindheit.

Großmutter *Martha* war die zweite Frau von Großvater *Max*; seine erste Frau *Thea* ist bei der Geburt meines Stiefonkels *Rolf* im Kindbett verstorben. Die Großmutter war eine typische Bauersfrau; sie war die Chefin im Herrenhaus. Sie war von stattlicher Gestalt und konnte anpacken, was bei der Größe des Anwesens und der Anzahl der Beschäftigten auch notwendig war. Alle 14 Tage wurde beispielsweise gebacken. Am Abend zuvor wurde in einem riesigen Backtrog mit Sauerteig der Brotteig vorbereitet und der große hauseigene Backofen mit Scheitholz angeheizt. Früh am nächsten Morgen wurden ca. 20-25 runde Brote geformt (ca. 30 cm Durchmesser) und in den Ofen geschoben. Nachdem sie gebacken und dem Ofen entnommen waren, folgten die Kuchen, die auf großen runden Blechen (ca. 50-60 cm Durchmesser) positioniert wurden. Das fertige Backgut kam in die sogenannte Mehlkammer, von wo aus es dann zum Verzehr abgerufen wurde. Für uns Kinder war das Backen immer ein Festtag, denn wir durften anschließend die Töpfe „auslecken", in denen die Beilagen für die Kuchen zubereitet worden waren.

Die Großmutter starb im Februar 1948 infolge eines ärztlichen Kunstfehlers in der HNO-Klinik in Jena. Sie wurde nur 64 Jahre alt. Es war dies für die Familie und auch für die Bediensteten ein schwerer Schock. Ihr Tod kam völlig unerwartet, auch wenn sie selbst infolge des Kriegstodes ihres Sohnes *Horst* und der Nachkriegsverhältnisse keinen großen Lebensmut mehr hatte. Vor allem den Großvater traf der Tod seiner zweiten Ehefrau sehr hart. Es leitete dies mittelfristig sein eigenes Ende ein.

Während die Großmutter von eher ernster Natur war, liebte der Großvater durchaus das Leben. Seine großen Leidenschaften waren die Jagd (bis April 1945) und das Skatspielen. Er war politisch interessiert und auf seinem Fachgebiet der Landwirtschaft ein renommierter Experte. Seine vier Kinder (eins aus erster, drei aus zweiter Ehe) wurden alle gefördert. Sie besuchten höhere Schulen, meine Mutter *Erika* machte sogar in Leipzig das Abitur, für ein Bauernmädchen in der damaligen Zeit ganz ungewöhnlich! Vor allem seinen bei ihm lebenden ältesten Enkel *Reinhart* hatte er besonders ins Herz geschlossen. Ich habe von ihm sehr viel gelernt!

Die Nachkriegsverhältnisse haben ihn frustriert. Als dann seine Frau *Martha* verstarb, musste er sein Anwesen verpachten. Er zog sich in zwei der oberen Räume des Herrenhauses zurück und ging nur noch selten in Wald und Flur. Als ich eines Tages aus der Schule kam, sagte mir meine Mutter mit ernstem Ton, der Großvater wolle mich sprechen. Ich ging zu ihm; er sah sehr schlecht aus. Er bat mich, ihm seinen Zeisig zu bringen. Ich hatte diesen kleinen Vogel für ihn in Pflege. Als ich den Vogelbauer in seinem Zimmer abgestellt hatte, bat er mich weiter, mich um *Feldmann,* seinen/unseren

Jagdhund, zu kümmern. Ich fühlte, der Abschied nahte. Am nächsten Tag, kurz vor Pfingsten 1949, verstarb der Großvater. Er wurde 71 Jahre alt.

1.9 Erlebnisse mit Russen

Die russischen Soldaten prägten das Leben in der damaligen SBZ (Sowjetische Besatzungszone) und späteren DDR. Während es im Offizierskorps kluge und gebildete Personen gab, war die Masse der einfachen Soldaten ein durchweg unzivilisierter Haufen. Mitteleuropäische Kultur war ihnen fremd und sie mussten am kurzen Zügel gehalten werden. Von den vielen Erlebnissen und Beobachtungen, die ich mit ihnen hatte, seien drei hier wiedergegeben.

Die Russen bauten nach ihrem Einmarsch ein eigenes militärisches Telefonnetz auf. Dazu wurden quer über die Felder der Bauern - natürlich ohne zu fragen - Telefonmasten gesetzt und Leitungen gezogen. In gewissen Abständen wurden Kontrollposten eingerichtet. Diese bestanden in der Regel aus einer Gruppe von drei Soldaten, die bei einem der größeren Bauern einquartiert wurden. Er musste ihnen Unterkunft und Verpflegung - dies natürlich kostenlos - zur Verfügung stellen. Wir hatten auch solch eine Gruppe zu beherbergen. In der Regel waren dies ganz friedfertige Burschen und wir Kinder kamen mit ihnen gut zu Recht. Damit sich keine Freundschaften zwischen Soldaten und Bevölkerung bilden konnten, fand meistens nach 3 bis 4 Wochen ein Personalaustausch statt. In einer dieser Gruppen war ein Mongole, er hieß *Alex*. Dieser war an eine Flasche Schnaps geraten und fing an, im Suff mit seiner Maschinenpistole herumzuballern. Nachdem er einige Hühner erlegt hatte, begab er sich in den Kuhstall und schoss dort um sich. Der Großvater versuchte, ihm mit einer Mistgabel Einhalt zu gebieten. In der Zwischenzeit hatte meine Mutter die „Kommandantura" angerufen. Die schickten sofort die Militärpolizei. Diese entwaffnete *Alex* und schlug ihn halbtot. Nachdem er bewusstlos war, warfen sie ihn wie einen Kartoffelsack auf ihren LKW und fuhren davon. In der Ferne hörten wir Schüsse … .

Während meiner Schulzeit in Jena beobachteten wir Schüler nach Schulschluss, wie Russen in das Jenaer Volksbad zur Körperpflege geführt wurden. Dies fand in einem geschlossenen militärischen Verband statt (vermutlich Kompaniestärke) und die Soldaten mussten bei ihrem Marsch durch die Straßen singen. Da unsere Russischkenntnisse noch gering waren (in der SBZ bzw. DDR war Russisch ab der 5. Klasse obligatorisch), verstanden wir den Text nicht. Es hörte sich aber wie „Läberwurscht" an. Wir stellten uns deshalb an den Straßenrand und riefen, wenn eine derartige Kolonne vorbeizog, „Leberwurst", „Leberwurst, ...". Irgendwann ließen sich die begleitenden Offiziere bzw. Unteroffiziere dies nicht mehr gefallen und nahmen einen von uns fest. Über den Festgenommenen wurden die Namen der Beteiligten und die Schule ermittelt. Am nächsten Tag mussten wir uns beim Schulleiter melden und wurden wegen Beleidigung der ruhmreichen Sowjetarmee, die uns vom Faschismus befreit hatte, mit mehreren Stunden Arrest bestraft.

Während meiner Wochenendfahrten mit dem Fahrrad von Jena nach Trockhausen und zurück benutzte ich die Autobahn, die in der damaligen Zeit praktisch autofrei war. Bei einer derartigen Fahrt überholte ich einen ebenfalls jugendlichen Radfahrer, der seine Freude am Freihändigfahren hatte. Uns entgegen kam ein russischer Soldat mit einem nagelneuen Fahrrad der Marke *Simson* (Suhl). Die Fahrkünste des Russen waren unterentwickelt. Als er den freihändig fahrenden Jungen bemerkte, holte er diesen vom Fahrrad und nahm ihm das Rad ab. Er gab ihm sein Fahrrad und setzte sich auf das Rad des Jungen, um freihändig zu fahren. Natürlich machte er eine fürchterliche Bauchlandung. Der Junge dagegen entfernte sich lachend mit seinem neuen Fahrrad „vom Tatort".

1.10 Hommage an *Feldmann*

Auf dem Hof in Trockhausen gab es immer Hunde, sei es, um das Gehöft zu bewachen oder aber, um vom Großvater und Vater auf der Jagd eingesetzt zu werden. Ich bin also mit Hunden aufgewachsen. Der letzte Hund war *Feldmann*, ein brauner kurzhaariger Vorstehhund. Er war mein bester Freund. Der Großvater bekam ihn 1946 als Welpen aus der Zucht seines ehemaligen Jagdgenossen, dem Leiter des Städt. Krankenhauses in Stadtroda. Der Großvater bildete ihn streng aus; der Hund war sehr folgsam und gehörte voll zur bäuerlichen Familie. Ich durchstreifte mit ihm Feld und Wald und nahm ihn mit, wenn ich nach den Kühen auf der Weide zu sehen hatte. Manchmal ging ich mit ihm auch in einem der großväterlichen Fischteiche zum Schwimmen. Bei der Feldarbeit war *Feldmann* auch oft zugegen. Nach dem Tod des Großvaters wurde ich seine Hauptbezugsperson. Insofern vermisste ich ihn sehr, als ich unter der Woche in Jena zur Schule ging. Das Wiedersehen an den Wochenenden war stets stürmisch. Als ich dann im Januar 1950 die DDR verließ, war der Abschied von *Feldmann* sehr tränenreich. Meine Mutter und mein Bruder kümmerten sich fortan um ihn. Als Mutter und Bruder im Herbst 1951 dann ebenfalls die DDR verließen, wurde *Feldmann* in Pflege gegeben. Dort verliert sich dann seine Spur.

1.11 Meine Flucht aus der DDR

Meine Flucht aus der DDR im Januar 1950 ist das spannendste Erlebnis meines Lebens.

Mein Vater hatte mir über einen Gewährsmann eine von ihm gefertigte Land- und Wegekarte, eine Parole und den Termin und die Uhrzeit des Grenzübertritts übermitteln lassen. Dieser sollte bei Wartha/Herleshausen, also in der Nahe von Eisenach erfolgen. Am besagten Tag brachte mich meine Mutter nach Stadtroda zum Zug. Es war ein tränenreicher Abschied, denn es war unklar, ob man sich wiedersehen würde. Ausgerüstet mit einem Rucksack, in dem sich einige Habseligkeiten und etwas Verpflegung befanden, und einer Taschenlampe fuhr ich bis zur Endstation kurz hinter Eisenach. Dort machte ich mich auf den Weg bis nahe an die Grenze und verbarg mich im Unterholz, bis die Dämmerung eintrat. Dann setzte ich den Marsch fort; mein Vater kam mir vom Westen aus entgegen. Man kann sich meine Erleichterung vorstellen, als ich die Stimme meines Vaters mit der vereinbarten Parole hörte. Gemeinsam überquerten wir die Grenze. So kam ich in den „Westen" - ins Bergische Land nach Nordrhein-Westfalen (NRW).

2. Meine Jugend

Meine Kindheit endete mit der Flucht aus der DDR in die Bundesrepublik. Mein Vater, im Kriege noch zum Studienrat befördert, hatte nach seiner Tätigkeit in Freistatt nunmehr in Nordrhein-Westfalen eine neue Heimat gefunden. Er war zunächst in Duisburg am Hochofen in der Niederrheinischen Hütte beschäftigt, wurde dann aber nach seiner Entnazifizierung wieder in den Schuldienst übernommen. Allerdings durfte er als ehemaliger PG zunächst nur an einer Volksschule unterrichten. Das Gymnasium war ihm (noch) verwehrt. In der zweiklassigen Volksschule in Kräwinklerbrücke unterrichtete er die Klassen eins bis vier; dort hatte er auch eine Dienstwohnung von 2½ Zimmern. Als ich im Januar 1950 mit ihm dort eintraf, war die Wohnung noch fast unmöbliert. Es war eben kein Geld da, mein Vater hatte aus der Kriegsgefangenschaft außer sich selbst sonst nichts mitgebracht. Es waren damit harte Zeiten angesagt und es musste hart gespart werden. Mein Vater gab zusätzlich bei Fabrikantenkindern Nachhilfeunterricht und ich machte den Hausmeister in seiner Dorfschule. Für das Reinigen der beiden Klassenräume und das Anheizen der Kanonenöfen gab es DM 30,- pro Monat. Vom ersten gemeinsam verdienten Geld wurde eine einfache Wohnungseinrichtung gekauft, das übrige Geld wurde gespart, um die Flucht meiner Mutter und meines Bruders vorzubereiten und um ihnen ein einigermaßen vernünftiges zukünftiges Heim zu bieten.

Nicht selten setzte ich um, was ich beim Großvater gelernt hatte. Sonntags nach der Kirche fing ich in der Wupper Forellen oder, wenn die Ergebnisse nicht zufriedenstellend waren, wurden sie aus *Ennepers* Teich herausgeholt. Mein Vater bereitete sie dann zum sonntäglichen Mittagessen zu. In den Sommerferien wurde mit dem Vater Brennholz gemacht und ich hütete das Vieh eines benachbarten Bauern. Vergütet wurde in Form von Naturalien.

Der Besuch des *Röntgen*-Gymnasiums in Remscheid-Lennep war insofern beschwerlich, als ich bereits früh um 6:30 Uhr mit dem Zug von Kräwinklerbrücke nach Krebsöge fahren musste, dort umzusteigen hatte und dann von dort nach Lennep fuhr. Bereits um 7:15 Uhr war ich dann in der Schule. Das ist eben das Schicksal von Fahrschülern! Dies änderte sich, als das Geld zum ersten Fahrrad reichte (Marke *Vaterland* mit Gangschaltung!) und ich den Weg zur Schule mit dem Rad zurücklegte. Ich nutzte dies zur unterstützenden Körperertüchtigung. Die täglichen Fahrzeiten schrieb ich mir auf und bemühte mich, diese laufend zu verbessern.

Der Schulbetrieb selbst stellte keine hohen Anforderungen an mich. Allerdings war ich auch nur ein durchschnittlicher Schüler. In den höheren Klassen ergaben sich gewisse leistungsmäßige Schwerpunkte in Mathematik und Physik. Dies wirkte sich auch auf das Freizeitgestalten aus. Ich begann Flugmodelle zu bauen und entwickelte und baute Feststoffraketen. Die Flugmodelle waren zunächst flugunfähige Anschauungsmodelle, später baute ich Fesselflugmodelle, mit denen ausgiebige Flugversuche durchgeführt wurden. Mein Bruder *Dietrich* assistierte dabei. Die Raketen wurden auf einem ausgedienten Sportplatz gestartet. Es wurden immerhin Flughöhen von bis zu 300 m erreicht. Zudem wurde mit Hilfe einer alten Autobatterie ein elektrischer Zündmechanismus entwickelt. In späteren Varianten meiner Raketen wurde eine kleine Kamera als Nutzlast transportiert, mit Hilfe derer (verbotenerweise) erste Luftaufnahmen von Teilen von Radevormwald gemacht wurden. Unsere Familie war 1957 von Kräwinklerbrücke nach dort umgezogen. Nach bestandenem Abitur im Frühjahr 1959 waren meine beruflichen Ziele, entweder Ingenieur oder Astrophysiker zu werden. Meine Eltern ließen mir diesbezüglich freie Hand. Den Ausschlag für das Ingenieurstudium gab eine Studienberatung des Bergischen Arbeitgeberverbandes, die dieser für die Abiturienten der Region durchführte. Dabei lernte ich den ehemaligen Chefkonstrukteur von *Willy Messerschmitt* kennen. Dieser begeisterte mich für die Luft- und Raumfahrttechnik. So bewarb ich mich an der Technischen Hochschule Stuttgart für dieses Studium, wurde angenommen und begann dort nach einem halbjährigen Grundlagenpraktikum in der *Bergischen Stahlindustrie* in Remscheid zum Wintersemester 1959/60 mein Studium.

Auch aus der Jugendzeit gibt es eine Reihe von Erlebnissen, die mir erwähnenswert erscheinen. Einige sollen hier genannt werden.

2.1 Bauer *Hager*

Bauer *Hager* hatte sein Gehöft nicht weit vom Schulhaus in Kräwinklerbrücke entfernt. Mein Vater hatte zu ihm Kontakt über die evangelische Kirche geknüpft. In meiner Freizeit half ich dort in der Ernte aus und kümmerte mich um das Vieh auf der Weide. Bauer *Hager* hatte einen wunderschönen Schäferhund namens *Atta*. Mit diesem hatte ich mich schnell angefreundet und bald durfte ich ihn ausführen. Wir wurden ein echt gutes Team.

Als Weihnachten 1950 heranrückte, ging es darum, einen Weihnachtsbaum zu besorgen. Da die finanzielle Lage angespannt war, sollte dieser unentgeltlich beschafft werden. Ich bekam diese Aufgabe übertragen, mein Vater als Beamter auf Probe konnte sich hier nicht engagieren. Ich beschloss, den Baum bei Bauer *Hager* zu „besorgen". Ausgerüstet mit einer Säge machte ich mich an einem Abend kurz vor Weihnachten auf in *Hagers* Wald. Was ich nicht wusste war, dass ich nicht der Einzige mit derartigen Absichten war und dass Bauer *Hager* seine Bäume mit *Atta* bewachte. Ich hatte gerade den von mir ausgewählten Baum abgesägt, als ich *Hagers* Stimme hörte und er *Atta* auf die Diebe hetzte. Es gelang ihm so, einige Delinquenten festzusetzen. Als *Atta* zu mir kam, setzte eine herzliche Fraternisierung ein. Trotz wiederholter Befehle von *Hager* aus der Ferne: „*Atta* fass", fasste der Hund nicht, und ich konnte mich aus dem Staube machen. Tage später berichtete *Hager* in Gegenwart meines Vaters von dem Vorfall und sah mich dabei intensiv an. Ob er wohl etwas gemerkt hatte?

2.2 Lehrer R.

Mein Vater hatte mittlerweile eine Stelle an einer Realschule erhalten, wir wohnten aber noch in dem Schulhaus in Kräwinklerbrücke. Der neue Schulleiter war Lehrer R.. Er war ein unverträglicher Zeitgenosse und er machte uns Kindern, aber auch den Eltern, das Miteinander schwer. Er wohnte in der zweiten Lehrerwohnung im 1. OG rechts von uns. Über uns, im 2. OG, wohnte ein Kriminalbeamter vom LKA in Düsseldorf mit seiner Familie. Diese Familie hatte ebenfalls zwei Söhne, *Norbert*, er war in meinem Alter und *Armin*, der einige Jahre älter war. Wir, die Familien und auch die Kinder, waren eng befreundet. Wir feierten 1956 zusammen Silvester. Lehrer R. passte dies nicht und er beschwerte sich mehrfach über zu großen Lärm. Irgendwann reichte es uns. *Armin* war beim Grenzschutz. Er hatte als Silvesterböller einige Übungshandgranaten von seiner Einheit mitgebracht. Es wurde von uns ein perfider Plan ausgeheckt: Mit einer Handgranate bewaffnet verließen wir das Haus und begaben uns auf den Schulhof. Die Eingangstür zum Schulhaus war eine alte schwere Eichentür mit einem großen „Dienst"briefkasten dahinter. In diesen wurde die Übungshandgranate platziert und abgezogen. Es gab eine ohrenbetäubende Explosion, die den Briefkasten in tausend Fetzen zerlegte. Sofort war Lehrer R. zur Stelle. Ihm war klar, wer das zu verantworten hatte. Er schloss richtig, dass wir noch außerhalb des Hauses sein müssten. Da das Schulhaus nur über einen einzigen Eingang verfügte, beschloss er, diesen zu bewachen, um unser habhaft zu werden. Seine Frau musste ihm einen Sessel und seinen Wintermantel nach unten bringen, und er setzte sich in den Flur hinter die Tür und wartete auf uns. Nun kam der zweite Teil unseres Plans. Wir begaben uns auf die Rückseite des Schulgebäudes, wo sich unsere Küche und das Schlafzimmer meiner Eltern befanden. Aus dem Schlafzimmer ließ mein Vater unter Assistenz von Onkel *Herbert,* wie wir den Kriminalbeamten nannten, die Wäscheleine herab. Nacheinander kletterten wir Jungs an dieser nach oben und feierten mit unseren Eltern anschließend lautstark Silvester. Lehrer R. dagegen saß im kalten Flur und wartete frustriert auf Täter, die nicht kamen.

2.3 Nochmals Lehrer R.

Das Verhältnis zu Lehrer R. verschlechtere sich weiter. Die Schule hatte einen großen Garten mit einer Reihe gut tragender Obstbäume (Kirschen, Pflaumen, Äpfel, …). Lehrer R. entschied nun, dass die Erträge nur ihm, dem Schulleiter, wie er sich selbst gern titulierte, zustünden. Er war nicht mehr bereit zu teilen. Das weckte natürlich unter uns Jungen Begehrlichkeiten. Als 1957 die Kirschen reif waren, wurde beschlossen, ihm einen Teil davon zu klauen. Die vier schon Genannten und ein weiterer Junge aus der Nachbarschaft passten einen Abend ab, an dem Lehrer R. nicht zu Hause war. Wir kletterten auf den größten Baum und schlugen uns die Mägen voll. Beim Einbrechen der Dunkelheit tauchte plötzlich und unerwartet Lehrer R. auf und bezog mit einem dicken Knüppel bewaffnet unter dem Baum Position. Damit war uns der Rückzug abgeschnitten. Die Lage war für uns prekär. Wir beratschlagten, der Grenzschützer entschied. Er meinte, wir hätten eine unschlagbare Waffe. Wir sollten alle gezielt nach unten gerichtet unsere Blasen öffnen. So wurde es gemacht und Lehrer R. wurde kräftig „abgepisst". Er verließ fluchtartig die Kampfstätte, wir hatten wieder einmal gewonnen.

2.4 Glück im Unglück

Auch nach unserem Umzug von Kräwinklerbrücke nach Radevormwald fuhr ich in der Regel mit dem Fahrrad zur Schule nach Lennep. Das letzte Jahr dann mit dem Moped Marke DKW *Hummel*. Meine Schulkameraden fuhren mit dem Bus. Da die Abfahrten von Bus und mir in Radevormwald in etwa zeitgleich stattfanden, benutzte ich die Gelegenheit zur Wettfahrt mit dem Bus. Auf freier Strecke war der Bus schneller, an den Haltestellen holte ich ihn immer wieder ein, so dass wir meistens zur gleichen Zeit in Lennep an der Schule ankamen. Bei einer dieser Fahrten war an der Haltestelle Wassermühle eine Baustelle eingerichtet. Es wurden durch Straßenbauarbeiter an dem rechts ansteigenden Hang Bäume gefällt. Ein Bauarbeiter mit roter Flagge dirigierte den Verkehr. Da ich gerade den Bus überholte, übersah ich sein Zeichen zum Anhalten. Ich nutzte vielmehr den Stopp des Busses, um einen Vorsprung herauszufahren. Wildes Gestikulieren einiger Bauarbeiter machte mich stutzig; beim Blick nach rechts sah ich einen gerade abgesägten Baum fallen, direkt seitlich über mir. Ich reagierte instinktiv und warf mich mit dem Fahrrad in den Straßengraben. Da prasselte auch schon der Baum mit Stamm und Geäst über mich herein. Ich war im Straßengraben gefangen. Da ich keine schwerwiegenden Schmerzen verspürte, ging ich davon aus: Glück gehabt!

Meine Schulkameraden verfolgten den Vorfall im Bus. Sie waren davon überzeugt: Der *Reinhart* ist tot. So berichteten sie es auch in der Schule.

Die Bauarbeiter begannen durch Zersägen des Baumstammes und Wegräumen des Geästs mich aus meiner Lage zu befreien. Es traf auch ein Krankenwagen ein. Aber, welch ein Wunder. Ich sah zwar aus wie ein Schwein, außer ein paar Kratzern und Schrammen fehlte mir aber sonst nichts. Auch das Fahrrad war weitestgehend heil. Ich konnte damit meine Fahrt in die Schule fortsetzen. Als ich dann verspätet zum Unterricht erschien, starrten mich Lehrer und Schüler wie den „Auferstandenen" an. Nachdem die Schrecksekunden vorüber waren, hob ein riesiges Hallo und Schulterklopfen an. Der „Boss", mein Spitzname in der Schule, war wieder da!

2.5 Unfall im Chemielabor

In der Oberstufe wurden in unserer Schule verschiedene Arbeitsgemeinschaften angeboten, die man nachmittags freiwillig besuchen konnte. Ich war Mitglied im Fotoclub. Unter Anleitung von *Dr. Soest*, unserem Mathematik- und Chemielehrer, lernten wir über die Grundlagen der Fotografie hinaus das Entwickeln von Filmen und das Realisieren spezieller fotografischer Effekte. Die Veranstaltung fand im Chemiehörsaal statt, da dieser über einen Abzug verfügte und verdunkelt werden konnte. Hinter dem Abzug lag das eigentliche Chemielabor.

Bei einer der Veranstaltungen des Fotoclubs befanden wir uns gerade bei der Filmentwicklung, als ein Donnerschlag das Gebäude erschütterte, die Tür zum Chemielabor flog in den Hörsaal und Rauchschwaden zogen durch die Räume. Unsere Fotoarbeiten waren hin. Was war passiert?

Nach dem Fotoclub fand im Chemielabor der Chemieverein statt. Einige Schüler hatten verbotenerweise bereits vorab das Labor betreten und eigenmächtig Versuche gestartet. Dazu diente ein Standardwerk über chemische Experimente und das Herstellen von chemischen Rezepturen (den bibliografischen Titel habe ich vergessen). Ich weiß aber noch, dass das Buch bei „Nitroglyzerin" aufgeschlagen war. Die ganze Angelegenheit hatte natürlich noch ein Nachspiel. Es gab disziplinare Konsequenzen und der nicht unerhebliche finanzielle Schaden musste von den Beteiligten beglichen werden. Der geschilderte Vorfall weckte bei einem Klassenkameraden und mir (beide nicht im Chemieverein) Neugierde. Wir pflegten im benachbarten Biologieraum die Fische in ihren Aquarien und hatten so Zugang zum Chemielabor. Dem dicken Buch mit den chemischen Rezepturen galt unser besonderes Interesse. Unter dem Stichwort „Stinkbombe" fanden wir, dass Eisensulfid zusammen mit Salzsäure zu Eisenchlorid und Schwefel-Wasserstoff reagiert (FeS + 2HCl -> $FeCl_2$ + H_2S). Schwefelwasserstoff ist die übel riechende Substanz, aus der Stinkbomben gefertigt werden. Da beide Ausgangsprodukte vorhanden waren, gingen wir ans Werk. Allerdings setzten wir eine viel zu große Menge an. Die Wirkung war gewaltig. Die Biologie- und Chemieräume mussten geräumt werden, ein Aufenthalt in ihnen war nicht mehr möglich. Die restlichen Schulstunden fielen aus. Unsere Mitschüler waren echte Kameraden, denn trotz intensiver Ermittlungen durch die Lehrerschaft konnten die Täter nicht gefunden werden!

2.6 Abiturientenfeier 1959

Natürlich waren wir stolz, als wir im März 1959 das Abitur bestanden hatten und uns feierlich die Zeugnisse überreicht wurden. Dies fand in der guten Stube der Schule, unserer Aula, statt. Die Abiturientenrede hielt Studienrat *Harald Fischer*, Spitzname *„Hudson"*, der die Fächer Religion, Philosophie und Geographie vertrat. Er behandelte aus philosophischer Sicht das Thema „Furcht und Angst". Ich erinnere mich, dass mich seine Ausführungen sehr beeindruckt haben, obwohl er sonst nicht zu meinen Favoriten zählte.

Natürlich wollten wir Abiturienten uns von unserer Schule gebührend verabschieden; es waren ja auch die „eine oder andere Rechnung noch offen". 1959, im aufblühenden Wirtschaftswunder, sollte es den Lehrern gezeigt werden. Wir hatten in der Klasse einige Schüler, deren Eltern Fabriken besaßen oder anderweitig begütert waren. Diese stellten uns die Dienstwagen ihrer Firmen inklusive Fahrer im Livree zur Verfügung (uniformartige Kleidung, Fahrermütze, weiße Handschuhe, …), und wir besorgten uns in Remscheider und Wuppertaler Leihhäusern Gehröcke bzw. Cutaways und Zylinder. Am Tag der Abiturientenfeier fuhren dann die Karossen am Portal der Schule vor. Die Fahrer öffneten die Türen für ihre hohen Gäste. Diese stiegen aus und betraten mit Würde ihre alte Penne. Die jüngeren Schüler waren beeindruckt, die gestandenen Lehrer lächelten oder lachten, die anderen verhielten sich wie von uns gewollt und erwartet. Natürlich gab es über diesen Event einen entsprechenden Bericht in der Lokalpresse.

3. Meine Studentenzeit

Nach meinem halbjährigen Industriepraktikum begann ich zum Wintersemester 1959/60 mein Studium der Luft- und Raumfahrttechnik an der (damaligen) Technischen Hochschule (TH) Stuttgart (jetzt Universität). Ich hatte in der Anzengruberstraße in Stuttgarts Norden eine schöne Bleibe gefunden. Als Gegenleistung für die niedrige Miete hatte ich die Koksheizung dieser Stadtvilla zu versorgen. Neben dem günstigen Preis hatte das Domizil für mich zwei weitere Vorteile. Zum einen konnte ich im nahe gelegenen Kräherwald meinen sportlichen Aktivitäten nachgehen und zum anderen konnte ich die Uni zu Fuß erreichen, was Geld und Zeit sparte. Kulturelle Zugabe waren meine sonntäglichen Begegnungen mit Altbundespräsident *Theodor Heuss*, der unweit um die Ecke wohnte und dem ich häufig bei seinem Spaziergang begegnete. Meinen ehrerbietigen Gruß erwiderte er stets freundlich und mitunter erkundigte er sich nach Studium und Sport. „Papa" Heuss war wirklich eine faszinierende Persönlichkeit.

Das Studium selbst machte mir viel Freude, auch wenn es zeitlich und inhaltlich sehr anspruchsvoll war. Zur damaligen Zeit lag die Uni noch mitten in der Stadt. Meine Lehrveranstaltungen fanden in der Huber- und der Keplerstraße sowie im Herdweg statt. Für die werkstoffkundlichen Übungen musste ich in die Materialprüfungsanstalt (MPA) nach Bad Canstatt.

Vor allem in den ersten beiden Semestern hatte ich durchweg 7-8 Stunden Lehrveranstaltungen täglich zu besuchen (auch Samstagvormittag!). An den Tagen, an denen ich ergänzend zum Fachstudium freiwillig noch allgemeinbildende Vorlesungen beispielsweise bei *Max Bense* (Metaphysik), *Golo Mann* (Politikwissenschaft und Geschichte) und *Fritz Martini* (Literaturwissenschaft) hörte, kamen dann 10, manchmal 12 Stunden zusammen. Es war hart, aber man hat es „gepackt"!

Nach dem dritten Semester, also im Frühjahr 1961, legte ich den ersten Teil des Vorexamens in den - leichteren - Grundlagenfächern (Darstellende Geometrie, Chemie und Physik, Werkstoffkunde und Festigkeitslehre sowie in Betriebswirtschaft und bürgerlichem Recht) ab. Nach dem vierten Semester schloss ich das Vorexamen in seinem zweiten Teil mit den Prüfungen in den - schwierigeren - Grundlagenfächern (Mathematik, Technische Mechanik, Thermodynamik und Elektrotechnik) ab. Die mathematisch/naturwissenschaftlichen Grundlagenfächer bis zum Vorexamen waren im Wesentlichen für alle Ingenieurstudenten gleich, egal, ob sie Maschinenbauer, Elektrotechniker oder Luft- und Raumfahrttechniker waren. In manchen Vorlesungen (Mathematik, Physik) waren auch noch die Bauingenieure dabei.

Nach dem Vorexamen wurde das Studium fachspezifisch. In dem ersten Teil zum Hauptexamen (5. und 6. Semester) waren alle Lehrveranstaltungen noch obligatorisch, danach konnte man einen oder mehrere individuelle Studienschwerpunkte setzen. Ich entschied mich für Flugmechanik, Flugregelung und Flugnavigation einerseits und die Thermodynamik inklusive des Triebwerksbaus andererseits. Teile dieser Wahl-Pflichtveranstaltungen fanden bereits im Pfaffenwald statt, da die Hochschule sukzessive nach Vaihingen verlegt werden sollte und man mit den luft- und raumfahrttechnischen Instituten begann.

Im Sommer 1962 teilten mir meine Wirtsleute in der Anzengruberstraße mit, dass sie berufsbedingt Stuttgart verlassen würden. Der Nachmieter benötige meine Studentenbude wegen seiner großen Kinderschar selbst. Ich musste also ausziehen. Eine preiswerte und gleichzeitig zur Uni günstig gelegenes Zimmer zu finden, war nicht einfach. Ich musste lange suchen, kam aber dann in der Hauptstätterstraße unter. Dies war zwar das damalige Stuttgarter „Beizen"-Viertel, aber man gewöhnte sich auch daran. Zudem wohnten dort auch honorige Bürger!

Meine erste Studienarbeit begann ich im 6. Semester. Es gab zur damaligen Zeit eine britische Mittelstreckenrakete *Blue Streak*, die militärisch nicht mehr in das strategische Konzept passte und die man versuchte, als erste Stufe einer europäischen Weltraumrakete zu nutzen. Da auch damals schon das Budget knapp war, sollte untersucht werden, ob eine Bergung und Wiederverwendung dieser Rakete nach ihrem Abschuss technisch möglich und ökonomisch sinnvoll sei. Die TH Stuttgart hatte einen entsprechenden Studienauftrag. Teile davon wurden an Studenten als Studien- und Diplomarbeiten weitergegeben. Da es ein (kleines) Honorar gab, waren die Themen sehr begehrt.

Meine Aufgabe war zu untersuchen, ob die Rakete als Autogiro geborgen werden konnte. Dazu sollten beim Start der Rakete an dieser Rotorblätter angefaltet werden, die dann nach dem Ausbrennen der oberen Stufen und deren Trennung von der *Blue Streak* ausgefahren werden sollten, um dann die Rakete (wie ein rotierendes Ahornblatt) gezielt zur Erde zurückzuführen. Mir hat diese Untersuchung und Berechnung viel Freude bereitet und ich glaube, ich habe auch eine ganz ordentliche Arbeit abgeliefert.

Im Fortgang des Studiums hatte ich meine zweite Studienarbeit im Flugzeugbau anzufertigen. Die Prüfungsordnung sah dies so vor, dass die Studenten, die Triebwerksbau vertieften, in Flugzeugbau ihre Studienarbeit zu machen hatten und umgekehrt. Ob das so ganz sinnvoll war, ist zumindestens strittig. Man wollte aber damit eine größere Breite in der Ausbildung erreichen. Die Studienarbeit war eine Teamarbeit für fünf Studenten und betraf die Konstruktion und Berechnung eines kleineren Reiseflugzeugs. Mein Anteil war der Entwurf und die Berechnung des Rumpfmittelstücks einschließlich der Flügelanschlüsse und des Kabinenausschnittes. Vorteil der Studienarbeit war, dass man lernte, im Team zu arbeiten. Nachteil war eine teilweise geringe Effizienz im Arbeitsablauf, da die fünf Studenten über unterschiedliche Studienfortschritte verfügten. Mich hat diese Arbeit fast sechs Monate in Anspruch genommen.

In der zweiten Hälfte 1964 konnte ich meine Hauptdiplomprüfungen ablegen und mich dann meiner Diplomarbeit zuwenden. Die Hauptdiplomprüfungen bestanden aus vier vierstündigen Klausuren, die es in sich hatten. Es wurden jeweils mehrere Fächer zu einer Klausur zusammengelegt, um die Studenten vom Prüfungsdruck „zu entlasten". An der Menge des Stoffes hatte man aber nichts geändert. Insofern erwies man den Prüflingen einen Bärendienst. Von diesem Prinzip der Fächerkomprimierung ist man übrigens in den folgenden Jahren wieder abgewichen. Die einzelnen Fächer wurden wieder separat für sich geprüft.

Nach vollendeter Diplomarbeit (s. Kap. 3.3) habe ich im Frühjahr 1965 die TH Stuttgart als Diplom-Ingenieur verlassen und eine Tätigkeit in der mir einschlägigen Industrie begonnen. Auch in meiner Studienzeit gibt es eine Reihe von Erlebnissen, die einer herausgehobenen Erwähnung bedürfen.

3.1 Gespräch mit Onkel *Walter*

Parallel zu mir studierte mein gleichaltriger Vetter *Rudolf* an der Technischen Hochschule Darmstadt Elektrotechnik. Nach dem Vorexamen 1961 wurden wir beide von unserem Onkel, einem weltberühmten Chemiker (Dr. *Walter Bauer* (1893 - 1968), u.a. Erfinder/Entwickler des Plexiglases und vieler weiterer chem. Produkte, insbesondere Kunststoffe), zu einem Gespräch vorgeladen, in dem er sich über den Wissens- und Leistungsstand seiner Neffen ein Bild machen wollte. Das Gespräch fand in seinem ersten Teil in einem teuren Restaurant beim Mittagessen statt und wurde dann in seinem Haus beim Kaffee, zu dem die Tante Kuchen gebacken hatte, fortgesetzt. Danach beendete der Onkel das Gespräch und entließ uns in etwa wie folgt: „*Rudolf*", sagte er zu meinem Vetter, „Du wirst am besten Beamter, gehe doch zur Post" - was er nach Beendigung seines Studiums auch tat. Zu mir sagte er: „*Reinhart*, wenn Du weiter fleißig und strebsam bist und Dir Deine Neugierde behältst, bist Du zum Wissenschaftler geeignet. Aber bedenke, Deine wesentliche wiss. Lebensleistung musst Du bis zum 32. Lebensjahr erbracht haben, sonst wird es nichts mehr". Für mich war dieses Gespräch mit dem Onkel eines der wichtigsten Ereignisse meines beruflichen Lebens. Auch wenn ich seine Vorgabe - wörtlich genommen - nicht ganz geschafft habe, so wurde ich doch immerhin mit 34 Jahren Ordinarius.

3.2 Meine Begegnung mit *Franz Josef Strauß*

Als 1963 der erste deutsche Bundespräsident, *Theodor Heuss*, verstarb, wurden für den Staatsakt im Baden-Württembergischen Landtag unterstützend Studenten als Platzanweiser und Betreuer der Ehrengäste gesucht. Bedingungen waren:
- Anständiges Benehmen,
- der Besitz eines dunklen Anzugs.

Ich meldete mich und wurde angenommen. Am Tag des Staatsaktes bekamen wir Studenten eine kurze Einweisung durch den Protokollchef und jeder eine Liste mit dem Sektor im Landtag, für den er zuständig war und eine besondere Liste der zu betreuenden VIPs. Auf meiner Liste stand *Franz Josef Strauß*. Als er mit seiner Staatskarosse - Marke BMW - vorfuhr und sein Fahrzeug verlassen hatte, stellte ich mich vor und sagte ihm, dass ich für seine Betreuung eingeteilt sei. Er musterte mich kritisch, und ich hielt seiner Begutachtung offensichtlich stand, denn er fragte jovial in seinem gutturalem Bayerisch: „Sans Student?" Ich nickte. Er fuhr fort: „Sans an armer Hund?" Ich nickte abermals. Er ließ sich durch mich zu seinem Platz geleiten und sagte: „Hams gut gemacht", zückte seine Geldbörse und schenkte mir 10,- DM. Ich bedankte mich artig und war irgendwie überwältigt, denn für mich war das sehr viel Geld.

Als ich in den Zeichensaal in der Huberstrasse zurückkehrte, wo ich mit einem Teil der Luftfahrttechniker gerade meinen konstruktiven Flugzeugentwurf anfertigte und die Geschichte erzählte, löste dies ein kräftiges Hallo aus. Es wurde beschlossen, sofort den gegenüberliegenden „Wienerwald" aufzusuchen und dem edlen Spender mit Brathähnchen und Württemberger Trollinger den gebührenden Dank abzustatten. Damit waren die 10,- DM wieder ausgegeben!

3.3 Meine Erlebnisse mit *Peter S.*

Prof. Dr. rer.nat. habil. *Peter S.* war während meines Studiums einer meiner akademischen Lehrer und auch mein späterer Diplomandenvater. *S.* war ein ganz ausgezeichneter Lehrer und ein genialer Forscher. Er forderte und förderte. Bei Studenten, wo er der Meinung war, dass es sich wissenschaftlich lohne, brachte er sich voll ein. Dies auch an Wochenenden und an Feiertagen. Um seiner Person gerecht zu werden, müsste man eine gesonderte - nur ihm gewidmete - Abhandlung schreiben. Ich will mich hier auf einige ausgewählte Erlebnisse beschränken.

a) Der Lehrer

Peter S. war Professor am Institut für Technische Mechanik und vertrat dort schwerpunktmäßig die theoretische Mechanik und die Regelungstheorie. Schon früh - während meiner Hilfsassistententätigkeit an diesem Institut - war es mein Wunsch, meine Diplomarbeit bei ihm anzufertigen. Als ich den geeigneten Studienfortschritt erreicht hatte, teilte ich ihm meinen Wunsch mit. Er war etwas überrascht, meinte, ich sei ja wohl ganz mutig und entschwand in die Institutsbibliothek mit der Bemerkung, ich solle warten. Nach ca. zehn Minuten kam er mit einem Stapel Bücher unter dem Arm zurück, übergab sie mir und sagte, ich solle diese in den nächsten vier Wochen durcharbeiten und mich dann wieder bei ihm melden. Die Aufgabe war unlösbar, ich ging sie aber engagiert an. Nach vier Wochen trat ich relativ kleinlaut bei ihm zum Rapport an. Er fragte sofort, wie weit ich gekommen sei und was ich verstanden hätte. Aus dieser Fragestellung schöpfte ich die Hoffnung, dass er wohl selbst die mir gestellte Aufgabe für nicht lösbar hielt. Es folgte ein nahezu dreistündiges Fachgespräch, an dessen Ende er mir mitteilte, dass er - wenn ich noch wollte - mich als Diplomanden annehmen würde. Ich wollte und verließ mit dem Thema „Beiträge zum Problem der Nutzlast- und Verbrauchsoptimierung mehrstufiger Flugkörper" sein Büro. Für das Anfertigen der Arbeit hatte ich gemäß Prüfungsordnung sechs Monate Zeit, über den Fortschritt meiner Untersuchungen hatte ich ihm wöchentlich zu berichten. Nach ca. drei Monaten konnte ich die theoretischen Untersuchungen abschließen. Es hatte dann die numerische Auswertung zu erfolgen und natürlich das Schreiben der Arbeit. Zuvor traf er sich mit mir an einem Samstag in der Institutsbibliothek und rechnete meine gesamte Abhandlung nach. Diese Prozedur dauerte ca. acht Stunden, nur unterbrochen durch eine kleine Mittagspause, in der er für uns Kaffee kochte und Laugenbrezeln schmierte. Am Abend kam sein erlösender Kommentar: „Es ist alles o.k.; Sie können auswerten". Allerdings drückte er mir noch eine von ihm gerade aus dem Russischen übersetzte - soeben erschienene - Publikation in die Hand und sagte mir, dass ich diese in meine Arbeit noch einzuordnen hätte. Es waren dies weitere zwei Wochen zusätzliche Arbeit. Parallel dazu begann ich mit der numerischen Auswertung. Dazu stand am Institut eine elektromechanische Rechenmaschine, der sogenannte *Friden*-Wurzelautomat, zur Verfügung, mit dem über die vier Grundrechenarten hinaus auch noch das maschinelle Wurzelziehen möglich war. *Peter S.* erschien täglich, um sich meine Ergebnisse anzusehen. Schnell waren wir beide der Meinung, dass bei dem Tempo des *Friden*-Wurzelautomaten meine Rakete wohl nie fliegen würde. Also hieß es, auf einen Digitalrechner umzusteigen. 1963/64 gab es davon an der TH Stuttgart in einem Minirechenzentrum ein einziges Exemplar, eine *Zuse* Z23. Studenten hatten zu dieser Maschine keinen Zutritt. Irgendwie schaffte es aber *Peter S.*, dass mir nachts für einige Wochen Rechenzeit zugewiesen wurde. Allerdings musste ich die Maschine selbst bedienen, da nachts kein Service-Personal zur Verfügung stand. Nach einem Crash-Kurs zur Bedienung der Z23 fing ich dann an, meine Diplomarbeit zu rechnen. Die Ergebnisse lieferte mir die Maschine in Form eines Lochstreifens, den ich dann im Institut morgens über einen Fernschreiber in Zahlen umsetzte. Aus diesem Zahlenwald konnte man allerdings keine übersichtlichen Erkenntnisse gewinnen. Also erwartete *Peter S.*, dass ich die Zahlen auf einer Zeichenmaschine in Grafiken umsetzte. Dabei wurde es jeweils 13 bis 14 Uhr. Ich begab mich dann in meine Studentenbude in der Hauptstätterstraße, schlief dort bis 19 Uhr und trat anschließend um 20 Uhr wieder im Rechenzentrum an, um meine Z23 zu bedienen. Das ging so über ca. vier Wochen. Danach schrieb ich meine Arbeit zusammen, fand eine mir wohl gesonnene Dame, die mir den Text tippte und gab die Arbeit pünktlich nach sechs Monaten Bearbeitungszeit ab. Nach wenigen Tagen rief mich *Peter S.* zu sich, teilte mir sein Urteil mit und ordnete an, die wesentlichen Teile der Arbeit müssten natürlich publiziert werden, wobei er bereits eine renommierte Fachzeitschrift im Visier hatte. Darüber hinaus müsse selbstverständlich auch auf einem Kongress vorgetragen werden. Er schlug das Mathematische Forschungsinstitut in Oberwolfach, das Mekka der Mathematik und Regelungstheorie, vor. In 14 Tagen sei da gerade eine geeignete Tagung; er würde mich dort platzieren. Wir sollten dann gleich den Titel des Vortrages festlegen und eine interne Gliederung abfassen. In drei Tagen solle ich im Labor vor ihm einen Probevortrag halten. Aus einem wurden drei Probevorträge, und ich verfluchte *Peter S.* ob seiner Hartnäckigkeit. Dennoch war ich irgendwie stolz, mit ihm in das Mathematische Forschungsinstitut fahren zu dürfen. Vor dem Vortrag hatte ich alle Manschetten, war doch die Elite der Mechaniker und Regelungstechniker aus dem deutschsprachigen Raum, aber auch darüber hinaus, anwesend. *Peter S.* beruhigte mich. Der Inhalt meiner Diplomarbeit sei herausragend und das Vortragen hätte ich doch bei ihm im Labor gelernt. Ich trug vor, das Ergebnis war top. Man gratulierte *Peter S.* zu seinem Mitarbeiter, der ich gar nicht war; ich war doch noch Student. *Peter S.* bot mir aber sogleich die nächste bei ihm frei werdende Assistentenstelle an. Ich schlug das Angebot allerdings aus, da es mir der Theorie genug war und ging in die Industrie, um mich als Ingenieur an konkreten Projekten der Ingenieurwissenschaften zu verwirklichen. *Peter S.* nahm mir meine Entscheidung nicht übel; vielmehr sagte er, ich könne jederzeit an das Institut zurückkehren, er hielte mir eine Stelle frei.

b) Der Mensch

Peter S. war eine beeindruckende Persönlichkeit. Hoch intelligent, scharfsinnig, mitunter auch etwas skurril, auf jeden Fall unkonventionell. Wie alle großen Persönlichkeiten hatte er auch eine Schwäche: Er war „Quartalssaufer". Dafür gab es eine Erklärung.

Nach erfolgter Promotion wurde er 1939 sofort zur Wehrmacht eingezogen. Für diesen völlig unsoldatischen Typ war dies schon Strafe genug. Mehr noch, er kam 1941 an die Ostfront und landete mit seiner Einheit in Stalingrad. Er überlebte das Inferno äußerlich unbeschadet und kam in russische Kriegsgefangenschaft. Wegen seines russischen Nachnamens wurde er als vermeintlicher Kollaborateur von den Russen sofort zum Tode verurteilt. Durch glückliche Umstände wurde die Hinrichtung mehrfach verschoben und letztlich ausgesetzt. So landete er in einem sibirischen Bergwerk. Er überstand dort alle Schikanen und Entbehrungen und wurde 1956 auf Grund der Initiative des damaligen Bundeskanzlers *Konrad Adenauer* zusammen mit dem Rest der noch lebenden deutschen Kriegsgefangenen in die Heimat entlassen. *Peter S.* wurden die besten 17 Jahre seines Lebens durch Krieg und Gefangenschaft genommen und nicht nur das, er musste in dieser Zeit unermessliches Leid persönlich ertragen und bei anderen erleben. Er war infolgedessen in vielen Dingen mit der Welt fertig; ihn konnte nichts mehr erschüttern.

b1) Der hintergründige Spötter

Mittags so gegen 12 Uhr gingen wir in der Regel mit *Peter S.* gemeinsam durch den Stadtgarten in die Mensa. An einem derartigen Tage meinte er, wir sollten einen kleinen Abstecher in das Kollegiengebäude 1 machen, in dem die Architekten und Bauingenieure untergebracht waren. Dort sei eine Ausstellung über moderne Kunst, die sollte man sich ansehen. So wurde es gemacht. Ein Exponat hatte es ihm besonders angetan. Es handelte sich um einen alten Kanonenofen, auf dem eine dreckige alte Bratpfanne stand und das als Objekt unter „Happening" firmierte. *Peter S.* machte einige abschätzige Bemerkungen zu uns über die Ausstellung im Allgemeinen und das spezielle Exponat im Besonderen, und wir begaben uns dann - wie gewohnt - in die Mensa zum Mittagessen. Auf dem Rückweg steuerte *Peter S.* einen kleinen Krämerladen an, wo er häufig seine Zigaretten kaufte. Er rauchte so ca. zwei Schachteln am Tag, kamen Abendveranstaltungen dazu, dann mehr. Wir gingen schon voraus, er holte uns nach seinem Abstecher zum Krämer wieder ein und meinte, man solle doch noch einmal die Ausstellung bei den Architekten aufsuchen. Wir wunderten uns, aber seine Aufforderung war uns Befehl. Er steuerte sogleich den Kanonenofen an, holte zwei Eier aus der Hosentasche und schlug diese unter dem Gezeter der Ausstellungsleitung in die Bratpfanne, wobei er trocken bemerkte, nun könne man den Ofen anheizen und die Eier braten, dann sei das Objekt erst ein „Happening".

b2) Der quartalsmäßige Nachtschwärmer

Wie schon erwähnt, hatte *Peter S.* mit sich selbst intermittierend Probleme. Zu deren Bewältigung dienten ausgedehnte Nacht- und Sauftouren, die alle sechs bis acht Wochen in der Regel in Stuttgart stattfanden. Die Touren folgten in ihrem Ablauf einer gewissen Ordnung, denn *Peter S.* achtete bei ihnen durchaus auf gewissen Stil. Meistens begann die Tour an der Bar im Hotel *Zeppelin*, wurde im

*Schlossgarten*hotel fortgesetzt, ging dann weiter über die Eberhardstraße bis hin in die Hauptstätterstraße. Von da ging es mit dem Taxi zum Hauptbahnhof, um den nächsten Zug nach Esslingen zu nehmen, wo *Peter S.* in durchaus bürgerlichem Zuhause lebte oder er fuhr - je nach Kassenlage - direkt mit dem Taxi von Stuttgart nach Eßlingen. Zwischen Anfang und Ende einer Tour konnten in Extremfällen durchaus ein bis zwei Tage liegen.

Im Institut kündigte sich eine anstehende nächtliche Exkursion bei *Peter S.* durch eine gewisse Unruhe an. Er ging mehrfach ins Sekretariat, um nach Post zu schauen, obwohl der Bote längst durch war, verwickelte die Mitarbeiter in Gespräche mit belanglosem Inhalt, was er ansonsten als harter und disziplinierter Arbeiter nie tat; insgesamt machte er einen unkonzentrierten Eindruck. Wenn dieser Zustand eintrat, fand im Institut eine allgemeine Absetzbewegung statt, da es *Peter S.* beliebte, zu seinen Touren einen Kumpanen mitzunehmen, wobei seine Wahl nicht auf jeden fiel, vielmehr beinhaltete seine Auswahl eine hohe Wertschätzung für den Auserwählten. Auch ich war einige Male das „Opfer".

An einem Freitag nahm er mich mit auf die übliche Tour: *Zeppelin, Schlossgarten,* Stuttgarter Altstadt. Dort landeten wir Samstag im Lokal *Zum (?) Costa,* einem griechischen Lokal, das früh um 5 Uhr schon oder noch auf hatte. *Peter S.* war dort bekannt und wir bekamen von der Oma eine wohlschmeckende Morgensuppe (ohne Alkohol) serviert. Wir saßen an einem Zweiertisch, ich mit dem Rücken zur Tür, *Peter S.* mir gegenüber. Plötzlich griff er über den Tisch, packte mich am Revers und zog mich unter den Tisch. In dem Moment begann eine wüste Knallerei aus automatischen Waffen, da sich zwei jugoslawische Gangs in die Haare geraten waren. Es gab Opfer, die Sieger verschwanden so schnell wie sie gekommen waren. Nachdem der erste Schreck überwunden war, meinte ich, man müsse nun wohl die Polizei und den Rettungsdienst verständigen. *Peter S.* sagte kurz: „Wir nicht" und er verschwand mit mir durch die Küche über den Hinterausgang ins Freie und wir entfernten uns unauffällig vom Tatort. Es war dies die typische Reaktion eines versierten Wehrmachtsoldaten, der Krieg und Gefangenschaft in Russland überlebt hatte. Mein Vater, ebenfalls Wehrmachtsoldat an mehreren Fronten des Zweiten Weltkriegs, hat mir dies zu einem späteren Zeitpunkt erläutert, als ich ihm von dieser Episode berichtete.

Bei einem weiteren nächtlichen Streifzug mit *Peter S.* machten wir mit der Polizei Bekanntschaft. Am Ende unserer Tour war es Sonntagmorgen geworden. Nun zeigte auch *Peter S.* Ausfallserscheinungen und meinte, man müsse ein paar Stunden schlafen. Wir waren in der Nähe des Wilhelmsbau, wo der Mitarbeiter B. wohnte. Er wurde herausgeklingelt - es war so gegen vier Uhr früh - und ihm unser Wunsch mitgeteilt. Wir fassten Quartier und gegen acht Uhr brachen wir wieder auf. Ich begleitete *Peter S.* noch zum Bahnhof, obwohl meine Studentenbude genau in entgegengesetzter Richtung lag. Am Schlossplatz erregten wir öffentliche Aufmerksamkeit und eine herbeigerufene Polizeistreife nahm uns in Gewahrsam. Der Grund war, dass *Peter S.* nach dem Vierstundenschlaf bei Mitarbeiter B. vergessen hatte, seine Hose wieder anzuziehen und diese wohlgefaltet über dem Arm trug. Dass ich dies nicht registriert hatte, lässt Schlüsse über meinen eigenen Zustand zu.

Auch nach meinem Weggang von der Technischen Hochschule Stuttgart in die Industrie habe ich engen Kontakt zu *Peter S.* gehalten und umgekehrt. Als ich später an der Universität (TH) Karlsruhe meine Dissertation anfertigte, war er mir ein kritischer Berater. Auch kam er des Öfteren zu einem Abstecher zu mir nach Karlsruhe. Allerdings wurde es dann auch manchmal sehr spät bzw. früh. Bei meiner Berufung nach Hamburg an die damalige Hochschule der Bundeswehr (HSBw) war er einer meiner Gutachter. Auch hier hat er meine Tätigkeit als „Jungordinarius", wie er mich wohlwollend titulierte, kritisch begleitet. Als ich 1995 an der Universität Rostock Ehrendoktor wurde, konnte er wegen seines fortgeschrittenen Alters am Festakt leider nicht teilnehmen. Ich übersandte ihm im Nachgang mein Vortragsmanuskript und einige Bilder von der Veranstaltung. Er reagierte mit für ihn ungewöhnlich viel Lob. Meinte dann aber einschränkend, Staatssekretär würde ich trotz des hervorragenden Vortrages wohl nicht werden, da ich dafür das falsche Hemd angehabt hätte. Bei einer Ehrenpromotion habe man ein weißes Hemd zu tragen. Hellblau gehöre sich nicht!

Trotz seiner Entbehrungen als Soldat und Kriegsgefangener und seiner ungesunden Lebensweise im Hinblick auf übermäßiges

Arbeiten, dies verbunden mit wenig Schlaf, trotz seines teilweise exorbitanten Zigaretten- und Kaffeekonsums sowie seiner alkoholischen Ausschweifungen war *Peter S.* ein hohes Alter vergönnt. Er ist mir als Chef, Kollege und väterlicher Freund stets in dankbarer Erinnerung.

3.4 Aktivitäten außerhalb des Studiums

Das zeitlich, aber auch inhaltlich anspruchsvolle Studium ließ wenig Freiraum für Aktivitäten anderer Art. Zudem nahm mich mein Langlauftraining in den ersten beiden Studienjahren zusätzlich in Anspruch. Letztlich musste ich zum Lebensunterhalt auch immer etwas dazu verdienen, da mein monatlicher Wechsel seitens meiner Eltern knapp bemessen war. Gute Jobs wurden deshalb immer gern angenommen. In den ersten Studienjahren waren es meistens durch die Fachschaft vermittelte Tätigkeiten: Botengänge, Mitwirkung bei Meinungsbefragungen und Messen, Wachdienste, ...

In den höheren Semestern hatte ich eine Hilfsassistentenstelle am Institut für Mechanik, berechnete gemeinsam mit einem Kommilitonen für ein Ingenieurbüro Garagen und Dachkonstruktionen und arbeitete in einer Detektei. Letztere Tätigkeit beschränkte sich allerdings mit einer Ausnahme auf den Innendienst. Bei der Ausnahme hatte ich in Vertretung eines erkrankten Mitarbeiters die Ehefrau eines Fabrikanten zu observieren und mögliche Beweise zu beschaffen, die eheliche Fehltritte bei Abwesenheit des Ehemannes belegten. Das Anwesen der Zielperson lag am Killesberg, einer mir durch mein erstes Domizil in der Anzengruberstraße wohl bekanntes Terrain. Mit einer Kamera bewaffnet machte ich mich eines Abends auf zum Zielobjekt. Die Aufgabe schien einfach, denn das Schlafzimmer lag im ersten Stock und das Haus wurde gerade renoviert und besaß rundum ein Gerüst für die durchzuführenden Malerarbeiten. Bei Einbruch der Dunkelheit bestieg ich das Gerüst und begann meine Beobachtungen. Die Aktivitäten der Ehefrau mit ihrem Freier waren so spannend, dass ich mich bis an die äußerste Kante der Gerüstauflage vorwagte. Plötzlich schlug das Brett um. Mit großem Getöse ging es filmreif abwärts. Ich trug eine Reihe nicht unerheblicher Blessuren davon und verließ fluchtartig das

Grundstück. Allerdings hatte ich die Fotos im Kasten. Gleichwohl, für mich war dies doch wohl nicht die richtige Tätigkeit!

Stichwort Freier: In Stuttgart kennt jeder das Dreifarbenhaus. Es ist das aus drei Gebäuden bestehende Domizil der sesshaften Liebesdienerinnen. Der Komplex liegt direkt hinter dem Rathaus, was im Volksmund die Vermutung nährt(e), es gebe für die Ratsherren einen direkten unterirdischen Zugang. Jedes Gebäude hat einen anderen Farbanstrich (daher der Name). Es gibt - wohl aus Sicherheitsgründen - nur einen einzigen Zugang und man erreicht Haus zwei nur durch Haus eins und Haus drei nur durch Haus zwei.

Mehrere meiner Kommilitonen waren wie ich Mitglied im MTV (Männerturnverein) Stuttgart, dessen Sportanlagen sich im Kräherwald befanden. Wir fuhren zum Training in der Regel mit der Straßenbahn (wenn ich mich richtig erinnere, war es die Linie 7) vom Wilhelmsbau bis zur Endstation Doggenburg und zurück. Unsere Sportsachen transportierten wir in den damals üblichen Kultur- oder Campingbeuteln, die man gut über die Schulter hängen konnte. So bewaffnet, wurde des Öfteren beschlossen, zum Abschluss des Tages nach dem Training einen Rundgang durch das Dreifarbenhaus zu machen. Als sich diese Exkursionen wiederholten, veranlasste es die am Eingang stehende „Puffmutter" (Typ: Matronenhafte Schwäbin) zu dem Alarmruf: „Schnell, macht Tieren zu, da komm Schieler, die ham koi Geld". Damit war dieser nachsportliche Spaß für uns leider abrupt beendet.

4. Schul- und Leistungssportler

In der Schule war ich anfangs kein sonderlich guter Sportler. Ich spielte in unserer Klassenfußballmannschaft „Läufer", dies weil ich offenbar über eine ganz brauchbare Kondition verfügte, trat aber ansonsten durch kein nennenswertes Ballgefühl hervor. Auch im Turnen und Schwimmen war es nicht viel besser. In der Leichtathletik reichte es bei den Bundesjugendspielen gerade einmal für magere 30 Punkte. Irgendwie ärgerte mich dies, vor allem, weil einige meiner Klassenkameraden überdurchschnittlich gute Sportler waren. Vor mir saß in der Klasse mit *Burkhard Eigen* ein ganz vorzüglicher Leichtathlet, der vor allem in den Wurfdisziplinen beachtliche Leistungen zeigte, die ihn bis zu den Niederrhein-Meisterschaften auf vorderste Plätze brachten. Ich sprach ihn Ende 1955 an, und er nahm mich mit zum Training in die *Lenneper Turngemeinde* (LTG). Es war dies der Sportverein des Ortes, in dem auch unser Gymnasium lag. Ich stellte mich bei dem Übungsleiter, einem Herrn *Georg Korneck*, vor und wurde von diesem kritisch in Augenschein genommen. Er meinte, ich sollte zunächst einmal über den Winter am Hallentraining teilnehmen, um kräftiger zu werden und mich zusätzlich am Waldlauftraining beteiligen, um meine Kondition zu verbessern. Ich tat dies und fand ganz viel Freude an dieser für mich neuen sportlichen Betätigung. Ich merkte schnell, dass ich besser wurde. Im Frühjahr 1956 beteiligte ich mich an den Kreismeisterschaften und wurde Dritter im Waldlauf. Das gab Motivation. In der folgenden Freiluftsaison konzentrierte ich mich trainings- und wettkampfmäßig auf die Mehrkämpfe: Dreikampf (100 m Lauf, Weitsprung, Kugelstoßen) und Fünfkampf (200 m Lauf, Weitsprung, Diskuswurf, Speerwurf, 1500 m Lauf) und betrieb noch etwas Hochsprung. Immerhin schaffte ich durch das intensive Training bei den Bundesjugendspielen 1956 mit 55 Punkten die Ehrenurkunde des Bundespräsidenten und erreichte auch einige vordere Plätze bei den diversen Sportfesten des Kreises. Insgesamt blieben die Erfolge aber doch eher bescheiden. Auch der Übungsleiter meinte, ich solle mich doch mehr auf die Laufdisziplinen konzentrieren. Dies käme wohl eher meiner Veranlagung entgegen. Im folgenden Wintertraining forcierte ich deshalb das Lauftraining auch über längere Distanzen. 1957 wurde ich wieder Dritter bei den Waldlaufmeisterschaften des Kreises und ebenfalls Dritter bei den Bahneröffnungswettkämpfen über 1000 m in Velbert. Es folgten weitere Erfolge über 1000 m. Herauszuheben ist die Schulmeisterschaft des Röntgen-Gymnasiums über diese Strecke und der Erfolg der 3x1000 m Staffel meiner Schule mit mir als Schlussläufer bei den Meisterschaften der Remscheider und Solinger Schulen.

Im Laufe des Jahres 1957 zog unsere Familie von Kräwinklerbrücke (gelegen zwischen Lennep und Radevormwald) nach Radevormwald. Dies und der plötzliche Tod unseres Übungsleiters in der LTG veranlassten mich, den Verein zu wechseln. Ab 1958 wurde ich Mitglied im TSV Schwarz-Weiss Radevormwald, einem Traditionsclub in der Leichtathletik, der von *Heinz Rosendahl* (Vater von *Heide Rosendahl*, spätere mehrfache Weltrekordlerin und Olympiasiegerin), er selbst dreifacher Deutscher Meister im Diskuswurf, geleitet wurde. Das Training wurde intensiviert und nach neuen Methoden ausgerichtet. Grundlage wurde das Intervalltraining, niedergelegt in dem Buch von *Toni Nett*, das schwerpunktmäßig auf den Trainingsplänen von *Emil Zatopek*, mehrfacher Olympiasieger und Weltrekordler im Langstreckenlauf, und den Trainingsplänen von *Woldemar Gerschler*, der *Rudolf Harbig* trainiert hatte, aufbaute und das sich sehr gut auch zum Eigentraining eignete. Auf diese Art und Weise verbrachte ich meine Freizeit in den Wäldern in und um Radevormwald. Es ergab Erfolge bei den Kreis- und Bezirksmeisterschaften und auch die Schulmeisterschaften im Mittel- und Langstreckenlauf wurden gewonnen. Allerdings waren all diese Erfolge nicht spektakulär.

Das Jahr 1959 war eine gewisse sportliche Auszeit. Nach dem Abitur im Frühjahr 1959 begann ich ein halbjähriges Industriepraktikum in der *Bergischen Stahlindustrie* in Remscheid. Dies war obligatorisch, um mein geplantes Studium der Luft- und Raumfahrttechnik an der TH Stuttgart zum Wintersemester 1959/60 aufnehmen zu können. Das ungewohnt frühe Aufstehen um 5:00 Uhr, der Achtstundentag in der Fabrik mit teilweise auch schwerer körperlicher Arbeit (Gießerei, Schmelzerei, ...) ließen ein geordnetes Training nicht zu und auch die Motivation zu Wettkämpfen an den Wochenenden war nicht gegeben.

Dies änderte sich mit Studienbeginn. Ich fand in Stuttgart eine Studentenbude nah am Kräherwald und schloss mich dem MTV Stuttgart an, dessen Sportstätten im Kräherwald lagen. Zudem konnte ich mit einer Läufergruppe im Feuerbacher Tal trainieren, die von dem mehrfachen Deutschen Meister im 3000 m Hindernislauf, *Heinz Laufer* (SpVgg Feuerbach), angeführt wurde. Das intensive und harte Training brachte mich voran. Als ich in den Semesterferien im Frühjahr 1960 nach Radevormwald kam, belegte ich bei den Bahneröffnungswettkämpfen in Velbert in einem stark besetzten 1500 m Rennen den dritten Platz, 14 Tage später gewann ich in Rheinhausen in einem furiosen Rennen den 5000 m Lauf.

Nach Stuttgart zum Studium zurückgekehrt, wurde ich bei den Hochschulmeisterschaften im Waldlauf Zweiter hinter *Einar Ridderstroem*, norwegischer Meister im Skilanglauf. Die Saison 1960 verlief insgesamt sehr erfolgreich für mich. Sowohl bei studentischen Wettkämpfen (Stuttgarter Hochschulmeisterschaften, Wettkämpfe mit den Universitäten Saarbrücken, Tübingen und Bern) als auch bei Wettkämpfen über den MTV Stuttgart wurden viele Erfolge errungen. Dies führte dazu, dass ich in den Kader der zu fördernden Mittel- und Langstreckenläufer des Landes Baden-Württemberg aufgenommen wurde und in einer Läufergruppe trainieren durfte, die von *Otto Eitel* (TSV Eßlingen), mehrfacher deutscher Meister über 5000 m und 10000 m, geleitet wurde.

So wurde ich gut auf die Saison 1961 vorbereitet. Es gab viele Erfolge bei studentischen Wettkämpfen, aber auch im Bergischen mit dem TSV Schwarz-Weiss Radevormwald und im Baden-Württemberger Raum mit dem MTV Stuttgart konnte ich entsprechende Erfolge erringen. In einem inoffiziellen Länderkampf gegen die Schweiz, bei dem die deutsche Mannschaft durch Baden-Württemberger gestellt wurde, durfte ich über 5000 m starten. Leistungsmäßig konnte ich über 1500 m die 4 Minuten-Grenze unterbieten, mich über 3000 m den 8:30 nähern und über 5000 m die 15 Minuten-Grenze streifen. *Otto Eitel* sagte mir für die folgenden Jahre eine große Zukunft voraus, hatte ich doch mit 22 Jahren meinen leistungsmäßigen Höhepunkt im Mittel- und Langstreckenlauf bei weitem noch nicht erreicht. Ich merkte aber, dass es anders kommen würde.

Mein Studium der Luft- und Raumfahrttechnik an der TH Stuttgart war sehr anspruchsvoll und erforderte einen hohen Zeitaufwand. Zudem war ich von zu Hause aus nicht begütert. Ich musste während des Studiums immer etwas hinzuverdienen. Training (täglich!), Studium und Geldverdienen ließen sich nicht mehr vereinbaren. So kam die für mich sehr schmerzliche, aber unabwendbare Entscheidung: Der Zeitansatz für den Sport musste eingeschränkt werden. Reduziertes Training bedeutete aber reduzierte Leistungen. Ich konnte damit meine Potentiale nicht mehr ausschöpfen. So begann 1962 der Abschied vom Leistungssport. Allerdings bin ich dem Langlauf über viele Jahrzehnte als „Amateur" treu geblieben. Ich leitete während meiner Zeit in der Industrie eine Läufergruppe, ebenso als wiss. Assistent an der Universität und auch als Hochschullehrer waren Trainingsanzug und Laufschuhe noch viele Jahre in meinem Büro präsent.

5. Meine Erlebnisse als junger Dipl.-Ing. in der Industrie

Als sich mein Studium dem Ende näherte, war mir klar, dass ich trotz *Peter S.* in die Industrie gehen würde. Messerschmitt-Bölkow-Blohm (MBB) in Ottobrunn war mein Favorit. Mit den zuständigen Herren der Abteilung Raumflugmechanik von MBB befand ich mich bereits in Vorgesprächen. Es kam aber anders.

Im Herbst 1964 führte das Mechanik-Institut der TH Stuttgart mit Mitarbeitern, Diplomanden und Doktoranden eine mehrtägige Exkursion zu den Firmen Litef in Freiburg, Bodensee-Gerätewerk in Überlingen und Dornier-Werke in Friedrichshafen durch. Auf dieser Exkursion beeindruckte mich vor allem die Abteilung Elektronik und Regelungstechnik der Dornier-Werke. Dies wegen der dort bearbeiteten Projekte, aber auch wegen deren personeller Zusammensetzung. Insbesondere der stellv. Abteilungsleiter, ein Herr Dr.-Ing. *Franz Mesch*, faszinierte mich durch Fachwissen, dessen Präsentation und insbesondere durch seine geradlinige Persönlichkeit. Er suchte Mitarbeiter und konnte einen wie mich mit überdurchschnittlichen Kenntnissen in Mechanik, Flugmechanik und Regelungstechnik gut gebrauchen. So wurde ich beim abendlichen Ausklang bei gutem Meersburger Spätburgunder an den Bodensee „abgeworben".

Die Tätigkeit im Hause Dornier war für mich gleichermaßen spannend und lehrreich. Sie begann für mich mit einem der beeindruckendsten Erlebnisse meiner beruflichen Laufbahn.

Als ich zu Anfang 1965 meine Tätigkeit als junger Dipl.-Ing. in der Firma Dornier in Friedrichshafen am Bodensee aufnahm, stand an meinem ersten Arbeitstag früh am Eingang vor mir ein schon sehr betagter Herr, der mit etwas zittrigem Gang das Firmengelände betrat. Mir tat der Herr leid; ich hatte vor, in einem derartigen Alter nicht mehr arbeiten zu müssen. Ich fragte deshalb den Pförtner, wer der Herr sei. Der Pförtner schnauzte mich an: „Ha, kenne se den net, dös is der Herr *Dornier*". Ich war schwer beeindruckt: Der Firmenchef, weit in den 70ern, ging gemeinsam mit seinem jüngsten Mitarbeiter früh zur Arbeit. Das waren die (schwäbischen) Unternehmer, die das Land voran gebracht haben. Der Leitspruch von *Claude Dornier* zur Führung seines Unternehmens war im Übrigen - wie ich später erfuhr - :

Nicht das Geldkapital bestimmt den Inhalt und Wert eines Unternehmens, sondern der Geist, der in ihm herrscht.
Geist ohne Tradition ist undenkbar.

Diese Einstellung wünschte man heute auch manchem Firmenchef! Natürlich habe ich diesen Motivationsschub abends gleich telefonisch meinen Eltern berichtet.

Mein erstes Projekt war die Berechnung der Start- und Landetransition der DO 31. Es war dies das erste senkrecht startende und landende Transportflugzeug der Welt, das von Dornier für die Bundeswehr entwickelt wurde. Der Übergang vom strahlgestützten in den aerodynamischen Flug und umgekehrt war Neuland und bedurfte einer besonderen Berechnung. Obendrein sollte diese Flugphase mit möglichst wenig Treibstoffverbrauch durchgeführt werden, um die Nutzlast des Flugzeugs nicht zu schmälern. Ich konnte die mir gestellte Aufgabe infolge meiner guten Ausbildung an der Universität erfolgreich lösen und lieferte einen längeren Bericht dazu ab, der neue Erkenntnisse über die DO 31 hinaus zum Flugverhalten von Senkrechtstartern enthielt und der die Anerkennung meiner Vorgesetzten fand.

Die nächste größere Aufgabe war die Mitarbeit an einem Verbundprojekt mit der Firma Telefunken in Konstanz, wobei es um die Entwicklung eines Bordrechners für Luftfahrzeuge ging. Bei diesem Projekt konnte ich meine Kenntnisse in der Technischen Informatik erweitern und lernte insbesondere im Team zu arbeiten.

Nach einer kürzeren Mitarbeit an den Stabilisierungsberechnungen zum ersten deutschen Erdsatelliten, dem AZUR, der unter Leitung von *Franz Mesch* von der Firma Dornier für die Bundesrepublik Deutschland entwickelt wurde, stieg ich in der Hierarchie unserer Abteilung auf. Ich wurde Leiter für das Projekt ASTRID. Hierbei handelte es sich um den Entwurf und den Bau eines Lageregelungssystems für die Nutzlast einer Höhenforschungsrakete, mit Hilfe derer spektroskopische Untersuchungen an einem ausgewählten Stern im Sternbild des *Orion* durchgeführt werden sollten. Das wissenschaftliche Experiment stand unter der Leitung des Max-Planck-Instituts in München-Garching. Das Projekt war für die Firma Dornier eine Prestige-Aufgabe, galt es doch, sich mit der Firma MBB zu messen. MBB hatte beim Auftraggeber bereits ein Angebot vorgelegt und hatte damit einen zeitlichen Vorsprung. Zudem waren in dieser Angelegenheit die politischen Verbindungen von MBB deutlich besser als die von Dornier. Ich wurde deshalb von meinem Chef mit allem Nachdruck auf das Projekt eingeschworen und musste mich auch beim technischen Geschäftsführer von Dornier, Herrn Dr.-Ing. *B. Schmidt,* melden, damit er mich in Augenschein nehmen konnte und er mir auch nochmals die Bedeutung des Projektes klar machte. Er sicherte mir seine persönliche Unterstützung zu und wies „nach unten" an, dass ich auf alle mir notwendig erscheinenden Ressourcen des Hauses zugreifen könne.

Da Deutschland über keine eigenen Höhenforschungsraketen (Gipfelhöhe 100-200 km, Flugzeit 4-6 Minuten) verfügte, musste auf einen ausländischen Träger zurückgegriffen werden. Im benötigten Nutzlastbereich (40-50 kg) kamen die englische *Skylark* und die französische *Centaure* in Frage. Die *Skylark* wurde von MBB als Träger vorgeschlagen. Sie war für den Aufstieg durch Leitwerksflächen aerodynamisch stabilisiert, die Nutzlast wurde nach dem Abtrennen von der Trägerrakete dreiachsenstabilisiert. Die Dreiachsenstabilisierung entsprach dem Stand der Technik. Die *Centaure* war dagegen drallstabilisiert, d.h. die Rakete wurde vor dem Start wie ein Geschoss um ihre Längsachse in Drehungen versetzt (ca. 6 U/s), was eine stabile Flugbahn garantierte. Nach dem Abtrennen der Nutzlast von der Trägerrakete behielt diese den ihr mitgegebenen Drall bei. Sollte man sich für die *Centaure* als Träger entscheiden, so gab es für das zu entwickelnde Regelungssystem zwei unterschiedliche Vorgehensweisen.

1) Die Nutzlast wurde entdrallt, d.h. man bremste die geschilderte Drehbewegung wieder auf Null ab und verwendete anschließend eine Dreiachsenstabilisierung, so wie MBB. Das Abbremsen kostete aber Zeit, die für den anschließenden Ausrichtvorgang der Nutzlast auf das Ziel und die dann folgenden Messungen nicht mehr zur Verfügung stand. Da die

Messungen nur in der ballistischen Freiflugphase außerhalb der dichteren Schichten der Atmosphäre durchgeführt werden konnten (Flugzeit ca. 2 bis 3 Minuten), sollte diese Zeit nicht durch weitere Vorgänge, wie z.B. ein Entdrallen, reduziert werden.

2) Der Drall der Rakete wurde beibehalten. Damit drehte sich auch entsprechend die Nutzlast. Man sagt, sie hat einen Spin. Die Nutzlast verhielt sich dann beim Ausrichten auf das Ziel wie ein Kreisel, mit einer zwar interessanten, aber schwierig zu beherrschenden Dynamik. Eine weitere Schwierigkeit war die, dass die erforderlichen Steuerimpulse - realisiert durch das Stellglied, wie die Regelungstechniker sagen - durch ein Kaltgasschubsystem erzeugt werden mussten, dessen Schubdüse an der Peripherie der Nutzlast angeordnet war, sich also mitdrehte. Es gab dadurch nur ganz bestimmte Positionen für die Düse, an denen das Triebwerk in Betrieb gesetzt werden konnte. An ein derartig „highly sophisticated" Regelungssystem hatte sich noch niemand herangewagt.

Ich untersuchte sowohl die Verwendung der *Skylark* als auch der *Centaure* als Trägerrakete und bei letzterer beide Varianten der Regelung: Die Dreiachsenstabilisierung bei entdrallter Nutzlast und die Regelung der Nutzlast mit Drall. Ich entschied mich für die anspruchsvolle Lösung. Darüber hinaus wollte ich die Regelung auch noch zeitoptimal realisieren, um besonders viel Zeit für die Durchführung des Experimentes zur Verfügung zu haben. Ich trug meinem Chef vor und ergänzte meine technischen Ausführungen, dass ich nur so eine Chance sähe, die Firma MBB noch aus dem Rennen zu werfen. Mein Chef stimmte zu, wir kalkulierten noch gemeinsam die Kosten und das Angebot wurde abgegeben. Bereits nach wenigen Tagen wurde ich nach München zitiert, um im Max-Planck-Institut in München vorzutragen. Dort nahm mich dessen Leiter, Herr Prof. Dr. *Reimar Lüst*, in die Mangel, wobei er mir gleich zu Beginn des „Verhörs" mitteilte, dass er mein Konzept für technisch nicht machbar hielt. Er nahm sich aber fairerweise viel Zeit, um die gesamte Problematik mit mir ausführlich zu diskutieren. Am Ende des Gesprächs war er sehr nachdenklich und entließ mich mit der Bemerkung, die Firma Dornier würde von ihm hören.

Sie hörte, *Reimar Lüst* stimmte zu. Nun wurde ich nach Bonn zitiert, um das Projekt beim Geldgeber, der damaligen Gesellschaft für Weltraumforschung (GfW), zu vertreten. In diesem Zusammenhang entschied die Geschäftsleitung von Dornier, dass ich als Unpromovierter natürlich nicht allein nach Bonn fahren könne. Sie gab mir einen älteren promovierten Kollegen mit, der die Honneurs und ich die Arbeit machte. Dies ließ in mir den Gedanken reifen, doch nach Stuttgart zurückzukehren, um bei *Peter S.* zu promovieren.

Der Auftritt in Bonn war erfolgreich, wir bekamen den Auftrag. Ich wurde in der Firma sehr gelobt und bekam zum Jahresende eine kräftige Gehaltserhöhung.

Nun musste aber das Projekt realisiert werden. Ich bildete eine Arbeitsgruppe und holte Spezialfirmen für die Sensorik und das Kaltgasschubsystem ins Boot. Es wurde gerechnet und sowohl auf dem Analog- als auch auf dem Hybridrechner simuliert, in fortgeschrittenem Zustand der Arbeiten unter Einschluss von Echtteilen auf einem angepassten Dreiachsendrehtisch. Nachdem alles zur Zufriedenheit erprobt war, wurde die Theorie in Hardware umgesetzt und die erste *Centaure*-Rakete ausgerüstet. Zwei Raketen waren genehmigt, d.h. ein Fehlschuss war einkalkuliert. Der Start erfolgte in Kiruna/Schweden. Ich war sehr aufgeregt und habe die Tage zuvor schlecht geschlafen. Der Start misslang, der anzusteuernde Stern wurde durch das Regelungssystem nicht gefunden. Ich war maßlos enttäuscht und ging auf Fehlersuche. Die Auswertung der Telemetriedaten ergab, dass ein Sensor einer der Zulieferfirmen ausgefallen war. Insofern lag der Fehler zwar nicht bei mir persönlich, ich war aber gleichwohl der Projektleiter und damit verantwortlich. Der Sensor wurde verbessert und der zweite und letzte Versuch gestartet. Er gelang, und *Reimar Lüst* mit seinem Team war hoch zufrieden wegen der exzellenten Messergebnisse für seine wissenschaftlichen Untersuchungen am Licht aus dem Sternenbild des *Orion*.

Da ich während meiner Zeit im Hause Dornier einer der jüngsten Mitarbeiter und zudem Single war, wurde ich auch mit Spezialaufgaben betraut. Eine war die Betreuung hochrangiger Personen von Auftraggebern, insbesondere von den diversen Ministerien in Bonn. Einer war Herr *N.*. Er kam so alle halbe Jahre zur Inspektion der von ihm an Dornier vergebenen Projekte. Wenn ich zu seiner

Betreuung eingeteilt war, bekam ich von der Kasse der Firma einen Umschlag mit Geld zur Erstattung aller Auslagen. Am Abend hatte ich dann *N.* am Bahnhof in Friedrichshafen abzuholen, wo er von Bonn kommend eintraf. Es ging dann in das erste Haus am Platze, den *Buchhorner Hof,* wo *N.* Quartier fasste. Nach einer kurzen Verschnaufpause folgte ein opulentes Dinner im Hotelrestaurant. Anschließend standen Barbesuche an. Es konnte dabei durchaus passieren, dass man in Konstanz im *Klein Venedig* landete. Meist wurde es dann sehr spät. Da in der damaligen Zeit die Fähre von Konstanz nach Meersburg (und umgekehrt) um Mitternacht ihren Dienst einstellte, bedeutete dies eine Taxifahrt um den gesamten Unter- und Überlinger See. Auch dies war alles von mir aus dem großen Umschlag zu bezahlen. Diesen gab ich mit dem Rest des Geldes und den Belegen für die Auslagen (sofern vorhanden!) am nächsten Tag an der Firmenkasse wieder ab.

Ich besaß in der Zeit bei Dornier noch kein Auto. Ein Studienfreund, der ebenfalls bei Dornier beschäftigt war, nahm mich an einem Wochenende mit nach Stuttgart. Dort besuchte ich u.a. *Peter S.*. Ich berichtete ihm von meinem Erlebnis meiner Reise nach Bonn und meinem promovierten Aufpasser. Er lächelte hintergründig, und als ich ihn fragte, ob sein Angebot noch stünde, bei ihm zu promovieren, sagte er vorbehaltslos zu. Ich fuhr an den Bodensee zurück und verfasste meine Kündigung. Bevor ich sie abgeben konnte, rief mich *Franz Mesch* zu sich. Er sagte mir, ich wüsste es sicher schon, er würde in Bälde die Firma verlassen. Ich wusste es nicht und war betroffen. Er fuhr fort und erläuterte mir, dass er einen Ruf auf einen neu eingerichteten Lehrstuhl für Mess- und Regelungstechnik mit Institut an der Fakultät für Maschinenbau und Verfahrenstechnik der Technischen Hochschule Karlsruhe erhalten habe und diesen Ruf zum 01.07.1967 annehmen werde. Er habe im ersten Jahr eine einzige Assistentenstelle zur Besetzung frei und wolle mich fragen, ob ich mit ihm nach Karlsruhe ginge. Ich war natürlich überrascht und stolz auf das Angebot. Andererseits hatte ich doch gerade mit *Peter S.* verhandelt und mich entschieden, nach Stuttgart an die dortige Technische Hochschule zurückzukehren. Ich befand mich insofern in einer schwierigen Lage. Ich rief meinen Vater an und fragte ihn um Rat. Er sagte, ich solle das Problem mit *Peter S.* be-

sprechen. Er würde mir sicher eine selbstlose Empfehlung ausspre-
chen. Ich nahm daraufhin in der Firma einen Tag Urlaub und fuhr
mit der Bahn nach Stuttgart. Die Reaktion von *Peter S.* war verblüf-
fend. Nachdem ich ihm vorgetragen hatte, sagte er: „*Lunderstädt*, dass
Sie Mechanik und Regelungstechnik können, weiß ich. Messtechnik
können Sie noch nicht. Gehen Sie mit *Mesch* nach Karlsruhe und
lernen Sie dort bei ihm Messtechnik". So wurde es gemacht.

6. Wissenschaftlicher Assistent an der *Fridericiana* in Karlsruhe

Am 01.07.1967 begann meine Tätigkeit an der Technischen Hochschule, später Universität (TH) Karlsruhe, der *„Fridericiana"*. Es war die schönste Zeit in meinem beruflichen Werdegang.

6.1 Der Institutsaufbau

Der neu eingerichtete Lehrstuhl mit Institut von Herrn Prof. Dr.-Ing. *F. Mesch* lag in der Richard-Willstaetter-Allee an der damaligen Peripherie des Hochschulcampus mitten im Wald in unmittelbarer Nachbarschaft zum Karlsruher Wildparkstadion. In den großzügigen Gebäuden war das Institut für Thermodynamik und das Institut für Kälte- und Klimatechnik untergebracht, das nach einer einjährigen Übergangszeit in das Institut für Mess- und Regelungstechnik mit Maschinenlaboratorium übergehen sollte. In der Übergangszeit war Herr *Mesch* Gast mit zunächst drei leeren Räumen. Einen für den Professor, einen für mich und einen für die neu einzustellende Sekretärin. Meine erste Aufgabe war in Abstimmung mit dem Chef der Einkauf von Möbeln für die Räume und die Aufgabe einer Annonce in den *Badischen Neuesten Nachrichten* für die gesuchte Sekretärin. Die Möbel waren schnell eingekauft, wobei sich die Hochschulverwaltung als außerordentlich kooperativ erwies. Auch die Sekretärin war schnell gefunden, eine junge und kluge Saarbrückerin. Als nächstes war die Institutsbibliothek aufzubauen. Herr *Mesch* hatte über seine Berufungszusage hinreichend Mittel zur Verfügung, so dass aus dem Vollen geschöpft werden konnte. Ich überlegte mir ein Klassifikationsschema für die Bibliothek und legte eine Reihenfolge für die Beschaffung fest. Diese wurde über die *Braunsche Universitätsbuchhandlung* abgewickelt. Außerdem stellte ich einen Hilfsassistenten ein, der nach dem Klassifikationsschema die Bücher mit einer Standortnummer versah, Karteikarten für den Katalog anlegte und die Bücher mit einer Klarsichtfolie einband.

Parallel zum Aufbau der Bibliothek erfolgte die Gerätebeschaffung. Im Vordergrund standen zunächst eine messtechnische Grundausstattung sowie die Beschaffung eines leistungsfähigen Analogrechners. Der Chef fing zwischenzeitlich an, seine Vorlesung vorzubereiten, die er im Wintersemester, also ab Oktober 1967, zu halten hatte. Es war die Grundlagenvorlesung „Mess- und Regelungstechnik" für Maschinenbauer und Verfahrenstechniker im 5. Studiensemester. Infolge der Neuaufnahme des Faches Mess- und Regelungstechnik in das Curriculum kamen im ersten Durchgang noch die Studenten des 7. Studiensemesters dazu, so dass insgesamt rund 400 Studenten zu versorgen waren. Die Vorlesung bestand aus drei Vorlesungs- und einer Übungsstunde wöchentlich. Ich hatte die Übung zu halten.

6.2 Lehre

Die Vorbereitung der Übungsaufgaben für den ersten Studentenjahrgang war schwierig, da der Chef mit seiner Vorlesungsvorbereitung jeweils immer nur einen Vorlauf von ca. 2 Wochen hatte, so dass die Übungen quasi in „real time" parallel zur Vorlesung in Nachtschicht erstellt werden mussten. Kurz vor Weihnachten druckste Herr *Mesch*, mit dem mich ein außerordentlich freundschaftliches Verhältnis verband, etwas verlegen herum und meinte, er müsse mir etwas sagen, nämlich dass er zum Jahresende für ca. vier Wochen nach Kiew in das Institut für Automation zu seinem Kollegen *Ivachnenko* ginge. Dieser Aufenthalt sei lange geplant und ließe sich ohne diplomatische Verwicklungen nicht absagen. Ich müsse für den Rest des Semesters alleine zu Recht kommen. Ich kam zu Recht.

Um Ostern 1968 stand die erste Klausur an. Herr *Mesch* machte die Prüfungsaufgaben für den Messtechnik-, ich für den Regelungstechnikteil und jeder rechnete die Aufgaben des jeweils anderen auf Probe. Nachdem die Aufgaben geschrieben und vervielfältigt und die Klausur durchgeführt war, mussten die Elaborate von 400 Kandidaten durchgesehen werden. Eine Sisyphusarbeit! Das Ergebnis war aber ganz ordentlich, so dass der Chef und sein Assistent mit ihren Leistungen doch zufrieden sein konnten. Dies bestätigte auch die durchgeführte Hörerbefragung, die wir trotz der Kritik mehrerer „Altordinarien" vornahmen. Gleichwohl fand das Fach bei den Studierenden als „Mesch- und Rätseltechnik" Eingang in die Annalen.

Zusätzlich zu der Grundlagenvorlesung galt es, eine Vertiefungsvorlesung mit entsprechenden Übungen zu konzipieren und das Labor einzurichten. Aufbauend auf einigen wenigen schon vorhandenen Versuchen aus dem Institut für Kälte- und Klimatechnik waren neue moderne Versuche für ein messtechnisches Praktikum zu erstellen. Dies beinhaltete die Konzeption, die Beschaffung der Hardware und das Erstellen der Versuchsanleitungen. Darüber hinaus meldeten sich mehrere Studenten für Studien- und Diplomarbeiten an. Ich habe in meinem Leben noch nie so viel gearbeitet und so wenig geschlafen wie in dem ersten Jahr bei Herrn *Mesch* an der *Fridericiana*, ich habe aber auch noch nie so viel Freude an meiner Arbeit gehabt wie in dieser Zeit.

Im Lauf des Jahres 1968 bekam Herr *Mesch* dann eine weitere Stelle für einen wissenschaftlichen Mitarbeiter. Es wurde fachlich wie menschlich mit Dipl.- Ing. *D. Kuhr* ein prima Kollege gefunden und damit halbierte sich mein Aufgabenbereich. Im Herbst 1968 übernahm Herr *Mesch* dann das gesamte Vorgängerinstitut. Er verfügte damit über zehn (!) wissenschaftliche Mitarbeiterstellen sowie über eine Werkstatt, die einer kleineren Hochschule zur Ehre gereicht hätte. Für mich bedeutete dies eine weitgehende Freistellung von der frontalen Lehre, und ich konnte mich nunmehr der Forschung, d.h. der Promotion zuwenden.

6.3 Forschung

In der Forschung ließ mir Herr *Mesch* völlig freie Hand. Da ich zügig promovieren wollte, setzte ich mehrere Arbeiten fort, die ich in der Industrie begonnen bzw. in die ich mich bereits dort thematisch eingearbeitet hatte. Zur weiteren Abklärung vergab ich Teilaufgaben an Studenten in deren Studien- bzw. Diplomarbeiten. Zwischenzeitlich hatte ich bis zu fünf Studenten mit ihren Arbeiten parallel zu betreuen. Ende 1968/ Anfang 1969 blieben zwei Themenbereiche als Dissertationsschrift übrig. Ein raumfahrttechnisches Thema - weitgehend ohne Mess- und Regelungstechnik - und ein Thema aus der Regelungstheorie mit Anwendung in der Raumfahrttechnik. Bei dem ersten Thema handelte es sich um die Entwicklung eines physikalischen Modells und einer daraus folgenden anwendungsorientierten Vorgehensweise zur Ermittlung der aerodynamischen Kraft- und Momentenbeiwerte von Erdsatelliten, die benötigt werden, um Lageregelungssysteme auszulegen und die Lebensdauer von Satelliten zu berechnen, wenn sich diese in niedrigen Flughöhen bewegen. Das zweite Thema entstammte den Arbeiten, die ich im Rahmen des Projektes ASTRID im Hause Dornier durchgeführt hatte. Ich stellte mir die Aufgabe, ein Regelungssystem zu entwerfen, das eine drallstabilisierte Nutzlast auf einen bestimmten Zielpunkt des Raumes zeit- bzw. verbrauchsoptimal ausrichtet und dort für eine gewisse Zeit hält. In Erweiterung zum Projekt ASTRID sollte der Ausrichtvorgang allerdings so erfolgen, dass dabei ein vorgegebener Sektor des Himmels abgetastet wird und die Sensoren diesen Sektor nicht verlassen. Es handelte sich hierbei um eine schwierige Variationsaufgabe mit beschränkten Zustandsvariablen, für die bis dato noch keine anwendungsorientierten Verfahren vorlagen. Nach längerer und ausführlicher Diskussion mit Herrn *Mesch*, meinem Doktorvater, und auch nach Beratung mit *Peter S.* entschied ich mich für das anspruchsvollere Thema aus der Regelungstheorie. Zu Anfang 1970 legte ich die Dissertationsschrift „Beiträge zur optimalen Steuerung von drallstabilisierten Flugkörpern" vor. Infolge terminlicher Schwierigkeiten bei den Referenten fand die mündliche Prüfung allerdings erst kurz vor Weihnachten 1970 statt. Die Zeit dazwischen nutzte ich mit Veröffentlichungen und Vorträgen zur wissenschaftlichen Weiterqualifikation. Außerdem begann ich mit der Konzipierung einer möglichen Habilitationsschrift. An Veröffentlichungen sind im Zeitraum 1969 - 1971 besonders zu erwähnen der Buchbeitrag in *F. Mesch, Messtechnisches Praktikum für Maschinenbauer und Verfahrenstechniker, BI Verlag, Mannheim 1970,* der Beitrag über die Berechnung der aerodynamischen Kraft- und Momentenbeiwerte von Satelliten in den *Preprints* und *Proceedings zum 3. IFAC (International Federation of Automatic Control)-Symposium on Automatic Control in Space* (Toulouse 1970) und der Beitrag zur zeit- und verbrauchsoptimalen Regelung von drallstabilisierten Flugkörpern in den *Preprints* und *Proceedings zum 4. IFAC-Symposium on Automatic Control in Space* (Dubrovnik 1971). Außerdem fallen in diese Zeit erste Arbeiten zur numerischen Lösung von Optimierungsproblemen, die beim VDI/VDE (Frankfurt 1971) und auf dem *2. IFAC-Symposium on*

Multivariable Technical Control Systems (Düsseldorf 1971) vorgestellt wurden.

Zum IFAC-Symposium in Toulouse noch einige Bemerkungen: Das Symposium fand im April 1970 statt und dauerte eine Woche. Herr *Mesch* und ich reisten von Straßburg aus über Paris mit dem Flugzeug nach Toulouse, zwei befreundete Kollegen aus Stuttgart nutzten den Pkw. Am Symposium nahmen mehrere hundert Teilnehmer aus den führenden Luft- und Raumfahrtnationen teil. Erstmals war auch eine zahlenmäßig starke Delegation aus der Sowjetunion auf einer Konferenz „im Westen" vertreten. Darunter war Prof. Dr. *V. V. Beletskii* vom Institut für Angewandte Mathematik der Akademie der Wissenschaften der UdSSR. *Beletskii* war einer der führenden russischen Raumfahrtdynamiker; er war mir durch eine Reihe seiner Arbeiten aus der Literatur bekannt. In Toulouse trug er über ein Thema vor, das enge Bezüge zum Vortrag *Lunderstädt/Mesch* hatte. Dadurch ergab sich über das stattgefundene Fachgespräch hinaus ein engeres persönliches Kennenlernen. Die Chemie stimmte, wir mochten uns.

Beletskii war eine beeindruckende Persönlichkeit. Er hatte gleichwohl ein großes persönliches Handicap, er war taub. Dennoch konnte man sich gut mit ihm verständigen, er sprach fließend Deutsch, den Text seines Gesprächspartners las er von dessen Lippen ab, wie man das auch von anderen Gehörlosen kennt. *Beletskii* war auch ein leidenschaftlicher und exzellenter Tänzer, wobei er die Musik über seine Füße detektierte, die den durch den Tanzboden übertragenen Körperschall empfingen.

Bei Konferenzen in Größenordnungen des Symposiums in Toulouse ist es üblich, dass ein umfangreiches Begleitprogramm (social affairs) angeboten wird, ein Halbtag ist vortragsfrei und steht den Teilnehmern zur freien Verfügung. Die beiden Stuttgarter Kollegen boten sich diesbezüglich an, mit *Beletskii* und mir einen Ausflug in die Pyrenäen zu machen. Ich fand die Idee prima und auch *Beletskii* stimmte zu. Wir starteten mittags und machten nach 1½ Stunden Fahrt eine erste Rast in einem Bistro in einem kleinen französischen Dorf. Dabei stellte *Beletskii* fest, dass sein Schal abgängig war, wobei man wissen muss, dass es im April im Pyrenäen-Vorland noch ganz schön kalt ist. Wir beschlossen und boten *Beletskii* an, ihm einen neuen Schal zu kaufen. Er nahm zwar das Angebot an, hielt es aber nach den Erfahrungen aus seinem Land für unmöglich, in einem Dorf im Hinterland einen Schal zu bekommen. Wir fragten im Bistro nach einem Textilgeschäft und landeten in einem kleinen, aber ansprechenden Laden. Wir teilten der Ladenbesitzerin, einer älteren Dame, unseren Wunsch mit, worauf diese uns auf ihrem Ladentisch eine Kollektion von ca. zehn Schals ausbreitete. *Beletskii* kam aus dem Staunen nicht heraus. Es war für ihn unfassbar, dass man in einem kleinen französischen Dorf eine derartige Kollektion von Schals vorrätig hatte. Natürlich konnte er sich nicht entscheiden. Wir kauften ihm daraufhin zwei, wobei die Ladenbesitzerin uns einen Vorzugspreis einräumte. Nachdem wir abgerechnet hatten, umarmte ein überglücklicher *Beletskii* die Ladenbesitzerin herzlich.

Im weiteren Fortgang unseres Ausflugs taute *Beletskii* zunehmend auf. Wir diskutierten die allgemeine weltpolitische Lage, wobei er deutlich am System seines Landes Kritik übte. Als wir ihn vorsichtig darauf ansprachen, meinte er, in einem Pkw der Marke Mercedes-Benz könne man doch wohl nicht abgehört werden (?). Zum Ende unserer Reise stellte *Beletskii* Fragen zum Preisgefüge in unserem Land. Konkret: Was kosten ein Pfund Butter, ein Paar Schuhe, ein Auto und was verdienen ein Arbeiter, ein Lehrer, ein Professor, …? Wir beantworteten seine Fragen, wobei einer der Stuttgarter Kollegen die Verdienstmöglichkeiten eines Vertreters erwähnte. *Beletskii* stutzte und fragte „Was ist Vertrrräter?" Wir erklärten ihm dies regelungstechnisch an Hand eines Blockschaltbildes. Wir skizzierten zwei Übertragungsglieder in Reihe. In das erste schrieben wir Fabrik: Fertigung/Produktion mit dem Eingang Rohstoffe und dem Ausgang Produkte/Waren. Dies war der Eingang in das zweite Übertragungsglied, in das wir Geschäft/Kaufhaus schrieben mit dem Ausgang gekaufte Artikel. Dann skizzierten wir zwischen die beiden Übertragungsglieder ein drittes, das wir Vertreter nannten. *Beletskii* überlegte kurz und sagte dann trocken: „Verstähe, ist sich Schmarotzer".

Am Ende des Symposiums verabschiedete ich mich sehr herzlich von *Beletskii*. Er äußerte den Wunsch, mit mir in brieflichem Kontakt zu bleiben und er wäre stolz, wenn er eine seiner Arbeiten in Deutschland publizieren könnte. Ich versprach ihm, mich darum zu kümmern. Ich besprach die Angelegenheit mit Herrn *Mesch*. Er empfahl, mit der damaligen *Zeitschrift für Flugwissenschaften (ZfW)* Kontakt aufzunehmen und die Möglichkeit der Veröffentlichung einer von *Beletskii* verfassten Arbeit zu eruieren. Die Redaktion der *ZfW* war aufgeschlossen. Ich nahm mir daraufhin die letzte von *Beletskii* verfasste Arbeit vor, die aus dem Russischen ins Englische übersetzt und in der Zeitschrift *Automation and Remote Control* veröffentlicht worden war. Die Arbeit hatte allerdings zwei gravierende Mängel. Die Übersetzung war mangelhaft und inhaltlich teilweise falsch, und der Umfang war mit ca. 40 Seiten viel zu groß. Bei der Nachübersetzung half *Peter S.*, der aus der russischen Originalarbeit heraus vorhandene Unstimmigkeiten klärte. Das Übersetzen ins Deutsche und das wissenschaftliche Bearbeiten war dann meine Aufgabe. So erschien dann 1973 in der *ZfW* die auf acht Seiten von mir gekürzte und bearbeitete Veröffentlichung „Der Einfluß der aerodynamischen Momente auf die Drehbewegung der Proton-Satelliten", von *V. V. Beletskii*.

Beletskii hat sich über diese seine Arbeit sehr gefreut. Im Laufe der Jahre schlief der Schriftwechsel mit ihm ein, er antwortet nicht mehr. Auf einer späteren Konferenz richtete mir ein Kollege von ihm seine Grüße aus. Es ginge ihm nicht gut, er sei politisch in Ungnade gefallen. Westkontakte seien für ihn tabu. Der Kollege überreichte mir ein Lehrbuch von ihm. In diesem befanden sich in Ergänzung zu seinen wissenschaftlichen Ausführungen diverse Karikaturen, die mit dem eigentlichen Inhalt des Buches gar nicht im Zusammenhang standen. *Peter S.* interpretierte sie und erkannte darin eine gut verpackte, aber ätzende Systemkritik an den politischen Zuständen seines Landes.

Nun zurück zur Forschung *Lunderstädt*.

Nach Abschluss des Promotionsverfahrens war ich mit Herrn *Mesch* übereingekommen, noch ca. ein Jahr am Institut zu bleiben, um dann wieder in die Industrie zu wechseln. Besonders *Peter S.* bedrängte mich dagegen sehr, mich zu habilitieren. Herr *Mesch* und ich waren diesbezüglich relativ lustlos. Dennoch machte ich mir weitere Gedanken über ein mögliches Thema.

Bei der Karlsruher Fakultät für Maschinenbau (zuvor Fakultät für Maschinenbau und Verfahrenstechnik) handelte es sich um eine sehr große Fakultät mit damals um die 300 bis 400 Studienanfängern. Entsprechend groß waren die Zahl der Institute und die des wiss. Personals sowie des Technik- und Werkstattpersonals. Für den jeweiligen Dekan war es nicht einfach, solch einen großen und heterogenen Bereich zu leiten. Zudem war es die Zeit der Studentenrevolten, auch wenn diese an den Technischen Hochschulen relativ glimpflich abliefen. Immerhin saß der akademische Mittelbau jetzt in den verschiedenen Gremien der Universität und konnte konstruktiv oder auch destruktiv mitwirken. Deshalb sprach man mich infolge meiner Industrieerfahrung und der damit verbundenen Abgeklärtheit von Professorenseite an, ob ich nicht als „Mittelbauer" als Mitglied meiner Gruppe für die Mitgliedschaft in der Fakultät kandidieren wolle. Im Falle einer Wahl könnte ich dann auch den Dekan bei seinen diversen Aufgaben unterstützen. Herr *Mesch* stimmte dem zu, obwohl er damit auf Zeit praktisch einen Assistenten abgab. Ich überlegte mir die Angelegenheit, bedeutete es doch ein längeres Verweilen an der Universität und damit auch eine Entscheidung pro Habilitation. Ich kandidierte, wurde gewählt und hatte eine lehrreiche Zeit unter dem Dekanat von Prof. Dr. *Jürgen Zierep*, der Fachwelt als ausgewiesener Strömungsmechaniker wohl bekannt. Diese Zeit als „Fakultätsassistent" hat mir für meinen späteren Werdegang als Hochschullehrer sehr genützt. Parallel zur Arbeit in der Fakultät wurde allerdings fleißig geforscht, publiziert, auf Kongressen vorgetragen und natürlich an der Habilitationsschrift gearbeitet. So wurde es Anfang 1973. Es waren von mir bisher 23 Originalarbeiten publiziert und 13 Vorträge vor größeren wiss. Gremien gehalten worden. Außerdem stand die Habilitationsschrift vor ihrem Abschluss. Es war an einem Montag Ende Februar. Herr *Mesch* war vom Skilaufen in der Schweiz zurück und kam in die mittägliche Kaffeerunde der Assistenten. Ich galt dort als der „Wehrexperte", da mich Militärpolitik und auch die Technik bei der Bundeswehr sehr interessierte und ich diesbezüglich auch mittlerweile über ein gewisses Fachwissen verfügte. Herr *Mesch* „nahm mich gleich an" und fragte: „Sie haben doch sicher die letzte *Zeit* gelesen?" Ich verneinte. „Da haben Sie etwas verpasst, die Bundeswehr gründet nämlich eigene Hochschulen und zwar in Hamburg und München" fuhr er fort. Weiter ergänzte er: „Für Hamburg sind fünf Stellen ausgeschrieben, darunter eine C4-Stelle für Regelungstechnik im Maschinenbau. Sie ist zum 01.01.1974 zu besetzen". Es war dies der Zeitpunkt, an dem ich nach erfolgter Habilitation das Institut verlassen wollte. In der Assistentenrunde gab es ein großes Hallo und man drängte mich zu einer Bewerbung. Herr *Mesch* und die Kollegen wollten wissen, wie mein Marktwert und damit auch ihrer durch die Fachwelt eingeschätzt würde. Ich holte mir bei der Institutssekretärin die *Zeit*, um die Annonce im Originaltext zu lesen. Dabei stellte ich fest, dass bereits in wenigen Tagen Bewerbungsschluss war. Ich legte einige Nachtschichten ein, stellte die Bewerbungsunterlagen zusammen und konnte *Peter S.*, meinen Doktorvater *F. Mesch* und meinen Korreferenten im Promotionsverfahren, *O. Föllinger*, als Gutachter gewinnen. Ich sandte die Unterlagen ab. Nach wenigen Tagen erhielt ich eine Eingangsbestätigung, dann hörte ich nichts mehr. Eine Woche vor Gründonnerstag traf ein Eilbrief ein, in dem ich auf Gründonnerstag zur Vorstellung in die Bibliothek des Instituts für Mechanik an der Universität Hannover gebeten wurde. Ich beriet mich mit Herrn *Mesch*. Er fand dies auch alles etwas merkwürdig. Er meinte aber, ich solle auf jeden Fall einen Berufungsvortrag vorbereiten und mich auch auf die Inhalte einer Vorlesung für „Mess- und Regelungstechnik" einstellen.

Ich fuhr am Mittwoch vor Ostern mit meinen VW-Käfer nach Hannover. Nachdem ich mir ein Hotel in der Nähe der Uni gesucht hatte, nahm ich die Fazilitäten in der Uni in Augenschein. Am nächsten Morgen fand ich mich pünktlich dort ein. Im Foyer des Instituts für Mechanik wartete bereits ein gestandener C3-Professor auf seinen Auftritt nach mir und aus der Bibliothek kam ein weiterer C3-Professor, der seinen Auftritt gerade hinter sich hatte. Dieser war auch noch aus Hannover. Meine Chancen als „Youngster" standen also erdenklich schlecht, wobei natürlich auch noch unklar war, wer sich sonst noch beworben hatte und von der Berufungskommission in die engere Wahl genommen war. Ich wurde in die Bibliothek hinein gebeten und vom Vorsitzenden freundlich begrüßt. Die Kommission bestand bis auf zwei Bundeswehrangehörige ausschließlich aus Professoren der Universität Hannover, die für die Bundeswehr in Amtshilfe tätig waren. Zwei der Kommissionsmitglieder waren mir persönlich bekannt: O. *Mahrenholtz*, Professor für Technische Mechanik und M. *Thoma*, Professor für Regelungstechnik. Der Vorsitzende kam sofort zur Sache und meinte, man habe meine Unterlagen genau studiert und könne deshalb auf einen Berufungsvortrag verzichten. Ich solle vielmehr den Inhalt einer von mir zu haltenden Grundlagenvorlesung über Regelungstechnik an die Tafel schreiben. Ich tat dies, es ergaben sich einige wenige Rückfragen. Dann fuhr der Vorsitzende fort und meinte, am Beginn könne die Bundeswehr aus haushaltstechnischen Gründen nicht alle für ein vollständiges Curriculum benötigten Stellen besetzen und die Erstberufenen müssten deshalb für eine gewisse Zeit auch in anderen Fächern aushelfen. Bei mir dächte man da an die Messtechnik. Er fragte mich, ob ich dazu bereit sei. Als ich dies bejahte, bat er mich, auch den Inhalt meiner möglichen Messtechnikvorlesung an die Tafel zu schreiben. Dies war natürlich für mich ein Heimspiel. Schließlich fragte er auch noch nach einem aufzubauenden messtechnischen Praktikum: Anzahl der Versuche, deren Inhalte, die dafür benötigte Laborfläche und die Kosten für die zu beschaffenden Gerätschaften. Dies hatte ich in Karlsruhe wenige Jahre zuvor unter der Ägide von Herrn *Mesch* alles schon einmal im wirklichen Leben durchgeführt. Insofern gab ich eine Lehrstunde für die Berufungskommission ab. Die war hoch zufrieden und Prof. *Thoma* nickte besonders freundlich. Ich wurde entlassen und fuhr nach Karlsruhe zurück, mit einem Zwischenstopp in Radevormwald bei meinen Eltern, wo ich bis Ostermontag blieb. Am Dienstag berichtete ich dann im Institut über meine Erlebnisse in Hannover und forcierte meine Anstrengungen an meiner Habilitationsschrift. Die Bundeswehr trat wieder in den Hintergrund. Kurz vor Pfingsten kam abends Herr *Mesch* in mein Büro und meinte, ich solle schon einmal anfangen zu packen. Prof. *Thoma* habe ihn gerade angerufen und ihm mitgeteilt, dass die Berufungskommission mich einstimmig auf Platz eins einer Dreierberufungsliste platziert habe. Ausschlaggebend sei insbesondere meine Zusatzpräsentation in der Messtechnik gewesen sowie meine militärpolitischen Kenntnisse verbunden mit meinem jugendlichen Alter und meinem Naturell, von dem man sich gerade für die Neugründung einer Hochschule für Soldaten viel verspreche. Wenige Tage später kam ein Brief von *Georg Leber*, dem damaligen Bundesminister der Verteidigung, in dem mir der Ruf dann offiziell mitgeteilt wurde.

6.4   Institutsleben

Die Mitarbeiter im Karlsruher Institut für Mess- und Regelungstechnik waren eine verschworene Gemeinschaft. Unter Leitung von Herrn *Mesch* wurde in Forschung und Lehre hart gearbeitet, wobei der Chef auf große Selbst- und Eigenständigkeit Wert legte. Zu gegebenen Anlässen wurde aber auch hart gefeiert. Hierzu standen das Kesselhaus im Maschinenlaboratorium und die Hütte des Kältetechnischen Vereins im oberen Gaistal bei Bad Herrenalb zur Verfügung. Letztere wurde durch einen Bergbauern nebenan verwaltet, der das Eigenbrennrecht zur Destillation von Pflaumen- und Kirschwasser besaß. Insofern mangelte es bei den diversen Feiern am Lagerfeuer nicht an hochprozentigem Nachschub.

Auch die sportliche Körperertüchtigung kam im Institutsleben nicht zu kurz. Mittwochmorgens vor Dienstbeginn war unter Leitung des Chefs Schwimmen im *Tulla*-Bad angesagt, Freitagnachmittags fand unter meiner Leitung ein ca. 5 bis 7 km langer Geländelauf im nahe gelegenen *Hardt*wald statt. Hinter dem Rücken des Chefs wurden auch Schießübungen mit den Jagdwaffen meines Vaters durchgeführt. Der in unserer Institutswerkstatt tätige Schlossermeister *Fieser* war bei *Erwin Rommel* in Afrika Waffenmeister gewesen. Er wartete im jährlichen Abstand gegen Naturalien (Hase, Fasan, …) die Hand- und Faustfeuerwaffen meines Vaters. Natürlich mussten diese anschließend ausprobiert werden. Dafür war die Lage des Instituts mitten im Wald hervorragend geeignet. Für „Insider" sind noch heute Spuren unseres Wirkens sichtbar.

Wenn im Leben auch alles seine Zeit hat, so fiel mir der Abschied von Karlsruhe doch sehr schwer, egal, ob nun zurück in die Industrie oder zur Bundeswehr nach Hamburg. Bis zur Emeritierung von Herrn *Mesch* in 2001 habe ich jährlich die Weihnachtsfeiern des Instituts besucht und wenn es zeitlich machbar war, auch die Sommerfeste in Karlsruhe oder Umgebung, je nachdem, wo sie stattfanden. Zu Herrn *Mesch* besteht auch heute noch ein enger persönlicher Kontakt.

7. Hochschullehrer in Hamburg, Teil 1

Im Juni 1973 begann ich mit Berufungsverhandlungen im Bundesministerium der Verteidigung (BMVg) in Bonn. Die Verhandlungen seitens der Ministerialbeamten in Bonn waren durch eine große Unsicherheit gekennzeichnet, hatte man doch mit Hochschulen und Hochschullehrern keinerlei Erfahrungen, außer denen als Student, der man vor langer Zeit einmal selbst gewesen war. Gleichwohl, die Verhandlungen verliefen zügig und wir waren uns über die persönlichen Bezüge schnell einig. Dann begann der schwierigere Teil der Verhandlungen, nämlich der in Hamburg, wo es um die Ausstattung im Hinblick auf Personal, Räume und Sachmittel ging. Nach meinem ersten Besuch in Hamburg im September 1973 war mir klar, da gehe ich niemals hin. Es gab zwar mit der Douaumont-Kaserne, dem künftigen Standort der Hochschule, ein großzügiges Areal, aber für einen Universitätsbetrieb war davon auch gar nichts zu gebrauchen. Zudem waren die Vorstellungen über die Ausstattung geradezu aberwitzig. Für den gesamten Fachbereich Maschinenbau waren zwar 30 Professuren geplant, aber außer fünf Laborleitern keinerlei wissenschaftliche Mitarbeiter. Mit den Sekretariaten und dem technischen Personal verhielt es sich ähnlich. Auch die zu erstellenden Räumlichkeiten waren weltfremd. Für die Professorenzimmer waren disfunktionale „Karnickelställe" von 14-16 m^2 Größe vorgesehen, als Laboratorien dachte man an ein gemeinsames Großlabor für alle zu vertretenden Fachdisziplinen. Lediglich beim Geld war die Lage besser, dies wohl deshalb, weil man infolge der Kosten bei Rüstungsprojekten an größere Summen gewöhnt war. Dies war die Situation, die ich in Hamburg vorfand und die die ersten Studenten vorfinden würden, die am 01.10.1973 ihr Studium zu beginnen hatten.

Ich beriet die Lage mit meinem Chef und auch mit *Peter S.*. Beide rieten mir, ein Aide-Mémoire meiner Vorstellungen zu verfassen und dieses dem Minister zuzuleiten. Man würde dann sehen, was passiert. Parallel nahm ich mit der Firma Dornier Kontakt auf, um mir zum 01.01.1974 eine Wieder- bzw. Neueinstellung zu sichern. Das Habilitationsverfahren blies ich ab, obwohl die Habilitationsschrift zu 90 % fertig gestellt war (Zitat *Peter S.*: „Als berufener ‚Ordinarius' habilitiert man sich nicht mehr".). Ich machte daraus zusammen mit meinem Freund *Eberhard Hofer*, der als Mathematiker ein ergänzendes mathematisches Kapitel beisteuerte, ein Lehrbuch, das 1975 unter dem Titel *„Numerische Methoden der Optimierung"* im renommierten *Oldenbourg*-Verlag erschien (Russische Übersetzung 1981). Ansonsten konnte ich in 1973 noch sechs wissenschaftliche Originalarbeiten veröffentlichen und vier wissenschaftliche Vorträge, davon zwei international, halten.

Kurz vor Weihnachten 1973 gab ich in Karlsruhe meinen Abschied mit dem Versprechen, häufig besuchsweise wiederzukommen und den Kontakt nicht abreißen zu lassen. Das Versprechen wurde gehalten.

7.1 Die Aufbauphase in Hamburg

Mein Brief an den Minister zeigte Wirkung. Auf Mitte September wurde ich durch den Gründungsausschuss für die Hochschule der Bundeswehr Hamburg (HSBwH) und dessen Vorsitzenden zu einer Sitzung nach Hamburg eingeladen. Der Gründungsausschuss bestand aus einer bunten Truppe von Mitgliedern unterschiedlicher Fachdisziplinen sowie einigen ausgewählten Bundeswehrangehörigen. Die Mehrzahl waren Geistes- und Sozialwissenschaftler. Ingenieure und Naturwissenschaftler waren unterrepräsentiert.

Mein Papier an den Minister wurde unter Leitung des Vorsitzenden ausführlich diskutiert, wobei mich sein Verhandlungsgeschick und seine intellektuelle sowie seine persönliche Breite tief beeindruckten, auch wenn wir weltanschaulich, aber auch in der Sache, ganz weit auseinander lagen. Der Vorsitzende, Prof. Dr. *Thomas Ellwein*, war ein Spitzenmann!

Natürlich wurde mein Papier als von gestern und damit als „reaktionär" verworfen. Ich verließ die Sitzung, um mit meinem Bruder, der mich bei der Fahrt nach Hamburg begleitet hatte, eine Hafenrundfahrt zu machen. Ansonsten war mir klar: Ich gehe zu Dornier in die Industrie. Nach Verlassen des Sitzungssaals folgten mir der Vorsitzende der Berufungskommission aus Hannover, die mich auserwählt hatte und der Mitglied im Gründungsausschuss war, Prof. Dipl.-Ing. *A. Wangerin*, und der Vorsitzende des sogenannten Aufstellungsstabes für die Errichtung der Hochschule der Bundeswehr Hamburg, der Leitende Regierungsdirektor *A. Köhler*, und versicherten mir ihre Solidarität. Sie seien in allen Punkten meiner Meinung und wir sollten uns doch nach Beendigung der für den ganzen Tag angesetzten Sitzung und nach der Beendigung meiner Hafenrundfahrt treffen, um über die Dinge nochmals zu sprechen. Ich stimmte zu.

Wir trafen uns am Abend bei einem bzw. mehreren Gläsern Bier. Das Ergebnis war, dass mir beide Herren klar machten, die neue Hochschule bräuchte mehr Professoren so wie mich. Ich könne durch Mitwirkung bei der Berufung der noch ausstehenden Professoren selbst mit dafür sorgen, die Dinge in die richtige Richtung zu bewegen. Im Übrigen sei bei der Struktur der neuen Hochschule noch alles offen, egal, was der Gründungsausschuss debattiere. Ich müsse nur zusagen und mitgestalten.

Ich fuhr sehr nachdenklich von Hamburg zurück. An den folgenden Tagen wurde mit den Herren *Köhler* und *Wangerin* viel telefoniert und ich traf mich mit Prof. Dr.-Ing. H. D. *Baehr* in Bochum, einem renommierten und international ausgewiesenen Hochschullehrer für Thermodynamik, der ebenfalls zur Berufung in Hamburg anstand. Wir diskutierten das Für und Wider und kamen letztlich jeder für sich zu dem Entschluss: Wir machen das! So begann ich am 01.01.1974 an der neu gegründeten Hochschule der Bundeswehr in Hamburg als Professor für Regelungstechnik im Fachbereich Maschinenbau meinen Dienst, der dann ziemlich genau 30 Jahre dauern sollte.

a) Vorgeschichte zur Gründung der Hochschulen der Bundeswehr

Um die Gründung bundeswehreigener Hochschulen zu verstehen, muss man zum Ende der 60er Jahre zurückgehen. In dieser Zeit litt die Bundeswehr (Bw), insbesondere bei den Offizieren, unter erheblichem Nachwuchsmangel. Die Gründe hierfür waren vielschichtig. Zum einen war die politische Lage in unserem Lande nicht gerade bundeswehrfreundlich. Stichworte: Kalter Krieg, beginnende Nachrüstungsdiskussion, Studentenrevolten, … . Zum anderen waren es aber auch Strukturprobleme der Bundeswehr selbst. Das Offizierskorps der Bw bestand (und besteht) aus ca. 35 % Berufsoffizieren und ca. 65 % Zeitoffizieren, die mehrheitlich nach max. 12 Dienstjahren die Bundeswehr verlassen. Dieser Gruppe fiel es zunehmend schwerer, auf dem zivilen Arbeitsmarkt Fuß zu fassen, da sie über ihr militärisches Können hinaus über sonst keine Fachkenntnisse verfügte. Weiter fehlten der Bundeswehr aber auch selbst auf verschiedenen Gebieten Fachleute, die sie als sogenannte „Seiteneinsteiger" anzuwerben versuchte oder sie sandte besonders Auserwählte an öffentliche Hochschulen und Universitäten zum Studium. Letztlich sah die politische Führung unseres Landes in der Bundeswehr nach wie vor Defizite beim Leitbild des Soldaten als „Staatsbürger in Uniform", das bei der Neuaufstellung deutscher Streitkräfte in den 50er Jahren durch *Wolff Graf von Baudissin* entworfen worden war.

Zur Aufarbeitung der geschilderten Problematik setzte der damalige Bundesminister der Verteidigung, *Helmut Schmidt*, 1970 „Die Kommission zur Neuordnung der Ausbildung und Bildung in der Bundeswehr" ein. Die Kommission hatte 24 Mitglieder: 12 Soldaten unterschiedlicher Dienstgrade sowie 12 Vertreter des öffentlichen Bildungs- und Wissenschaftsbereichs sowie gesellschaftlicher und wirtschaftlicher Gruppen und Interessensverbände. Zum Vorsitzenden wurde der Direktor des Sozialwissenschaftlichen Instituts der Bundeswehr, Prof. Dr. *Thomas Ellwein*, bestellt.

Die Kommission legte 1971 dem Bundesminister der Verteidigung ihr Gutachten vor. Für den Teilbereich der Offiziersausbildung empfahl die Kommission für Berufsoffiziere und für Zeitoffiziere mit einer Verpflichtungszeit von mindestens 12 Jahren ein wissenschaftliches Studium in für die Bundeswehr wichtigen Fachdisziplinen.

Nach einer längeren öffentlichen Diskussion entschied der Bundesminister der Verteidigung zu Beginn 1972, zwei eigene Hochschulen zu errichten, eine in Hamburg und eine in München, wobei jeweils die örtlichen Gegebenheiten (Infrastruktur und schon vorhandene Ausbildungseinrichtungen der Bw) ausschlaggebend waren; vielleicht trugen die Standorte Hamburg und München aber auch den politischen Verhältnissen in der Bundesrepublik Rechnung: Hamburg - „rot", München - „schwarz" bzw. „blau". Das Bundeskabinett machte sich die Entscheidung des Bundesministers der Verteidigung am 05. Mai 1972 zu eigen, der Verteidigungsausschuss des

Deutschen Bundestages stimmte am 14. Februar 1973 zu. Damit war die Hochschule der Bundeswehr Hamburg mit den Fachbereichen (Fakultäten) Elektrotechnik-ET, Maschinenbau-MB, Pädagogik-PÄD und Wirtschafts- und Organisationswissenschaften-WOW politisch auf den Weg gebracht.

Da im föderalen System der Bundesrepublik Deutschland die Kulturhoheit bei den einzelnen Bundesländern liegt, kann der Bund nicht ohne weiteres Hochschulen gründen, insbesondere dann nicht, wenn staatlich anerkannte Abschlüsse vergeben werden sollen. Deshalb trat die Bundesregierung mit der Freien und Hansestadt Hamburg (ebenso mit dem Freistaat Bayern) in entsprechende Verhandlungen ein. Diese führten am 03. Oktober 1972 zu einem Verwaltungsabkommen, in dem die Errichtung der Hochschule der Bundeswehr Hamburg sowie die Verleihung staatlich anerkannter Abschlüsse (Diplom, Magister) geregelt wurden. Außerdem wurde das Hamburger Universitätsgesetz entsprechend ergänzt. Die Hochschule der Bundeswehr Hamburg (HSBwH) wurde damit eine Hamburger Hochschule mit dem Bund als Träger und dem Senator für Wissenschaft und Kunst der Freien und Hansestadt Hamburg als „Aufsichtsführenden".

Nachdem die formalen Voraussetzungen zur Errichtung und für den Betrieb der Hochschule erfüllt waren, setzte der Bundesminister der Verteidigung am 16. Oktober 1972 für diese einen Gründungsausschuss ein, der die Vorarbeiten für den Studienbetrieb zu erarbeiten hatte. Der Gründungsausschuss bestand aus 14 Mitgliedern - mit *Thomas Ellwein* als Vorsitzendem. Dem Gründungsausschuss oblag insbesondere die Mitwirkung bei der Berufung des „Lehrkörpers", die Erarbeitung einer (vorläufigen) Grundordnung, die Erstellung einer (vorläufigen) Wahlordnung, die Fortentwicklung der Curricula und die Erarbeitung von (vorläufigen) Studien- und Prüfungsordnungen. Dem Gründungsausschuss stand bundeswehrseitig ein sogenannter Aufstellungsstab zur Seite, der sich um die vielfältigen Probleme der zu schaffenden Infrastruktur für Forschung und Lehre der HSBwH zu kümmern hatte. Er wurde von *A. Köhler*, dem späteren Leiter der Wehrbereichsverwaltung in Kiel, geleitet. Die Arbeit des Aufstellungsstabes war eminent wichtig und stand der Bedeutung des Gründungsausschusses in nichts nach.

Der Gründungsausschuss beendete seine Tätigkeit mit der konstituierenden Sitzung des neu gewählten Akademischen Senats am 23.01.1974. Sein bisheriger Vorsitzender wurde erster Präsident der HSBwH.

Die beiden Hochschulen der Bundeswehr wurden als Reformhochschulen gegründet. Die Reform betrifft sowohl Ablauf als auch Inhalt des Studiums. Infolge der überlangen Studienzeiten an den öffentlichen Hochschulen wurde entschieden, das Studium in Trimestern zu organisieren. Auf diese Weise konnte ein Diplomstudiengang in 3 bis 4 Jahren absolviert werden, während dies an einer Landeshochschule 5 bis 6 Jahre dauerte. Erreicht wird dies durch eine Campushochschule mit kurzen Wegen und guter Infrastruktur sowie durch ein gutes Betreuungsverhältnis zwischen Lehrenden und Lernenden und natürlich auch durch die finanzielle Unabhängigkeit der Studierenden.

Der Beruf des Offiziers erfordert über das Fachstudium hinaus weitere Schlüsselqualifikationen. Insbesondere Personal- und Menschenführung, aber auch politische Bildung und die Kenntnis historischer Zusammenhänge sind unverzichtbar. Deshalb sind dem Fachstudium erziehungs- und gesellschaftswissenschaftliche Anteile hinzugefügt worden, die für alle Studierenden obligatorisch sind. Weiterhin ist außerhalb der Studiengänge auch eine Sprachausbildung verpflichtend und natürlich Sport, wobei aus einem großen Angebot gewählt werden kann.

b) Aufbau von Struktur und Infrastruktur

Bei meinem Dienstantritt wurde mir in einem alten, aber renovierten Kasernengebäude ein Büro zugewiesen, das mit Einheitsmöbeln aus der Truppe ausgestattet war. Zudem bekam ich ein „Deck" höher einen Wohn-/Schlafraum als Truppenunterkunft. Dies war sehr praktisch, man konnte so rund um die Uhr arbeiten, ohne das Gelände verlassen zu müssen.

Als Büroausstattung erhielt ich eine Schreibtischunterlage, einen Block nebst Bleistift, einen Locher und einige Aktendeckel. Zur Kommunikation nach außen gab es ein Telefon. Es war dies ein sogenannter C-Apparat. Er hatte die unterste Berechtigungsstufe, mit der man nach „draußen" nur über die Zentrale und dies auch nur mit spezieller Genehmigung telefonieren konnte. Gleichwohl, es wurde angepackt.

Da ich in 1974 noch keine Lehrveranstaltungen abzuhalten hatte, konnte ich mich um den Aufbau von Struktur und Infrastruktur kümmern. Ein Schwerpunkt waren die diversen Berufungskommissionen, in denen ich maßgeblich mitwirkte. Es war dies eine ganz wichtige Aufgabe, um ein fachlich kompetentes, aber auch kooperatives Kollegium zu schaffen. Des Weiteren wirkte ich in der Bibliothekskommission - zwischenzeitlich auch als deren Vorsitzender - mit, um den Aufbau dieser für die Hochschule so wichtigen Einrichtung voran zu bringen.

Für die Erstellung der neuen Hochschulgebäude war die Planungsgesellschaft Heinle, Wischer und Partner aus Stuttgart bestellt worden. Diese sehr fähigen Architekten und Bauingenieure gingen zielstrebig ans Werk. Es war aber ihr erster größerer Hochschulbau, man musste deshalb an mehreren Stellen funktional nachbessern. Ein Beispiel waren die Büroräume für Professoren, wiss. Mitarbeiter und die zugehörigen Sekretariate. Hier stimmte weder die Anzahl - man hatte schlichtweg vergessen, Fläche für Drittmittelpersonal vorzuhalten - noch die Größe der Zimmer. Für Professoren waren brutto 16 m^2 vorgesehen, was netto - nach Abzug der Flächen für die Radiatoren der Klimageräte - knapp 14 m^2 ergab. Wie man hier Besprechungen mit Mitarbeitern und Studenten abhalten sollte, blieb unergründlich. Weiterhin waren keine Verbindungstüren zu den Sekretariaten vorgesehen und Waschgelegenheiten gab es grundsätzlich nur in den weit im Gebäude verstreuten Toiletten. Man musste damit auch zum Wasserholen für Kaffee, Tee oder auch zum Blumen-/Pflanzengießen eine größere Weltreise durchführen. Dagegen wurde natürlich energisch protestiert. Der Protest wurde gehört und die Hochschule wurde zu einem Gespräch über die Professorenzimmer in das BMVg nach Bonn eingeladen. Seitens der Hochschule sollten der Vorsitzende des Bauausschusses und sein Stellvertreter, die Kollegen *Timm* (Maschinenbau) und *Morgenstern* (Elektrotechnik) teilnehmen, also beides Ingenieure. Nun waren beide wegen anderweitiger Termine verhindert. So bat der Präsident mich und den Kollegen *vom Stein* (Elektrotechnik), die Hochschule zu vertreten. Über meine zwischenzeitlich in das BMVg bereits aufgebauten Kontakte machte ich mich vorab schlau, was das Ziel der Sitzung sein sollte, wer sie leiten und wer weiter noch daran teilnehmen würde. Die Nachricht, die ich erhielt, war frustrierend: Wir sollten „abgebürstet" werden. Also entwickelten Herr Kollege *vom Stein* und ich während unserer Fahrt nach Bonn einen geeigneten Schlachtplan:

1. Viel Zeit mitbringen und die Sitzung in die Länge ziehen. Gegebenenfalls die Sitzung am nächsten Tag fortsetzen. Sicherheitshalber gleich ein Hotel buchen.
2. Positionen schrittweise halten bzw. aufgeben. Die Reihenfolge in der Opferliste war: Waschgelegenheit, Zwischentüren, Zimmergröße.

Als die Sitzung in Bonn um 14:00 Uhr begann, wurde uns gleich mitgeteilt, dass der Vorsitzende um 16:00 Uhr einen neuen Termin habe und wir deshalb die Sitzung um 16:00 Uhr beenden müssten. Ich widersprach und machte das Sitzungsende vom Ergebnis der Besprechung abhängig. Um 16:00 Uhr hatten wir die Position mit den Waschgelegenheiten geräumt, allerdings mit dem Zugeständnis, die Lage der Toiletten neu zu überdenken und der Einrichtung weiterer Teeküchen. Die Sitzung wurde widerwillig vom Vorsitzenden auf 9:00 Uhr des nächsten Tages vertagt. Da ging es dann ganz schnell. Das BMVg gab nach und wir fuhren mit 24 m^2 Fläche für die Professorenzimmer inklusive Zwischentüren zu den Sekretariaten zurück nach Hamburg. Wir berichteten stolz unserem Präsidenten von unserem Ergebnis. Dieser brachte es sogleich in die nächste Sitzung des Akademischen Senats ein. Dort gab es dann eine große Überraschung. Die geisteswissenschaftlichen Professoren tadelten uns und trugen das Ergebnis nicht mit, da wir nicht auch um die Zimmer der wiss. Mitarbeiter verhandelt hätten. So kam es dazu, dass die Ingenieurprofessoren große Zimmer mit Zwischentüren zu ihren Sekretariaten bekamen und die Geisteswissenschaftler auf ihren 14 m^2 Zimmern sitzen blieben. Als sie dann Jahre später auch größere Zimmer verlangten, musste man sie immer an diese Vorgeschichte erinnern.

Die Neuerrichtung der Lehr- und Forschungsgebäude ging insgesamt sehr zügig voran, wobei eine besondere Bauweise die Arbeiten sehr beschleunigte: Die Gebäude wurden als Stahlkonstruktion von oben nach unten gebaut, indem Fertigteile an Traversen eingehängt wurden, die wiederum an großen Pylonen befestigt waren. Im Herbst 1975 wurde die erste Baustufe (Hauptgebäude, Mensa, Zentrale Versorgungsanlage) abgeschlossen. Damit bezog auch ich meine büroartigen Institutsräume, in denen ich dann bis 31. Januar 2004 verbleiben durfte.

Über die Laborräume des Maschinenbaus wurde lange diskutiert. Irgendwann gelang es aber, das BMVg davon zu überzeugen, dass ein Multifunktionsgebäude für alle Disziplinen des Maschinenbaus Unsinn ist. So wurde der sogenannte „warme Maschinenbau" (Strömungsmaschinen, Kolbenmaschinen und Fahrzeugtechnik) ausgegliedert und einer eigenen Planung unterzogen. Für die übrigen Laboratorien wurde eine zentrale Werkhalle geplant, von der im wesentlichen nur die Abmessungen der Halle durch den Architekten vorgegeben wurden, die interne Aufteilung auf die verschiedenen Professuren und die Detailausgestaltung konnte durch die Hochschullehrer weitgehend selbst vorgenommen werden. Ich habe nächtelang an der Zeichenmaschine gesessen und mein neues Reich geplant. Der Bezug fand 1976 statt. Nach meinen Wünschen und Vorstellungen hatte mir das BMVg ein Labor geschaffen, das sich in Deutschland sehen lassen konnte. Es hatte eine Fläche von rund 500 m^2. Darin fünf Multifunktionsräume, ein Großlabor, ein Rechenzentrum (mit gesonderter Klimaanlage) und eine Elektronikwerkstatt. Dieses Labor musste nun mit Inhalt gefüllt werden.

Als erstes war die Hochschule mit ausreichendem Personal auszustatten. Dazu gab es eine sogenannte STAN (bundeswehrspezifisch: Stellen- und Ausrüstungsnachweis), die für eine Hochschule mit 2000 Studenten zugeschnitten werden musste. Die STAN des BMVg für die Hochschule war völlig unzureichend. Hier hat sich Präsident *Ellwein* große Verdienste erworben, denn er hat unermüdlich im politischen Raum (Ministerien, Parteien, Wissenschaftsorganisationen, …) die Belange seiner neuen Hochschule vertreten. Bei den entscheidenden Verhandlungen 1975 durfte ich zusammen mit dem Sprecher des Fachbereichs, dessen Stellvertreter ich mittlerweile war, den Fachbereich Maschinenbau vertreten und für ihn kämpfen und wir waren sehr erfolgreich. Für die mittlerweile 20 Professuren des Fachbereichs erstritten wir 60 wiss. Mitarbeiterstellen, statistisch also drei pro Professur. Bei den Labormitarbeitern lief es ähnlich gut. Inklusive der zentralen Werkstätten holten wir für die Labore des Fachbereichs rund 80 Stellen heraus. Ich persönlich bekam für mein Fach drei wiss. Mitarbeiter und drei Labormitarbeiter, wobei letztere mit einem Laboringenieur nach BAT III und zwei Technikern nach BAT Vb und Vc auch gut dotiert waren. Außerdem bekam ich eine Stelle für eine Schreibkraft (Der Begriff „Sekretärin" war für die Vorzimmer des Präsidenten und des Kanzlers reserviert!). Damit bestanden für mich nun gute Chancen, qualifiziertes Personal einzuwerben.

Neben Personal braucht man aber auch Gerätschaften, um Labore erfolgreich betreiben zu können. Um hier den Aufbau der Hochschule zu beschleunigen, hatte das BMVG zur Unterstützung der Professuren mit der Firma Siemens einen Generalunternehmer (GU) bestellt, der nach Anforderung durch die Hochschullehrer Planung und Beschaffung vornahm. Dadurch wurde die Hochschule von Teilen der auch hier überbordenden Bürokratie entlastet.

Für meine Professur wurde bereits 1974 mit der Beschaffung einer mess- und regelungstechnischen Grundausstattung sowie eines mittleren Analogrechners begonnen. Ein weiterer kleinerer Analogrechner folgte 1975. Da die Beschaffung von Rechnern der Zustimmung des Bundesamtes für Wehrtechnik und Beschaffung (BWB) in Koblenz bedurfte und deren Erteilung lange dauerte, wurde diese dadurch umgangen, dass die Rechner als Frequenzgangmessplätze deklariert wurden. Die genannten Geräte wurden bis zur Fertigstellung der neuen Laborräume provisorisch in den Räumen einer umgebauten Kfz-Halle betrieben.

Für mein Rechenzentrum war die Beschaffung eines größeren Hybridrechners vorgesehen. Dieser konnte natürlich nicht mehr als Frequenzgangmessplatz „getarnt" werden, zudem musste bei dem Beschaffungsvolumen von über 1.000.000,- DM sowieso eine gutachterliche Stellungnahme durch die Deutsche Forschungsgemeinschaft (DFG) eingeholt werden. Da die Rechnerbeschaffung infolge der Genehmigungsprozedur durch das BWB ein chronisches

Ärgernis für die Hochschule war, wurde mit dem BMVg ein anderes Verfahren ausgehandelt. Die Hochschule richtete eine Hochschulrechnerkommission ein, die nach üblicher Gremienzusammensetzung besetzt wurde. Ich war ihr erster Vorsitzender. Dieser Kommission mussten alle Beschaffungswünsche vorgelegt und von dieser genehmigt werden. Anträge, die ein Beschaffungsvolumen von über 150.000,- DM überstiegen, mussten zusätzlich durch den Großgeräteausschuss der DFG begutachtet und genehmigt werden.

Die Planungen für mein Hybridrechenzentrum begannen durch meine Mitarbeiter und mich bereits 1975. Im Hinblick auf die durchzuführenden Forschungsarbeiten musste der Analogrechner über mindestens 50 Potentiometer, in etwa über die gleiche Anzahl Verstärker und über eine hinreichend große Anzahl nichtlinearer Bauelemente verfügen. Die digitale Seite sollte besonders leistungsfähig sein, da das Hochschulrechenzentrum noch nicht vollständig ausgebaut war und wir deshalb den Digitalrechner auch als Institutsrechenzentrum nutzen wollten. In Konkurrenz standen Angebote der Firmen EAI (Aachen), Telefunken (Ulm) und als Newcomer Dornier (Friedrichshafen). Preislich waren die Angebote sehr ähnlich. Die Vorteile von EAI lagen auf der analogen Seite und dem Interface, ebenso verhielt es sich mit Telefunken, wobei deren Digitalrechner nicht mehr ganz dem Stand der Technik entsprach. Dies war ganz anders bei Dornier. Mit einem Digitalrechner der Firma Data General wurde einer der leistungsfähigsten Digitalrechner am Markt angeboten. Für ihn benötigte man sogar eine Freigabeerklärung der US-Regierung, da dieser Rechner auch beim US-Militär genutzt wurde. Wir entschieden uns für Dornier. Nachdem die Hochschulrechnerkommission und ebenfalls die DFG ihre Zustimmung gegeben hatten, traten wir in die Beschaffung ein. Ein Störfeuer des BWB konnte unbürokratisch umgangen werden. Wir konnten so ca. 1.250.000,- DM investieren und 1978 unser Rechenzentrum in Betrieb nehmen. Damit war ich mit meiner Professur in Lehre und Forschung voll arbeitsfähig.

Neben dem Aufbau und der Strukturierung meines eigenen Arbeitsbereichs waren allerdings auch noch einige Angelegenheiten im Fachbereich und in der Hochschule „in Ordnung" zu bringen. Dazu hatte ich mich 1975 in den Akademischen Senat der Hochschule wählen lassen, und 1976 übernahm ich das Sprecheramt im Fachbereich. Kollege *Baehr* erarbeitete neue Studien- und Prüfungsordnungen und bereitete eine Promotionsordnung vor. Nach deren Genehmigung im Akademischen Senat (ebenso entsprechende Ordnungen für die drei anderen Fachbereiche) wurde ein entsprechender Antrag zur Erteilung des Promotionsrechts bei der Hamburger Wissenschaftsbehörde gestellt. Diese entsprach dem Anliegen der Hochschule und verlieh der HSBwH 1979 das Promotionsrecht, kurze Zeit später auch das Habilitationsrecht. Damit hatte sich die HSBwH in kurzer Zeit zu einer vollwertigen wissenschaftlichen Hochschule entwickelt.

In Ergänzung dieser „außenpolitischen" Angelegenheiten trieb ich die Struktur der Hochschule im Inneren voran. Um den Fachbereich in Lehre und Forschung leistungsfähig zu machen und um die vorhandenen Ressourcen zielstrebig zu bündeln, machte es keinen Sinn, dass jede Professur für sich vor sich hin „werkelte". Es mussten Institute her. Ich entwarf eine Institutsordnung und zusammen mit Kollegen *Baehr* schlugen wir sieben Institute vor, in die die Professuren des Fachbereichs zusammengefasst werden sollten. Im Fachbereichsrat war schnell Konsens erzielt, im Akademischen Senat taten wir uns schwerer, da sowohl der Präsident als auch eine Mehrheit der geisteswissenschaftlichen Kollegen dahinter eine „reaktionäre" Struktur witterten. Wir konnten aber dennoch im Senat eine Mehrheit erreichen und das BMVg stimmte dieser neuen Struktur auch zu. So kam ich in das Institut für Automatisierungstechnik, in dem neben mir mit der „Regelungstechnik" noch die Kollegen *Timm* mit den „Grundlagen der Elektrotechnik" (für Maschinenbauer) und *Weckenmann* mit der „Mess- und Feinwerktechnik" angesiedelt waren. Jahre später folgten im Übrigen die Wirtschaftswissenschaftler der Hochschule dem Vorbild der Maschinenbauer und schlossen sich ebenfalls zu Instituten zusammen.

Dieser rasante Aufbau einer Hochschule in nur wenigen Jahren war über die politische Absicht hinaus nur möglich durch das effiziente Zusammenarbeiten aller Beteiligten und die Konzentration auf ein Ziel, nämlich der qualifizierten Bildung und Ausbildung von Offizieren durch ein wissenschaftliches Studium auf hohem Niveau. Zur Erreichung dieses Ziels gehörte auch eine leistungsfähige Hochschulverwaltung. Die Verwaltung wurde geleitet durch den Leitenden Verwaltungsbeamten, Kanzler *K. von Borck-Erlecke*, einem Grandseigneur, der die Hochschule hervorragend nach außen vertrat, sich um das operative Geschäft aber relativ wenig kümmerte. Ganz ausgezeichnete Macher waren dagegen die „Personaler", Oberregierungsrat *G. Grüneberg*, und Regierungsamtsrat *K. Böttcher*. Sie fanden immer einen Weg, auch in schwierigen Situationen, von denen es ja in der Aufbauphase genügend gab, dem akademischen Bereich der Hochschule unbürokratisch unter die Arme zu greifen.

c) Lehre

Die Abhaltung von Lehrveranstaltungen begann für mich zu Beginn 1975 mit der Grundlagenvorlesung „Regelungstechnik" für die Studenten des 5. Trimesters. Die Vorlesung bestand aus insgesamt vier Vorlesungs (V)- und 2 Übungsstunden (Ü), hälftig aufgeteilt auf zwei Trimester und war Pflicht für alle Maschinenbauer. Inhalt waren die Grundlagen der Regelungstechnik im Bild- und im Zeitbereich, wobei ich mit dem Zeitbereich begonnen habe, um die Nähe zur Mathematik aus den ersten vier Trimestern zu nutzen. Im ersten Jahrgang waren 35 Studenten zu versorgen.

Im Vertiefungsstudium wurde von mir als Wahlpflichtveranstaltung die Vorlesung „Rechnerorientierte Verfahren der Regelungstechnik" angeboten. Sie bestand aus insgesamt 5 Vorlesungs (V)- und 3 Übungsstunden (Ü), aufgeteilt auf zwei Trimester zu 3V + 2Ü und 2V + 1Ü. Inhalte waren die diskreten (digitalen) Systeme, die optimalen und die stochastischen Systeme einschließlich geeigneter numerischer Verfahren. Die Übungen wurden in Teilen an den Rechnern der Professur durchgeführt. Im ersten Jahrgang wählten 7 Studenten, also 20 Prozent diese Lehrveranstaltung. In Ergänzung zu den Frontalveranstaltungen wurde auch noch ein Praktikum für „Automatisierungstechnik" angeboten, zu dem meine Professur drei Versuche beizusteuern hatte.

Da der Kollege für Messtechnik erst zu einem späteren Zeitpunkt berufen werden konnte, mussten die Studenten auch in diesem Fach mitversorgt werden. Es handelte sich um eine Vorlesung mit 2V + 1Ü im 5. Trimester und um ein Grundlagenpraktikum mit

10 Versuchen im 6. Trimester. Ich konnte dies allein nicht schultern. Auf kollegialer Basis entschieden wir, dass Kollege *Trinks*, berufen für das Fach Messtechnik im Fachbereich ET, die Vorlesung übernimmt und Kollege *Timm* und ich das Praktikum aufbauen. Das Karlsruher Praktikum bei Herrn *Mesch* diente dabei als Vorlage.

1976/77 mussten auch die ersten Studenten mit Studien- und Diplomarbeiten betreut werden. Es waren dies 1976 und 1977 jeweils 4 Studienarbeiter und 3 Diplomanden.

Da zum Abhalten der Lehrveranstaltungen für die ersten Studentenjahrgänge die neu zu errichtenden Hörsäle noch nicht fertig gestellt waren, fanden die Vorlesungen in aus Kfz-Hallen errichteten Provisorien statt, und die Laborversuche wurden in ehemaligen Arbeitsdienstbaracken durchgeführt. Ging alles!

d) Forschung

Die Forschung musste in der Aufbauphase in den Hintergrund treten. Vor allem das neue Forschungsprofil konnte erst entwickelt werden, nachdem die benötigten Räume und Gerätschaften zur Verfügung standen. Es wurden deshalb zunächst Themen weiterbehandelt, die ich schon in Karlsruhe begonnen oder dort angedacht hatte. Immerhin konnte ich in 1974 zwei und in 1975 sogar vier wiss. Arbeiten publizieren. Bei den Vorträgen waren es 1974 sieben und 1975 einer. Die hohe Anzahl in 1974 rührt im Wesentlichen daher, dass ich von verschiedener Seite eingeladen wurde, weil man neugierig war, „wen man da wohl nach Hamburg an die HSBwH berufen hatte".

Meinen ersten Doktoranden konnte ich 1978 promovieren, allerdings noch an der Universität Karlsruhe, da die HSBwH noch kein Promotionsrecht hatte. Nach dessen Erteilung folgte 1979 das zweite Promotionsverfahren, das auch das zweite im Fachbereich insgesamt war. So ging es dann stetig bis zu meiner Pensionierung weiter.

7.2 Die Hochschule im gesellschaftlichen und politischen Umfeld

Die Gründung der Hochschulen der Bundeswehr im Allgemeinen und die der in Hamburg im Besonderen war nicht unumstritten. Zunächst gab es Vorbehalte in der Bundeswehr selbst. Insbesondere die Generalität, die noch am 2. Weltkrieg teilgenommen hatte und teilweise in dessen Kategorien dachte, befürchtete durch eine Akademisierung des Offizierskorps eine Minderung militärischer Tugenden und Fertigkeiten (Stichwort: Denker oder Kämpfer!). Weitere Widerstände kamen aus den Wissenschaftsorganisationen und von einigen Universitäten (insbesondere aus geisteswissenschaftlichen Bereichen), die gegen die Gründung von Sonderhochschulen des Bundes für die Bundeswehr unterschiedliche Argumente ins Feld führten. Die Wissenschaftsorganisationen befürchteten, dass mit dem geplanten Reformmodell für die HSBws keine adäquaten Abschlüsse im Vergleich zu den öffentlichen Hochschulen erreicht würden (Stichwort: „Billig"diplom!). Andererseits, sollte es sich erweisen, dass die Abschlüsse adäquat sind, befürchteten sie für die öffentlichen Hochschulen einen Präzedenzfall, den die Politik möglicherweise zum Nachteil dieser aufgreifen könnte. Einige Universitäten befürchteten eine Militarisierung der Gesellschaft, da ja das Gros der Absolventen von den HSBws sich nach 12 Jahren Bundeswehrzugehörigkeit in den zivilen Arbeitsmarkt eingliederte. Den linken Ideologen passte die Angelegenheit grundsätzlich nicht. Aus dieser Gemengelage heraus bot die Westdeutsche Rektorenkonferenz an, die von der Bundeswehr benötigten Studienplätze an den öffentlichen Hochschulen zur Verfügung zu stellen. Dieses Angebot erwies sich allerdings schnell als unrealistisch. Zum einen konnte die Anzahl von 4000 Studienplätzen nicht bereit gestellt werden, zum anderen erwies sich eine Parallelität von Trimester- und Semesterbetrieb als nicht machbar und weiter konnten die öffentlichen Hochschulen eine Integration von erziehungs- und gesellschaftswissenschaftlichen Anteilen in die Fachstudiengänge nicht garantieren, beides Essentials für die Offiziersausbildung.

In Hamburg blies der HSBwH nach ihrer Gründung der Wind auch kräftig ins Gesicht. In der sozialliberalen Koalition des Senats hielt die SPD-Fraktion weitgehend still, schließlich hatte mit

Helmut Schmidt ein Sozialdemokrat die Hochschule gegründet; umso mehr ereiferte sich die FDP, die, nachdem sie die Gründung nicht verhindern konnte, nach Wegen suchte, die HSBwH wieder abzuschaffen. Wortführerin war *Helga Schuchardt*, bildungspolitische Sprecherin ihrer Fraktion im Deutschen Bundestag und Mitglied im Ausschuss für Bildung und Wissenschaft, zudem ab 1975 Landesvorsitzende der FDP in Hamburg. *Schuchardt* trat mehrfach öffentlich - auch auf dem Gelände der HSBwH - auf, um gegen diese neue Hochschule zu polemisieren und zu protestieren.

Am 30. April 1974 wurde der C2-Professor für Mathematik der Universität Hamburg, *Dieter Biallas*, für die FDP in den Senat der Freien und Hansestadt Hamburg gewählt, wo er das Amt des Zweiten Bürgermeisters übernahm und die Behörde für Wissenschaft und Kunst leitete. Auch er war kein Freund der HSBwH. Er versuchte über den Umweg der Gründung einer Hamburger Gesamthochschule und der damit verbundenen Einverleibung der HSBwH, dieser den Garaus zu machen, also ganz auf der Linie von *Helga Schuchardt*. Als sich die HSBwH nicht willfährig genug zeigte - obwohl Präsident *Ellwein* im Gegensatz zu seinen Ingenieurprofessoren durchaus gewisse Sympathien für die Gesamthochschule hatte - erkannte *Biallas* der HSBwH 1976 kurzerhand das Recht auf die Verleihung von Diplomen ab. Es bedurfte einer Reise des damaligen Staatssekretärs im BMVg, *Andreas von Bülow*, nach Hamburg, um in Gesprächen mit der politischen Führung in Hamburg die Dinge wieder zurecht zu rücken. Es wurde gemunkelt, dass über den Hinweis der Vergabe bzw. Nichtvergabe von Aufträgen an Hamburger Werften durch das BMVg durchaus gewisser politischer Druck ausgeübt werden musste. Präsident *Ellwein* hatte übrigens in dieser Angelegenheit bereits einen Plan B, nämlich die Verlagerung seines Büros nach Glinde und damit der Umfunktionierung der HSBwH zur HSBwSH, also zu einer Hochschule in Schleswig-Holstein.

Ebenso stand der Präsident der Universität Hamburg, Dr. *Peter Fischer-Appelt*, der HSBwH mehr als distanziert gegenüber. Er hat sich entsprechend deutlich mehrfach artikuliert. Über ein Kooperationsabkommen zwischen der Uni Hamburg und der HSBwH bzw. über die dann geplante Gesamthochschule versuchte er, an die Ressourcen der HSBwH zu kommen. Als das Abkommen im Akademischen Senat der HSBwH verhandelt wurde, hat dies beinahe zum Sturz von Präsident *Ellwein* geführt. Dem Abkommen lag nämlich ein Begleitbrief bei, der dem Senat vorenthalten worden war. Mein Kollege *Timm* deckte dies auf, worauf ich als Sprecher MB dem Präsidenten eine Rüge erteilte, der sich alle Ingenieure (auch die wiss. Mitarbeiter und Studenten) anschlossen. *Ellwein* entging knapp einem Misstrauensvotum.

Auch die Berichterstattung im NDR war für die HSBwH nicht günstig. Insbesondere deren Redakteur, *Bernd C. Hesslein,* hatte sich in teilweiser bösartiger Weise auf die HSBwH „eingeschossen". Er ließ keine Gelegenheit aus, um uns in eine militaristische, reaktionäre Ecke zu stellen. In meiner Zeit als Sprecher des Fachbereichs war ich kurz davor, ihm für die Liegenschaften und Räumlichkeiten des Maschinenbaus Haus- und Platzverbot zu erteilen.

Neben Gegenwind gab es aber auch Rückenwind. Dieser kam aus vielen Schichten der Hamburger Bevölkerung, aber auch von Institutionen. Zu nennen sind die Hamburger Industrie und Wirtschaft, die Industrie- und Handelskammer, viele Ingenieurkollegen der Fachhochschule und Kollegen der Mathematik und Naturwissenschaften der Universität Hamburg, aber auch Abgeordnete der Bürgerschaft. Das Bezirksamt Wandsbek akzeptierte die HSBwH schnell als seine Hochschule. Natürlich gab es auch viel Sympathie von den verschiedenen Einheiten der Bundeswehr in Hamburg und Umgebung, wobei an erster Stelle die Führungsakademie (FüAkBw) und das Bundeswehrkrankenhaus zu nennen sind.

7.3 Aktivitäten außerhalb von Lehre und Forschung

Meine Truppenunterkunft im Bürogebäude MB konnte ich nach einigen Wochen in eine kleine Offizierswohnung (1½ Zimmer) in einem anderen Gebäude auf dem Campus eintauschen. Dies hatte mehrere Vorteile. Der entscheidende war, ich wohnte in direkter Nachbarschaft zu Präsident *Ellwein*. An den Abenden ergab sich so häufiger die Gelegenheit, bei einem Glas Bier oder Wein, sei es im Studio Wandsbek oder anderswo in der Stadt oder aber einfach auf der „Kammer", einen inoffiziellen Gedankenaustausch zu pflegen. Neben dem Austausch von Informationen führte dies zu einem tieferen Verständnis der Gedankenwelt des jeweils anderen. Ich habe so viel von *Ellwein* gelernt, es ist mir aber auch gelungen, ihm die „Denke" von Ingenieuren näher zu bringen. Ohne Grundsatzpositionen aufzugeben, führte das nähere Kennenlernen auf jeden Fall von der ursprünglich vorhandenen Konfrontation hin zu einer konstruktiven Kooperation. Sein Ausspruch: „*Lunderstädt*, es geht alles, man muss (Sie müssen) nur wollen" wurde für mich an der HSBwH Handlungsmaxime. Über *Ellwein* lernte ich auch seinen Persönlichen Referenten und Leiter der Planungsgruppe der HSBwH, den Dipl.-Phys. *Hans Seiler*, näher kennen. Er war für *Ellwein* der „Macher" und stand deshalb auch häufig für seinen Chef im Mittelpunkt von Kritik, die *Ellwein* galt. Sein Spitzname war „DKP". Im Klartext: „Der kleine Präsident". Ich konnte zu ihm ein freundschaftliches Verhältnis aufbauen und wir trafen uns häufig außerhalb des Campus, um Dinge voran zu bringen. Bei schwierigen Angelegenheiten fanden die Gespräche in Radevormwald statt, denn Frau *Seiler* war Radevormwalderin und mir von der Schulzeit her bekannt.

Das Leben auf dem Campus war zwar bequem, gleichwohl musste man aber auch Vorsorge treffen für die täglichen Bedürfnisse, die nicht durch die Truppenküche abgedeckt wurden. Dazu stand außerhalb des Campus, aber in seiner unmittelbarer Nähe, ein Offiziersheim zur Verfügung, das noch von einer Nachhut der Offiziersschule bewirtschaftet wurde, die zuvor in der Douaumont-Kaserne stationiert war. Dieses Heim galt es zu erhalten und auszubauen. Ich stellte mich hierfür sofort zur Verfügung und ließ mich 1974 in den neu gegründeten Vorstand der Offiziersheimgesellschaft (OHG) Hochschule der Bundeswehr Hamburg e.V. wählen. Ich wurde 2. Vorsitzender und gehörte fortan dem Verein als aktives Mitglied bis zu meiner Pensionierung an, sei es als 2. Vorsitzender oder als amtierender 1. Vorsitzender. Ich habe viel Zeit in die Gesellschaft und das Heim investiert. Es wurde mir aber auch viel davon zurückgegeben. Seit 2003 bin ich Ehrenmitglied der OHG.

Über das „O-Heim", wie wir unser Kasino liebevoll nannten (und nennen), lernte ich auch den damaligen Fregattenkapitän (FKpt) *Detlef Kammholz* kennen, mittlerweile einer meiner besten Freunde. *Kammholz* war der militärische Leiter und Vorgesetzte der Studierenden des Fachbereichs ET. Er hatte an der Naval Postgraduate School in Monterey in Kalifornien studiert und dort mit dem Master of Engineering für Elektrotechnik abgeschlossen. Er wohnte während seines Dienstes ebenfalls auf dem Campus, seine Familie lebte in Bonn. An den Wochenenden fuhren wir häufiger gemeinsam nach Hause. Er nach Bonn, ich nach Radevormwald, sei es mit der Bahn oder mit meinem PKW. Über *Kammholz* hatte ich ein weiteres Ohr zu unseren Studenten und zum militärischen Bereich der Hochschule. Für die Kooperation und das gegenseitige Verständnis zwischen akademischem und militärischem Bereich der Hochschule war dies eminent wichtig.

Die Kontakte außerhalb des Campus konzentrierten sich schwerpunktmäßig einerseits auf die Bundeswehr, insbesondere natürlich auf das BMVg selbst, wo es galt, ein funktionsfähiges Netzwerk aufzubauen bzw. Mitglied eines solchen zu werden, und auf die Hamburger Bürgerschaft, in der die Hamburger Entscheidungsträger saßen. Speziell zum Abgeordneten H. *Perschau* konnte ein freundschaftliches Verhältnis aufgebaut werden; er stand immer mit Rat und Tat für uns zur Verfügung.

7.4   Einzelerlebnisse

Der Aufbau einer Hochschule und das Leben auf dem Campus führte über die Jahre zu einer Vielzahl von Einzelerlebnissen, von denen einige erwähnt werden sollen, sei es, um darüber zu schmunzeln, oder sei es auch, um darüber nachzudenken.

a) Mein erstes Dienstvergehen

Als ich am 01. Januar 1974 von Radevormwald kommend meinen Dienst an der HSBwH antrat, war vereinbart, dass an der Wache der Douaumont-Kaserne für mich ein Umschlag bereit liegt, in dem sich zwei Schlüssel befinden, einer für mein Büro und einer für meine Truppenunterkunft. Außerdem ein Lageplan, in welchem Gebäude sich die betreffenden Räumlichkeiten befinden. Ich traf am Abend mit meinem PKW ein, wies mich aus und nahm gegen Unterschrift den Umschlag in Empfang. Das zu beziehende Gebäude lag am Ende des Geländes ca. 400 m von der Wache entfernt. Das Gelände war stockfinster und totenstill, einige wenige Lampen spendeten spärliches Licht. Ich fasste Quartier und fragte mich, wie ich wohl den Abend weiter verbringen sollte. Mir fiel nichts Besseres ein, als zu Fuß zur Wache zurückzugehen und nach der nächsten Kneipe zu fragen. Die gegebene Empfehlung lag ca. 600 m in Richtung meines Quartiers, aber natürlich außerhalb des Zauns. Ich machte mich auf den Weg und landete in einer Kaschemme mit zweifelhaftem Publikum. Das Bier war aber nicht schlecht. Gegen Mitternacht machte ich mich auf den Rückweg ins Quartier. Mittlerweile hatte es zu nieseln begonnen. Ich musste also die 600 m außerhalb des Zauns bis zur Wache und dann zurück die 400 m von der Wache zum Quartier innerhalb des Zauns zurücklegen. Das war mir zu viel, vor allem auch nach zu viel Bier. In der Höhe meines Quartiers entschloss ich mich, den Weg abzukürzen und kletterte über den ca. 2 m hohen Zaun (alter Sportler!).

Am 02. Januar früh meldete ich mich gegen 9:00 Uhr bei einem Herrn *Grüneberg* in der Personalabteilung zum Dienstantritt. Er hieß mich herzlich willkommen und meinte dann hintergründig, er müsse mir wegen eines Dienstvergehens sogleich eine Rüge erteilen. Ich hätte gegen Mitternacht verbotenerweise das Kasernengelände betreten, indem ich über den Zaun geklettert sei. Ich war verblüfft. Ich hatte mich nicht beobachtet gefühlt und war auch von niemandem angesprochen worden. *Grüneberg* registrierte dies und meinte, außer der Wache sei ich in der Nacht vom 1. auf den 2. Januar die einzige Person im Kasernengelände gewesen. Insofern habe man den „über den Zaun Kletterer" einfach als den Professor identifizieren können, der sich zuvor nach der nächstgelegenen Kneipe erkundigt habe.

Im Übrigen, fuhr *Grüneberg* fort, sei hier bis zu Heiligen Drei Könige nichts los. Ich könne bis dahin wieder nach Hause fahren, was ich auch tat.

b) Universität der Deutschen Wehrmacht
Wenige Monate nach meinem Dienstantritt an der HSBwH informierte mich meine Sekretärin darüber, dass die zentrale Poststelle der Hochschule angerufen habe. Es sei ein Paket für mich eingetrof-

fen und man bitte um persönliche Abholung. Es lag dort ein in Sütterlinschrift an mich gerichtetes Paket vor. Die Anschrift lautete:

> Herrn
> Prof. Dr. Reinhart Lunderstädt
> Universität der Deutschen Wehrmacht
> 2000 Hamburg.

Als Absender identifizierte ich: *Kurt S.*, Essen. Immerhin, eine findige Deutsche Post. Das Paket war nur wenige Tage unterwegs.

Ich öffnete das Paket in meinem Büro. Es enthielt einen rührenden Brief von *Kurt S.*, einem sehr engen Freund unserer Familie, in dem dieser mir zu meiner Ernennung zum Professor an der Universität der Deutschen Wehrmacht gratulierte und mir aus seinem persönlichen Besitz vier Bände der gesammelten Schriften des Generalfeldmarschalls *Helmuth Graf von Moltke* (Der große „Schweiger", 1800-1891), dem größten Militärstrategen des 19. Jahrhunderts, überreichte, verlegt 1891 bei Mittler und Sohn in Berlin. Bei meinem nächsten Besuch in Radevormwald besuchte ich ihn in Essen, um mich gebührend zu bedanken. Bei meinem Besuch erfuhr ich Folgendes: *Kurt S.* war im 3. Reich Oberstarbeitsführer beim Reichsarbeitsdienst (militärisch vergleichbar im Rang eines Oberst). Nach dem Zusammenbruch 1945 lebte er in Schlöben, dem schon erwähnten Nachbarort von Trockhausen als landwirtschaftlicher Hilfsarbeiter, bevor er sich 1952 mit seiner Familie in den Westen absetzte. In Schlöben gab es ein Rittergut der *Grafen von Hardenberg*. Die *Hardenbergs* wurden 1945 vertrieben, das Schloss 1946 abgerissen, um den Abriss als Baumaterial zur Errichtung von Neusiedler- und Neubauernbehausungen zu verwenden. Zuvor wurde das Schloss durch den Mob geplündert. Da dieser mit Büchern nichts anfangen konnte, wurde die gesamte Bibliothek des Schlosses auf die Dorfstraße gekippt und von dort als Müll entsorgt. *Kurt S.* hat sich bei dieser Aktion einige Bücher angeeignet. Die Schriften des *Grafen von Moltke*, der von ihm sehr verehrt wurde und in dessen Welt er auch lebte, wurden von ihm bei seiner Flucht im Rucksack mit in den Westen genommen. In mir sah er nun einen würdigen Nachbesitzer und hat mir die Bücher quasi zur Inauguration übereignet. Drei der Bände stehen auch jetzt noch an herausgehobener Stelle in meinem Bücherregal, der vierte Band wurde mir aus meinem Büro an der HSBwH gestohlen, nachdem ich als Sprecher des Fachbereichs anlässlich einer Begrüßungsansprache für neue Studenten daraus zitiert hatte.

c) Eine pikante Beobachtung

An einem Abend im Oktober 1974 verließ ich gegen 19 Uhr mein Büro, um ins Kasino zum Abendessen zu gehen. Da stand plötzlich eine gut aussehende junge Dame in der Tür meines Büros und stellte sich als Frau *W.* vor. Sie sei seit über einer halben Stunde mit ihrem Ehemann (wiss. Mitarbeiter im Fachbereich ET) in dessen Büro verabredet, das Büro sei auch offen, aber der Ehemann erscheine nicht. Sie mache sich Sorgen. Ob ich ihr helfen könne? Ich rief im Kasino an und fragte nach dem Mitarbeiter *W.* - Fehlanzeige. Daraufhin begab ich mich mit Frau *W.* in das Labor ET, um nach Mitarbeiter *W.* zu schauen - ebenfalls Fehlanzeige. Da mir ansonsten nichts mehr einfiel, brachte ich Frau *W.* in das Büro ihres Ehemannes zurück und bat sie, weiter zu warten oder nach Hause zu fahren. Ich selbst machte mich auf den Weg ins Kasino. Auf dem Weg zum Ausgang des Gebäudes kam mir plötzlich - es war mittlerweile so gegen 19:30 Uhr - eine ziemlich zersaust wirkende *Elfriede V.*, Schreibkraft im Fachbereich ET, entgegen. Ich wunderte mich, stellte aber noch keine Korrelation zum Fall *W.* her. Als ich das Gebäude verlassen hatte, drehte ich mich instinktiv nochmals um und sah, dass das zuvor geschlossene Fenster des Büros von *Elfriede V.* im Erdgeschoss offen stand. Das machte mich neugierig und ich trat unter das Fenster heran. In diesem Moment kamen zwei Beine aus dem Fenster, es versuchte jemand auszusteigen. Ich packte die Beine und zog die sich heftig wehrende Person aus dem Fenster. Es war Mitarbeiter *W.* Damit war alles klar, er hatte sich mit *Elfriede V.* offensichtlich auf deren Schreibtisch verlustiert und versuchte nun, seiner Ehefrau zu entkommen.

Ich unterrichtete am nächsten Tag den Chef von *W.* über den Vorfall. Er - ein ganz honoriger, aber etwas weltfremder Kollege - konnte sich das alles gar nicht vorstellen, vor allem im Büro und möglicherweise auf dem Schreibtisch! Ich empfahl ihm etwas süffisant, sich doch auf der Reeperbahn einmal einweisen zu lassen.

d) Der Staatsanwalt im Haus

Zu Beginn 1975 hatte ich den Staatsanwalt im Haus. Da die HSBwH natürlich ihre Planstellen erst sukzessive besetzen konnte, behalfen wir uns mit Bundeswehr-Personal. Ich hatte u.a. einen aus Polen stammenden Auslandsdeutschen als Feinmechaniker. Es war ein tüchtiger und geschickter Arbeiter. Mit seinem Privatleben war er aber in die hohe Politik geraten.

Seine Verlobte lebte noch in Polen. Er hatte sich nun überlegt, diese über Weihnachten - er war wohl der Meinung, da würde weniger aufmerksam kontrolliert - mit dem PKW über die Tschechoslowakei in die Bundesrepublik zu schmuggeln. Dazu hatte er in meinem Labor aus Holz eine an sein Auto angepasste Transportkiste gefertigt, in der er die Frau befördern wollte. Leider ging die Aktion schief, die Frau wurde beim Grenzübertritt von der Tschechoslowakei in die Bundesrepublik von den tschechischen Grenzbeamten entdeckt. Braut und Bräutigam wurden verhaftet. Da er nun Soldat war, schaltete sich die hohe Politik ein. Es fand eine Durchsuchung meines Labors statt und es wurden Relikte der gefertigten Holzkiste gefunden. Das war der Anlass, mich der Vernachlässigung der Aufsichtspflicht zu beschuldigen. Mit Mühe konnte das Verfahren zu meinen Gunsten niedergeschlagen werden.

e) „Befehls"verweigerung und Hausrecht

Eines Abends wurde ich in meinem Büro aus dem Kasino von der Chefordonnanz angerufen und um Hilfe gebeten. Ich machte mich als Vorstand der OHG sofort auf den Weg nach dort, wo ich folgende Situation vorfand: Zwei Studenten in Uniform (Dienstgrad Leutnant) aßen mit ihren Freundinnen zu Abend. Die beiden Herren waren leicht angetrunken und zeigten Imponiergehabe, wobei mir der eine von beiden früher schon einmal unangenehm aufgefallen war. Das Imponiergehabe versuchten sie an der sie bedienenden Ordonnanz auszulassen. Es gipfelte darin, dass sie als Offiziere der wehrpflichtigen Ordonnanz befahlen, in Gegenwart ihrer Freundinnen „Männchen" zu machen, was der Wehrpflichtige ablehnte. Daraufhin riefen sie die Feldjäger und verlangten die Festnahme der Ordonnanz wegen Befehlsverweigerung. In diesem Moment kam nun ich ins Spiel. Ich redete den Feldjägern, die auch sichtlich verunsichert waren, gut zu, fand aber als Zivilist nicht den richtigen Zugang zu ihnen. Als die Situation eskalierte, rief ich die Hamburger Polizei. Diese kam sehr schnell. Ich erteilte daraufhin den vier „Herrschaften" Hausverbot und bat die Polizei zu vollstrecken. Sie vollstreckte; auch die Feldjäger zogen daraufhin kleinlaut ab - es sprach für sie, dass sie sich im Nachgang meiner Rechtsauffassung anschlossen.

f) Bildersturm

Nach dem Bezug des neuen Lehrgebäudes wurde in dieses ein erheblicher Betrag in Kunst am Bau investiert. Dazu gehörte u.a. eine wertvolle Grafiksammlung, die im Foyer des Hauptgebäudes an den Wänden platziert war. Darunter waren künstlerisch sehr ansprechende Objekte, einige aber auch mit politisch recht fragwürdigen Aussagen. Gerade diese hingen nun nicht im Hintergrund, sondern an herausgehobener Stelle des Weges vom Hauptgebäude zur Mensa. Jeder Hochschulangehörige, der mittags die Mensa aufsuchte, musste also diese Bilder zweimal passieren. Nachdem auch Gäste der Hochschule ihre Verwunderung über diese „Machwerke" zum Ausdruck brachten, wurde die Hochschulleitung mehrfach um Abhilfe gebeten. Mit Rückgriff auf Artikel 5 Abs. 3 des Grundgesetzes, der neben der Freiheit der Wissenschaft gleichermaßen die Freiheit der Kunst garantiert, wurden diese Anliegen stets abgelehnt. So schritten wir zur Selbsthilfe.

An einem Sonntag zogen sich mein Kollege *Fiedler* und ich graue Kittel an, bewaffneten uns mit einem Werkzeugkasten und einer Leiter und machten uns an die Arbeit. Wir hängten die in Rede stehenden Bilder ab und ersetzten sie durch politisch neutrale Kunstwerke, die wir an anderer Stelle der Sammlung entnommen hatten. Die „anrüchigen" Bilder wurden in den Hintergrund gehängt. Bei der ganzen Aktion bekamen wir sogar noch offizielle Assistenz, denn die Wache leistete Hilfe, wohl in der Annahme, wenn zwei Professoren sonntags Bilder umhängen, muss das ein „Hoheitsakt" sein!

Als am nächsten Tag die Aktion der Öffentlichkeit bekannt wurde, fand das viel Zustimmung; die Hochschulleitung beließ es deshalb auch beim neuen Arrangement.

g) Beschaffung des Hybridrechners

Nachdem die Vorarbeiten zur Beschaffung des Hybridrechners hochschulintern abgeschlossen waren und auch ein positives Votum der DFG vorlag, machte das BWB dem Generalunternehmer Siemens Schwierigkeiten bei der Beschaffung. Deshalb wurde beschlossen, dass Herr Dipl.-Ing. *H. W. Schwarz* von Siemens, Herr Dr. *W. Beller* von Dornier und ich nach Koblenz fuhren, um das Verfahren flott zu machen. Die Reise wurde zum Fiasko und Erfolg gleichermaßen.

Als wir uns zum vereinbarten Termin und Zeitpunkt im BWB meldeten, war der avisierte Sachbearbeiter nicht zugegen. Man ließ uns warten. Nach ca. 30 Minuten kam der „hohe Herr" kauend und fragte, was wir wollten. Ein Platz wurde uns nicht angeboten. Stehend verwiesen wir auf den vereinbarten Termin. Er: „Ach ja, da war doch was ...". Ich machte ihm daraufhin klar, dass wir keine Handelsvertreter seien, sondern dass wir mit ihm über ein wichtiges Beschaffungsvorhaben für die HSBwH zu verhandeln hätten. Darauf er: „Was wichtig sei, entschiede er. Im übrigen hätten sie (das BWB) mit den Hochschulen eh' nur Schwierigkeiten, am besten, man würde sie gleich wieder abschaffen". Er weiter: „Im Übrigen, wenn denn tatsächlich ein Rechner beschafft würde, entschiede das BWB über das Fabrikat und das könne natürlich nur die Firma EAI sein". Es gab so ein Wort das andere. Schließlich beendete der „hohe Herr" das Gespräch, entfernte sich und ließ uns stehen. Wir verließen frustriert das BWB und hielten in der Bahnhofswirtschaft in Koblenz Kriegsrat. Nach mehreren Bieren wurde beschlossen, dass ich Präsident *Ellwein* in Hamburg anrufen und ihm von dem Vorfall berichten solle. Gesagt, getan. *Ellwein* war da und hörte sich meinen Bericht an. Seine Reaktion: „*Lunderstädt*, Sie sind besoffen. In der

Sache helfe ich Ihnen aber. Trinken Sie von jetzt an Kaffee anstatt Bier, steigen Sie bei Ihrer Fahrt nach Hamburg in Bonn aus, nehmen Sie sich ein Taxi und fahren Sie in das Bundesministerium der Verteidigung. Dort melden Sie sich im Ministerbüro. Ich werde zwischenzeitlich telefonisch versuchen, die Angelegenheit in Ordnung zu bringen". Also, es wurde eine Kanne Kaffee bestellt und der nächste Zug nach Bonn genommen. Ich meldete mich im BMVg an der Wache, wies mich aus und fragte nach dem Ministerbüro. Ich war durch *Ellwein* bereits avisiert. Als ich im Vorzimmer von *Georg Leber* artig anklopfte, entfuhr es einem der dort anwesenden Obristen: „Ach, Sie sind der Herr Professor". Man hatte sich wohl eine ganz andere Vorstellung von mir gemacht. Ich weiß aber auch nicht, was *Ellwein* nach dort „reportet" hatte. Nach kurzer Zeit erschien der Minister. Er gab mir ein Papier und sagte „Herr Professor, hier ist Ihr Rechner". Ich war überwältigt. Mit dem hochoffiziellen Persilschein trat die Firma Siemens in die Beschaffung ein.

Dr. *Beller* recherchierte im Übrigen im Nachgang in seiner Firma, ob es ein Indiz gäbe, das das merkwürdige Verhalten des BWB-Mitarbeiters erklärte. Es gab. Bei einer seiner Inspektionsreisen an den Bodensee zu einer Projektbesprechung fühlte er sich durch Dornier nicht hinreichend „eingeladen", und das war dann die versuchte Rache des kleinen Mannes.

h) Sorge um das „O-Heim"

Nachdem im Herbst 1975 die Mensa in Betrieb genommen war, vertraten einflussreiche Vertreter des BMVg die Auffassung, das Offiziersheim der HSBwH sei überflüssig geworden und solle kurzfristig geschlossen werden. Sie wurden dabei vom Kanzler der HSBwH nachhaltig unterstützt. Die Begründung war kurz und bündig und ebenso kurzsichtig: Eine einzige Betreuungseinrichtung sei für die Hochschule ausreichend. Dabei wurde bewusst ignoriert, dass das „O-Heim" ganz andere Aufgaben als die nur mittags geöffnete Mensa wahrzunehmen hatte.

Im November 1975 hatte der Studentenbereich unter Oberst Dr. *Genschel* den ehemaligen Bundesfinanzminister und aktiven Bundestagsabgeordneten *Alex Möller* zu einem abendlichen Vortrag vor der Studentenschaft eingeladen. Da sich *Möller* zu einer „open end"-Veranstaltung bereit erklärt hatte, bat *Genschel* mich als OHG-Vorstand, die Küche des Heims bis nach 22:00 Uhr offen zu halten. So saßen wir nach Vortrag und Diskussion mit *Möller* in kleinem Kreis im Kasino, nahmen mit ihm zusammen einen Imbiss ein und diskutierten allgemeine politische Tagesfragen. *Möller* fühlte sich bei uns sichtlich wohl. Erst nach Mitternacht trat er mit seinem Fahrer die Rückfahrt nach Bonn an. Bei der Verabschiedung bedankte er sich höflich und freundlich für die ihm erwiesene Gastfreundschaft und meinte, wenn er sich einmal revanchieren könne, sollten wir ihm dies wissen lassen. Ich ergriff die Gunst der Stunde und erläuterte ihm, dass bei einem Besuch von ihm einige Wochen später die soeben stattgefundene Nachsitzung nicht mehr möglich gewesen wäre, da das „O-Heim" dann wohl nicht mehr existiert hätte. Er war überrascht und fragte nach den Hintergründen. Wir erläuterten ihm den Sachverhalt. Darauf erwiderte er: „Meine Herren, das darf nicht sein. Sofort nach meiner Rückkehr nach Bonn gehe ich zu *Herbert* (gemeint: *Herbert Wehner*!) und kläre das für Sie. Ich rufe sie noch morgen an". Er rief an und informierte uns, dass das „O-Heim" bleibt. Konsequenterweise hätten wir im Vorgriff zur Umbenennung der Universität das „O-Heim" in *Herbert Wehner*-Kasino umbenennen müssen!

i) Präsidentenentscheidung

Anfang 1976 hatte ich Berufungsverhandlungen mit einem neu zu berufenen Kollegen zu führen. Es handelte sich um eine Parallelprofessur in einem Fach, in dem bereits 1974 ein Kollege berufen worden war. Die Planungen des Fachbereichs sahen vor, dass die für die beiden Professuren vorgesehenen Ressourcen auf diese hälftig aufgeteilt werden. Nun weigerte sich der Erstberufene, von seinen ihm schon vorab zugewiesenen Ressourcen an den neuen Kollegen etwas abzutreten. Obwohl die Beschluss- und Aktenlage eindeutig war, beharrte der Erstberufene auf seinem Standpunkt: Ihm gehöre alles, der neue Kollege möge doch entsprechend nachverhandeln. Nachdem alles Gutzureden nichts fruchtete, schaltete ich Präsident *Ellwein* ein. Er hörte sich meinen Bericht an und war bereit, mit dem Kollegen ein klärendes Gespräch zu führen. Da er andererseits an meinen Ausführungen keinen Zweifel hatte, schlug er vor, gleich prophylaktisch einen Plan für eine Präsidentenentscheidung vorzubereiten. Er rief dazu seinen Persönlichen Referenten, der zugleich Leiter der Planungsgruppe der Hochschule war, und einen Mitarbeiter der Personalabteilung zu sich. Zu viert teilten wir an Hand der Bauzeichnungen das Labor der beiden Professuren hälftig auf; ebenso das Personal. *Ellwein* zog in der Bauzeichnung einen roten Strich, links Professur A, rechts Professur B. Gleiches geschah auf dem Personaltableau. Dann machte *Ellwein* den Termin mit dem betreffenden Kollegen. Die vorbereiteten Unterlagen kamen unter Verschluss. Nach einigen Tagen rief mich der Präsident an und teilte mir mit, er habe das Gespräch mit dem Kollegen geführt. Auch ihm gegenüber habe dieser auf seinem Standpunkt beharrt. Er (der Präsident) habe ihm einige Tage Bedenkzeit eingeräumt. Diese seien nun abgelaufen, der Kollege habe sich nicht gemeldet. Er habe nun einen Termin für den nächsten Tag zu einem Dreiergespräch (Präsident, Sprecher, Professor) anberaumt. Ich solle zu einem Vorgespräch 10 Minuten früher erscheinen. Bei diesem gingen wir die vorbereiteten Unterlagen nochmals durch, dann fixierte *Ellwein* sie auf seiner Pinnwand und deckte sie dort ab. Als der Kollege kam, fragte der Präsident ihn nochmals nach seinem Standpunkt. Er erwiderte, dass sich dieser nicht geändert habe. Daraufhin enthüllte der Präsident seine Entscheidung und kommentierte diese kurz. An den Kollegen gewandt: „Haben Sie noch Fragen?" Er hatte keine, er war sprachlos. Ich setzte daraufhin während der nächsten Tage die Entscheidung des Präsidenten zügig um.

j) Problem Mathematik

Die Ingenieurmathematik ist an vielen Technischen Hochschulen und Technischen Universitäten eine große Hürde für die Studierenden. Um dem Rechnung zu tragen, wurde die Mathematik im Fachbereich Maschinenbau unserer Hochschule doppelt besetzt. Es sollte dadurch ein besonders gutes Betreuungsverhältnis hergestellt werden. Die beiden Kollegen hatten sich darauf verständigt, alternativ im Jahreswechsel zu lesen, in den Übungen aber ihre Mitarbeiter zu bündeln, um eben diese intensive Betreuung zu realisieren. Nun gab es ein Problem: Der eine Kollege ließ in seinem Term rund 90 Prozent der Studenten durch das Vorexamen fallen. Dies löste einen massiven Studentenprotest aus und nicht nur das, die Angelegenheit bekam politische Dimensionen. Es sprachen Abgeordnete vor und das Ministerium forderte einen Bericht an. Es drohte, in einem Wiederholungsfall den Fachbereich zu schließen. Schließlich waren wir eine Bedarfshochschule und die Bundeswehr benötigte die Absolventen als Offiziere in der Truppe. Über diese politische Problematik hinaus hatte die Angelegenheit natürlich auch eine menschliche Komponente - die durchgefallenen Studenten betreffend. Es musste also gehandelt werden. Ich berief eine Kollegiumssitzung ein und beriet die Angelegenheit in der Professorenschaft. Die Meinung war einhellig, es musste eine Lösung her und zwar so, dass die Studenten bei einer Wiederholungsprüfung eine echte zweite Chance erhielten. Mit dieser Marschroute ging ich in die nächste Fachbereichsratssitzung. Der betroffene Kollege war zur Aussprache geladen. Er erschien zwar, verweigerte aber den Dialog. Er gab lediglich eine schriftlich abgefasste Erklärung ab, in der sich auf Artikel 5 Abs. 3 des Grundgesetzes im Hinblick auf die Freiheit von Forschung und Lehre berief und verließ die Sitzung. Der Fachbereichsrat beschloss daraufhin:

1. Es wird für die Wiederholungsklausur ein Repetitorium durch den zweiten Mathematiker angesetzt.
2. An diesem Repetitorium wirken alle wiss. Mitarbeiter der Mathematik mit. Zu diesem Zweck werden alle Mitarbeiter temporär dem zweiten Mathematiker unterstellt.
3. Der zweite Mathematiker stellt die Aufgaben der Wiederholungsklausur.
4. Der Sprecher hat die Beschlüsse umgehend umzusetzen.

Ich setzte um. Der betroffene Kollege erhob Widerspruch beim Präsidenten der Hochschule, wobei er insbesondere auf Punkt 2. der Beschlüsse abhob. Der Präsident - mittlerweile war der Wirtschaftswissenschaftler Prof. Dr. *H. Sanmann* Präsident, der eher den „Altordinarien" nahe stand - gab ihm Recht und hob meine Anweisungen auf. Ich habe mich daraufhin für ein Wochenende in die juristische Sektion der Hochschulbibliothek zurückgezogen und habe Kommentare zum Hochschulrecht gewälzt. Danach war ich in der Lage, meinerseits gegen die Entscheidung des Präsidenten Widerspruch einzulegen. Er (der Präsident) ließ meinen Widerspruch durch die Hausjuristen prüfen und schloss sich dann meiner Auffassung an. Er zog all seine Entscheidungen gegen mich zurück. Daraufhin wurde nach 1. bis 4. verfahren. Immerhin schafften dann von den Durchfallern mehr als die Hälfte ihre Wiederholungsprüfung und damit ihr Vorexamen.

Der betroffene Kollege gab im Übrigen nicht klein bei. Er klagte vor dem Verwaltungsgericht, wobei ihm ein Kollege aus dem Fachbereich WOW Rechtsbeistand gewährte. Er verlor. Daraufhin ging er vor das Oberverwaltungsgericht in Revision. Da verlor er erneut und es wurde sehr teuer für ihn, da infolge der vielen betroffenen Studenten der Streitwert durch das Gericht sehr hoch angesetzt worden war.

Ergänzende Quellen

1 Ellwein, Th. u.a., Hochschule der Bundeswehr zwischen Ausbildungs- und Hochschulreform, Westdeutscher Verlag, Opladen 1974.

2 BMVg, Die Hochschulen der Bundeswehr, Bonn 1974.

3 Hochschule der Bundeswehr, 10 Jahre: Aufbau – Entwicklung – Forschung, Hamburg 1983.

8. Professor und Bundeswehr

Seit 01.01.1974 war ich nun ziviler Angehöriger der Bundeswehr, hatte aber über mein persönliches Interesse hinaus keinerlei tiefere Kenntnisse von der Truppe. Ich hatte nicht gedient, obwohl ich dies ganz gern getan hätte. Meine Musterung fand im Sommer 1960 statt; ich befand mich gerade im 2. Studiensemester. Da ich Brillenträger war (und bin), zudem der Truppenarzt eine Herzerweiterung feststellte (Mittel- und Langstreckenläufer!), bekam ich nur die Tauglichkeitsstufe 3, deren Angehörige damals nicht eingezogen wurden. So wurde ich zurückgestellt und durfte studieren, was auch nicht schlecht war.

8.1 Besucher und Beobachter

Um meine Studenten mit ihrem eigentlichen beruflichen Umfeld besser verstehen zu können, musste ich also nacharbeiten. Ich begann in Eigeninitiative mit Besuchen bei den verschiedenen Erprobungsstellen (später Wehrtechnische Dienststellen - WTD) der Bundeswehr. So konnte ich mir einen guten Überblick über die bei der Truppe eingesetzte Technik verschaffen und lernte, welchen Weg Waffensysteme durchlaufen, bevor sie in der Truppe genutzt werden. Außerdem konnte ich mich durch diese Besuche darüber informieren, welche Waffensysteme sich in der Entwicklung befinden. Dazu musste ich allerdings bis zur Berechtigungsstufe „geheim" eingestuft werden. Die genannten Besuche schloss ich im wesentlichen 1975 ab, wobei sich mit der WTD 61 in Manching-Luftwaffe, der WTD 71 in Eckernförde-Marine und der WTD 81 in Greding-Informationstechnologie und Elektronik zu späteren Zeitpunkten erfolgreiche Forschungskooperationen auf dem Drittmittelsektor ergaben. Eine ganz besonders enge Zusammenarbeit entwickelte sich über die Jahre mit der WTD 53 (später Wehrwissenschaftliche Dienststelle für Schutztechnologien (WIS)) in Munster.

Parallel zu meiner Eigeninitiative bot der Studentenbereich der Hochschule, also der Bereich, in dem die militärischen Aktivitäten der HSBwH zusammengefasst waren (und sind), Truppenbesuche an, da die meisten Hochschullehrer der HSBwH ungedient waren (weiße Jahrgänge!) und somit ein allgemeiner Nachholbedarf bestand. Das Angebot wurde gut angenommen. Die besuchten Einheiten und Verbände gaben sich viel Mühe, und so stellten die Besuche immer ein gewisses Highlight im Hochschulalltag dar. Ich erinnere mich an beeindruckende Besuche und Vorführungen in der Kampftruppenschule in Munster sowie auf den Truppenübungsplätzen in Munster und Bergen-Hohne sowie in Meppen.

Von der Luftwaffe wurden das Jagdgeschwader (JG 71) „Richthofen" in Wittmund und das Jagdbombergeschwader 31 „Boelcke" in Nörvenich besucht, wobei sich mit letzterem zu einem späteren Zeitpunkt auch eine Zusammenarbeit bei der Entwicklung eines Expertensystems für Triebwerk und Elektronik am Kampfflugzeug „Tornado" ergeben hat.

Bei der Marine, der kleinsten (aber feinsten!) Teilstreitkraft, stand bei den Besuchen natürlich die Marineschule in Mürwik an erster Stelle. Aber auch die Seefahrt kam nicht zu kurz. Ich konnte kürzere Eintagesfahrten und auch längere Mehrtagesfahrten auf allen interessanten Schiffen und Booten der Marine absolvieren, wobei besondere Erlebnisse eine Mitfahrt auf dem Segelschulschiff „Gorch Fock" sowie auf einem Uboot in der Ostsee waren. Auch die Marineflieger wurden besucht: Das Marinefliegergeschwader 2 (MFG 2) in Tarp-Eggebeck und das Marinefliegergeschwader 3 (MFG 3) „Graf Zeppelin" in Nordholz. Mit dem MFG 2 entwickelte sich in den 80er Jahren eine enge Kooperation auf dem Gebiet der Triebwerksdiagnose, die ihren Abschluss in zwei beachtenswerten Dissertationen fand.

Über diese Truppenbesuche hinaus wurden auch einwöchige Teilnahmen an Großmanövern angeboten. Diese Übungen auf Korpsebene fanden im Herbst (nach der Ernte) in der Regel im süddeutschen Raum statt. Neben der Bundeswehr nahmen auch Verbände der NATO teil. Es waren so ca. 20.000 bis 30.000 Soldaten mit bis zu 1000 Kettenfahrzeugen beteiligt. Hinzu kamen die weiteren Fahrzeuge und der gesamte Tross. Natürlich wurde auch die Luftwaffe eingesetzt. Mich hat an diesen Übungen besonders die Logistik interessiert, aber auch die Technik mit dem Übersetzen vollständiger Bataillone über die Donau mittels kurzfristig erstellter Behelfsbrücken, das Absetzen größerer Luftlandeverbände, aber auch die Aufklärung und die daraus gezogenen taktischen und strategischen Schlüsse. Von zweien dieser Manöver habe ich zwei spektakuläre Erlebnisse zu berichten, weiter ein ausgesprochen unangenehmer Sachverhalt, der mich noch länger beschäftigt hat.

a) Professor als „Wehrpflichtiger"

Bei dem Manöver 1974 war die Gruppe der Manövergäste, zu denen die Angehörigen der HSBwH gehörten, in Veitshöchheim in der Balthasar-Neumann-Kaserne untergebracht. Ich trug Grünzeug ohne Rangabzeichen und wurde damit als Wehrpflichtiger eingestuft. An einem Morgen vor der Lagebesprechung begegnete ich einem leibhaftigen Gebirgsjägergeneral. Dieser ließ mich stramm stehen und fragte mich nach meiner Kopfbedeckung. Wahrheitsgemäß antwortete ich, dass ich keine hätte. Daraufhin begab er sich mit mir auf die Kleiderkammer und ließ mir eine Kopfbedeckung (Schiffchen) verpassen. Danach fragte er mich nach meiner Einheit und nach meinem Vorgesetzten. Ich nannte die HSBwH und bei dem Vorgesetzten antwortete ich wieder wahrheitsgemäß, dass ich keinen hätte. Daraufhin fühlte er sich auf den Arm genommen und „machte mich an". Nachdem er ausgeredet hatte, sagte ich zu ihm kurz, dass es in Deutschland üblich sei, dass ein Professor keinen Vorgesetzten habe. Da verschlug es ihm die Sprache. Die Konsequenz für mich: Sofort ein Namensschild mit Titel anfertigen lassen und ans Grünzeug nähen. Natürlich gab es über den Vorfall zur allgemeinen Erheiterung einen längeren Bericht (mit Bild) in der täglich vom Pressestab herausgegebenen Manöverzeitung.

b) Teilnahme an einer Feldparade

1976 war ich ebenfalls zu einem Großmanöver in Süddeutschland. Da die Hochschule keine Besuchergruppe zu Stande gebracht hatte, fuhr ich mit meinem Freund, dem Hauptfeldwebel (HptFw) *Jürgen G.*, mit dem Jeep in das Manövergebiet. Ansonsten reisten separat einige weitere Militärs und auch einige wenige Hochschullehrer der HSBwH an. *Jürgen G.*, der für mich als Fahrer fungierte, und ich hatten eine gute Woche. Das Manöver sollte am Freitag mit einer großen und spektakulären Feldparade abgeschlossen werden. Diese wollten wir uns nicht entgehen lassen. Es war eine große Tribüne aus Brückenlegepanzern (Alligatoren) aufgebaut worden, von der aus die Parade durch den kommandierenden General (KG) abgenommen werden sollte und auf der auch die Ehren- und Manövergäste das Schauspiel miterleben konnten. Da die Parade erst am Mittag begann, fuhren wir mit unserem Jeep am Vormittag noch ins Manövergelände. Als wir meinten, dass es Zeit sei, steuerten wir den Paradeplatz an. Da hatten wir uns nun aber kräftig verrechnet. Auf sämtlichen Straßen und Wegen standen die Manövertruppen dicht an dicht und Feldjäger regelten den Aufmarsch. Wir versuchten alles, aber es war kein Durchkommen. Damit konnten wir unseren Platz auf der Manövertribüne abschreiben, wir waren beide sehr traurig. Dann kam mir die rettende Idee. Ich sagte zu *Jürgen G.*: „Wir gliedern uns in die Kolonne ein und fahren einfach als Truppe mit". *Jürgen* meinte, „wenn Du das befiehlst, mache ich das". Ich befahl. Wir reihten uns ein und fuhren unter ohrenbetäubendem Lärm und in dichtem Staub zwischen den Kettenfahrzeugen mit. Als wir die Tribüne passierten, wurde durch mich vorschriftsmäßig gegrüßt. Die militärische Führung kannte uns natürlich nicht und so hatte alles seine Ordnung. Nicht so die Militärs der HSBwH. Sie erkannten uns sofort, schwiegen aber kameradschaftlich, dies aber auch aus Gründen der „Military Correctness"

c) Verdacht

1975 war ich Gast und Beobachter im großen Herbstmanöver der Bw und NATO, das im Raum Deggendorf/Straubing an der Donau stattfand. Die ca. 400 Manövergäste bezogen am Sonntagabend in einem neu gebauten Hotel in St. Englmar am Fuße des Bayerischen Waldes Quartier. Wir waren die ersten Gäste des Hotels, es war in Teilen noch unbewirtschaftet. Am folgenden Freitag nach Beendigung des Manövers reisten die Gäste wieder ab. Ich blieb eine Nacht länger, da ich am nächsten Tag - also am Samstag - noch einen dienstlichen Termin für das BMVg bei der Erprobungsstelle (WTD 52) in Oberjettenberg wahrzunehmen hatte.

Am Montag war ich wieder in meinem Büro in Hamburg. Beim Aufarbeiten der Post aus der vergangenen Woche klingelte das Telefon und die Sekretärin des Hochschulkanzlers bat mich in einer dringenden Angelegenheit in dessen Büro. Dort fand ich neben dem Kanzler zwei Herren des Hamburger Landeskriminalamtes vor, die mir kurzumwunden mitteilten, dass ich unter Mordverdacht stünde und sie mich jetzt vernehmen müssten. In der Nacht von Freitag auf Samstag sei in dem Hotel in St. Englmar der Hausmeister im Heizungskeller erschlagen worden und ich sei einziger Hotelgast gewesen. Es folgte eine unangenehme Befragung, die von mir offensichtlich nicht ganz ernst genommen wurde - schließlich war ich unschuldig - , denn der Wortführer machte mir eindringlich klar, dass man nur einen einzigen Verdächtigen habe und das sei ich. Langsam wurde mir meine Lage bewusst.

Im Fortgang des Verhörs bat die Sekretärin des Kanzlers den Wortführer plötzlich in das Vorzimmer, wo ein Telefonat für ihn aufgelaufen war. Kurz darauf kam er zurück und sagte: „Herr Professor, Sie können gehen. Ich hatte gerade einen Anruf des Landeskriminalamtes in Bayern. Die Obduktion der Leiche des Hausmeisters hat ergeben, dass dieser bereits in der Nacht von Donnerstag auf Freitag ermordet wurde. Damit haben wir 400 Manövergäste und das Hauspersonal als Verdächtige". Ich habe mich noch lange danach gefragt, wie die Angelegenheit wohl ohne das Telefonat aus Bayern weiter gegangen wäre. Auf jeden Fall ist es eines der unangenehmsten Erlebnisse meines Lebens. Meines Wissens ist der Fall auch nie aufgeklärt worden.

8.2 Wehrübender

Durch die diversen Besuche bei der Truppe hatte ich einen Wissensstand erreicht, mit dem ich gut mit meinen Studenten und auch darüber hinaus mithalten konnte. Irgendwie fehlte aber noch etwas. Ich beriet mich mit meinem Freund *Detlef K.* Der sagte ohne Umschweife: „Du musst Reserveoffizier werden". Für Führungskräfte gibt es da Möglichkeiten, als Seiteneinsteiger über Wehrübungen zeitlich verkürzt einen Offiziersdienstgrad zu erwerben. „Ich mache mich für Dich schlau", fuhr er fort. *Detlef* machte! So beschloss ich, Marineoffizier zu werden.

Meine erste Wehrübung fand an der Marineschule in Mürwik statt. Hier lernte ich Benehmen und Verhalten des Marineoffiziers und wurde in Auftrag und Struktur der Marine grundsätzlich eingewiesen. Durch weitere Übungen wurden die Dinge spezifischer. Es folgte eine Übung im Marineamt in Wilhelmshaven, eine an der Technischen Marineschule in Kiel mit einer Ergänzung bei der Schiffssicherung in Neustadt/Holstein und eine Übung an der Marinewaffenschule in Eckernförde mit der Außenstelle in Kappeln. Ergänzt wurden die Übungen durch kürzere Seefahrten mit diversen Einheiten der Marine sowie einer Übung beim MFG 3 in Nordholz, um auch die Marineflieger näher kennenzulernen. Besonders hat mich bei dieser Übung beeindruckt, dass ich einen Mitflug mit dem Langstrecken-Seeaufklärer Breguet Atlantic genehmigt bekam. Der Flug ging über internationales Gewässer entlang der Ostseeküste bis ins Baltikum und diente der Aufklärung von Aktivitäten des Warschauer Paktes. Der gesamte Flug dauerte - wenn ich mich richtig erinnere - ca. 10 Stunden. Unterwegs wurden wir - je nach eigener Position - von Abfangjägern der NVA, Polens und der Sowjetunion „begleitet". Man winkte sich gegenseitig zu, mit einer Ausnahme: Die Piloten der NVA zeigten keinerlei Reaktion.

Nach meinem Pflichtprogramm in der Bundesmarine folgten zwei Highlights. Eine Wehrübung an der Naval Postgraduate School in Monterey , CA - USA und zwei Besuche in Zivil an der Naval Academy in Annapolis, MD - USA mit jeweiligen Abstechern zum SACLANT (Supreme Allied Commander Atlantic) nach Norfolk, VA - USA. In Annapolis lernte ich die maritimen Strukturen einer Weltmacht kennen; in Norfolk die entsprechenden Instrumentarien. Bis auf die Atomunterseeboote (NUCs) konnte ich alle Schiffstypen in diesem größten Marinestützpunkt im Atlantik besichtigen. Außerdem wurde mir bei einem der Besuche ein Abstecher nach Oceana ermöglicht, eine der größten Marinefliegerbasen auf diesem Globus. In Annapolis konnte ich bei einem meiner Besuche das spektakuläre Ereignis eines „Change of Command" miterleben und die hochinteressante Diskussion amerikanischer und britischer Admirale über eine Nachlese zum Falkland-Konflikt.

Nach all meinen Übungen wurde ich letztlich Oberleutnant zur See der Reserve (OLt zS d.R.) und konnte damit meinen Studenten auch außerhalb von Forschung und Lehre auf Augenhöhe entgegentreten.

9. Gründungssenator der Technischen Universität Hamburg-Harburg

Im Frühjahr 1976 rief mich Präsident *Ellwein* zu sich und informierte mich darüber, dass die Freie und Hansestadt Hamburg beabsichtige, eine Technische Hochschule bzw. Technische Universität zu gründen. Hierzu solle im Hochschulamt in der Hamburger Straße eine Expertenkommission eingerichtet werden, die vorbereitende Arbeiten hierzu durchzuführen hätte. In der Expertenkommission wirkten neben den Behördenvertretern vor allem Professoren der Universität Hamburg mit. Der HSBwH habe man auch einen Vertreter zugestanden. Er (*Ellwein*) wolle, dass ich diese Aufgabe übernähme. Ich stimmte zu; das Votum des Akademischen Senats der HSBwH wurde im Nachgang eingeholt.

Die Expertenkommission begann sofort mit ihrer Arbeit. In der ersten Sitzung wurden wir zunächst über die Hintergründe der geplanten Neugründung in Kenntnis gesetzt. Demnach geht die Idee für eine Hamburger Technische Hochschule auf den damaligen Altonaer Bürgermeister (und späteren Hamburger Ersten Bürgermeister) *Max Brauer* zurück, der bereits 1928 in einer Denkschrift ergänzend zur Universität Hamburg eine ingenieurwissenschaftlich ausgerichtete Universität gefordert hatte. Infolge der Zeitumstände ließ sich das Projekt damals nicht realisieren. Der Erste Bürgermeister der Freien und Hansestadt Hamburg, *Herbert Weichmann*, griff 1968 die *Brauer*schen Überlegungen wieder auf. Nachdem sich dazu auch aus der Wirtschaft ein kräftiger Rückenwind einstellte, setzte der Erste Bürgermeister der Freien und Hansestadt Hamburg, *Hans-Ulrich Klose*, das Projekt schließlich um.

Infolge einer neuen Gemeindeordnung wurde Harburg 1938 (ebenso wie andere jetzige Stadtteile von Hamburg) nach Hamburg eingemeindet. Dies fand nicht bei allen Harburgern Zustimmung. Vielmehr fühlten sich viele Harburger lange Zeit als Hamburger Bürger zweiter Klasse. Dem abzuhelfen und da ein Standort einer neuen Technischen Hochschule südlich der Elbe durchaus auch Standortvorteile besaß, führte zu der politischen Entscheidung, die neue Universität in Harburg zu errichten. *Herbert Wehner*, der viele Jahre Harburger Bundestagsabgeordneter war, hat hinter den Kulissen da auch kräftig mitgemischt! Schließlich bedeutete eine neue Universität natürlich auch fremdfinanzierte Stadtentwicklung!

Die Expertenkommission befasste sich zunächst mit allgemeinen Strukturfragen der neuen Universität. Im Mittelpunkt stand deren Regionalität, um eine enge Kooperation mit der Hamburger Wirtschaft zu gewährleisten, Stichwort: Technologietransfer. Daraus ergab sich dann zwangsläufig eine Priorität für die Forschung. Im Einzelnen schlug die Kommission vor, dass sich die neue Universität auf die „klassischen" Ingenieurwissenschaften konzentrieren solle. In den Mittelpunkt setzte sie das Bauwesen, insbesondere unter dem Aspekt der Stadtentwicklung, den Maschinenbau mit den Schwerpunkten Meerestechnik und Schiffsmaschinenbau, die Elektrotechnik mit den Schwerpunkten Mikroelektronik und Technische Informatik sowie die Verfahrens- bzw. Prozesstechnik mit dem Schwerpunkt der Umwelttechnik. Für die neue Universität wurde eine hohe Interdisziplinarität angestrebt. Deshalb schlug die Kommission weiter vor, keine Fachbereiche bzw. Fakultäten zu gründen, sondern Arbeitsbereiche (Institute), die in Forschungsschwerpunkten zusammen arbeiten sollten. Diese offene Struktur sollte es ermöglichen, bei der Fortschreibung der Forschungsschwerpunkte sich neu zu organisieren. Für die Lehre schlug die Kommission vor, Studiendekanate einzurichten, die für die jeweiligen Studiengänge verantwortlich zeichnen sollten. Die mathematisch/naturwissenschaftlichen Grundlagenfächer sollten an der neuen Universität (zunächst) nicht besetzt werden, sondern in Form von Dienstleistungen von der Universität Hamburg beigesteuert werden. Im weiteren Detail diskutierte die Kommission, an dem bisherigen integrierten Studiengang Wirtschaftsingenieurwesen, der von der Fachhochschule und der Universität Hamburg erfolgreich betrieben wurde, die neue Universität mit ihrer Ingenieurkompetenz zu beteiligen. Weiter wurde diskutiert, der Politik zu empfehlen, den Schiffsmaschinenbau von der Universität Hannover nach Hamburg an die neue Universität zu verlagern. Für die dann neu zu etablierenden maritimen Studiengänge sollte man in Teilen zusätzlich auf Kapazitäten und Einrichtungen der HSBwH zurückgreifen.

Umfangsmäßig stellte sich die Kommission vor, dass die neue Universität nach dem Aufbau ihrer Forschungskapazitäten ca. 2500 Studienplätze anbieten sollte.

Die Expertenkommission beendete ihre Tätigkeit mit der offiziellen Errichtung der Technischen Universität Hamburg-Harburg (TUHH) am 28.05.1978. Ein Teil der Kommissionsmitglieder wurde zu Gründungssenatoren ernannt, darunter auch ich. Erster Gründungspräsident wurde Prof. Dr. *Hansjörg Sinn*, Chemiker von der Universität Hamburg. Als er das Amt des Senators für Wissenschaft und Kunst der Freien und Hansestadt Hamburg übernahm, folgte ihm als zweiter Gründungspräsident Prof. Dr. *Hans Günter Danielmeyer*, Physiker von der Universität Hamburg, nach. Er bekleidete dieses Amt bis 1986. In diesem Jahr beendete der Gründungssenat seine Tätigkeit. Der Gründungssenat war neben Fachleuten auch mit Vertretern der gesellschaftlichen Gruppen besetzt. Zum Beispiel hatte die Industrie- und Handelskammer Hamburg ebenso wie die Gewerkschaften einen ständigen Vertreter im Gründungssenat. Damit wollte man politisch das Konzept der neuen Universität im Hinblick auf ihre Regionalität unterstreichen, aber auch eine größere Akzeptanz in der Gesellschaft erreichen.

Meine Aufgabe als Gründungssenator bestand vorrangig in der Verantwortung zur Besetzung der elektrotechnisch ausgerichteten Professuren. Dazu war ich Berufungsausschussvorsitzender qua Amt. Im Einzelnen ging es um das Requirieren der Stellen aus dem allgemeinen Stellenpool (in Konkurrenz zu anderen Fachrichtungen), um deren Widmung, um die Ausschreibung und natürlich um die eigentliche Arbeit in der Berufungskommission, die ihren Abschluss in der Erarbeitung der jeweiligen Berufungsvorschläge fand. Ich habe als Vorsitzender über 10 Berufungsverfahren abgewickelt, eine erhebliche Arbeit zusätzlich zu meiner Tätigkeit an der HSBwH. Es gab Wochen, da war ich öfter und länger in Harburg als in Wandsbek!

Nicht zu unterschätzen war auch die Arbeit per Telefon „hinter den Kulissen", um nach geeigneten Kollegen zu suchen bzw. diese für eine Tätigkeit an der TUHH zu interessieren. So gelang es mir beispielsweise, für die Regelungstechnik meinen Kollegen und Freund, *Eberhard Hofer,* und nach seinem Weggang nach Ulm, *Jan*

Lunze, zu gewinnen, beide renommierte Kollegen auf ihrem Fachgebiet. Ebenso konnten die digitale Bildverarbeitung mit dem Kollegen *Hans Burkhardt* und die Nachrichtentechnik mit dem Kollegen *Norbert Fliege*, beide vorher an der Universität (TH) Karlsruhe tätig, erstklassig besetzt werden.

Meine Tätigkeit endete offiziell mit der Amtszeit des Gründungssenats 1986. Als auswärtiger Gutachter war ich aber bis in die heutige Zeit in diversen Berufungskommissionen der TUHH tätig, in den letzten Jahren schwerpunktmäßig für Professuren der Flugzeug-Systemtechnik. Insgesamt hat mir die Tätigkeit an bzw. für die TUHH viel Freude bereitet, und ich konnte meinen Wissenshorizont fachlich, aber auch hochschulpolitisch, durch diese Tätigkeit deutlich erweitern. 1987 wurde mir in Anerkennung meiner Arbeit für die TUHH durch deren Akademischen Senat die Aufbaumedaille der TUHH verliehen.

Auch als Gründungssenator hatte ich eine Reihe interessanter Erlebnisse, über zwei will ich im Weiteren näher berichten.

a) Politische Einflussnahme

In Hamburg gibt es die Besonderheit der Deputation. Es ist dies ein Bürger-Gremium zur Mitwirkung und Kontrolle der Landesbehörden. Jedem Senator als Präses einer Behörde ist in deren Behördenleitung eine solche Deputation beigegeben, die aus 15 bürgerlichen Mitgliedern (Deputierten) besteht. Die Deputierten sind ehrenamtlich tätig und werden von der Hamburgischen Bürgerschaft für die Dauer ihrer eigenen Wahlperiode bestimmt. Dabei werden in der Regel die von den jeweiligen Fraktionen vorgeschlagenen Kandidaten im Verhältnis der Sitzverteilung der jeweiligen Parteien in der Bürgerschaft gewählt.

Die Deputation wird von dem jeweiligen Senator oder seinem Stellvertreter (Staatsrat) als Vorsitzender geführt. Der für die Wissenschaft zuständigen Deputation sind alle Berufungslisten der Hamburger Hochschulen vorzulegen. Der Wissenschaftssenator beruft erst nach einem positiven Votum der Deputation.

Wir hatten nun im Gründungssenat eine Berufungsliste für das Bauwesen - wenn ich mich richtig erinnere - einstimmig verabschiedet. Es handelte sich um eine Dreierliste, die in jeder Beziehung „wasserdicht" war. Nach einigen Wochen kam die Liste von der Deputation an die TUHH zurück mit der Auflage, über die Liste neu zu befinden. Die Deputation wünschte, den auf Platz drei der Liste platzierten Kandidaten auf Platz eins zu setzen. Die Begründung der Deputierten war dreist: Man erwarte von dem Bewerber auf Platz drei, dass dieser das politische Konzept der SPD zur Stadtentwicklung besser vertreten würde. Weiterhin sei er ein langjähriger verdienter Mitarbeiter des Beamtenheimstättenwerkes (BHW) und man könne durch eine Berufung zum Professor diese Verdienste gebührend würdigen. Dies löste natürlich im Gründungssenat einen Proteststurm aus und führte zu einer entsprechenden geharnischten Stellungnahme an die Deputation. Es gereicht dem damaligen Kanzler der TUHH, Dr. *Justus Woydt* - selbst „strammer Genosse" - zur Ehre, dass er sich in dieser Angelegenheit an die Spitze des Protestes gestellt hat und damit die Interessen der TUHH vor die seiner Partei stellte. Dies war im Übrigen die einzige offene politische Einflussnahme auf Berufungsverfahren der TUHH.

b) Wissenschaftssenator Prof. Dr. *Klaus Michael Meyer-Abich*

Von 1984 bis 1987 bekleidete Prof. *Meyer-Abich* das Amt des Hamburger Wissenschaftssenators. *Meyer-Abich* war Physiker und Philosoph, für das politische Geschäft des Wissenschaftssenators allerdings, meiner Meinung nach, gänzlich ungeeignet. In unregelmäßigen Abständen besuchte er die TUHH, um mit dem Präsidenten und dem Gründungssenat über aktuelle Probleme der TUHH zu diskutieren. Sein Beitrag blieb dabei allerdings stets unverbindlich. Zum Ende der Amtszeit des Gründungssenats kam er mit schwerem Gepäck. Er hatte der TUHH ein massives Sparpaket zu verkünden, das deren weiteren Ausbau in Frage stellte und im Widerspruch zu noch wenige Monate zuvor gegebenen Zusagen stand. Es ergab sich eine heftige Debatte im Gründungssenat, aber *Meyer-Abich* rückte von seinem Sparpaket nicht ab, er konnte auch nicht, denn es war Kabinettsorder; er hatte sich bei den entsprechenden Haushaltsverhandlungen nicht durchsetzen können oder wollen. Nachdem alle Argumente im Gründungssenat ergebnislos ausgetauscht waren, beendete *Meyer-Abich* die Debatte. Bei solchen Anlässen bemühte er stets *Nils Bohr*, den dänischen Atomphysiker und Nobelpreisträger, den er sehr verehrte und der wegen seiner Anekdoten und Aphorismen bekannt war/ist. *Meyer-Abich* meinte, *Nils Bohr* habe gesagt, man könne auch mit schmutzigem Wasser Gläser reinigen, sprich, auf die TUHH bezogen, mit weniger Geld zu gleich guten Leistungen in Forschung und Lehre gelangen.

Ich hatte mit meinem Institut am Abend in unserem Offiziersheim einen frisch Promovierten zu feiern. Während der Ausführungen von *Meyer-Abich* machte ich mir einige Notizen für meine zu haltende Laudatio. Das kleine Geschenk hatte ich auch schon dabei; für den Doktoranden hatte ich ein Büchlein besorgt mit Anekdoten von Naturwissenschaftlern und Ingenieuren. Titel: „Dem Ingeniör ist nichts zu schwör". Bei dem von *Meyer-Abich* gelieferten Stichwort *Nils Bohr* schaute ich in das Namensregister des Buches und fand zwei Zitatstellen zu ihm. Die eine passte. Ich meldete mich und fragte höflich an, ob ich auch noch ein Zitat von *Nils Bohr* beisteuern dürfte. *Meyer-Abich* war überrascht; er meinte wohl, er habe hier eine Monopolstellung, aber er erteilte mir das Wort. Ich sagte, der folgende Ausspruch von *Nils Bohr* scheine mir besser als der von ihm zitierte zur heutigen Veranstaltungen zu passen. „Klein Erna kommt zum Kramer und gibt ihm 20 Pfennige. Sie will dafür eine Tüte gemischte Bonbons. Der Krämer gibt ihr zwei und sagt, klein Erna, mischen kannst Du selbst". Unter tosendem Gelächter der Senatsmitglieder verlies *Meyer-Abich* pikiert die Sitzung.

10. Hochschullehrer in Hamburg, Teil 2

Infolge der zügigen und effizienten Vorgehensweise aller Beteiligten war die HSBwH im Wesentlichen innerhalb von fünf Jahren aufgebaut. Mit der Einweihung der Laborgebäude für den „warmen Maschinenbau" war der Aufbau 1982 abgeschlossen. Wenn man bedenkt, wie lange entsprechende Gründungs- und Aufbauphasen bei Landeshochschulen dauern, war und ist dies eine einmalige Leistung. Ich bin stolz, dass ich hierzu einen merklichen Beitrag leisten konnte.

10.1 Die Konsolidierungsphase in Hamburg

Mein Arbeitsbereich war mit der Inbetriebnahme des Hybridrechenzentrums und der Einstellung der letzten Mitarbeiter der ersten „Crew" ab 1978/79 voll arbeitsfähig. Ab diesem Zeitpunkt konnte auch die Forschung strategisch geplant werden.

a) Lehre

Die Lehre wurde aus der Aufbauphase heraus kontinuierlich fortgeschrieben. Neben der üblichen Anpassung der Inhalte an neue Fortschritte im Fachgebiet musste die Grundlagenvorlesung in Teilen didaktisch umgestellt werden, da zwischenzeitlich auch Wirtschaftsingenieure den ersten Teil dieser Vorlesung zu hören hatten. Entsprechend musste in der Vertiefungsvorlesung der Teil über die optimalen Systeme um die statische Optimierung erweitert werden, da auch die Vertiefungsvorlesung insgesamt durch die Wirtschaftsingenieure gut angenommen wurde. Auch im Vertiefungslabor gab es gewisse Änderungen, da bestehende Versuche durch neuere ersetzt wurden bzw. bei bestehenden Versuchen die Hardware auf den neuesten Stand gebracht werden musste.

Neu war die Einführung eines Seminars. In diesem berichteten die wiss. Mitarbeiter über den Fortgang ihrer Dissertation und Studenten über ihre Diplomarbeit. Weiter wurden auswärtige Vortragende aus Hochschulen und Industrie zu speziellen Themen eingeladen. Zusätzlich wurden einmal jährlich einwöchige Seminare mit Kollegen der Naval Postgraduate School in Monterey durchgeführt.

Herauszuheben sind hier die Veranstaltungen mit dem Kollegen R. *Panholzer*, der jeweils über die neuesten Entwicklungen auf dem Gebiet der Mikroelektronik vorgetragen hat und die Veranstaltungen mit dem Kollegen K. *Woehler* über Themen aus dem Gebiet der „Nichtlinearen Mechanik" (Chaostheorie, Theorie und Simulationen zu den Arbeiten des Club of Rome, Entstehung des Weltalls, Relativitätstheorie, ...) sowie seine Ausführungen zur „Strategic Defense Initiative - SDI" und zu den „Nuclear Weapons". Bei den auswärtigen Vortragenden waren durchweg zahlreiche Gäste aus Industrie und Forschung zugegen, so dass in der Regel mehr als 50 Zuhörer anwesend waren.

b) Forschung

In der Forschung war strategisches Ziel, die vorhandenen Ressourcen über Drittmittel deutlich aufzustocken. Nebenbedingung war allerdings, dass zu bearbeitende Projekte stets in den festgelegten Forschungskanon passten und die jeweilige Thematik auf universitärem Niveau abgehandelt werden konnte/musste, so dass größere Projekte durch eine Dissertation abzuschließen waren.

b1) Dynamik und Regelung von Unterwasserfahrzeugen

Ein erstes neues Forschungsprojekt war die Untersuchung des dynamischen Verhaltens von Unterwasserfahrzeugen und die Entwicklung entsprechender Steuerungs- und Regelungsalgorithmen. Die Problematik wurde zunächst in einigen Studien- und Diplomarbeiten grundlegend voruntersucht. Nach einer zweiteiligen Publikation von mir selbst (Regelungstechnik, 1981) zum Thema gab es einen ersten Abschluss der Arbeiten durch die Dissertation von Dipl.-Ing. R. Kern (1983), der das Problem der Schätzung von Zieltrajektorien mit Hilfe passiver Messungen gelöst hat. Dem kam natürlich auch eine militärische Bedeutung zu. Infolgedessen entwickelte sich eine wissenschaftlich interessante Kooperation mit der Firma AEG/Telefunken in Wedel, vor allem, nachdem einer unserer früheren Diplomanden dort seinen neuen Arbeitsplatz gefunden hatte. Nach einigen weiteren Veröffentlichungen zum Thema wurde die Problematik wieder „entmilitarisiert" und es standen autonome Unterwasserroboter im

Fokus. Deren Steuerung und Regelung wurde im Sinne einer zeit- bzw. verbrauchsoptimalen Lenkung in der Dissertation von Dipl.-Ing. *H. Watter* (1993) erfolgreich untersucht. Insgesamt entstanden über die beiden Dissertationen hinaus zum Problem der Steuerung und Regelung von Unterwasserfahrzeugen sechs Publikationen, davon drei international, und es wurden 13 Vorträge gehalten, davon ebenfalls drei international.

b2) Weitere maritime Anwendungen

Bei einem meiner Besuche an der Naval Postgraduate School (NPS) lernte ich den damaligen KKpt *Bernd Lehmann* kennen. *Lehmann* studierte an der NPS Operations Research. Nach Abschluss seines Studiums und seiner Rückkehr in die Bundesmarine wollte er sich wissenschaftlich weiter qualifizieren. Ziel war das Anfertigen einer Dissertation. Ich war bereit, ihn zu betreuen. Da das Promotionsverfahren neben seiner eigentlichen Tätigkeit als Marineoffizier durchzuführen war, musste ein Thema gewählt werden, bei dem er möglichst viele Vorkenntnisse einbringen konnte. Wir entschieden uns für eine OTHT-(Over the Horizon Targeting) Modellierung und Simulation. Auf diesem Gebiet hatte er an der NPS seine Master Thesis angefertigt. Im Wesentlichen ging es dabei darum, aus einem Freund-Feind Szenario heraus gängige Flugkörper der Nato-Marinen (Harpoon, MM 38 Exocet) im Vergleich auf bewegliche Ziele zu lenken und die Treffwahrscheinlichkeiten zu berechnen. Es entstand so eine hoch interessante wiss. Arbeit. Leider konnte *Lehmann* damit nicht promovieren. Seine Untersuchungen ließen sich zwar von aktuellen Daten durch geeignete Normierungen befreien, so dass die Arbeit offen war, für eine Dissertation unabdingbar. Der von *Lehmann* zu Beginn der 80er Jahre an der NPS erworbene Abschluss wurde aber damals an deutschen Hochschulen (noch) nicht anerkannt, da es den Abschluss in Operations Research in Deutschland nicht gab; es war dies eine Vertiefungsrichtung im Rahmen eines wirtschaftswissenschaftlichen Studiums. *Lehmann* erfüllte damit nicht die Zulassungsvoraussetzungen zur Promotion. Wir machten aus der Not eine Tugend: Es entstanden mehrere Publikationen, und das Simulationsprogramm wurde an eine Industriefirma verkauft. Zur Validierung der *Lehmann*schen Untersuchungen ließ ich ergänzend eine Diplomarbeit anfertigen, zu der ein Student eine vierwöchige Übung der STANAVFORLANT (Standing Naval Force Atlantic) auf verschiedenen Schiffen der NATO begleitet hat (1984). Nachdem die Diplomarbeit fertig gestellt war, wurde sie durch die Marine eingestuft und „konfisziert". Um sie korrigieren und bewerten zu können, musste ich erst temporär nach „streng geheim" überprüft und eingestuft werden. Aus dieser Lehre heraus wurden derartige Arbeiten fortan in meinem Zuständigkeitsbereich nicht mehr durchgeführt.

Über die OTHT-Simulationen kamen wir mit der Marinetechnik GmbH (MTG) in Hamburg und dem Kommando Marineführungssysteme (KdoMFüSys) in Wilhelmshaven in Kontakt. Hieraus entwickelte sich eine fruchtbare Forschungskooperation. Im Rahmen eines FÜWES (Führungs- und Waffeneinsatzsystem) untersuchten wir mathematische Modelle zum Einsatz von Düppeln auf Schiffen der Marine und führten Bedrohungsberechnungen für verschiedene maritime Szenarien durch. Bei letzterem ging es um die mathematische Modellierung und die optimale Auswahl und den optimalen Einsatz verschiedener Effektoren. Neben mehreren Studien- und Diplomarbeiten entstand zu diesem Themenkomplex auch die Dissertation von Dipl.-Ing. *A. Hornig* (1991), in der dieser das Problem der Warteschlangen an den Effektoren mit Hilfe von *Markow*-Ketten anwendungsbezogen löste.

b3) Neue Diagnose- und Wartungskonzepte

Angeregt durch Gespräche mit einem befreundeten Mittelständler aus der Region hatte ich mir seit längerem Gedanken über eine prädiktive bzw. bedarfsorientierte Wartung von technischen Systemen gemacht, Stichwort: „maintenance on condition". Es fehlte mir aber noch die geeignete Anwendung, oder, wie die Regelungstechniker sagen, die geeignete Regelstrecke. Das Problem löste der Zufall.

Im Sommer 1980 stand plötzlich ein ehemaliger Kommilitone in meinem Büro. Er berichtete, dass er Leiter der Triebwerksabteilung der Deutschen Lufthansa in Hamburg sei. Zur Reduzierung der Wartungskosten überlege er, moderne softwareorientierte Verfahren einzusetzen, mit denen über eine gewisse Vorhersage Wartungszeitpunkte nach Bedarf und a priori festgelegt werden können.

Dazu benötige er ein Buch über Kalman-Filter, das er in der Bibliothek der HSBwH ausleihen wollte. Das Buch sei nun aber gerade bei mir. Ich ergriff die Gunst der Stunde und schlug ihm vor, dass wir die Aufgabe gemeinsam angehen sollten oder noch besser, dass wir die Aufgabe für ihn lösten. Er war begeistert. So begann als ein Forschungsschwerpunkt meiner Professur die Diagnose von Turboflugtriebwerken und später auch von stationären Gasturbinenanlagen, mit dem wir uns unter den verschiedensten Aspekten rund 20 Jahre beschäftigt haben.

Das Projekt mit der Lufthansa, in das zu einem späteren Zeitpunkt noch die Firma Hamilton Standard in Hartford, CT - USA hinzukam, fand seinen Abschluss in der richtungsweisenden Dissertation von Dipl.-Ing. *M. Roesnick* (1984), in der dieser eine systemtheoretische Lösung des Fehlerdiagnoseproblems für Turboflugtriebwerke entwickelte. Diese modellbezogene Vorgehensweise war Basis für alle weiteren Aktivitäten auf diesem Gebiet. Die Grundidee der modellbezogenen Diagnose ist relativ einfach: Von dem zu diagnostizierenden System (hier: das Triebwerk) wird ein mathematisches Modell der fehlerfreien Anlage erstellt. Über das Modell hängen Mess- und Zustands- (System-) Größen in eindeutiger Weise miteinander zusammen. Für eine aktuelle Anlage werden nun Messungen durchgeführt und diese Messungen werden in das Modell eingegeben. Das Rechenprogramm ermittelt die dazugehörigen Zustandsgrößen. Ihr Vergleich mit den entsprechenden Größen für den fehlerfreien Fall liefert eine Aussage über den Zustand der Anlage. Für Triebwerke nennt man diese Vorgehensweise: Gas-Pfad-Analyse (Gas-Path-Analysis (GPA)).

Über die Arbeiten mit der Lufthansa erlangten wir nationales und internationales Renommee. Es ergaben sich viele Anfragen von Anwendern, die bei uns Rat und Unterstützung suchten und die auch bereit waren, entsprechende Mittel zur Verfügung zu stellen. Mein Arbeitsbereich kam damit an seine Leistungsgrenzen, zumal ja auch noch andere Forschungsthemen bearbeitet wurden. Es musste also Unterstützung her. Auf fachlichem Gebiet fand ich diese in meinem Kollegen und Freund *Kurt Fiedler*, der die Professur für Strömungsmaschinen inne hatte und der über eine ausgezeichnete Laborausstattung verfügte. Auf administrativem Gebiet gab es allerdings Probleme, da die Hochschulverwaltung doch deutlich überfordert war, Drittmittelprojekte größerer Dimension - auch international - kundengerecht abzuwickeln. Es musste also eine andere Lösung gefunden werden.

10.2 Die Gründung einer Firma und eines Ingenieurbüros

Nachdem sich auch bei anderen Projekten und anderen Professuren die Probleme bei der Abwicklung von Drittmittelprojekten häuften, entschlossen sich Kollege *Fiedler* und ich, sich einer Idee unseres Kollegen und Freundes *Ingobert Schmid* (Professur für Kraftfahrwesen) anzuschließen und eine Firma zu gründen. Nachdem wir das Projekt ausführlich - im Fortgang auch mit einem Anwalt und Notar - diskutiert hatten, wurde der Hochschulkanzler, Herr *von Borck-Erlecke*, ins Benehmen gezogen. Er fand die Idee prima, wohl auch, um seine Verwaltung administrativ zu entlasten. Er beriet uns, um die Schnittstellen zur Hochschule sauber zu definieren und damit wir auch nicht mit dem Dienstherrn auf Kollisionskurs gerieten. Er gestattete uns sogar, Mitarbeiter der Firma in die Hochschule zu setzen, sofern dadurch nicht Planstellenmitarbeiter in ihrem Aktionsradius eingeschränkt würden. So gründeten wir die *„Gesellschaft für Forschung und Entwicklung mbH (GFE)"*, mit den Arbeitsschwerpunkten: Antriebstechnik, Automatisierungstechnik, Verkehrstechnik und Wehrtechnik. Geschäftsführerin der Gesellschaft wurde Frau Dipl.-Ing. *Sigrid Schmid*, Ehefrau von *Ingobert Schmid*, die ich schon vom Studium in Stuttgart her kannte. Die Gesellschaft bestand über 20 Jahre; sie wurde mit der Pensionierung der Kollegen *Fiedler* und *Schmid* in 2001 aufgelöst.

Die GFE war zur Abwicklung größerer Projekte die für uns ideale Konstruktion. Für kleinere Projekte, Gutachten und Beratungsfunktionen war sie allerdings wegen ihres „Overheads" weniger geeignet. Deshalb gründete ich parallel zur GFE das *„Ingenieurbüro Prof. Lunderstädt"*, um darüber den entsprechenden Kundenkreis bedarfsgerecht bedienen zu können. Das Ingenieurbüro habe ich bis zum Ende des Jahres 2010 betrieben.

a) Lehre

Sowohl GFE als auch Ingenieurbüro hatten mit der akademischen Lehre in der Hochschule nichts zu tun. Allerdings wurden einige Fort- und Weiterbildungsveranstaltungen für Industrie und Wirtschaft durchgeführt (z.B. ESG, München; Beiersdorf, Hamburg).

b) Forschung

Nach Gründung der GFE wurde in unscharfer Trennung die Grundlagenforschung im Rahmen der Hochschule, die Anwendungsforschung und Entwicklung über die GFE durchgeführt. Für beratende Tätigkeiten des Professors stand das Ingenieurbüro zur Verfügung. Im Weiteren berichte ich über alle drei „Beine" gemeinsam, wobei GFE-Projekte nur genannt sind, sofern ich sie wissenschaftlich zu vertreten hatte.

Auslöser meinerseits zur Gründung der GFE waren die Arbeiten zur GPA. Deshalb soll zunächst darüber weiter berichtet werden.

b1) Gas-Pfad-Analyse (GPA)

Im Anschluss an die Arbeiten mit der Lufthansa, wo es um zivile Großtriebwerke ging, folgten zwei Projekte mit der damaligen Firma MBB in Bremen und der Bundeswehr. Es waren Modelle und Diagnoseverfahren zu entwickeln für das Triebwerk *Larzac 04*, eine Gemeinschaftsproduktion der Firmen MTU, Snecma und Turbomeca und das Triebwerk Rolls-Royce *Gem*, beides Zweiwellenanlagen mittlerer Leistung. Das *Larzac*-Triebwerk wurde als Strahltriebwerk im leichten Erdkampfflugzeug Alpha Jet der Bundesluftwaffe genutzt. Das Flugzeug hatte zwei Triebwerke; insgesamt besaß die Bundeswehr 500 Alpha Jets. Das *Gem*-Triebwerk war (und ist) eine reine Wellenanlage, die für den Hubschrauber Westland Lynx entwickelt wurde, der in der Marineversion Sea Lynx auf den Fregatten der Bundesmarine Verwendung findet. Für beide Triebwerke *Larzac* und *Gem* war eine prädiktive Wartung angestrebt; wir haben dafür die Grundlagen geliefert und die erforderliche Software entwickelt.

Nach diesen fliegenden Systemen standen in den Jahren 1985 bis 1989 stationäre Gasturbinenanlagen zur Untersuchung an.

Die erste Anfrage kam von der Firma C. J. Freudenberg in Weinheim. Freudenberg betrieb unterstützend zur eigenen Energieversorgung ein Kraftwerk, in dem der Generator durch eine *Ruston*-Gasturbine angetrieben wurde. Man war mit der Zuverlässigkeit der Anlage nicht voll zufrieden und suchte nach einem neuen Wartungskonzept. Nach einem ersten Kontaktgespräch gaben wir ein Angebot ab und bekamen sehr kurzfristig auch den Auftrag. Wir lieferten und nach einer kurzen Testphase wurde die Gasturbine nach unserem Diagnose- und Wartungskonzept gefahren. Nach einigen Monaten bekamen wir einen Anruf des Kraftwerksleiters, in dem er uns mitteilte, dass sich der Wirkungsgrad der Brennkammer seiner Gasturbine - diagnostiziert durch unser System - dramatisch verschlechtert habe. Was solle er tun, war seine Frage? Wir antworteten, sofort stilllegen und die Maschine untersuchen. Das Ergebnis war ein zehn cm langer Riss in der Brennkammer infolge von Materialermüdung. Nicht auszudenken, wenn die Anlage deshalb in die Luft geflogen wäre. Dieser Riss wäre ohne unser Diagnosesystem an der laufenden Anlage niemals entdeckt worden. Erst im Rahmen einer großen Inspektion bei stillgelegter Turbine hätte man den Schaden detektieren können. Dieser Fall sprach sich in deutschen Landen herum. Wir bekamen sofort einen Folgeauftrag der Firma Procter & Gamble in Worms, die dort mit zwei Gasturbinen des gleichen Typs ebenfalls ein eigenes Kraftwerk betrieb. Bei diesem Kraftwerk mussten zusätzlich noch die Schalldämpfer und der Abgaskamin in die Diagnose einbezogen werden. Auch diese Aufgabe konnte zur vollsten Zufriedenheit des Kunden gelöst werden.

Ende der 80er bis Anfang der 90er Jahre standen dann Arbeiten am Triebwerk RB 199 des Kampfflugzeugs Tornado im Fokus. Dieses Triebwerk, entwickelt von den Firmen Rolls-Royce und Turbounion (MTU), ist eine hochkomplizierte Dreiwellen-Anlage mit Nachbrenner und Schubumkehr, also gerade die richtige Herausforderung für Wissenschaftler einer Hochschule. Auch hier ist es gelungen, auf der Basis der GPA ein Diagnosesystem zu entwickeln. Die Aufgabe wurde erschwert, weil für einige der an sich benötigten Messgrößen keine Sensoren installiert waren und dafür ersatzweise

Zustandsbeobachter eingesetzt werden mussten. Das war der Grund, dass zusätzlich zur GPA ein Expertensystem unterstützend genutzt wurde. Hierzu entstand die Dissertation von Dipl.-Ing. U. *Willan* (1990), die er in Teilen beim MFG 2 angefertigt hat, da dort hinreichend viele Daten zur Verfügung standen, um die Wissensbasis des Expertensystems aufzubauen. Die Einbeziehung einer Sensorüberwachung in die Diagnose ist grundlegend Gegenstand der Dissertation von Dipl.-Ing. *Th. Hillemann* (1994), wobei auch er auf Daten vom MFG 2 zurückgreifen konnte. Die Einbeziehung einer Sensorüberwachung und die Indikation von Messfehlern in die GPA für das RB 199-Triebwerk im laufenden Betrieb ist in der Dissertation von Dipl.- Ing. *R. Junk* (1997) abgehandelt, zu deren Anfertigung er den Triebwerksprüfstand der WTD 61 in Manching nutzen konnte. In dieser Dissertation ist erstmals eine kombinierte Zustands- und Messgrößendiagnose für Flugtriebwerke durchgeführt worden. Eine damals weltweit einzigartige Vorgehensweise.

Die Diagnose fliegender Systeme wurde abgeschlossen durch einige theoretische Arbeiten für Transportflugzeuge der Südafrikanischen Luftwaffe.

Ende der 90er Jahre ergaben sich Kontakte zur Verbundnetz Gas AG (VNG) in Leipzig. Diese betrieb (und betreibt) u.a. die Erdgasverdichterstation in Sayda an der tschechischen Grenze, in der das Erdgas aus Russland, das über die Ukraine und Tschechien nach Deutschland geleitet wird, wieder auf Betriebsdruck hoch verdichtet wird. Die dafür benötigten Verdichter werden durch Gasturbinen angetrieben. Da diese Verdichterstation - herrührend aus DDR-Verhältnissen - sehr personalintensiv betrieben wurde, strebte die VNG eine Automatisierung an. Im Rahmen dieser Automatisierung sollten zwei Gasturbinen und die entsprechenden Erdgasverdichter mit einem Diagnosesystem überwacht werden. Hinzu kamen die an die Gasturbinen angeschlossenen Wärmeaustauscher. Diese Aufgabe war wieder eine echte Herausforderung, wobei der Hauptanteil durch den Kollegen *Fiedler* zu leisten war, denn die doch sehr aufwendige thermodynamische Modellierung war durch einen Strömungsmaschinenbauer besser zu bewältigen. Die entsprechende Dissertation wurde deshalb auch bei ihm mit mir als Korreferenten abgeschlossen.

Nach der Entwicklung eines Diagnosesystems für eine Gasturbine der Firma Shell für deren Raffinerie in Hamburg-Harburg wurden dann Ende der 90er Jahre bis Anfang 2000 noch einige abschließende Arbeiten für Dampfturbinen durchgeführt. In Kooperation mit der Firma Siemens in Erlangen bzw. deren Power Generation in Mühlheim/Ruhr wurde ein Forschungs- und Entwicklungsprogramm aufgelegt, das die Übertragung der GPA von Turboflugtriebwerken bzw. Gasturbinen auf Dampfturbinen zum Inhalt hatte. In der Dissertation von Dipl.-Ing. *P. Girbig* (2000) wurde die grundlegende Vorgehensweise dazu entwickelt, in der Dissertation von Dipl.-Ing. *P. Kaewjinda* (2003) wurden die Ergebnisse aus der *Girbig*schen Arbeit auf eine konkrete Anlage übertragen, und es wurde damit die Funktionsfähigkeit der GPA auch für Dampfturbinen nachgewiesen.

Insgesamt entstanden zum Themenkomplex GPA in meinem Arbeitsbereich fünf Dissertationen, und ich war weiter an drei Dissertationen als Korreferent beteiligt. Über die Dissertationen hinaus wurden insgesamt 29 weitere wiss. Arbeiten publiziert, 11 von mir selbst, 12 gemeinsam mit Herrn Kollegen *Fiedler* und sechs von wiss. Mitarbeitern; 15 Arbeiten erschienen international. Von mir wurden 32 Vorträge zum Thema gehalten, davon neun international; die wiss. Mitarbeiter haben 20 mal referiert, davon achtmal international.

b2) Hautforschung mit der Firma Beiersdorf

1981 lernte ich den Inhaber eines Ingenieurbüros kennen, das u.a. für die Firma Beiersdorf (BDF) arbeitete. So kam ich mit dem damaligen Leiter der Forschung und Entwicklung von BDF, Herrn Dr. *Udo Hoppe*, in Kontakt. Dieser berichtete mir von einem äußerst wichtigen, aber ungelösten Problem in seinem Hause, nämlich der Dosierung, d.h. der Mischung von Massenströmen zur Herstellung von Kosmetika im Genauigkeitsbereich von wenigen Promille. Wenn man bedenkt, dass der damalige Preis von einem kg Rosenöl bei 10 bis 20 TDM lag (heute dies wohl in Euro), wird deutlich, wie wichtig die Lösung dieses Problems allein aus pekuniärer Sicht für BDF war. Dr. *Hoppe* bat mich, ihn bei der Auswahl eines geeigneten

Lieferanten für eine entsprechende Mischungsanlage zu beraten. Ich musste ihm mitteilen, dass es einen derartigen Lieferanten nicht gab. Das Problem war bisher ungelöst. Darauf sagte er: „Machen Sie es für uns". Ich erbat mir Bedenkzeit.

Ich diskutierte das Problem mit meinen Mitarbeitern Dipl.-Ing. *P. Krause* und Dipl.-Ing. *M. Roesnick*. Wir kamen zu der Überzeugung: Wir können das. Wir machten ein Angebot, das die technische Lösung und unsere Preisvorstellungen enthielt. *Dr. Hoppe* veranlasste - gegen nachhaltige Widerstände in seinem Hause - , dass wir als „Nobodies" den Auftrag erhielten. Mehrere Monate wurde modelliert, entwickelt, programmiert, gefertigt und experimentiert. Wir installierten und nach einer Testphase von wenigen Tagen konnten wir die Anlage mit einer Genauigkeit von 2 Promille übergeben. Dies war für uns das Entree im Hause BDF und der Startschuss für eine über 20 Jahre andauernde Zusammenarbeit mit BDF auf dem Gebiet der Hautforschung. Diese erstreckte sich von der Grundlagenforschung bis hin zur gerätemäßigen Entwicklung.

Die erste Aufgabe bestand darin, aus vielen bei BDF durchgeführten Messungen ein statisches mathematisches Modell der menschlichen Haut zu entwickeln, an dem quantitativ Behandlungseffekte durch Kosmetika (z.B. Nivea) nachgewiesen werden konnten. Diese theoretischen Untersuchungen wurden von mir selbst ausgeführt. Das Ergebnis war ein erstes Modell der Epidermis, mit dem sich Behandlungseffekte ab ca. 5 Prozent Rauigkeitsänderungen der Hautoberfläche nachweisen ließen. Mehr war wegen der zu großen Messfehler in den Rohdaten nicht „drin". Das Modell zeigte aber schon sehr schön die Anisotropien der Hautoberfläche auf und damit die Richtungsabhängigkeit bei Behandlung.

BDF war (und ist) genötigt (und andere Hersteller auch), von jeder Charge ihrer Produkte messtechnische Nachweise zu dokumentieren. Dies führte (und führt) zu einem hohen Personalaufwand und zu einem „Wust" an auszuwertenden und zu verwaltenden Messdaten. Hier war also eine Automatisierung angesagt. Da die Vermessung der Haut zum damaligen Zeitpunkt in vivo nicht möglich war, wurden von zu untersuchenden Hautpartien Silikonabdrücke, sogenannte Replikate, gemacht und diese stellvertretend mit einem mechanischen Tastschnittgerät durch Abtasten von Profilschnitten vermessen, so wie es im Maschinenbau bei der Vermessung von technischen Oberflächen damals üblich war. Diese Vorgehensweise hatte natürlich zwei entscheidende Nachteile. Zum einen wirkte das Messobjekt (hier: der Silikonabdruck) auf das Messgerät zurück und das Messgerät (hier: die Nadel des Tastschnittgerätes) verformte seinerseits das Messobjekt, wodurch erhebliche Messfehler entstanden und zum anderen dauerte die Vermessung einer Probe mit einem Tastschnittgerät sehr lange. Um z.B. den Behandlungseffekt einer Charge messtechnisch zu quantifizieren, wurden Proben von im Schnitt 25 Probanden/innen genommen, jeweils eine von einem behandelten und eine von einem unbehandelten Areal. Damit lagen 50 Proben vor. Jede Probe wurde mit 6 Profilschnitten vermessen, wobei die Vermessung eines einzelnen Profilschnittes ca. 2 Minuten dauerte. Damit ergab sich eine Gesamtmesszeit für eine Charge von 10 Stunden. Dies war durch das Laborpersonal bei der Vielzahl der Chargen natürlich nicht zu leisten. Es war also eine Doppelstrategie angesagt: Die Messmethode zu verbessern und den Messvorgang zu automatisieren. Aus Zeitgründen wurde mit der Automatisierung begonnen.

Die Firma BDF erteilte uns den Auftrag, einen Messplatz zu entwickeln, der autonom ein gesamtes Kollektiv von Replikaten vermisst, also 10 Stunden und mehr selbstständig arbeitet und zugleich über einen Rechner die Auswertung und Verwaltung der Messdaten vornimmt.

Der von uns entworfene Messplatz bestand im Wesentlichen aus sieben Komponenten: Einem Probenbehälter (Magazin) zur Aufnahme der runden Replikate (Durchmesser ca. 5 cm), einem Barcodeleser zur Identifikation der auf der Unterseite codierten Replikate, einem Roboter zum Transport der Replikate, einem drehbaren Messtisch zur Vermessung der Replikate mit dem Tastschnittgerät, dem Tastschnittgerät selbst, einem Magazin zur Aufnahme der vermessenen Replikate und dem Rechner zur Steuerung des Messplatzes und zur Auswertung und Verwaltung der Messdaten. Nachdem der Probenbehälter gefüllt und der Messvorgang gestartet worden war, lief die Vermessung einer Probe wie folgt ab: Der Roboter entnahm aus dem Probenbehälter ein Replikat, führte es über den Barcodeleser zur Identifikation und legte es dann auf dem Messtisch ab. Dort wurde ein Profilschnitt diagonal/radial vermessen, anschließend der Messtisch um einen Winkel von 30 Grad gedreht und der nächste Profilschnitt vermessen. Dies wiederholte sich fünfmal. Dann übernahm der Roboter das Replikat, legte es in den Ablagebehälter ab und holte aus dem Magazin die nächste Probe. Parallel wertete der Rechner aus. Nachdem alle Proben aus dem Magazin vermessen waren, erfolgte durch den Rechner die Abschlussauswertung und Abschlussbewertung und die Archivierung der Ergebnisse. Danach konnte ein neues Magazin mit neuen Proben eingesetzt werden und der Vorgang begann von neuem.

BDF war mit dem Messplatz so zufrieden, dass ein erster Folgeauftrag für zwei weitere Anlagen folgte. Nach zwei Jahren gab es dann einen zweiten Folgeauftrag für nochmals zwei Anlagen.

Parallel zur Entwicklung des automatisierten Messplatzes wurde die Forschung vorangetrieben, die Messmethode zu verbessern. Es betraf dies zum einen den Ersatz des Tastschnittgerätes durch eine berührungslose Messdatenerfassung, um die jeweiligen Rückwirkungen vom Messobjekt auf den Messfühler und umgekehrt auszuschließen, und zum anderen den Ersatz der Replikate durch Einsatz von Methoden der Bildverarbeitung in vivo. Die Replikate selbst waren stark fehlerbehaftet; ihre Herstellung war zudem aufwendig und damit kostenintensiv.

Die berührungslose Messdatenerfassung konzentrierte sich verständlicherweise auf den Einsatz optischer Verfahren. Da die Zeit drängte, gingen wir davon aus, die Replikate als Messobjekt zunächst beizubehalten, diese aber optisch, d.h. berührungslos abzutasten. Dazu wurde eine Laserdiode eingesetzt, die nach dem Streulichtverfahren die Oberfläche der Replikate erfasste. Nachdem die nunmehr neue Messkette wissenschaftlich aufgearbeitet war, wurden die Ergebnisse in Hardware umgesetzt. Anschließend erfolgte an den fünf von uns entwickelten und gefertigten Messplätzen schrittweise der Ersatz der mechanischen Tastschnittgeräte durch optische Autofokussierungssensoren. Die Leistungsfähigkeit der Messplätze konnte dadurch erheblich gesteigert werden und zwar sowohl im Hinblick auf die Genauigkeit als auch auf die Reduzierung der Mess- und Auswertezeiten. Die wissenschaftlichen Resultate sind in der richtungsweisenden Dissertation von Dipl.-Ing. *U. Müller* (1995) zusammengefasst.

Zum Ersatz der Replikate, also der Vermessung der Haut in vivo, wurden erste wissenschaftliche Untersuchungen in meiner Arbeitsgruppe von Dipl.-Ing. *M. Fiedler* durchgeführt. Er entwickelte auf der Basis des photometrischen Stereosehens eine Versuchsanordnung, die grundsätzlich zur optischen in vivo Vermessung der Haut geeignet war. Allerdings gab es für einen industriellen Einsatz dieser Anordnung noch gewisse hardwaremäßige Schwierigkeiten. Gleichwohl, die gewonnenen wissenschaftlichen Erkenntnisse waren groß. Zum einen konnte die Haut in Ergänzung zur linienhaften Vermessung mit Tastschnittgerät und Laserdiode jetzt flächenhaft vermessen werden. Zum anderen konnten neue Parameter für die Beschreibung der Haut und deren Verhalten nach kosmetischer Behandlung und beim Auftreten von Krankheiten gefunden werden. Die zweidimensionale Betrachtungsweise ermöglichte eine verfeinerte Texturanalyse der Epidermis, beispielsweise über die Co-Occurrence- und die Run-Length-Matrizen und lieferte eine genauere Festlegung der Hauptfaltenrichtungen, die je nach Körperpartie unterschiedlich, aber jeweils charakteristisch verlaufen. Deren Kenntnis ist beispielsweise bei der Durchführung chirurgischer Schnitte von Vorteil. Die *Fiedler*schen Untersuchungen fanden ihren Abschluss in seiner beachtenswerten Dissertation (1993).

Eine gewisse Fortsetzung und Vervollkommnung der Arbeiten von *U. Müller* führte Dipl.-Ing. *A. Schröder* durch. Er befasste sich mit geeigneten Filterverfahren (FIR- und IIR-Filter) zur Aufbereitung der über die Laserdiode gewonnen Messdaten und kam über die Wavelet-Transformation zu einer völlig neuen Beschreibung der Hautoberfläche und deren Behandlungseffekte. Der Einsatz der Wavelet-Transformation bei biologischen Systemen wurde von *Schröder* erstmalig durchgeführt und ist ausführlich in seiner hoch innovativen Dissertation (1998) niedergelegt.

Basierend auf den Arbeiten von *M. Fiedler* und *A. Schröder* untersuchte Dipl.- Ing. *Ch. Hof* in seiner Dissertation (2002) den Einsatz der Wavelet-Paket-Transformation, und er führte eine genaue Analyse eines Vergleichs zwischen in vivo Messungen und der Vermessung von Replikaten durch. Er wies quantitativ nach, dass eine Replikat-Vermessung tiefpassgefilterte Messdaten liefert und damit eine Rekonstruktion der Epidermis aus diesen Daten heraus auch nur ein tiefpassgefiltertes Relief der Epidermis ergibt. Ergänzend untersuchte *Ch. Hof* in seiner beachtenswerten Dissertation den Einfluss von Temperatur und mechanischer Belastung (Spannung) auf die Haut. Er leitete damit zur Dissertation von Dipl.-Ing. *Th. Heinrich* über (2003), der die mechanischen Eigenschaften der menschlichen Haut genauer wissenschaftlich untersuchte. Zunächst hatte er das Problem zu lösen, wie man Spannungen bzw. Dehnungen richtungsabhängig auf bzw. in der Haut erzeugt. Dazu entwickelte er ein völlig neues Messgerät, das diese Aufgabe leistet. Dieses Messgerät wurde patentiert und ist auch zur Untersuchung anderer „Werkstoffe" (Papier, Kunststoffbahnen, …) nutzbar. Aus den gewonnenen Messdaten lassen sich statisch die im Maschinenbau bekannten Parameter wie beispielsweise Elastizitätsmodul und Querkontraktionszahl bestimmen. U.a. konnte *Heinrich* mit seinem Messgerät eine genaue Vermessung der *Langer*schen Linien vornehmen, die die Richtung der geringsten Dehnbarkeit auf der Haut festlegen. Das Messgerät ist aber auch für dynamische Untersuchungen geeignet, indem man beispielsweise Spannungs-Zeit-Verläufe bzw. Dehnungs-Zeit-Verläufe auf der Haut erzeugt. *Heinrich* untersuchte unterschiedliche lineare und nichtlineare Modellierungen der Haut und ermittelte aus seinen Messungen die entsprechenden Parameter in den jeweiligen Modellierungsgleichungen. Insofern ist diese richtungsweisende Dissertation die erste wissenschaftliche Abhandlung, die messwertgestützt eine dynamische Modellierung der Epidermis ermöglicht.

Einen Abschluss der Arbeiten zur Vermessung und Modellierung der menschlichen Haut einschließlich der Quantifizierung von Behandlungseffekten und des Erkennens von Anomalien stellt die Dissertation von Dipl.-Ing. *H. Hopermann* (2001) dar. Er entwickelte zunächst in Kooperation mit der Firma GFM, Teltow, unter Verwendung einer Apparatur von Mikrospiegeln der Firma Texas Instruments ein Messgerät, das über eine aktive Bildtriangulation und Streifenprojektion eine in vivo Vermessung der Haut auch anwendungsorientiert gestattete. Die Höheninformation des Hautreliefs konnte dabei aus der Phasenverschiebung der aufgenommenen

Messsignale entnommen werden. Nachdem das Messgerät einsetzbar war, entwickelte *Hopermann* die benötigte Auswertesoftware. Um Behandlungseffekte ermitteln zu können, müssen zeitlich versetzt jeweils identische Hautfelder vermessen werden. Zur Auffindung dieser nutzte er eine Referenzmessung und glich an dieser alle Folgemessungen über Verschiebungsvektoren an charakteristischen Messpunkten über ein Matching-Verfahren ab. *Hopermann* legte mit seiner Dissertation sowohl in Theorie als auch in Anwendung den Grundstock für die auch heute noch verwendeten Verfahren zur in vivo Vermessung der menschlichen Haut. Er hat mit seiner richtungsweisenden Dissertation, aufbauend auf den Vorgängerarbeiten meiner Arbeitsgruppe, eine wirkliche Innovation geschaffen.

Neben der Erforschung der menschlichen Haut wurden mit BDF auch noch weitere Projekte durchgeführt. Beispielsweise wurden die Methoden zur Hautuntersuchung auch auf die menschlichen Haare übertragen. Es konnte so der Behandlungseffekt durch Haarpflegemittel quantifiziert werden. Nebeneffekt waren Erkenntnisse zur Ethnie des jeweiligen Trägers, was für kriminaltechnische Untersuchungen von Bedeutung ist.

Da Chemiker und Biochemiker in Mathematik und Physik, aber auch in der angewandten Informatik im Vergleich zu Ingenieuren schwach ausgebildet sind, wurde meine Arbeitsgruppe häufig auch über die Hautforschung hinaus zur diesbezüglichen Problemlösung von BDF zu Rate gezogen.

Zu Beginn der 80er Jahre wurde bei BDF bei der Herstellung der verschiedenen Chargen noch das „Apothekerbuch" genutzt. Es gab weder eine rechnerorientierte Verwaltung der Rohstoffdaten, noch eine rechnerorientierte Versuchsdurchführung und natürlich auch keine rechnergestützte Versuchsauswertung und Verwaltung der erstellten Rezepturen. Der Stellvertreter von Herrn *Dr. Hoppe*, Herr *Dr. Bremer*, hatte diesen Schwachpunkt erkannt und suchte nach Abhilfe. Er sprach mich diesbezüglich an. In mehreren Nachtsitzungen wurde die Problematik zwischen Herrn *Hoppe* und Herrn *Bremer* seitens BDF und meinem Mitarbeiter, Herrn Dipl.-Ing. (später Dr.-Ing.) *P. Pagel*, und mir diskutiert. Wir erstellten ein Konzept, das unter Federführung von Herrn *Pagel*, diesem genialen Informatiker, realisiert wurde. Auf der oberen Ebene waren zwei Host-

Rechner vorgesehen; einer für die Verwaltung der Rohstoffdaten, der andere für die Verwaltung der erstellten Rezepturen, wobei sich aus Redundanzgründen beide Rechner gegenseitig „vertreten" konnten. Zu den Datenbanken der Host-Rechner hatten nur ausgewählte Mitarbeiter der F&E-Abteilung uneingeschränkten Zugang. Auf der Arbeitsebene wurden hand-shake-Rechner genutzt. Diese konnten einerseits an die Host-Rechner angeschlossen werden, um von dort Daten und Versuchsabläufe zu übernehmen bzw. zu übergeben und andererseits an Analyse- und Dosierwaagen zur Rezepturerstellung. Selbstverständlich konnten die hand-shake-Rechner auch mit den diversen Messgeräten im Labor gekoppelt werden. So entstand ein rechnergestützter Laborbetrieb, der zum einen das Erstellen von Rezepturen automatisierte und zum anderen das Testen der Rezepturen mittels der entsprechenden Analysetechnik zielgerichtet organisierte. Nachdem die entsprechenden Rezepturen nebst ihrer Analysewerte an die Host-Rechner übergeben waren, führten diese eine Auswertung und Bewertung durch, archivierten und machten Vorschläge für Folgerezepturen. Der rechnergestützte Laborbetrieb erhielt von uns den Namen: ANCOL. Dieses System war unter unserer Leitung bei BDF über 20 Jahre in Betrieb. Es wurde von vielen Mitarbeitern von mir fortgeschrieben und weiter entwickelt. Mehrfach wurde die Hardware ausgetauscht und die Software modernen Gegebenheiten angepasst. Zudem wurde es auf weitere Labore von BDF ausgedehnt. Es machte auch die Wettbewerber von BDF außerordentlich neugierig. Letztlich erreichte das System einen Umfang, dessen Pflege von meiner Arbeitsgruppe nicht mehr geleistet werden konnte. Schweren Herzens mussten wir folglich Pflege und Weiterentwicklung an ein professionelles Softwarehaus abgeben.

    Für BDF waren wir im Laufe der Zeit das automatisierungstechnische Gewissen geworden bzw. waren zu deren mess- und regelungstechnischem Problemlöser avanciert. In diesem Zusammenhang bat man uns, die im Technikum von BDF betriebenen Rührkesselreaktoren zu automatisieren. Ich übertrug diese Aufgabe Dr.-Ing. *M. Schöllhorn*. Im Einzelnen ging es darum, die bisher im Handbetrieb gefahrenen Reaktoren auf Rechnerbetrieb umzurüsten; dies im Hinblick auf eine Qualitätssicherung und um eine Erhöhung des Durchsatzes im Technikumsbetrieb zu erreichen. Dort, wo es um das einfache Nachfahren von Temperatur- und Drehzahlverläufen ging, also reine Steuerungen vorlagen, löste *Schöllhorn* das Problem über speicherprogrammierbare Steuerungen (SPS). Bei aufwendigeren Versuchsabläufen, bei denen auch Massenströme zu verändern und Dosierungen vorzunehmen waren und wo unterlagerte bzw. überlagerte Regelungen vorlagen, wurden Rechner eingesetzt. Die exzellenten Arbeiten von *Schöllhorn* führten zu einem weitgehend automatisierten Technikum von BDF. Insofern konnten wir auch hier unsere Spuren an Kompetenz und fachlichem Können hinterlassen.

Unsere Kooperation mit BDF konzentrierte sich auf deren Bereich Cosmed, in dem die Hautforschung angesiedelt ist. Mit dem Bereich Tesa, der die Entwicklung und Fertigung von Haftklebebändern beinhaltet, hatten wir mit einer Ausnahme nichts zu tun. Die Ausnahme betrifft die Entwicklung einer Messeinrichtung zur Scherwegmessung von Klebebändern, insbesondere die Ermittlung deren Scherfestigkeit. Es gab diesbezüglich Qualitätsprobleme bei BDF und insofern musste zur Qualitätssicherung eine spezielle Messapparatur entwickelt werden. *M. Fiedler*, der gerade seine Dissertation abgeschlossen hatte, nahm sich der Aufgabenstellung an. Zusammen mit einigen Studenten in deren Studien- und Diplomarbeiten wurden zunächst theoretische Voruntersuchungen durchgeführt und anschließend wurde ein „Engineering Model" gefertigt. Nachdem dieses seine Testphase bei BDF mit Bravour bestanden hatte, bauten wir das endgültige Gerät. Es erlaubte das Aufbringen unterschiedlicher Zug- und Scherkräfte und die rechnerorientierte Ermittlung der entsprechenden werkstoffkundlichen Parameter. Das Gerät war noch lange nach unserer Zeit bei BDF in Betrieb.

In den 80er Jahren und teilweise bis in die 90er Jahre war es üblich, auch kosmetische Produkte im Tierversuch zu testen. Herr Dr. *Hoppe* setzte sich energisch dafür ein, sowohl aus ethischen als auch aus wissenschaftlichen Gründen - auch gegen den deutlichen Widerstand der damaligen Geschäftsleitung von BDF - dies zu beenden. Er hatte in mir einen Verbündeten. Wir beratschlagten eine geeignete Strategie und kamen überein, dass er das Thema im politischen Raum und bei seinen Standesorganisationen vertreten solle und ich mit meiner Arbeitsgruppe versuchte, eine geeignete Messapparatur zu entwickeln, die durch in vitro Vermessungen von Zellkulturen die Tierversuche ersetzt. Mit Dipl.-Ing. D. *Wolff* hatte ich einen neuen Mitarbeiter eingestellt, der zur Lösung dieser Aufgabe prädestiniert war. Zunächst mussten umfangreiche und wissenschaftlich anspruchsvolle Vorarbeiten geleistet werden, um das dynamische Verhalten von Zellen und deren Wachstum über Zellteilung und auch den Zelltod mathematisch zu modellieren. Die Betrachtungen beschränkten sich dabei auf den ebenen Zellrasen in Petrischalen. Nachdem hier hinreichend Kenntnisse gewonnen waren, fokussierte sich die Aufgabenstellung auf die Entwicklung einer Messapparatur, die mit Methoden der Bildverarbeitung eine automatische Zellverfolgung über mehrere Generationen gestattet und dabei das Schicksal jeder einzelnen Zelle im Zellverband und ihrer Tochterzellen ermittelt. Diese Aufgabe war nicht einfach, *Wolff* konnte sie aber überzeugend lösen. Nach Fertigstellung der Versuchsanlage wurden mit der Zelllinie V79 (Fibroblasten aus dem Lungengewebe eines männl. chinesischen Hamsters) Versuche gefahren, die insbesondere Zytotoxizitätstests beinhalteten. Es konnte dabei nachgewiesen werden, dass die Messapparatur einschließlich der im Auswerterechner hinterlegten theoretischen Verfahren geeignet ist, Tierversuche weitgehend zu ersetzen. *Wolff* schloss seine Untersuchungen mit seiner richtungsweisenden Dissertation (1999) ab. Leider wurde das Projekt von BDF dann nicht mehr zielstrebig weitergeführt, was wohl auch an dem Ausscheiden von *Hoppe* bei BDF infolge des Erreichens seiner Altersgrenze lag. Wegen seiner Weitsicht habe ich Dr. *Hoppe* (mittlerweile Prof.) beim Ersten Bürgermeister der Freien und Hansestadt Hamburg, *Henning Voscherau*, zur Verleihung des Verdienstordens der Bundesrepublik Deutschland am Bande vorgeschlagen. *Voscherau* hat meinen Vorschlag beim Bundespräsidenten unterstützt und der Bundespräsident hat Dr. *Hoppe* entsprechend ausgezeichnet.

Die Kooperation mit BDF endete 2004 mit meiner Pensionierung als Hochschullehrer. Mein Nachfolger hatte andere Interessen und setzte sie nicht fort.

Diese Zusammenarbeit zwischen einem Hochschulinstitut und einer Industriefirma war zum „benefit" beider Seiten. Sie war genau das, was von Politikern und Hochschulen immer „gepredigt", aber selten vollzogen wird. Mir war es möglich, hinreichend Drittmittel einzuwerben und Studenten und Doktoranden frühzeitig an die wiss. orientierte Praxis heranzuführen. Wir konnten die Wissenschaft auf dem Gebiet der Hautforschung mit unseren Arbeiten deutlich befruchten und das Fachgebiet der Automatisierungstechnik durch hoch moderne Anwendungen in der Mess- und Regelungstechnik sowie der Technischen Informatik nachhaltig erweitern. Über die gemeinsam mit BDF durchgeführten sieben Promotionsverfahren hinaus entstanden zur Hautforschung von mir 17 Publikationen, davon 11 international. Von meinen Mitarbeitern wurden - teilweise mit mir und/oder Mitarbeitern von BDF oder auch allein - 26 wiss. Arbeiten, davon 17 international, verfasst. Bei den Vorträgen liegen die Verhältnisse ähnlich. Ich habe 16 Vorträge gehalten, davon vier international. Meine Mitarbeiter haben 16 Mal vorgetragen, davon sechsmal international.

Auch auf dem Gebiet der Zellforschung wurde von uns fleißig publiziert und auch vorgetragen. Ich selbst habe zum Thema neun Arbeiten verfasst, davon sieben international. Von meinen Mitarbeitern stammen zwei Veröffentlichungen. Bei den Vorträgen ist das Verhältnis umgekehrt. Ich habe zwei internationale Vorträge gehalten; meine Mitarbeiter haben achtmal vorgetragen, davon zweimal international.

Zwei meiner Mitarbeiter haben nach Abschluss ihres Promotionsverfahrens und Verlassen der Hochschule bei BDF ihren neuen Arbeitsplatz gefunden.

10.3 Eigener wissenschaftlicher Nachwuchs

Die beiden Hochschulen der Bundeswehr (HSBws) hatten den eigenen wissenschaftlichen Nachwuchs betreffend einen entscheidenden Geburtsfehler: Dieser Nachwuchs war nicht vorgesehen. Die Truppe brauchte Offiziere und war nicht bereit, einige der qualifizierten Absolventen an den Hochschulen zur wissenschaftlichen Weiterqualifikation zu belassen bzw. zu ermöglichen, dass sie nach einer gewissen Zeit in der Truppe an die Hochschulen zurückkehrten. Die Hochschulen waren also gezwungen, ihren wissenschaftlichen Nachwuchs von anderen Hochschulen und Universitäten zu rekrutieren. Dies hatte zwar den Vorteil der Vermeidung einer institutionellen Inzucht, wie wir es an vielen Landeshochschulen erleben, wo Studenten/Wissenschaftler vom Hilfsassistenten beginnend bis zur Promotion, und teilweise auch darüber hinaus, niemals das Institut und den Professor wechseln - von der Hochschule ganz zu schweigen - , der große Nachteil war aber, dass exzellente auswärtige Absolventen eben an ihrer „Heimat"hochschule verblieben und damit für die HSBws als Mitarbeiter nicht zur Verfügung standen und dass man den eigenen - für die Wissenschaft geeigneten - Studenten keine Anreize mit einer Promotion bieten konnte. Zudem wäre es natürlich für eine Campushochschule auch förderlich gewesen, eigene Absolventen als Tutoren für die jüngeren Kameraden einsetzen zu können. Sowohl die Hochschulleitung als auch die Professoren machten diesen Sachverhalt im BMVg wiederholt deutlich. Die ablehnende Meinung änderte sich dort, als auch die Wissenschaftsorganisationen, insbesondere die Deutsche Forschungsgemeinschaft (DFG), ihre Finger in diese Wunde legten. So wurde 1984 im BMVg beschlossen, an den Hochschulen der Bundeswehr sogenannte Wechselstellen einzurichten, das sind Dienstposten, die sowohl mit einem Zivilisten als auch mit einem Soldaten besetzt werden können. Die HSBwH bekam zunächst 25 dieser Stellen, die aus dem regulären Stellenpool der Hochschule zu finanzieren waren. Nachdem diese formale Voraussetzung der Anstellung von Soldaten als wissenschaftliche Mitarbeiter erfüllt war, musste dies nun mit Inhalten versehen werden, d.h. man musste den ins Auge gefassten Ex-Studenten auch von der Truppe bekommen. Dies hing nun sehr stark von der Teilstreitkraft und den jeweiligen Kommandeuren ab. Während das Heer und die Luftwaffe relativ großzügig verfuhren, war die Marine ausgesprochen restriktiv.

Beim Heer und der Luftwaffe ging man im Wesentlichen so vor, dass man den Kreis der „Rückkehrer" an die Hochschulen auf die Zeitsoldaten Z12 beschränkte, d.h. diejenigen, die die Bundeswehr nach 12 Jahren Dienstzeit verließen und ins zivile Leben überwechselten. Man „schenkte" ihnen am Ende ihrer Dienstzeit 2 bis 3 Jahre in der Truppe, die sie dann als Soldat an der Hochschule in der Verwendung eines militärischen wissenschaftlichen Mitarbeiters verbrachten. Auf ihrer Wechselstelle wechselten sie dann nach einer

Gesamtdienstzeit von 12 Jahren als Soldat ins zivile Leben über und wurden ziviler wissenschaftlicher Mitarbeiter.

Die Vergabe der Wechselstellen innerhalb der HSBwH fand anfänglich nach dem „Windhundverfahren" statt. Dabei war es förderlich, vorab mit dem Kandidaten und dessen Kommandeur bzw. der personalführenden Stelle des BMVg den Fall zu klären. Ich habe dies stets in einem persönlichen Gespräch getan, indem ich den jeweils Zuständigen aufgesucht und den Fall vor Ort besprochen habe. Damit war ich stets erfolgreich. Mit Hptm Dipl.-Ing. P. *Pagel* bekam ich 1984 meinen ersten, mit Hptm Dipl.-Ing. U. *Willan* 1985 meinen zweiten militärischen Mitarbeiter, beide Absolventen der HSBwH. Das Spiel setzte sich über die Jahre in ähnlicher Weise fort, so dass ich von meinen insgesamt 31 Doktoranden 17 aus dem eigenen wissenschaftlichen Nachwuchs rekrutieren konnte.

So gut das geschilderte Verfahren mit Heer und Luftwaffe funktionierte, so schwierig war es mit der Marine. Für sie kamen Zeitsoldaten Z12 grundsätzlich nicht infrage. Man wollte schließlich nach einer rund fünfjährigen Ausbildungszeit (militärischer Vorlauf und Studium) die Absolventen der Hochschulen sieben Jahre in der Flotte haben. Also konnte man nur um Berufsoffiziere verhandeln. Aber auch da tat man sich in der Marine schwer, war man doch dort mehrheitlich der Auffassung, dass ein Marineoffizier nicht promoviert sein müsse. Mit OLt zS Dipl.-Ing. O. *Weiland* hatte ich nun 1980 einen ganz ausgezeichneten Absolventen, der unbedingt gefördert werden musste. Für mich hatte er das Rüstzeug für einen zukünftigen Admiral im Tornister. Mit meinem Freund, dem damaligen FKpt (späterer FltlAdm) D. *Kammholz*, beriet ich die Vorgehensweise. Wir waren beide schnell der Meinung, hier müsse man „von oben" einsteigen. Die Gelegenheit ergab sich 1982 bei meinem ersten Besuch an der Naval Academy in Annapolis. Während einer Regattafahrt mit amerikanischen Admiralen auf der Chesapeake Bay traf ich den Inspekteur der Marine, VAdm A. *Bethge*, der ebenfalls an dem Törn teilnahm. Ich sprach ihn an und schilderte mein Anliegen. Er war ausgesprochen aufgeschlossen und war auch der Auffassung, dass man exzellente Leute fördern müsse, wobei die Unterstützung durch die amerikanische Admiralität für mich sehr nützlich war. Das Fazit des Gesprächs war, dass *Bethge* empfahl, ich solle nach meiner

Rückkehr aus den USA gemeinsam mit der personalführenden Stelle der Marine in Bonn-Duisdorf eine Personalplanung für *Weiland* für die nächsten 8 bis 10 Jahre durchführen und dabei 3 Jahre HSBwH zum Zwecke der Promotion einplanen. Er, *Bethge*, werde eine entsprechende Order erteilen. Wieder in Hamburg, meldete ich mich in Bonn an und fuhr an einem Montag am frühen Vormittag zur Marine nach Duisdorf. Dort wurde ich ausgesprochen unfreundlich durch einen Kapitän zur See (Kpt zS) empfangen. Er fühlte sich übergangen und im Übrigen passte ihm die ganze Angelegenheit nicht. Das Gespräch war schnell beendet. Ich setzte mich in meinen Pkw und steuerte das BMVg auf der Hardthöhe an. Dort meldete ich mich im Vorzimmer des Inspekteurs an und bat ihn zu sprechen, es sei dringend. *Bethge* war anwesend, unterbrach seine gerade geführte Besprechung und ich konnte ihm mein Erlebnis vortragen. Sein Gesicht verfärbte sich und er griff zum Telefon. Den geführten Wortlaut will ich hier nicht erwähnen. Nach Beendigung des Telefonats meinte er wieder jovial, nun könnte ich es nochmals in Duisdorf versuchen, es würde jetzt sicher funktionieren. Ich versuchte es. Die Atmosphäre war zwar eisig, aber wir bekamen die Personalplanung für *Weiland* hin. Er kam 1986 als KptLt zu mir und promovierte 1990 mit einer richtungsweisenden Dissertation. Anschließend ging er zurück in die Marine.

10.4 Von der HSBwH zur UniBwH

Nach Abschluss der Aufbauphase gewann die HSBwH schnell an Profil. Es betraf dies die Lehre und Forschung gleichermaßen. Auch im Konzert der Hamburger Hochschulen fand die HSBwH schnell ihren Platz und etablierte sich als Hamburger Hochschule in Politik und Gesellschaft.

Die von der HSBwH herausgegebenen Forschungsberichte dokumentierten ihre Leistungsfähigkeit. Die Professoren publizierten fleißig, und es wurden erhebliche Drittmittel eingeworben. Über ihre Standesorganisationen verankerten die Professoren ihre Hochschule in der „academic/scientific community". Auch Wirtschaft und Industrie fanden lobende Worte, dies wegen der mittlerweile zahlreichen Kooperationen, aber auch wegen der Qualität der ersten

Absolventen, die nach Beendigung ihrer 12-jährigen Dienstzeit die Bundeswehr verließen und im zivilen Leben Fuß fassten. Das von den linken Gegnern der HSBws gezeichnete Zerrbild einer Militarisierung der Gesellschaft durch ihre Absolventen fand nicht statt, im Gegenteil, die Absolventen waren Leistungsträger mit über ihr eigentliches Fachstudium hinausgehenden Kompetenzen in Menschenführung und Denken in größeren Zusammenhängen.

Tage der offenen Tür und Veranstaltungen des Freundeskreises - auch kultureller Art - zeigten der interessierten Öffentlichkeit das Leistungsspektrum der HSBwH auf und machten die HSBwH zu einer Einrichtung, von der die Wandsbeker bald von „ihrer Hochschule" sprachen.

Nachdem dann mit dem Beschluss von 1984 die HSBws eigenen wissenschaftlichen Nachwuchs ausbilden konnten, war es naheliegend, die Hochschulen zu Universitäten „upzugraden". Die Hochschule der Bundeswehr Hamburg (HSBwH) wurde zum 01.04.1985 Universität und hieß fortan Universität der Bundeswehr Hamburg (UniBwH). Diese Umbenennung fand nicht die Zustimmung des Präsidenten der Universität Hamburg, der er wegen der nur vier Fachbereiche und acht Studienrichtungen vordergründig die „universitas" absprach. Als ob dies in der heutigen Zeit der Massenuniversität, so wie wir sie an den Landeshochschulen vorfinden und wo in bestimmten Fächern Absolventen wie Eier in Legebatterien produziert werden, noch das alleinige Kriterium für einen Universitätsstatus sein kann!

Ich selbst habe mich in der Konsolidierungsphase der HSBwH/UniBwH hochschulpolitisch zurückgenommen. Ich war mit meiner Funktion als Gründungssenator der TUHH und als Lehrer und Forscher meiner Professur ziemlich ausgelastet. Natürlich ging es nicht ganz ohne Mitwirkung in den Gremien der Hochschule. Ich war mehrfach Mitglied im Akademischen Senat und im Fachbereichsrat MB. Außerdem leitete ich viele Jahre die Hochschulrechnerkommission und war ständiges Mitglied meines Fachbereichs in der sogenannten EGA-Kommission, die für die interdisziplinären Studienanteile zuständig war. In dieser Funktion war ich auch mehrfach Mitglied in Berufungskommissionen, wenn EGA-Professuren zu besetzen waren. Insgesamt waren die 80er Jahre eine für mich sehr schöne Zeit mit einem wirklich ausgefüllten Universitätsleben.

10.5 Verleihung des Bundesverdienstkreuzes

Die Hochschulen/Universitäten der Bundeswehr waren im BMVg einem Sonderbeauftragten im Range eines Ministerialdirigenten (MinDirig) unterstellt, der als eine Art Kultusminister im Rahmen des Führungsstabes der Streitkräfte (FüS) die Interessen der Hochschulen wahrgenommen hat. Mittlerweile ist diese Position zu einem Beauftragten im Range eines Ministerialrats (MinRat) herabgestuft worden. Sonderbeauftragter bzw. Beauftragter sind dem Stellvertreter des Generalinspekteurs (StvGenInsp Bw) unterstellt und haben bei diesem direktes Vortragsrecht. Ich habe zu den jeweiligen Amtsinhabern stets gute Verbindungen gepflegt.

1987 rief mich der damalige Amtsinhaber, Dr. *U. Rosenow*, an und teilte mir mit, dass ich zur Verleihung des Verdienstordens der Bundesrepublik Deutschland am Bande (Bundesverdienstkreuz am Bande) vorgeschlagen worden sei. Damit sollten meine Verdienste beim Aufbau der HSBwH/UniBwH und der TUHH gewürdigt werden. Da die Hanseaten mit der Annahme von Orden so ihre Probleme hätten, wolle er mich fragen, ob ich denn den Orden annehmen würde. Ich teilte ihm mit, dass ich zwar in Hamburg lebe, aber Thüringer sei und damit diese Probleme nicht hätte. Gleichwohl wolle ich eine Nacht darüber schlafen. Anschließend fing ich an, mich zu informieren, wer denn für was das Bundesverdienstkreuz bekommen hatte. Dabei stellte ich fest, dass es ein großes Spektrum an Ordensträgern gab (und gibt), angefangen von (verdienten) Politikern bis hin zu altgedienten Feuerwehrmännern und Hebammen. Ich musste mich da keineswegs verstecken. Also rief ich am nächsten Morgen Herrn *Rosenow* an und sagte ihm, dass ich den Orden annehmen würde. Es dauerte dann noch einige Monate, bis mir *Rosenow* im Dienstzimmer des Präsidenten der UniBwH 1988 den vom Bundespräsidenten verliehenen Orden überreichte. Im Nachhinein war ich dann auch stolz auf den Orden, denn ich war (und bin) einer der wenigen Ordensträger im Umfeld der UniBwH, der den Orden für spezielle Leistungen und nicht pauschal für eine Amtsführung erhalten hat.

Die verschiedenen Bundespräsidenten haben über einen Zeitraum von 60 Jahren in der Bundesrepublik rund 240.000mal das Bundesverdienstkreuz in seinen verschiedenen Klassen verliehen, also im Mittel rund 4000 Exemplare pro Jahr. Zwischenzeitlich lag das Mittel bei rund 6000 Exemplaren pro Jahr, mittlerweile hat es sich bei rund 2500 Exemplaren pro Jahr eingependelt. Beim Höhenflug der Verleihung kursierte unter den Ordensträgern folgender Witz, der aber auch nur von Ordensträgern weiter erzählt werden sollte: Bei Frau Meier (M) ist abends eingebrochen worden. Sie hat den Täter überrascht und damit gesehen. Der ermittelnde Kriminalbeamte (K) vernimmt sie als Zeugin. Dabei ergibt sich ein interessanter Dialog: K. an Frau M.: „Sie haben den Täter gesehen. Wie sah er aus?" Frau M.: „Normal". K.: „Bitte etwas genauer, war er groß oder klein". Frau M.: „Mittel, Herr Kommissar". Darauf K.: „Hm, was hatte er denn an?" Frau M.: „Normale Kleidung, Herr Kommissar". K. schon etwas ungehalten: „War er hell oder dunkel gekleidet?" Frau M.: „Grau, Herr Kommissar, es war doch dunkel". K. verzweifelt: „Frau Meier, so kommen wir nicht weiter, Ihre Zeugenaussagen sind unbrauchbar". K. beschließt den Abbruch der Vernehmung. Da kommt ihm die rettende Idee: „Frau Meier, hatte der Täter vielleicht das Bundesverdienstkreuz?" Frau M.: „Definitiv nicht, Herr Kommissar". Daraufhin der Kommissar erleichtert: „Frau Meier, dann haben wir den Täter gleich".

10.6 Einzelerlebnisse

Natürlich gab es auch in der Konsolidierungsphase der Hochschule/Universität der Bundeswehr eine Menge an Einzelerlebnissen, die erwähnungswürdig sind. Einige von ihnen sollen hier angeführt werden.

a) Beförderungsappell und Folgen
Zum 1. Juli eines Jahres wurden die Oberfähnriche bzw. Oberfähnriche zur See zum Leutnant befördert und wurden damit Mitglieder im Offizierskorps der Bundeswehr. Dieser feierliche Akt fand im

Rahmen eines militärischen Appells statt, bei dem entweder der Bundesminister der Verteidigung oder einer seiner Staatssekretäre die Beförderung vollzog. Dazu traten alle Studenten auf dem Sportplatz an, und es marschierte eine Ehrenformation unter Gewehr mit klingendem Spiel ein. Anschließend folgte das übliche militärische Zeremoniell mit Meldung, Abschreiten der Ehrenformation und der Formation der angetretenen Studenten, Reden, Beförderung und Ausmarsch.

a1) Wasser marsch

Bei einem dieser Appelle passierte nun Folgendes: Bei bestem Sommerwetter waren die Studentenkompanien auf dem Sportplatz angetreten. Der Sportplatz mit seinem gepflegten Rasen wurde durch eine automatische Berieselungsanlage gepflegt. Diese setzte Punkt 15:45 ein und hüllte Platz und Soldaten mitten im militärischen Zeremoniell in dichtem Wassernebel ein. Man hatte schlicht vergessen, den Hausmeister zu bitten, die Anlage an diesem Tag und zu dieser Zeit abzustellen. Da der Hausmeister nun auch schon Feierabend hatte, musste der Rest der Veranstaltung im Regen abgewickelt werden. Ich habe unsere Studenten bewundert, mit welchem Gleichmut sie das alles ertragen haben. Belohnt wurden sie durch einen wunderschönen Regenbogen, der sich über dem Sportplatz wie ein Heiligenschein ausbildete.

a2) Nachfeier

Es war üblich, dass nach einem Beförderungsappell auf dem Campus kräftig in den Abend hinein gefeiert wurde. Neben dem militärischen nahmen an derartigen Feiern auch in Teilen der akademische Bereich der Hochschule und Gäste teil. Bei einer dieser Veranstaltungen wurde es wohl etwas laut, denn Nachbarn aus der Rodigallee und dem Zikadenweg beschwerten sich bei der Polizei. Diese schickte die Feldjäger, also die Polizei der Bw. Die beiden Beamten waren der Situation in keinster Weise gewachsen. Anstatt zu befrieden, heizten sie durch kleinkarierte Bemerkungen und wenig kameradschaftliches Verhalten die aufgeladene Atmosphäre an. Ein älterer Hauptmann und ich versuchten zu deeskalieren, was nach längerem

Zureden dann auch gelang. Die Feldjäger zogen ab, zumindestens versuchten sie es. Sie stiegen in ihr Fahrzeug ein und starteten den Motor. Dieser heulte auf, aber das Fahrzeug bewegte sich nicht. In dem allgemeinen Tohuwabohu hatten einige Studenten den Wagen aufgebockt und alle vier Räder abmontiert. Nach inständigem Bitten der Feldjäger tauchten die Räder dann endlich wieder auf und das Fahrzeug konnte fahrbereit gemacht werden.

b) Pech gehabt

Im Akademischen Senat der Hochschule wurde nicht immer zum Wohle der Sache, sondern mitunter auch rein parteipolitisch debattiert und taktiert. Im Klischeedenken waren dabei die Ingenieure eher rechts, die Geisteswissenschaftler eher links einzuordnen.

Der Sprecher des Fachbereichs Pädagogik hatte mit einer Berufungsliste ein Problem. Der Erstplatzierte hatte zwar den Ruf erhalten, zog aber seine Berufungsverhandlungen derart in die Länge, dass man davon ausgehen konnte, dass er letztlich wohl nicht kommen würde. Deshalb bat der Sprecher PÄD den Akademischen Senat zu beschließen, dass das BMVg die Verhandlungen mit dem Erstplatzierten abbricht und den Ruf dem Drittplatzierten erteilt Der Zweitplatzierte sollte übergangen werden, da er infolge der mittlerweile eingetretenen zeitlichen Personalentwicklung im Fachbereich Pädagogik nicht mehr richtig in das Fächerspektrum passte. Der gut vorgetragene und begründete Antrag des Sprechers PÄD wurde von den Ingenieuren ausnahmslos unterstützt. Dies machte den Politologen, Prof. *Michael H.*, stutzig. Er zog aufgrund seiner Denkweise den Schluss, der Drittplatzierte müsste wegen der Unterstützung durch die Ingenieure ein „Rechter" sein und folglich der Zweitpatzierte, der übergangen werden sollte, ein „Linker". Insofern argumentierte er zusammen mit einigen Gesinnungsgenossen massiv pro Zweitplatzierten. Allerdings verlor er die Abstimmung. Daraufhin verließ er wutentbrannt den Sitzungssaal und rief seine Parteizentrale an. Kleinlaut kam er zurück und fluchte: „Verdammte Scheiße, da habe ich doch gegen meinen eigenen Mann gestimmt".

c) Akquisition für das Offiziersheim

Das Offiziersheim unterhielt neben seinem Wirtschaftsbetrieb auch einige Gästezimmer, die vor allem von Dienstreisenden genutzt wurden bzw. von diesen im Sinne einer Truppenunterkunft genutzt werden mussten.

Ein Kollege aus den Geisteswissenschaften der Hochschule hatte den damaligen Hauptabteilungsleiter U (Unterkunft) des BMVg, den Ministerialdirektor Dr. *Schaefgen*, zu einem Vortrag eingeladen. Danach lieferte er ihn im Offiziersheim ab, wo dieser Quartier fasste. Ich traf ihn zufällig beim Abendessen und nahm mich seiner an. Wir führten in lockerer Atmosphäre ein angenehmes Gespräch über „Gott und die Welt" und verabredeten uns für den nächsten Morgen zum Frühstück in der Mensa. Dort erschien ein völlig zerknirschter *Schaefgen*. Er hatte wegen des Verkehrslärms auf der Kreuzung Rodigallee/Holstenhofweg, wo das Offiziersheim liegt, und der schlecht schließenden Fenster die gesamte Nacht nicht geschlafen. Auch hatte ihn die Infrastruktur der Gästezimmer insgesamt nicht begeistert. Ich machte ihm beim Frühstück klar, dass das Offiziersheim ganz grundsätzlich einen hohen Investitionsbedarf hätte, aber alle zuständigen Stellen unsere Anträge bisher abgelehnt hätten. Er bot an, zu helfen.

Ich begab mich daraufhin zum Präsidenten der Hochschule und berichtete ihm. Er (der Präsident) schlug vor, dass er, der Kanzler der Hochschule, der Vorsitzende der Offiziersheimgesellschaft, OTL *G. Tresbach*, und ich als dessen damaliger Stellvertreter nach Bonn fahren sollten, um die Angelegenheit mit *Schaefgen* zu verhandeln. Es wurde ein Termin gemacht und wir fanden uns im BMVg in Bonn ein. Wir wurden von *Schaefgen* freundlich in seinem Büro empfangen und bei einem guten Kaffee trug ich die gesamte Angelegenheit nochmals im Zusammenhang vor. *Schaefgen* hörte aufmerksam zu, stellte einige ergänzende Fragen und fragte dann, wie hoch denn unsere Forderungen seien. Ich antwortete: DM 500.000,- (mindestens). Nach einem etwas strafenden Blick meines Präsidenten (er war der Meinung, es ginge auch mit etwas weniger) sagte *Schaefgen*: „In Ordnung". Er ließ über seine Sekretärin drei leitende Herren seines Hauses zu sich bitten und teilte diesen mit, dass die Hochschule für ihr Offiziersheim DM 500.000,- benötigte und sie sollten ihm Vorschläge machen, wie das zu finanzieren sei. Diese lehnten ab, das BMVg habe kein Geld! Daraufhin rüffelte er seine Herren und machte ihnen klar, dass es sein Wunsch sei, dass die Forderungen der Hochschule erfüllt würden. Bei ihrer Gehaltsgruppe könne er auch erwarten, dass ihm tragfähige Vorschläge unterbreitet würden. Sie hätten jetzt 30 Minuten Zeit sich zu beraten. Dann erwartete er von ihnen eine Lösung. Die Herren traten ab; wir führten 30 Minuten einen unterhaltsamen „small talk". Danach kamen die Mitarbeiter von *Schaefgen* zurück und präsentierten ihre Lösung. Die Renovierung einer Kaserne in Schleswig-Holstein wurde zeitlich gestreckt, die dadurch frei werdenden Mittel wurden nach Hamburg zur Renovierung des Offiziersheims der Hochschule umgeleitet. Wir bedankten uns und traten die Rückfahrt nach Hamburg an. Ich habe selten mit einem so guten Wirkungsgrad über DM 500.000,- verhandelt, geschmälert um ca. DM 30,- an den Kämmerer der Stadt Bonn, da ich mit meinem BMW `mal wieder etwas zu schnell gefahren war.

d) Professorenschießen

Die Studierenden der einzelnen Fachbereiche waren (und sind) militärisch in sogenannten Studentenfachbereichen organisiert. Jeder Jahrgang entspricht einer Kompanie, geführt durch einen Hauptmann (Hptm) oder Kapitänleutnant (KptLt). Die Zusammenfassung aller drei Jahrgänge entspricht einem Bataillon, geführt durch einen Oberstleutnant (OTL) oder Fregattenkapitän (FKpt); er ist der Leiter des jeweiligen Studentenfachbereichs. Die Zusammenfassung aller vier Studentenfachbereiche der Hochschule ergibt den Studentenbereich. Er entspricht einem Regiment, geführt durch einen Oberst (O) oder Kapitän zS (Kpt zS); er ist der Leiter des Studentenbereichs, d.h. der militärische Vorgesetzte aller Soldaten an der Hochschule. In allgemein dienstrechtlicher Hinsicht ist er dem (zivilen) Präsidenten der Hochschule unterstellt.

Einmal im Jahr lud (und lädt) der Studentenfachbereich MB zu einem sogenannten Professorenschießen ein. Dabei handelte es sich um ein gesellschaftliches Ereignis, bei dem nicht auf Professoren sondern mit Professoren, wiss. Mitarbeitern und Gästen auf einer Standortschießanlage der Bw geschossen wurde. In der Regel war es die Schießanlage Höltigbaum in Hamburg Rahlstedt, nach deren Schließung die Schießanlage in Boostedt.

Gemeinsam ging es mit dem Bus zum Schießplatz, wer hatte, in Grünzeug, die anderen in Freizeitkleidung. Die Soldaten (Studenten und militärisches Führungspersonal) im Kampfanzug. Nach einer Einweisung in die Waffen (Pistole, G 3, Maschinenpistole und Maschinengewehr) wurde in Gruppen auf Scheiben geschossen. Die erzielten Punkte wurden gesammelt und addiert. Am Ende des Schießens gab es Urkunden für die drei Erstplatzierten an der jeweiligen Waffe und für die Gesamtsieger. Auch die jeweils Letzten wurden bedacht. Ein Bündel Mohrrüben, ein blinkendes Fahrradrücklicht, eine rote Stalllaterne, ... Nach der Siegerehrung kam der gemütliche Teil mit einem Biwak am Lagerfeuer, Fassbier, Würstchen etc.. Regelmäßig gab es dann während des Biwaks noch eine Sonderübung als überraschende Einlage. Einmal Armbrustschießen, einmal Schießen mit Pfeil und Bogen, und einmal Tontaubenschießen. Bei letzterem wurde durch die Knallerei ein Schwarm echter Tauben aufgeschreckt und flog über den Schießplatz. Ein Marineoffizier im Anschlag und in Konzentration auf die zu erwartende Tontaube bemerkte den Schwarm nicht oder zu spät. Er erlegte von den echten Tauben zwei!

e) Zum Wohl Herr Kollege

Ein mir fachlich nahestehender Kollege hatte im Fachbereich gewisse Akzeptanzprobleme, die sich aus seinem Sozialverhalten ergaben. Er war zwar ein ausgezeichneter Forscher, im Umgang mit Kollegen und auch Studenten hatte er aber Schwierigkeiten im täglichen Miteinander.

An einem Sommerabend befuhr ich gegen 22 Uhr aus dem Büro kommend mit meinem Pkw die Wandsbeker Chaussee Richtung Hauptbahnhof, um mir dort die Tageszeitung die *Welt* vom nächsten Tage zu kaufen. Auf halber Strecke sah ich genannten Kollegen mir zu Fuß entgegenkommen. Das machte mich neugierig, war doch der Kollege offiziell auf Dienstreise und wohnte zudem deutlich außerhalb von Hamburg. Und dann zu Fuß auf der Wandsbeker Chaussee!

Ich steuerte die nächste Parklücke an und beobachtete. Ich sah, wie der Kollege ein an sich unscheinbares Gebäude ansteuerte, das sich am Eingang über der Tür durch die in rot gehaltene Hausnummer 66 auswies. Er verschwand in dem Gebäude. Ich wartete einige Minuten und begab mich dann ebenfalls zu Nr. 66, klingelte und wurde durch eine attraktive Blondine hereingebeten. Ich setzte mich an den Tresen, bestellte ein Bier und nahm das Etablissement in Augenschein. Nachdem sich meine Augen an das Halbdunkel gewöhnt hatten, entdeckte ich den Kollegen in einem Separee in bereits eindeutiger Nahkampfstellung. Als mein Bier kam, prostete ich ihm mit lauter Stimme „Zum Wohl Herr Kollege" zu. Die Reaktion war sensationell: Der Kollege sprang auf, warf einen Geldschein auf den Tisch und verließ fluchtartig das Etablissement.

Tage danach sprach mich meine Sekretärin an und fragte mich, ob sie mir das Verhalten des besagten Kollegen erklären könne. Sie habe beobachtet, dass er mir aus dem Wege ginge. Ich erzählte ihr den Vorfall; ich habe anschließend die Sekretärin selten so lachen gesehen!

11. Ruf an die Universität Stuttgart

Nach dem Aufbau und der Konsolidierung meines Arbeitsbereichs wurden von meinen Mitarbeitern und mir unsere Forschungsergebnisse der interessierten Öffentlichkeit in Wort und Schrift zur Diskussion gestellt. Im Institutsseminar trugen Gäste vor und es wurden diesen unsere Forschungseinrichtungen präsentiert. Dadurch wuchs das wiss. Renommee und es kamen Anfragen, ob ich mich nicht einmal beruflich verändern wollte. Es betraf sowohl Lehrstühle als auch hohe Positionen in der Industrie, darunter eine „Top"verwendung im Hause Siemens. Da ich mit meinen Arbeitsbedingungen an der HSBwH/UniBwH sehr zufrieden war, das soziale Umfeld stimmte und auch Geld keine Rolle spielte, da man selbiges - sofern man es brauchte - hinzuverdienen konnte, lehnte ich stets ab. Das änderte sich mit einem Telefonat 1989 meines mir sehr gut bekannten und geschätzten Kollegen *Richard Eppler* vom Institut für Mechanik A der Universität Stuttgart. Er berichtete mir, dass er Mitglied in einer Berufungskommission (BK) in der Fakultät für Luft- und Raumfahrttechnik seiner Universität sei und diese einen neuen Lehrstuhl für Flugmechanik und Flugregelung mit angeschlossenem Institut einrichten und besetzen wolle. Die Bewerberlage sei „durchwachsen" und er wolle mich fragen, ob ich nicht „meinen Hut in den Ring werfen" wolle. Die Stelle sei mir auf den Leib zugeschnitten. Ich müsse mich aber schnell entscheiden, denn das Berufungsverfahren befände sich bereits in fortgeschrittenem Zustand. Ich erbat mir wenige Tage Bedenkzeit. Bei einem Abendspaziergang im Sachsenwald mit anschließendem Dinner in der Fürst-Bismarck-Mühle in Aumühle wollte ich die Angelegenheit zumindestens vorklären. Wie schon erwähnt, sprach eigentlich alles für Hamburg. Andererseits, ich war Absolvent der damaligen TH Stuttgart. Durch eine Rückkehr nach dort in mein ureigenes Fachgebiet der Flugmechanik und Flugregelung würde sich mein wiss. Lebenskreis schließen. Zudem hatte die Universität Stuttgart nicht den schlechtesten Ruf. Auch der nochmalige Aufbau eines Hochschulinstituts hatte für mich als „Macher" seinen Reiz. Weiter verbanden mich viele angenehme Erinnerungen an meine Studienzeit in Stuttgart; viele Freunde und Bekannte lebten in Stuttgart und Umgebung. Ich habe an diesem Abend lange nachgedacht und gegrübelt. Am nächsten Morgen habe ich in Karlsruhe meinen Doktorvater, Herrn Prof. *Mesch*, angerufen und ihm von meinen „Seelenqualen" berichtet. Er reagierte spontan und sagte. „Machen Sie es. Wenn Sie den Ruf bekommen und annehmen, können wir wieder zusammenarbeiten. Vom Hochschulcampus in Stuttgart zum Hochschulcampus in Karlsruhe sind es mit dem Pkw 45 Minuten, Sie schaffen es mit Ihrem BMW mit Sicherheit schneller". Anschließend rief ich *Richard Eppler* in Stuttgart an und teilte ihm mit, dass ich in das Verfahren einsteige, sofern mich die BK offiziell zur Abgabe einer Bewerbung auffordert. Sie reagierte umgehend.

Ich bat meine Sekretärin zu einem persönlichen Gespräch und weihte sie in mein Vorhaben ein. Sie war natürlich nicht erfreut. Wir stellten gemeinsam die Bewerbungsunterlagen zusammen und sandten sie nach Stuttgart. Nach wenigen Tagen bekam ich eine Einladung zum Berufungsvortrag. Dieser wurde ein Heimspiel, im Hörsaal saßen viele mir bekannte Kollegen und Mitarbeiter. Auch das anschließende Gespräch mit der BK lief ganz ausgezeichnet. Die gestandenen Kollegen und auch die Studenten konnte ich mit meinen Vorstellungen über die Ausgestaltung des Faches in Forschung und Lehre voll überzeugen. Lediglich zwei ältere Akademische Räte bzw. Oberräte mäkelten an meiner Konzeption herum. Ihr Verhalten war allerdings sehr vordergründig; sie wollten vermutlich keinen starken Professor oder gar Chef in ihrer Fakultät! Ich flog auf jeden Fall mit einem sehr guten Gefühl von Stuttgart nach Hamburg zurück. Als ich spät abends in meine Wohnung kam, fand ich auf meinem Anrufbeantworter die Nachricht von *Richard Eppler* vor, dass die BK mich einstimmig auf Platz 1 der Berufungsliste platziert hatte.

Es dauerte dann noch einige Monate, bis der Ruf vom Ministerium für Wissenschaft und Kunst in Baden-Württemberg offiziell bei mir einging. Ich informierte umgehend den Sonderbeauftragten im BMVg, den Präsidenten der Universität und den Sprecher meines Fachbereichs. Den Stuttgartern teilte ich mit, dass ich bereit sei, in Berufungsverhandlungen einzutreten.

Es ging dann sehr zügig, was ja meinem Naturell entspricht. Bei meinem ersten Besuch im Rahmen der Berufungsverhandlungen besuchte ich das Stuttgarter Ministerium und verhandelte dort um meine persönlichen Bezüge. Ich erzielte bereits bei diesem ersten Gespräch Einigkeit, der gesetzlich mögliche Rahmen einer Gehaltsanpassung konnte voll ausgeschöpft werden. Anschließend besuchte ich die Uni zu einem ersten Kontaktgespräch. Wenige Tage später fanden dann dort die offiziellen Verhandlungen statt. Gesprächspartner waren der Kanzler der Universität und der Dekan der Fakultät für Luft- und Raumfahrttechnik. Letzteren kannte ich noch aus meiner Studentenzeit, ich hatte bei ihm eine Vorlesung über die Berechnung von Raketenbrennkammern gehört. Die Verhandlungen verliefen echt schwäbisch; ich musste um jedes Detail kämpfen. Gleichwohl, ich konnte meine Personalforderungen durchsetzen und auch beim Geld für die Professur sowohl im Hinblick auf die einmaligen als auch die laufenden Mittel konnte Einigkeit erzielt werden. Nicht durchsetzen konnte ich eine C3-Professur zu meiner eigenen Lehrentlastung. So weit, so gut. Offen blieben bei diesen ersten Verhandlungen die Räumlichkeiten für die neue Professur, da hatten die Stuttgarter ein Problem. Hierzu wurde ein gesonderter Termin anberaumt. Bei diesem stellte sich heraus, dass auf dem Campus in Vaihingen gar kein Platz für mich war, man bot mir Räumlichkeiten an, die bisher von Informatikern im Herdweg, d.h. in der nördlichen Peripherie der Innenstadt, genutzt worden waren. Die Räumlichkeiten waren zwar großzügig im Hinblick auf ihre Fläche, ansonsten aber in beklagenswertem Zustand. Man bot mir an, nach meinen Wünschen umzubauen und zu renovieren. Weiterhin stellte man mir in fünf Jahren einen Neubau in Vaihingen in Aussicht. Das Leben in der Diaspora hat neben Vorteilen natürlich den entscheidenden Nachteil, dass man seine Studenten nicht um sich hat, genau das, was das Universitätsleben ausmacht. Ich bat deshalb für diese Lösung um Bedenkzeit und um ein schriftliches Angebot. Das Angebot kam, allerdings war darin von der Fertigstellung des Neubaus in fünf Jahren nicht mehr die Rede. Ich fasste nach, worauf das Angebot um einen reservierten Parkplatz auf dem Campus in Vaihingen „erweitert" wurde. Da haute ich auf den Tisch und stellte die gesamten Berufungsverhandlungen in Frage. Man hatte offensichtlich überhaupt nicht verstanden, worum es mir ging. Ich legte eine Verhandlungspause ein.

In dieser Verhandlungspause fragte ich in meinem Ministerium und in meiner Universität an, ob sie an einem Verbleiben von mir an der UniBwH interessiert seien und wenn ja, ob sie mit mir Bleibeverhandlungen führen wollten. Die Resonanz war überwältigend. Der Sonderbeauftragte lud mich sofort nach Bonn ein und bestürmte mich, in Hamburg zu bleiben. Er schaltete sich persönlich für mich bei der Personalabteilung ein und ich bekam meine persönlichen Bezüge betreffend ein Angebot, das sich sehen lassen konnte. Es hielt dem Stuttgarter Angebot voll und ganz stand.

In Hamburg befragten mich Präsident und Sprecher nach meinen Wünschen. Ich war so gut ausgestattet, dass ich eigentlich gar keine hatte. Ich nannte eine vierte Planstelle für einen wiss. Mitarbeiter und das Anheben einer Technikerstelle von BAT Vc nach BAT Vb. Da mir die Personalsituation der Universität gut bekannt war, konnte der vierte Mitarbeiter mit Sicherheit nicht genehmigt werden. Es kam aber wieder einmal anders. Nach der entscheidenden Fachbereichsratssitzung kam der Sprecher zu mir und teilte mir mit, das Kollegium und der Fachbereichsrat habe auf Antrag meines Kollegen *Funk* (Professur für Maschinenelemente und Getriebetechnik) einstimmig beschlossen, mich zu bitten, an der UniBwH zu bleiben. Die Hebung der BAT-Stelle würde durch die Hochschulverwaltung erledigt, die Mitarbeiterstelle würde von den Kollegen erwirtschaftet, indem sie bei jeder Neubesetzung einer Mitarbeiterstelle diese für einige Wochen offenhalten würden, um so die fehlende Stelle haushaltsmäßig zu kompensieren. Ich war von diesem Vertrauensbeweis sehr gerührt und ging damit in die letzte Verhandlungsrunde in Stuttgart.

Dort hatte man gemerkt, dass die Raumsituation für mich ein Essential war. Man bot mir deshalb die Errichtung eines Containerdorfes für meine Professur auf dem Campus an. Die Mitarbeiter der Bauabteilung der Universität machten wirklich einen guten und überzeugenden Vorschlag und waren auch bereit, die Fertigstellung innerhalb weniger Wochen zu garantieren. Der Kanzler lehnte es allerdings nach wie vor ab, mir die Fertigstellung des avisierten Neubaus innerhalb von fünf Jahren zu garantieren.

Das war nun die Ausgangslage für meine zu fällende Entscheidung. Eine Entscheidung wichtig für mich und wichtig für zwei

Universitäten. Natürlich wurde versucht, meine Entscheidung zu beeinflussen: Der Kollege *Eppler* und die Kollegen der Fakultät für Luft- und Raumfahrttechnik bedrängten mich zu kommen, meine Hamburger Kollegen bedrängten mich zu bleiben. Der Studentenbereich der UniBwH machte mich zum Ehrenmitglied des Offizierskorps der Universität und bat mich, nicht fahnenflüchtig zu werden. Natürlich wollten auch die Mitarbeiter meiner Professur mich in Hamburg halten. Gleichwohl waren aber auch einige bereit, mit mir nach Stuttgart zu gehen. Den für mich gordischen Knoten haben die Studenten durchschlagen. Sie überraschten mich abends im Offiziersheim unter Fackeln und baten ihren Professor, bei ihnen in Hamburg an der UniBwH zu bleiben. Da habe ich mich entschieden und am nächsten Morgen in Stuttgart abgesagt. Der Zweitplatzierte auf der Stuttgarter Berufungsliste hat dann den an ihn ergangenen Ruf angenommen. Er saß übrigens über 10 Jahre in dem von mir erstrittenen Containerdorf, bis der zugesagte Neubau fertig gestellt worden war.

12. Für die Wissenschaft in fremden Ländern, Teil 1

Für einen Wissenschaftler ist es üblich und geboten, seine Forschungsergebnisse der Fachwelt vorzustellen. In unserer vernetzten Welt geschieht dies zunehmend international. In diesem Zusammenhang konnte ich alle fünf Kontinente bereisen. Über die wesentlichen Reisen, die ich als Hochschullehrer bis zum Jahr 1990 durchgeführt habe, soll im Weiteren berichtet werden.

12.1 Ungarn

Es begann mit einer Reise Ende 1973 nach Budapest/Ungarn, wo ich auf Einladung der Ungarischen Akademie der Wissenschaften als deren Staatsgast einen Vortrag über ein regelungstheoretisches Thema gehalten habe. Ich führte die Reise mit dem Zug durch und musste, wie damals üblich, beim Grenzübertritt von Österreich nach Ungarn DM 50,-/Tag in Forint umtauschen. Natürlich wurde man als Westler um den Vortrag herum überall herumgereicht und in jeder Beziehung gastfreundschaftlich behandelt. Auch die Hotelkosten wurden von der Akademie der Wissenschaften übernommen. Dadurch hatte ich bei meiner Rückreise noch alle meine Forint am Mann. Ich versuchte, diese bei der Ausreise aus Ungarn zurück zu tauschen. Da stieß ich allerdings an die Grenzen des Systems. Die Zöllnerin mit ihrem Bauchladen - Typ Traktoristin - war gänzlich überfordert; sie holte einen Offizier. Mit dem war es nicht besser. Er holte einen höheren Offizier. Dieser war ein gebildeter und wohlerzogener Vertreter seines Standes. Ich machte ihm meinen Standpunkt klar, er mir seinen, wobei er für meinen Standpunkt durchaus Verständnis hatte. Wir konnten uns allerdings nicht einigen. Daraufhin holte er den Chef der Grenzstation, immerhin schon einen Obristen. Dieser erkannte mein Anliegen an, sagte aber, die Gesetze seines Landes seien nun einmal so und ich solle doch nachgeben, der Zug habe wegen meines Einspruchs schon über eine Stunde Verspätung. Ich begann, die Angelegenheit nun sportlich zu sehen und gab nicht nach. Ich verlangte mein Geld zurückgetauscht. Der Oberst machte einen letzten verzweifelten Versuch. Als dieser fehlschlug, sagte er, er müsse nun mit seiner Regierung in Budapest telefonieren.

Dazu kam es aber nicht mehr. In meinem Abteil saß eine zweite männliche Person mittleren Alters, ein Herr. Er war gut gekleidet und gehörte infolge seiner Erscheinung offenbar zum höheren Establishment seines Landes (zu welchem, war mir bis dahin noch unbekannt). Er hatte meinen Disput mit der Ordnungsmacht aufmerksam verfolgt. Nun mischte er sich ein und zwar energisch. Wie ich unschwer hörte, sprach er ungarisch. Der Oberst nahm Haltung an, salutierte und verschwand. Er kam mit der Traktoristin zurück und diese zahlte mich aus. Anschließend fuhr der Zug ab.

Ich stelle mich dem Herrn vor und dankte ihm für seine Bemühungen, dies auf Englisch. Er antwortete in akzentfreiem Deutsch und outete sich als Staatssekretär im ungarischen Wirtschaftsministerium. Er befand sich auf einer Dienstreise nach Wien, um dort bilaterale Wirtschaftverhandlungen zu führen.

12.2 Bulgarien

Für 1974 hatte ich eine Einladung zu einem IFAC/IFORS-Symposium über „Optimierung" nach Varna/Bulgarien, wo ich gebeten war, den Eröffnungsvortrag zu halten. Das Manuskript (ca. 80 Seiten mit Formeln und Bildern) wünschten die Organisatoren vorab, um den Vortrag für die Tagungsunterlagen drucken zu können. Damit begann das erste Problem der Reise. An der HSBwH gab es zu dem Zeitpunkt niemanden, der das Manuskript schreiben konnte; es gab noch nicht einmal eine dafür benötigte IBM-Kugelkopfschreibmaschine. Ich ging zum Gründungspräsidenten *Ellwein* und trug ihm mein Problem vor. Er ließ den Vertreter des Kanzlers kommen und beauftragte diesen, für 14 Tage eine Sekretärin mit entsprechender Schreibmaschine anzumieten, damit diese mein Manuskript schreibt. Der Vertreter des Kanzlers (immerhin ein Regierungsdirektor) erwies sich als überfordert. Daraufhin beauftragte *Ellwein* seinen Persönlichen Referenten, diese Angelegenheit zu erledigen. Innerhalb weniger Tage war die benötigte Sekretärin mit Schreibmaschine auf dem Campus und hat schreibtechnisch ein ganz hervorragendes Manuskript erstellt. Da der Vertreter des Kanzlers auch in anderen Situationen ähnliche „Qualifikationen" nachwies, veranlasste *Ellwein* bei der Personalabteilung in Bonn, dass dieser wegen „erwiesener Unfähigkeit" die Hochschule verlassen musste. Er wurde „zum Stiefelzählen" in die Provinz versetzt.

Die Reise nach Varna trat ich mit dem Flugzeug an. In Varna wurde ich freundlich empfangen und man teilte mir mit, dass der zweite Hauptvortragende nach mir, der berühmte *L.S. Pontrjagin*, aus gesundheitlichen Gründen nicht kommen könne und ich solle meinen Vortrag von 60 auf 120 Minuten ausdehnen. Um dieser Bitte wenigstens annähernd nachkommen zu können, musste eine Nachtschicht eingelegt werden, um das „Back-Up"-Material in meine Präsentation einzuarbeiten. So bekam ich dann immerhin einen 90 minütigen Vortrag zustande, der auch große Anerkennung fand. In Anbetracht, dass ich die ganze Nacht nicht geschlafen hatte, war ich mit mir sehr zufrieden.

Bei meiner nächtlichen Vorbereitung war es mittlerweile so gegen 2 Uhr geworden. Ich schenkte mir zum Ausklang ein Glas Wein ein und wollte zu Bett gehen. Da klopfte es. Ich ging zur Tür. Es war die Tagungshostess, die mich darüber informierte, dass an der Rezeption für mich ein Auslandsgespräch aufgelaufen sei; ich solle umgehend nach dort kommen und das Gespräch annehmen. Ich machte mir Sorgen. War etwas mit den Eltern, war etwas mit dem Institut? Ich übernahm den Hörer. Am Telefon war ein renommierter deutscher Kollege. Er befand sich in einer prekären Situation. Er wollte ebenfalls an der Tagung in Varna teilnehmen und hatte dies mit einer Reise in die Sowjetunion verbunden. Per Pkw wollte er mit Ehefrau von der Krim kommend abends in Varna eintreffen. Die Autofahrt hatte nun länger als erwartet gedauert. Er war in die Dunkelheit geraten und in Rumänien auf einen am Straßenrand unbeleuchtet abgestellten Lkw aufgefahren. Die rumänische Polizei hatte ihn zunächst einmal festgesetzt; sie wollte erst bei Tagesanbruch die Angelegenheit verhandeln - völlig offen, was dann wohl dabei herauskommen würde. Der Kollege bat mich verzweifelt um Hilfe. Ich sagte ihm diese zu, ohne zu wissen, was ich machen sollte. Ich besprach die Lage mit der Tagungshostess. Diese war nicht nur sehr sprachgewandt (Englisch, Französisch und diverse Landessprachen in Osteuropa), sondern auch eine clevere, weltgewandte Frau. Sie schaffte es, eine telefonische Verbindung zur deutschen Botschaft in Bukarest herzustellen (mittlerweile 2:30 Uhr). Ich konnte dort den Fall vortragen, die Botschaft handelte - erfolgreich. Am nächsten Tag, später Nachmittag, traf der Kollege mit seinem lädierten Pkw - Haube und Kotflügel mit Bindfaden festgebunden und mit Klebebändern befestigt - in Varna ein.

Natürlich sprach sich der Vorfall in Windeseile auf der Konferenz herum. Es führte dazu, dass einige ostdeutsche Kollegen zu mir Kontakt suchten. Ich sei doch offensichtlich ein guter Organisator und sie bäten mich um Hilfe. Sie gehörten in der DDR nicht zum Reisekader und dürften deshalb nicht in das nichtsozialistische Ausland reisen. Nun gäbe es im nächsten Jahr eine für sie wichtige Tagung in Banff in Kanada. Wenn sie dort angenommene Vorträge hätten, sei die Wahrscheinlichkeit groß, dass man sie (oder einige von ihnen) reisen ließe. Ich sagte zu, ihnen zu helfen. Über die Tagungshostess besorgten wir uns eine IBM-Kugelkopfschreibmaschine und verfassten auf meinem Hotelzimmer Abstracts. Diese nahm ich an mich und lieferte sie bei meiner Rückreise in Düsseldorf beim VDI ab, wo die Beiträge aus Deutschland gesammelt und zur Tagungsleitung nach Banff weitergeleitet wurden. Die Beiträge der DDR-Kollegen erhielten einen erklärenden Vermerk. Alle Beiträge wurden angenommen und einer der DDR-Kollegen bekam tatsächlich die Genehmigung, nach Banff reisen zu dürfen. Ich erfuhr dies über meinen HSBwH Kollegen *Dieter Franke* (FB ET, Regelungstechnik), der an der Konferenz teilgenommen und der mir Grüße und Dank des ostdeutschen Kollegen ausgerichtet hat.

12.3 USA

Vor der Gründung der Hochschulen der Bundeswehr hatte der damalige Verteidigungsminister *Helmut Schmidt* die Naval Postgraduate School in Monterey (NPS) besucht, um sich darüber zu informieren, wie Militärstudenten an dieser Universität der US Navy studieren und wie das Studium dort organisiert ist. Das Trimesterkonzept der HSBws wurde beispielsweise in Anlehnung an das Studium an der NPS an den HSBws eingeführt. Es lag nun nahe, mit dieser „Schwesterhochschule" Kontakt aufzunehmen, zumal viele deutsche Marineoffiziere dort studiert haben (und in geringerer Anzahl auch heute noch dort studieren).

Gründungspräsident *Ellwein* beauftrage den damaligen Vizepräsidenten, meinen Kollegen *Hans-Georg Wäßerling* (FB ET, Hochfrequenztechnik) und mich, eine Reise nach Monterey durchzuführen und eine mögliche Kooperation zu erkunden. Der Leiter des Studentenfachbereichs ET und Absolvent von Monterey, FKpt *D.B. Kammholz*, sollte die Reise vorbereiten und uns begleiten. Ausgerüstet mit neuen Ministerialpässen (Einband schwarzes Leder mit Goldschrift, Text erste Seite: „… alle Dienststellen des In- und Auslandes werden gebeten, den Inhaber frei und ungehindert reisen zu lassen …"), ausgestellt vom Auswärtigen Amt in Bonn, starteten wir vom Flughafen Köln, militärischer Teil, mit einer Luftwaffenmaschine der Flugbereitschaft des BMVg (Boeing 707) nach Washington. *Detlef Kammholz* flog direkt nach Monterey weiter, um Quartier zu machen, wir, *Wäßerling* und ich, legten in Washington einen Stopover von zwei Tagen ein und machten dem Deutschen Militärischen Beauftragten für USA und Kanada (DMBV), Kommandeur aller in USA und Kanada stationierten deutschen Soldaten, unsere Aufwartung. Er stellte uns seinen Dienstwagen mit Fahrer zur Verfügung, und wir konnten uns auf diese Weise einen guten Eindruck von Washington verschaffen. Wir flogen dann weiter nach Denver, CO, nahmen uns einen Mietwagen und fuhren in fünf Tagen über den Grand Canyon (North Rim), Las Vegas, Los Angeles nach Monterey. Dort blieben wir vier Tage und bereiteten ein Kooperationsabkommen vor, das einige Monate später auf Staatssekretärsebene unterzeichnet wurde. Zurück ging es mit dem Flugzeug zunächst nach El Paso, TX und von dort wieder mit der Luftwaffe zurück nach Köln in Deutschland.

Diese Reise war für mich ein einmaliges Erlebnis. Die einzigartige Landschaft hat nachhaltige Eindrücke hinterlassen, aber auch der Empfang an der NPS und in der deutschen Kolonie war überwältigend. Ich habe dort Freunde gewonnen und mir war klar, da muss ich wieder hin. Ich habe dann in den folgenden Jahren die NPS über 30mal besucht und insbesondere mit meinen Kollegen *Panholzer* und *Woehler* etliche gemeinsame Projekte bearbeitet. Es entstanden aber auch viele Kontakte und Freundschaften außerhalb der NPS. Darüber wird später an anderer Stelle zu berichten sein.

Zwei Erlebnisse dieser ersten Reise in die USA sind mir noch in besonderer Erinnerung.

a) Thunderstorm

Bei der Rückfahrt vom Grand Canyon (North Rim) hatten wir uns verspätet und es war absehbar, dass wir unser geplantes Etappenziel nur schwer erreichen konnten. Ich suchte deshalb in unserem guten Kartenmaterial nach einer Abkürzung und fand diese in einer „unpaved road". *Wäßerling* und ich wechselten uns beim Fahren ab, wobei ich als der Jüngere und zudem geübtere Autofahrer den größeren und vor allem schwierigeren Teil der Strecken fuhr. Ich fuhr auch die „unpaved road". Die Straße wurde zunehmend enger und steiler, die Abhänge links von uns grandioser und gefährlicher. Dann zog ein Gewitter auf. Der Regen, mit Hagel gemischt, wurde so stark, dass wir die Fahrt unterbrechen mussten und anhielten. Wir sahen nichts mehr. Plötzlich gab es ein ohrenbetäubendes Getöse, dann Stille, das Unwetter beruhigte sich. Wir wollten weiterfahren, aber es war keine Straße mehr da. Ungefähr 50 m vor uns war der gesamte Hang nebst Straße in den Abgrund gestürzt. Glück gehabt! Nun mussten wir zurück. Die Straße war so eng, dass ein Wenden unmöglich war. Ich musste daraufhin ca. 1 km rückwärts fahren, den Abhang stets links neben mir. Ich war anschließend so fertig, dass ich *Hans-Georg Wäßerling* - ein starker Raucher - um eine Zigarette bat. So habe ich (leider) wieder angefangen, temporär zu rauchen.

b) *Karl Eduard*

Bei unserer letzten Etappe vor dem Erreichen von Monterey saßen wir abends auf einer Bank in der Nähe der Uferpromenade von Santa Monica und tranken aus Dosen Coca Cola. Es war kurz vor Sonnenuntergang. Infolge einer Baustelle war die Uferpromenade rechts von uns in ca. 300 m Entfernung gesperrt. Wir waren diesen Weg zuvor gegangen. Wir beobachteten die Passanten. Plötzlich sagte *Hans-Georg Wäßerling*: „Guck 'mal *Reinhart*, ist das nicht *Karl Eduard*'? *Karl Eduard* war ein international ausgewiesener Fachkollege, zudem designierter Minister in Niedersachsen. Abgesehen vom Zufall, einen Kollegen am Strand von Santa Monica zu treffen, war bemerkenswert, dass der in etwa 60jährige Herr eine mindestens 35 Jahre jüngere Frau im Arm hatte. Ich war mir nicht sicher, ob der von uns ins Auge gefasste wirklich *Karl Eduard* war und sagte: „Warten wir es ab, der Weg endet, die müssen zurückkommen, dann schauen wir einmal genauer hin". Sie kamen zurück. Er war es. Wir riefen nach ihm. Er blickte zu uns herüber und kam zu uns, die junge Frau im Arm. Er, ganz Weltmann, meinte: „Liebe Kollegen, ich könnte jetzt sagen, darf ich Euch meine Tochter vorstellen. Ich sage es nicht…".

12.4 Japan

1979 sprach mich mein Kollege *Wolfram Funk*, nunmehr Vizepräsident der Hochschule, an, eine Einladung der National Defence Academy (NDA) in Yokosuka/Japan betreffend. Der Präsident sei eingeladen, wolle aber nicht reisen. Es sei ihm zu beschwerlich. Er habe ihn gebeten, die Reise für ihn durchzuführen. Sie solle 10 Tage dauern, diese Zeitspanne könne er protokollarisch gar nicht ausfüllen. Da es sich bei der japanischen Einrichtung um so etwas Ähnliches wie die NPS in Monterey handele, wäre das doch etwas für mich, um ihn zu begleiten und dort einen Kursus über moderne Verfahren der Regelungstechnik abzuhalten. Ich stimmte zu. Ende April fand die Reise statt.

a) Reise

An einem Sonntag ging es mit der Deutschen Lufthansa über den Nordpol mit Zwischenlandung in Anchorage, AK - USA nach Tokio. Wir wurden vom Vizepräsidenten der NDA, *Tsukahara,* und meinem Fachkollegen Prof. *Kanai* am Flughafen abgeholt und in das Gästehaus der japanischen Regierung in Tokio gebracht. Dort sollten wir uns ausruhen, um dann am Montag nach Yokosuka abgeholt zu werden. Zuvor stellte man in der Bar des Hauses jedem ein Telefon zur Verfügung, um unseren Angehörigen unsere gute Ankunft mitteilen zu können. Dann zog sich das Empfangskomitee zurück.

Nachdem wir unsere Zimmer bezogen hatten, gingen wir „an Land" und erkundeten zu Fuß Tokio im Umfeld unseres Quartiers. Wir landeten am Schaufenster eines „Geschäftes", in dem u.a. Rasierapparate in den Auslagen waren. Da *Wolfram Funk* seinen Rasierapparat in Deutschland vergessen hatte, gingen wir in das „Geschäft" und wollten einen Rasierapparat kaufen. Der „Verkäufer" redete mit Händen und Füssen und wir begriffen, dass man den Rasierapparat nicht kaufen konnte, sondern nur gewinnen. Wir waren in einen japanischen Spielsalon geraten, wo man über das Kugelspiel Pachinko Sachpreise gewinnen konnte, u.a. einen Rasierapparat. Wir setzten eimerweise Kugeln um, wir gewannen und wir verloren, zum Rasierapparat reichte es nicht. Dies war unsere erste Erfahrung in Japan, dem uns noch sehr fremden Land.

Am nächsten Morgen, also dem Montag, wurden wir in unserem Quartier abgeholt und fuhren mit unserer Begleitung im Zug nach Yokosuka, ca. 60 km östlich von Tokio entfernt am Eingang der Bay of Tokio. Wir fanden in einem komfortablen Landhotel Unterkunft. Unmittelbar nach unserer Ankunft im Hotel stand der Dienstwagen vor der Tür: Schwarze Limousine, Fahrer im Livree, weiße Handschuhe, … . Wir waren auf 10:00 Uhr beim Präsidenten der Akademie angesagt. Als wir das Gelände der Akademie erreicht hatten, legte der Fahrer auf einem Parkplatz mehrere Ehrenrunden ein. Wir erkundigten uns wegen seines Verhaltens. Er zeigte sehr bestimmt auf seine Uhr. Es war noch wenige Minuten vor 10:00 Uhr. Mit dem ersten Glockenschlag der Turmuhr fuhr er vor dem Portal vor. Dort wurden wir auf der Freitreppe von Präsident *Tsuchida* empfangen. Das war doch alles sehr preußisch!

Nach dem Empfang beim Präsidenten bezogen wir unser Büro und bekamen das Besuchsprogramm ausgehändigt. Dies löste unseren Protest aus. Wir waren bis in die Abendstunden minutiös verplant. Es waren noch nicht einmal „Pinkelpausen" vorgesehen. Unser Protest wurde gehört, das Programm wurde (geringfügig) modifiziert. In Teilen war das Programm für *Wolfram Funk* und mich identisch, wegen meiner Lehrtätigkeit in Teilen aber auch unterschiedlich.

Am Dienstag begann ich meine Vorlesung über „Optimization Theory". Ich hatte ca. 20 Hörer, von denen am Ende der 30stündigen Veranstaltung fünf (erfolgreich) Prüfung gemacht haben. Schwerpunktmäßig waren die Hörer Luftwaffenangehörige, alles sehr intelligente junge Männer. Zu Beginn jeder Vorlesung hat der Hörsaalälteste gemeldet, obendrein hatte man mir einen „Leibburschen" zugewiesen, der für Kaffeekochen, Kopien anfertigen, Terminkoordination, usw. zuständig war. Also, paradiesische Verhältnisse!

Parallel zu meiner Lehrtätigkeit fanden Besichtigungen bei der japanischen Marine statt und es wurde uns auch eine Betriebsbesichtigung bei der Firma Mitsubishi ermöglicht.

Am Wochenende fuhren wir mit dem japanischen Wunderzug (Bullet Train) auf der Schnellzugstrecke Shinkansen in die alte Kaiserregion nach Kyoto und Nara. Wir hatten so die Gelegenheit, die japanische Kultur pur kennenzulernen. Begleitet wurden wir bei dieser Reise durch einen Zahlmeister, der aus einem großen Umschlag heraus alle Auslagen beglichen hat. Es erinnerte mich dies an meine Zeit in der Industrie bei der Betreuung von Ministerialen aus Bonn.

An unserem letzten Abend gab der Präsident der NDA eine herzliche und sehr persönlich gestaltete Farewell-Party für uns. Höhepunkt war, dass der Präsident zusammen mit meinen Studenten uns mit deutschen Volksliedern verabschiedete. Ich habe heute noch „Am Brunnen vor dem Tore ..." mit leicht japanischem Einklang in meinem Ohr.

Der Kontakt zu meinem Kollegen *Kanai* besteht übrigens bis in die heutige Zeit fort. Er hat mich mehrfach besucht und in meinem Seminar vorgetragen.

b) Gegenreise

Bei unseren Gesprächen mit dem Präsidenten der Akademie deutete dieser an, dass er wenige Wochen nach unserem Besuch die NPS in Monterey besuchen würde. Dies wäre doch eine gute Gelegenheit, auf der Rückreise von Monterey die HSBwH kennenzulernen. *Wolfram Funk* lud ihn daraufhin in seiner Funktion als Vizepräsident der HSBwH offiziell ein. Der Besuch wurde auf Dienstag nach Pfingsten an der HSBwH mit zwei Tagen Vorlauf zur Besichtigung von Hamburg festgesetzt. Präsident *Tsuchida* bestand darauf, dass das japanische Konsulat in Hamburg die Reise organisiert und koordiniert. Ich sollte der Ansprechpartner an der HSBwH sein. Wir waren damit einverstanden.

Nach unserer Rückkehr telefonierte ich mehrfach mit dem japanischen Konsulat. Die Reisedaten von *Tsuchida* standen. Es war alles organisiert.

Am Freitag vor Pfingsten, gegen Abend, ich wollte gerade mein Büro verlassen, klingelte das Telefon. Es meldete sich Interpol Paris. Man teilte mir mit, dass sich Präsident *Tsuchida* in Lebensgefahr befinde. Eine fünfköpfige Terroristengruppe verfolge ihn und wolle ihn vor seiner Rückkehr nach Japan unterwegs umbringen. Da *Tsuchida* Gast der Bundeswehr sei, sollten wir für seine Sicherheit sorgen. Ende des Telefonats. Nachdem ich mich von dem ersten Schreck erholt hatte, begannen meine grauen Zellen wieder zu arbeiten. Ich rief den S3 des Studentenbereiches, FKpt *Fricke,* zu Hause an. Er war glücklicherweise anwesend und ich unterrichtete ihn von der eingetretenen Lage. Er sagte mir, er habe einen Bekannten beim MAD (militärischer Abschirmdienst) in Kiel. Er wolle diesen kontaktieren und den MAD bitten, mit mir unmittelbar Kontakt aufzunehmen. Ich solle bis dahin in meinem Büro bleiben. Es dauerte nicht lange und der MAD meldete sich. Man hatte noch einige Fragen und dann wurde entschieden:

1. Die Reservierung für *Tsuchida* im Hotel Atlantic wird storniert.
2. Ich werde bis zum nächsten Morgen unter Quarantäne gestellt und darf meine Wohnung nicht verlassen.
3. Der MAD nimmt mit mir unter einer vereinbarten Parole Kontakt auf und sucht mich am nächsten Morgen zur weiteren Abklärung in meiner Wohnung auf.
4. Es herrscht Verschwiegenheit gegenüber jedermann.

Am nächsten Morgen erschienen zwei junge Offiziere des MAD in meiner Wohnung. Sie verlängerten meine Quarantäne bis Sonntag früh, der Ankunft von *Tsuchida* in Hamburg-Fuhlsbüttel. Der eine der beiden MAD-Angehörigen ging dann für mich im nächsten Supermarkt einkaufen. Mit dem anderen wurde die weitere Vorgehensweise besprochen: *Tsuchida* verlässt nach seiner Ankunft den Flughafen durch einen Seitenausgang. Er besteigt dort ein Fahrzeug des japanischen Konsulats, das mich zuvor in meiner Wohnung abgeholt hat. In dem Fahrzeug befindet sich neben dem Fahrer ein bewaffneter japanischer Sicherheitsbeamter. Das Fahrzeug der Japaner wird durch ein Fahrzeug des MAD, besetzt mit zwei Mann, begleitet. *Tsuchida* wird in der Lettow-Vorbeck-Kaserne in Hamburg Jenfeld einquartiert. Das Zimmer rechts neben ihm bezieht der japanische Sicherheitsbeamte, das Zimmer links neben ihm ich. Ansonsten wird das Programm - soweit möglich - nach Wunsch des Gastes durchgeführt.

Tsuchida traf am Sonntagvormittag wohlbehalten in Hamburg ein. Er war vorinformiert. Wir fuhren ihn in die Lettow-Vorbeck-Kaserne und zeigten ihm seine Stube. Er fand das alles ganz spannend und äußerte dann den Wunsch, zum einen die Zonengrenze zu besichtigen und zum anderen eine Hafenrundfahrt zu machen. Wir begannen mit der Zonengrenze. Ich schlug Gudow und den weiteren Bereich des Schaalsees vor. Bei der Fahrt dorthin kamen wir durch Aumühle. Da ich den Wirt in der Fürst-Bismarck-Mühle kannte, gelang es mir, bei ihm noch einen Tisch für sechs Personen zum Mittagessen zu bekommen. Glücklicherweise informierte ich den Wirt über die besonderen Umstände, in der sich unser Gast befand.

Nach der Besichtigung der Zonengrenze, *Tsuchida* fand das alles sehr beeindruckend, fuhren wir zurück zum Mittagessen. Einer der MAD-Beamten stellte während des Essens seinen „Aktenkoffer" mit der Maschinenpistole griffbereit neben sein Stuhlbein. Den Ober störte dies und er schob mit seinem Schuh den Koffer unter den Tisch. Der MAD-Beamte holte ihn sich wieder zurück. Dieses Spiel wiederholte sich mehrfach und der Ober fühlte sich letztlich provoziert. Er trat nicht sehr höflich gegen den Koffer. Dieser fiel um und öffnete sich. Damit wurde die Waffe sichtbar. Die entstehende Panik unter den in der Nachbarschaft sitzenden Gästen konnte der Wirt einfühlsam durch wenige erklärende Worte beseitigen, er war ja informiert. Den Abend verbrachten wir im Offizierskasino der HSBwH. Hier ergab sich auch die Gelegenheit zu einem längeren persönlichen Gespräch mit *Tsuchida*. Er erzählte mir aus seinem Leben. Er war im 2. Weltkrieg Marinesoldat gewesen und auf einem kleineren japanischen Flugzeugträger stationiert. Dieser wurde 1945 von den Amerikanern im Gelben Meer versenkt. Er war einer der ganz wenigen Überlebenden, da es ihm gelang, schwimmend das Festland zu erreichen. Er war dabei über vier Stunden unterwegs!

Im späteren Berufsleben war er japanischer Konsul in Hongkong, anschließend Chef des japanischen Geheimdienstes, bevor er Präsident der NDA wurde. Während seiner Zeit als Geheimdienstchef versuchten japanische Terroristen, ihn mittels eines Sprengstoffpakets umzubringen. Er hat das Attentat relativ unbeschadet überlebt, seine Frau dagegen hat dabei ihr Leben verloren. Seit dieser Zeit würde immer wieder versucht, ihm nach dem Leben zu trachten.

Am Pfingstmontag machten wir zunächst dem Hamburger Hafen unsere Aufwartung, anschließend gab es ein japanisches Mittagessen im japanischen Konsulat. Den Abend verbrachten wir mit persönlichen Gesprächen in unserem Quartier. Am Dienstag dann besuchte *Tsuchida* die HSBwH. Meine offizielle Mission war damit beendet. Zwischenzeitlich erfuhren wir über Interpol, dass sich die Terroristen in Hongkong festgesetzt hatten, um dort bei einem Zwischenstopp auf *Tsuchida* loszugehen. Wir buchten ihn über die Polroute um.

12.5 Ägypten und Tunesien

Zu Beginn der 80er Jahre wurden von dem Kollegen *Hamza*/Kanada diverse IASTED-Symposien organisiert, bei denen anwendungsorientiert moderne Verfahren der Mess- und Regelungstechnik im Mittelpunkt standen. In diesem Zusammenhang habe ich 1981 in Kairo über die optimale Regelung einer Verladebrücke vorgetragen, Ergebnisse aus einem Forschungsprojekt in Kooperation mit dem Hamburger Hafen. Diese Konferenzteilnahme war eine der chaotischsten meines gesamten Berufslebens als Hochschullehrer.

Zunächst war nicht klar, wo in Kairo die Konferenz stattfindet. Nachdem ich dies vor Ort geklärt hatte, gab es kein Tagungsprogramm und keine Uhrzeit des Beginns. Es wurde alles ohne Vorbereitung „in Echtzeit" gefahren. Als es dann endlich losging, stellte sich heraus, dass ich zeitgleich meinen Vortrag zu halten hatte und in einer anderen Sitzung Chairman war. Als ich dieses Problem gelöst hatte, stellte ich als Chairman weiter fest, dass es nur einen einzigen DIA-Projektor gab, obendrein besaß dieser keine Fernbedienung. Man brauchte also einen „HiWi", der einem die DIAs schob. Ich sprach einen Assistenten der Universität Kairo an, diese Aufgabe zu übernehmen. Dieser lehnte entrüstet ab. Er sei wiss. Assistent, eine derart untergeordnete Tätigkeit könne man von ihm nicht verlangen. Letztlich heuerte ich für 20,- US $ einen Taxifahrer von der Straße an, der es auch ganz gut machte. Abgesehen von einigen „Social Affairs" zu den Pyramiden verbunden mit Kamelreiten und der Besichtigung eines Papyrus-Museums war die gesamte Konferenz ein riesiger Flop, der nicht die Reisekosten wert war. Dies war auch dem Veranstalter klar. Deshalb lud er mich zu einer Folgeveranstaltung als Wiedergutmachung 1982 nach Tunis ein. Ich zögerte lange, nahm aber dann die Einladung an. Ich habe dort auf einer wirklich gut organisierten und wiss. auch anspruchsvollen Konferenz einen Vortrag über Regelungs- und Filterprobleme bei Interzeptions- und Rendezvousbewegungen gehalten, der große Beachtung fand. Ein reicher Araber machte mir sogleich ein Angebot für eine Tätigkeit an einer Universität seines Landes. Ich lehnte dankend ab.

12.6 USA und Spanien

1983 weilte ich an der NPS im Rahmen gemeinsamer Forschungsprojekte mit meinen Kollegen *Panholzer* und *Woehler*. Zur gleichen Zeit fand in San Francisco die IFSCC/SCC Joint Conference on Skin statt. Ich hatte dort einen angenommenen Vortrag. Dies war ideal, konnte ich doch durch meine Doppelfunktion einmal die Reisekosten sparen.

Bei dieser renommierten Konferenz über die menschliche Haut wollte ich erstmals unsere Forschungsergebnisse zur Modellierung der Epidermis und die Ermittlung von Behandlungseffekten international vortragen. Dies als Ingenieur vor Medizinern und Biochemikern sicher keine leichte Aufgabe! Dennoch, der Vortrag kam gut an und ich wurde in der mir fremden Runde von Nicht-Ingenieurwissenschaftlern voll akzeptiert. Es gab sogar eine besonders intensive Diskussion, die sich bis in den Abend hinein im Fairmont Hotel fortsetzte. Ich kam erst weit nach Mitternacht wieder in der NPS in Monterey an.

Die Kollegen ermunterten mich im Fachgespräch, auch unsere Ergebnisse über die menschlichen Haare einmal der interessierten Fachwelt durch einen Vortrag vorzustellen. Ich nutzte hierzu eine Folgeveranstaltung, die 1986 in Barcelona stattfand. Ich referierte hier über die Profil- und Dickenmessung an menschlichen Haaren mittels mechanischer und optischer Profilometer. Auch dieser Vortrag fand sehr große Anerkennung. Allerdings wurde das Forschungsgebiet von uns danach aufgegeben, da der Vorstand der Firma BDF beschloss, die Haarforschung temporär auszusetzen. Ich hielt dies zwar für einen Fehler, da damit wertvolle Zeit in der Weiterentwicklung moderner Messmethoden für die Haarforschung und der daraus folgenden wiss. Schlüsse verloren ging, war aber allein ohne BDF nicht in der Lage, das Forschungsprojekt aufrecht zu erhalten.

12.7 England

Unsere wiss. Untersuchungen mit der GPA brachten mich mit Reg-Dir *Wilberg* aus der Rüstungsabteilung des BMVg in Verbindung. Er unterstützte unsere Arbeiten nachhaltig und versuchte, sie in einen größeren Rahmen zur Etablierung moderner Wartungskonzepte in der Wehrtechnik einzubetten. In diesem Zusammenhang beauftragte er mich, eine anwendungsorientierte Studie über „Analytische Redundanz" zu erstellen (1985). Ich führte diese Arbeiten gemeinsam mit meinem Mitarbeiter *P. Pagel* aus. Herr *Wilberg* war mit unseren Ergebnissen hoch zufrieden und förderte unsere Untersuchungen weiter. Sie mündeten in die viel beachtete Dissertation von Herrn *Pagel* ein, die dieser 1988 über die „Anwendung des Generalized Likelihood Ratio Tests zur Unterdrückung von systematischen Fehlern bei verrauschten Systemen" vorlegte.

Da die Untersuchungen zur Analytischen Redundanz einen Überbau über die GPA am Triebwerk RB 199 des Kampfflugzeugs Tornado darstellten, machte *Wilberg* unsere Studie dem britischen Verteidigungsministerium zugänglich. Dieses lud mich umgehend 1986 nach London ein, um unsere Ergebnisse dort vorzustellen. Vor rund 50 zivilen und militärischen Mitarbeitern sowie höheren Offizieren der Royal Air Force trug ich an zwei aufeinander folgenden

Terminen im britischen Verteidigungsministerium vor. Es gab eine angeregte - auch kontroverse - Diskussion. Fazit war, dass auch die Engländer beabsichtigten, die GPA für ihre Tornado-Flotte einzuführen. Allerdings taten sie sich mit der Finanzierung schwer. Aus diesem Grund hat die GPA in England das Versuchsstadium nicht überlebt. Da bei meiner Präsentation einige Repräsentanten aus Südafrika anwesend waren, nutzten diese die Gelegenheit und kontaktierten mich im Hinblick auf eine Diagnose der Turbopropmotoren ihrer militärischen Transportflugzeuge. Ich konnte ihnen ein überzeugendes Angebot machen und wir haben ihnen nachfolgend ein geeignetes Wartungskonzept auf der Basis der GPA erarbeitet.

12.8 Norwegen

Seit vielen Jahren bin ich mit *Hauke Trinks*, Professor für Messtechnik, eng befreundet. Wir lernten uns an der HSBwH kennen, wo er im Fachbereich ET das Fach Messtechnik vertreten hat. Während meiner Zeit als Gründungssenator der TUHH und Berufungsausschussvorsitzender für die Besetzung der Elektrotechnik Professuren an der TUHH bewarb sich *Trinks* auf die dort zu besetzende Stelle für Messtechnik und den dazu gehörigen neu aufzubauenden Arbeitsbereich. Mit einem weinenden und einem lachenden Auge konnte ich ihn nach dort berufen lassen. Ich verlor an der HSBwH einen renommierten Kollegen, für die TUHH machte ich einen guten Job.

Während seiner Zeit an der TUHH hielten *Trinks* und ich engen privaten und fachlichen Kontakt. Da *Trinks* ein unruhiger Geist ist, suchte er nach dem Aufbau seines Arbeitsbereichs an der TUHH eine neue Herausforderung. Er fand sie in einer temporären Tätigkeit an der Universität in Tromsö/Norwegen, wo er im Auftrag des norwegischen Königs eine ingenieurwissenschaftliche Fakultät aufbaute. Wir würden sagen, er war dort Gründungsdekan.

Trinks lud mich 1990 nach Tromsö ein, um dort seinen neuen Arbeitsbereich kennenzulernen und um seine Studenten über eine Woche in modernen Methoden der Mess- und Regelungstechnik zu unterrichten.

Diese Reise nach Norwegen wurde für mich zu einem ganz spannenden Abenteuer. Ich landete dort von Oslo kommend Ende April im dichten Schneetreiben. *Trinks* holte mich ab, und ich bezog ein Zimmer in seinem Holzhaus, das er allein bewohnte, da die Familie in Deutschland geblieben war. Anschließend machten wir eine zünftige Kneipentour durch den Ort und tauschten gemeinsame Erinnerungen und Gedanken aus. Am nächsten Tag zeigte er mir sein neues Institut in der Universität und berichtete über den weiteren Ausbau seiner Fakultät. Er selbst war mit seinem Arbeitsbereich in einem Gebäude untergebracht, in dem zuvor ein meteorologisches Institut seinen Platz hatte. Dies war insofern von historischer Bedeutung, da aus diesem Institut heraus durch einen Wetterballon 1944 die Position des deutschen Schlachtschiffs Tirpitz an die Engländer verraten worden war, das im Kafjord von Tromsö seinen damaligen Liegeplatz hatte. Nach mehrmaligen Versuchen versenkten die Engländer mit Spezialbomben, sogenannten Tallboys, die Tirpitz am 12.11.1944. Über 1000 deutsche Marinekameraden fanden dabei den Tod.

Das Unterrichten der norwegischen Studentinnen und Studenten hat mir große Freude bereitet. Es waren aufgeschlossene, interessierte und kritische junge Leute, die ungezwungen ihre Meinung vertraten. Sie suchten mich auch nach den jeweiligen Lehrveranstaltungen auf, um noch offene Fragen zum Stoff, aber auch zum Hochschulwesen in Deutschland, mit mir zu diskutieren. Sie waren erst zufrieden, wenn alles erschöpfend erklärt war.

In der verbleibenden freien Zeit renovierte ich mit *Trinks* sein Holzhaus. Es gab einen neuen Farbanstrich und die Auffahrt wurde neu gestaltet. Die Abende verbrachten wir „an Land" und besuchten einige seiner norwegischen Kollegen. Vor meiner Abreise machten wir eine längere Autofahrt um den Fjord und *Trinks* zeigte mir die Reste der Tirpitz, die im seichten Wasser vom Ufer aus zugänglich sind. Wir zogen die Schuhe aus, krempelten die Hosen hoch und holten uns als Souvenir jeder ein Stück „Kabel" von der Tirpitz aus dem Wasser. Am Abend besahen wir im *Trinks*schen Holzhaus unsere Souvenirs genauer. Dabei stellten wir fest, dass es sich bei unseren „Kabeln" um Röhrenschießpulver handelte. *Trinks* brannte sein Stück gezielt und kontrolliert im Kamin ab; ich packte meins ein, ich hatte dafür noch eine spezielle Verwendung.

Trinks wurde übrigens nach seiner Rückkehr aus Tromsö Präsident der TUHH, danach verbrachte er mehrere Forschungsaufenthalte auf Spitzbergen. Der hohe Norden hat es ihm also angetan.

13. Reise nach „Absurdistan"

Wie schon erwähnt, bin ich gebürtiger Thüringer. Nach meiner Flucht von dort hatte ich die damalige DDR bis in die 80er Jahre nicht mehr betreten, obwohl meine gesamte Verwandtschaft - mit Ausnahme meiner eigenen elterlichen Familie - noch dort lebte. 1986 nahm mein Lieblingsvetter *Wolfgang* mit mir Kontakt auf und versuchte mich zu ermutigen, ihn und seine Familie doch einmal zu besuchen. Um das notwendige Visum würde er sich kümmern. Ich war natürlich überrascht und versuchte, die Angelegenheit zu hinterfragen. Dabei berichtete er mir Folgendes: 1986 feierte meine Geburtsstadt Jena ihr 750ähriges Bestehen. Aus diesem Anlass hatte die örtliche Parteileitung der SED beschlossen, meinem Vorfahren, *Erasmus von Lonerstadt*, ein Denkmal zu setzen. Man wollte durch diese Ehrung dessen Engagement im Bauernkrieg würdigen, als er als Adeliger auf der Seite der Bauern gegen seinen eigenen Stand rebelliert hatte. Zur Einweihung des Denkmals anlässlich der 750-Jahrfeier von Jena wollte *Erich Honecker* persönlich erscheinen und man habe ihn gebeten, mich zu der Veranstaltung einzuladen. Er habe zugestimmt. Jetzt sei aber aus Geldmangel das Projekt abgeblasen worden. Da mein Name bei der Partei nun durch den Vorgang wohlbekannt sei, sehe er gute Chancen, dass seinem Antrag auf ein Visum für mich stattgegeben würde.

Nach längerem Nachdenken fand ich Interesse an dem Gedanken, einmal die DDR zu besuchen und mir ein Bild von ihr vor Ort zu machen. Zudem war es eine Gelegenheit, die noch lebenden Verwandten in Jena und Umgebung einmal wiederzusehen. Ich kontaktierte in Kiel den militärischen Abschirmdienst (MAD) und schilderte mein Reiseanliegen. Zu meiner Überraschung lehnte der MAD nicht kategorisch ab und vereinbarte vielmehr mit mir einen Besuch in meinem Büro in Hamburg. Das ungefähr zweistündige Gespräch war offen und konstruktiv. Es endete damit, dass ich meinem Vetter grünes Licht zur Visumsbeantragung geben konnte. Eine der Auflagen des MAD war, in dem Visumsformular zwar als Arbeitgeber die Bundeswehr zu nennen, bei der ausgeübten Tätigkeit aber nicht die UniBwH und den Professorentitel zu erwähnen, sondern einfach nur Dr.-Ing. hinein zu schreiben.

An einem Donnerstag im Oktober 1986 fuhr ich nun nach Thüringen. Es war ein unfreundlicher Herbsttag; der Grenzübertritt von der Bundesrepublik in die DDR war in Wartha/Herleshausen vorgesehen, also an der Stelle, wo ich vor 36 Jahren die DDR illegal verlassen hatte. Ich fuhr mit meinem 7er BMW am späten Nachmittag den ersten Grenzposten der DDR in einer Stafette von weiter folgenden vorsichtig an. Mein Fahrzeug war das einzige. Aus seinem Wärterhäuschen trat ein Offizier der Grenztruppen - es handelte sich um eine wohlerzogene Person von preußischem Zuschnitt - und verlangte meine Papiere. Er begab sich zurück in sein Wärterhäuschen und bat mich höflich, auf seine Rückkehr zu warten. Nach ca. 10 Minuten kam er zurück, händigte mir meine Papiere aus, die zwischenzeitlich mit einer Menge Stempeln versehen waren und sagte: „Herr Professor, willkommen in der Deutschen Demokratischen Republik, ich wünsche Ihnen eine gute Weiterfahrt und einen angenehmen Aufenthalt". Er sah wohl meinem Gesichtsausdruck meine Verblüffung an und fuhr freundlich und jovial - aber auch etwas hintergründig und stolz - fort: „Herr Professor, wenn Sie wüssten, was wir alles wissen …".

Ich setzte meinen Stafettenlauf über weitere Kontrollstationen fort und landete schließlich an letzter Stelle an einem Wärterhäuschen mit der Aufschrift „Zoll". Das Häuschen war offensichtlich unbesetzt. Deshalb stieg ich aus und sah mich um. Etwas unschlüssig bewegte ich mich im näheren Umkreis und entschied nach ca. 15 Minuten, einfach zu fahren. In diesem Moment erschien ein weiblicher Unterleutnant, verlangte meine Papiere und schnauzte mich in tiefstem Sächsisch - hier wiedergegeben in Hochdeutsch - an: „Ach, Sie kommen von der Bundeswehr, wo haben Sie denn Ihre Waffen?" Ich reagierte ungehalten, worauf sie insistierte: „Wenn Sie von der Bundeswehr kommen, müssen Sie doch Waffen oder zumindest Teile von Waffen besitzen". Ich verneinte gesteigert ungehalten. Daraufhin begann Sie, meinen PKW zu durchsuchen. In dem großen Kofferraum befand sich nur eine kleine Reisetasche von mir, was sie zu der Frage veranlasste, wo ich denn meine Geschenke hätte. Ich erwiderte, dass ich diese im Intershop kaufen würde, um die Umsatzsteuer zu sparen, wenn sie denn wüsste, was das sei. Sie wusste es nicht und revanchierte sich, indem sie nun meine Reisetasche in allen Einzelheiten durchwühlte. Ich reagierte daraufhin mit der Bemerkung: „Soll ich mich jetzt auch noch vor Ihnen ausziehen?" Daraufhin sie verblüfft - jetzt im „O"ton - : „Ne, wärn se nich anziechlich, se gönn fahrn". Ich fuhr. Bis kurz vor Gotha wurde ich dann durch einen hinter mir herfahrenden Streifenwagen vom Typ Lada „begleitet".

Während des weiteren Verlaufs meiner Reise, die im Übrigen mehr als informativ verlief, hatte ich noch eine Reihe von erwähnenswerten Begegnungen mit den Staatsorganen der DDR (u.a. der Kontaktversuch einer zur Stasi gehörenden attraktiven Blondine im Interhotel in Gera), die ich jetzt hier aber auslasse. Ich komme vielmehr zur Rückfahrt.

Bei der Rückfahrt über den gleichen Grenzübergang wie bei der Einreise in die DDR war viel Betrieb und ich befand mich in einer Warteschlange. Vor mir war ein älteres Ehepaar in einem 190er Mercedes mit Hund. Als sie an der Reihe waren, entfaltete die Staatsmacht ihre ganze „Größe". Es folgten Schikanen auf Schikanen und die Situation wurde weiter angeheizt durch den Hund des Ehepaares, der seine Herrschaft verteidigte und auf die Uniformierten losging. Nachdem man den Hund am nächsten Laternenpfahl angebunden hatte, wurde der Pkw unter wütendem Gebell des Hundes durch die Grenzbeamten förmlich zerlegt. Die ganze Prozedur dauerte ca. 40 Minuten, bis ich dann in die Mangel genommen wurde. Das Team der Kontrolleure bestand aus zwei Beamten. Der Jüngere von beiden zitierte mich ultimativ aus meinem Fahrzeug und befahl im Kasernenhofton, alle Türen ebenso wie Kofferraum und Motorhaube zu öffnen. Er begann mit Sonden und Spiegeln mein Fahrzeug zu untersuchen. Der Ältere studierte meine Papiere. Plötzlich sagte er zu meiner Verblüffung und der seines jüngeren Kollegen: „Ach, Sie kommen von der Bundeswehr, dann sind wir ja quasi Kameraden. Hier sind Ihre Papiere, steigen Sie bitte ein, Sie können fahren. Gute Heimreise". Ich befolgte den Befehl unverzüglich und steuerte in Herleshausen das nächste Wirtshaus an, um bei einem Glas Bier und einem Schnaps das Erlebte erst einmal zu verdauen. Mir ging durch den Kopf: Weitgehend egal in welchem Regime und weitgehend egal bei welcher Rechtslage, es kommt immer auf den Einzelnen an. Jeder hat an seinem Platz der Verantwortung Spielräume. Es gibt nur selten einen echten Befehlsnotstand. Meistens ist die Berufung darauf eine Alibifunktion zur eigenen Rechtfertigung.

Zu meiner Reise nach Absurdistan gibt es noch ein Nachspiel: Ich hatte mich einen Tag aus dem Jenaer Raum entfernt und war in das Elbsandsteingebirge gefahren, um mir die Feste Königstein anzusehen, auf der ein Großonkel von mir als Student in Festungshaft gesessen hatte, da er beim Schlagen einer scharfen Mensur erwischt worden war. Bei dieser Fahrt befiel mich ein menschliches Rühren und ich fuhr deshalb vom Wege ab in einen Seitenweg, um mein „Wasser abzuschlagen". Dabei fiel mir auf, dass bei der Einfahrt in den Weg ein mehrsprachiges Verkehrsverbotsschild stand, dem ich allerdings weder Bedeutung noch Beachtung schenkte. Nachdem ich mein Geschäft verrichtet hatte, zückte ich meine Kamera und machte einige Aufnahmen (Dias) vom Lilienstein und seiner faszinierenden Umgebung. Wieder in Hamburg, sah ich mir eines Abends in meinem Büro die Dias meiner Reise an. Dabei entdeckte ich auf den besagten Dias vom Lilienstein Merkwürdigkeiten: Eine getarnte, aber gut ausgebaute Straße, die am Fuße eines Hügels endete, eine leistungsfähige Energieversorgung ohne sichtbare Abnehmer/Verbraucher, ... Ich rief den MAD in Kiel an und berichtete von meinen Beobachtungen. Sie liehen sich die Dias aus; ich bat um persönliche Rückgabe, was man mir auch zusicherte. Nach wenigen Tagen bekam ich die Rückmeldung aus Kiel, man habe auf einigen der Dias eine bisher unbekannte Raketenstellung der NVA bzw. der sowjetischen Luftstreitkräfte identifiziert. Als „Dank" übersandte man mir meine Dias per Hauspost! Damit war eine weitere Reise von mir in die DDR und das übrige „sozialistische Ausland" nicht mehr möglich, wohl wissend, wie viele Agenten der DDR auch in die Bundeswehr eingeschleust worden waren.

14. Weitere Ehrungen

Nach der Verleihung des Bundesverdienstkreuzes 1988 widerfuhren mir 1989 und 1991 weitere Ehrungen.

14.1 Dean of Honour an der Naval Postgraduate School (NPS)

1964 schickte die Bundesmarine ihre ersten Studenten zum Studium an die NPS. Zum 25jährigen Jubiläum dieses Ereignisses gab es an der NPS im Rahmen der stattfindenden Graduierung eine Feier, an der von deutscher Seite als militärischer Repräsentant Kpt zS *D. B. Kammholz* (schon früher mehrfach genannt), der zu den ersten deutschen Studenten an der NPS gehörte, und ich als Vertreter des akademischen Bereichs der UniBwH teilnahmen. Der Superintendent der Schule, RAdm *Austin*, hielt eine wirklich große Rede, in der er die Kooperation zwischen NPS und UniBwH gebührend würdigte. Am Ende seiner Rede bat er mich nach vorn und überraschte mich mit einer hohen Ehrung. Die NPS machte mich zum Dean of Honour, also zum Ehrendekan, um mich auf diese Weise für meine Aktivitäten in Forschung und Lehre an der NPS auszuzeichnen und um meine Verdienste für die Zusammenarbeit beider Einrichtungen zu dokumentieren. Es war und ist dies das einzige Mal in meinem Leben, dass ich einen Talar getragen habe. Er stand mir im Übrigen gar nicht so schlecht!

14.2 Ehrenkreuz der Bundeswehr

Anfang 1991 bekam ich einen Anruf aus dem Vorzimmer des Inspekteurs Marine, VAdm *H. J. Mann*. Sein Adjutant teilte mir mit, ich sei dem Admiral zur Verleihung des Ehrenkreuzes der Bundeswehr in Gold vorgeschlagen worden. Mit dieser Ehrung wolle die Marine mein Engagement in Forschung und Lehre an der UniBwH würdigen, aber auch meine Bemühungen um die Kooperation mit der NPS in Monterey sowie mein Wirken für die Bundeswehr in der Gesellschaft. Ich war überrascht, wird diese Auszeichnung an „Zivilisten" doch sehr selten verliehen, und dann auch nur, wenn sie von Militärs beantragt wird. Die Frage des Adjutanten, ob ich denn die

Auszeichnung annehmen würde, beantwortete ich spontan mit „ja", bewertete und bewerte ich doch für mich persönlich das Ehrenkreuz der Bundeswehr wesentlich höher als das Bundesverdienstkreuz. Mit dem Adjutanten wurde ein Termin ausgemacht und ich fuhr zur Verleihung nach Bonn. Vorher überlegte ich, welches Gastgeschenk ich Admiral *Mann* mitnehmen könnte. Da fiel mir das von meiner Reise nach Tromsö noch in meinem Labor vorhandene Schießpulver der Tirpitz ein. Ich beauftragte einen meinen Techniker, das Schießpulver in einem Plexiglasrohr (ca. 25 cm Länge und 5 cm Durchmesser) sichtbar zu verschließen und aus Teakholz einen kleinen Ständer zu fertigen, auf dem das Rohr positioniert wurde. Auf den Ständer kam eine Messingplakette, in die die Herkunft des Pulvers und der Tag der „Verleihung" an den Admiral eingraviert wurde.

Nach der kleinen Feier im Büro des Inspekteurs, zu der der Admiral eine gleichsam launige, aber auch tiefsinnige Rede hielt, und nachdem ich mich gebührend bedankt hatte, holte ich mein Geschenk hervor und überreichte es Admiral *Mann*. Er und auch sein anwesender Stab waren verblüfft, der Admiral auch gerührt. Er war und ist sicher der einzige Admiral der Bundeswehr, der unter seinen Devotionalien Schießpulver der Tirpitz besitzt.

Nach dem offiziellen Teil der Veranstaltung gab es Gelegenheit, mit Admiral *Mann* alte Erinnerungen auszutauschen. Wir kannten uns seit der Gründungsphase der HSBwH, als er noch Fregattenkapitän (FKpt) war. Wir waren damals beide Mitglieder einer Kommission, die sich über die Strukturierung des EGA-Studiums an den HSBws Gedanken zu machen hatte. Wir vertraten weitgehend gleiche Ansichten und bildeten so ein gewisses Gegengewicht gegenüber den nassforschen Reformen verschiedener Geisteswissenschaftler.

15. Als Hochschullehrer in den neuen Bundesländern

Infolge der friedlichen Revolution unserer Landsleute in der DDR brach 1989 das SED-Regime zusammen. Am 09.11.1989 wurde die Mauer geöffnet, nachdem zuvor *Erich Honecker* zurückgetreten war und durch *Egon Krenz* am 18.10.1989 als Generalsekretär des ZK der SED ersetzt wurde. *Krenz* wurde am 24.10.1989 außerdem Vorsitzender des Staatsrates und des Nationalen Verteidigungsrates der DDR. Kurz nach dem Mauerfall wurde *Hans Modrow* am 13.11.1989 als Nachfolger von *Willi Stoph* Vorsitzender des Ministerrates der DDR; das gesamte Politbüro des ZK der SED war am 08.11.1989 zurückgetreten.

Am 18.03.1990 fanden die ersten freien Wahlen zur neuen DDR-Volkskammer statt. Erster demokratisch gewählter und zugleich letzter Ministerpräsident der DDR wurde *Lothar de Maizière*; seine Amtszeit ging vom 12.04. bis zum 02.10.1990. Die Regierung *de Maizière* favorisierte eine Vereinigung der beiden deutschen Staaten auf der Basis von Artikel 23 GG. Hierzu entwarfen die beiden Unterhändler *Wolfgang Schäuble* (Bundesminister des Inneren, BRD) und *Günter Krause* (Parlamentarischer Staatssekretär beim Ministerpräsidenten, DDR) den Einigungsvertrag, der die Einzelheiten des Beitritts der DDR zur BRD regelte. Am 20.09.1990 stimmten sowohl die Volkskammer der DDR als auch der Bundestag und Bundesrat der BRD dem Einigungsvertag zu; die Wiedervereinigung selbst wurde am 03.10.1990 vollzogen.

Mit dem Beitritt der DDR zur BRD kam auf das wiedervereinigte Deutschland eine gewaltige Aufgabe zu. Sie konnte nur bewältigt werden, wenn sich alle Bürger, jeder gemäß seinem Können und seiner Dienststellung, daran gebührend beteiligten. Ich war hierzu bereit.

15.1 Aktivitäten als Bundeswehrangehöriger

Am 03.10.1990 hatte die Nationale Volksarmee der DDR (NVA) noch eine Mannschaftsstärke von rund 90.000 Soldaten zuzüglich einer gemäßen Anzahl von Zivilangestellten. Unter den Soldaten waren ca. 51.000 Zeit- und Berufssoldaten; der Rest waren Wehrpflichtige. Die Zeit- und Berufssoldaten wurden in einem besonderen Status zunächst durch die Bundeswehr weiterverwendet, sie bekamen vorläufige Dienstgrade. In einem speziellen Übernahmeverfahren wurde entschieden, wer endgültig übernommen wird und wer nicht. Da die NVA eine reine Parteiarmee war, wurden Generale und Admirale sowie Politoffiziere grundsätzlich nicht übernommen. Das Übernahmeverfahren einschließlich der Entsorgung des Wehrmaterials der NVA war eine Herkulesaufgabe, zudem zeitgleich die Bundeswehr von einer Truppenstärke von rund 500.000 Soldaten auf (zunächst) 400.000 Soldaten zu reduzieren war. Die damaligen Bundesminister der Verteidigung *G. Stoltenberg* (bis 31.03.1992) und *Volker Rühe* (ab 01.04.1992) haben hier wirklich gute Arbeit geleistet.

Anfang 1991 erhielt ich einen Anruf vom Kommodore des Jagdgeschwaders 72 „Westfalen" in Rheine/Hopsten, Oberst *M. Menge*, der nach Preschen (liegt im südlichen Brandenburg nahe zur polnischen Grenze) abkommandiert war, um dort die Übernahme des Jagdgeschwaders 3 „Wladimir Komarow" der NVA durch die Bundeswehr vorzubereiten. *Menge* teilte mir mit, dass er in dem Geschwader einen jungen Offizier habe, den er für übernahmefähig und -würdig einschätze. Selbiger Offizier habe in Leningrad (jetzt Sankt Petersburg) eine Doktorarbeit angefertigt und stehe nunmehr vor dem „nichts". Die Dissertation sei im Wesentlichen fertiggestellt, die bisherige Betreuung auf der deutschen Seite durch Angehörige der Hochschule für Verkehrswesen „Friedrich List" in Dresden sei auch weggebrochen, da sich diese Einrichtung in Auflösung befinde. Die Frage von *Menge* war: Kann Prof. *Lunderstädt* helfen? Ich machte mit *Menge* einen Termin aus, an dem er den Kandidaten zu mir nach Hamburg in Marsch setzen sollte. Der Kandidat kam. Er war (verständlicherweise) sehr verschüchtert, taute dann aber während der Präsentation seiner Arbeit zunehmend auf. Ich nahm mir sehr viel Zeit. Seine Arbeit war ohne jeden Tadel und ich konnte ihm mitteilen, dass ich ihn ohne „Wenn und Aber" promovieren würde. Man hörte die Steine in seinem Rucksack förmlich fallen. Offen war lediglich, wo wir die mündliche Prüfung durchführen sollten, in Hamburg oder in Dresden. Ich rief den dortigen Rektor, meinen Fachkollegen *S.*, an und fragte ihn, ob sein „Laden" noch für eine Doktorprüfung funktionsfähig sei. Als er das bejahte, entschied ich im Einvernehmen mit dem Kandidaten: Wir machen das in Dresden.

a) Vorgeschichte

Im Frühjahr 1990 erhielt ich eine Einladung zu einem Vortrag nach Dresden in das Zentralinstitut für Kybernetik der Akademie der Wissenschaften der DDR. Ich nahm die Einladung an und referierte über die Anwendung der *Lotka-Volterraschen* Differentialgleichungen auf ein Problem des Marketing. Ich nahm mir für die Reise vier Tage Zeit, um auch noch einige Besuche vor- bzw. nachzuschalten. In diesem Zusammenhang kontaktierte ich meinen Fachkollegen *S.* an der Hochschule für Verkehrswesen „Friedrich List" (HfV), dort mittlerweile zum Rektor seiner Hochschule avanciert, und bat um einen Besuchstermin. *S.*, der mir aus der Literatur bekannt war (und ich ihm), stimmte zu und wir konnten den Termin bei ihm mit meinem Vortragstermin koordinieren.

Die Reise nach Dresden wurde eine Art Reise nach „Absurdistan 2". Ich fuhr an einem Sonntagnachmittag Ende Mai von Hamburg los. Meine Sekretärin hatte mir in der Nähe des Dresdner Hauptbahnhofs ein ordentliches Hotel inklusive Garage - nach Aktenlage - gebucht und ich kam am frühen Abend in Dresden an. Ich navigierte nach Stadtplan und sah das Hotel dann auch vor dem Hauptbahnhof liegen. Als ich nach dorthin abbiegen wollte, hob der vor mir fahrende Trabant („Trabi") ab. Er hatte das linke Vorderrad verloren, das sich selbständig in Richtung Hauptbahnhof bewegte. Der Trabant selbst machte einen Purzelbaum. Eine Vollbremsung meinerseits verhinderte einen Auffahrunfall. Nach diesem Schreck fuhr ich vor dem Hotel vor; die Hotelgarage im Keller war gesperrt. An der Rezeption erfuhr ich, dass die Garage infolge eines Rohrbruchs unter Wasser stand. Da infolgedessen die Parksituation auf dem Hotelvorplatz chaotisch war, gestattete man mir, auf dem Rasen neben dem Hotel zu parken. Ein entsprechendes Berechtigungsschild wurde vom Hausmeister an meinem Pkw befestigt.

Am nächsten früh um 9:00 Uhr hatte ich meinen Termin bei *S.*. Als ich gegen 8:30 Uhr zu meinem PKW ging, war dieser nicht sichtbar. Auf dem Rasen waren lediglich drei rote Hügel zu erkennen, einer war offensichtlich mein 7er BMW. Die beiden anderen Fahrzeuge waren Fabrikate einer Stuttgarter Firma. Man hatte über Nacht die Westfahrzeuge mit roter Farbe rundum angestrichen. Ich holte den Hoteldirektor. Er war völlig hilflos und meinte, da könne er auch nicht helfen. Man dürfe eben jetzt in dem neuen Staat offenbar alles! Nachdem ich ihm klar machte, ich sei sein Gast und erwarte Kooperation, entschloss er sich, die Polizei zu rufen. Diese kam sehr schnell, war aber lustlos und zudem unfreundlich. Es entspann sich ein fruchtloser Dialog, bis mir der Kragen platzte. Ich hatte in meiner Brieftasche von einer Wehrübung noch einen Dienstausweis mit einem Passbild in Uniform. Ich holte den Ausweis heraus und knallte ihn auf das Dach des Lada der Polizisten mit der Bemerkung: „Jetzt erwarte ich Amtshilfe". Das Militärbild und das Wort Amtshilfe machten bei den „VoPos" Kräfte frei. Man wurde sehr, sehr freundlich und telefonierte einen Lkw mit einem Sprühgerät herbei. Dessen Mitarbeiter gingen umgehend ans Werk. Dabei stellte sich (glücklicherweise) heraus, dass die rote Farbe wasserlöslich war. Zum Leidwesen des Rasens war mein Pkw dann schnell gesäubert.

Bei S. hatte ich anschließend ein ordentliches Gespräch und ich konnte mir auch einen Überblick über die Laboreinrichtungen seiner Hochschule verschaffen. Mein Eindruck war nicht schlecht und ich fand es irgendwie schade, dass diese Bildungseinrichtung wohl die Wende nicht überleben würde. Dies war zu einem späteren Zeitpunkt, nämlich Ende 1992, dann auch der Fall; ein Teil der HfV wurde geschliffen, ein Teil als Fakultät der TU Dresden angegliedert. Der Höhepunkt meines Besuchs bei S. war, dass er mich fragte - sofern ich keine Berührungsängste hätte - ob er mir den Leiter seiner militärischen Sektion vorstellen dürfte? Er durfte. Es erschien ein Oberst und Professor Dr. B.. Nach einer kurzen gegenseitigen Bekanntmachung fragte mich B., ob er mir seinen Bereich zeigen dürfe? Ich stimmte zu. Wir fuhren gemeinsam mit dem Aufzug bis zur Endstation. Den Rest ging es eine steile Treppe zu Fuß nach oben. Dort bewachte ein Wehrpflichtiger den Eingang zu den Institutsräumen. Wir betraten das Heiligtum und wurden vom stellv. Sektionsleiter, einem Oberstleutnant, militärisch korrekt begrüßt. Dann betraten wir das Büro des Sektionsleiters, ca. 50 bis 70 m² groß, DDR-Flagge am Schreibtisch, Mobiliar nach „Westmaßstäben" 50/60er Jahre. Alles sehr gediegen und großzügig. Im Büro waren die Mitarbeiter der Sektion angetreten. Sie wurden mir alle vorgestellt: Major Dipl.-Ing., Major Dipl.-Inform., Oberstleutnant Dr.-Ing., usw.. Nachdem wir „durch" waren, meinte der Leiter, wir sollten doch einen guten Cognac zusammen trinken. Es erschien eine weiß gekleidete Ordonnanz und schenkte einen grusinischen Cognac bester Qualität ein. Ich sagte „Druschba", was den Anwesenden gefiel. Daraufhin gab es einen zweiten Cognac, da man auf einem Bein ja nicht stehen kann. Anschließend wurde an einem weiß eingedeckten Tisch Kaffee serviert. Ebenfalls von bester Qualität. Wir unterhielten uns sehr offen über die neue weltpolitische Lage im Allgemeinen und die Lage in Deutschland im Besonderen. Ich verstand die Sorgen, die sie alle um ihre Zukunft hatten. Für die am Tisch Anwesenden waren diese aus meiner Sicht allerdings unbegründet. Sie waren alle fachlich Spitzenleute, der Leiter war sogar top! Am Ende unserer Unterhaltung meinte der Leiter, er würde mich gern noch zum Mittagessen einladen. Es war so gegen 12 Uhr. Ich sagte ihm, dass ich um 14:00 Uhr einen Vortrag in der Akademie der Wissenschaften hätte. Das würde dann wohl etwas knapp. Er erwiderte, die Zeit sei kein Problem. Ich könnte meinen Pkw bei der HfV stehen lassen, er würde mich mit seinem Dienstwagen zur Akademie fahren. Ich willigte ein. Wir gingen in die Mensa, wo ein Separee für VIPs abgetrennt war. Weiß eingedeckte Tische, gut aussehende Bedienungen und gutes Essen. Wir tranken nach dem Essen noch einen Kaffee und ich wurde langsam unruhig. Es war mittlerweile 13:45 Uhr. Da meinte der Oberst und Professor, es sei nun Zeit aufzubrechen. Wir verließen die Mensa und traten vor das Gebäude. Dort stand der Dienstwagen mit Blaulicht und einem Feldwebel als Fahrer. In fünf Minuten waren wir an der Akademie. Wir verabschiedeten uns freundlich und militärisch korrekt. Der Oberst und Professor fuhr wieder ab. Ich begab mich zu dem Akademiegebäude. Da passierte nun Folgendes: Vor dem Gebäude war ein Vorplatz. Auf dem standen die Zuhörer meines Vortrages und zwar in zwei Gruppen getrennt. Eine größere Gruppe „Ossis" und eine kleinere Gruppe „Wessis", die den Weg nach Dresden nicht gescheut hatten. Zwischen beiden Gruppen gab es noch Berührungsängste. Die „Wessis" kannten mich durchweg persönlich. Beide Gruppen reagierten auf mein Vorfahren gänzlich unterschiedlich. Die „Wessis" lachten und stichelten: „*Lunderstädt* ist wieder zu schnell gefahren; er wird durch die Polizei vorgeführt". Anders die „Ossis": „In *Lunderstädt* haben wir uns offenbar geirrt, er ist keiner von uns; er fährt im Dienstwagen der Stasi vor". Es bedurfte die gesamte Nachsitzung nach meinem Vortrag, um den ostdeutschen Kollegen den Fall aufzuklären.

b) Doktorprüfung in Dresden

Die Doktorprüfung in Dresden fand im April 1992 statt. Da mein Terminkalender eng bemessen war, machte ich die Reise in 1 ½ Tagen. Die Reisekosten trug ich selbst; das Budget der HfV war - nach deren Aussagen - zu knapp für eine Erstattung.

Die Prüfung selbst war öffentlich; die Zuhörer trugen sich in eine Anwesenheitsliste ein. Nach dem Vortrag des Kandidaten über seine Arbeit erfolgte die Disputation. Es ist dies ein etwas anderes Verfahren, als wir es in den alten Bundesländern praktizieren. Der Kandidat schlug sich sehr wacker, und nach ca. 1 ½ Stunden hatte er es überstanden. Die Zuhörer und der Kandidat verließen den Raum, damit das Prüfungskollegium nichtöffentlich beraten und sein Urteil fällen konnte. In dem Moment griff der Vorsitzende ein und es kam zu einem Vorfall. Er hatte die Anwesenheitsliste in der Hand und sagte: „Ich sehe hier auf der Liste Herrn Oberst Dr. sowieso und Herrn Oberstleutnant sowieso. Sie sind doch sicher die Vorgesetzten oder ehemaligen Vorgesetzten des Kandidaten. Bleiben Sie doch bitte hier, ich möchte Sie nach den charakterlichen Eigenschaften des Prüflings befragen". Ich dachte, ich höre nicht richtig. Wie elektrisiert fuhr ich ihm in die Parade und machte ihn darauf aufmerksam, dass wir hier eine akademische Prüfung abnehmen und uns nicht vor einem Auswahlgremium der NVA befinden. Die beiden vom Vorsitzenden Angesprochenen reagierten sensibel und verließen sofort den Raum. Der Vorsitzende hingegen meinte, er verstünde mich nicht, man habe das bisher immer so gehandhabt. Die übrigen Teilnehmer des Prüfungskollegiums schwiegen einerseits betreten, andererseits aber auch verbissen. Ich machte dem Vorsitzenden klar, dass „bisher" jetzt Vergangenheit sei. Das Verfahren müsse jetzt nach meinen, und damit rechtsstaatlichen, Wertmaßstäben zu Ende geführt werden. Andernfalls sei das Verfahren geplatzt. Zudem müsste ich mich dann mit einer Eingabe an das Sächsische Staatsministerium für Wissenschaft und Kunst wenden. Teils widerstrebend und teils zustimmend wurde das Verfahren dann nach meinen Vorstellungen abgeschlossen.

Mir war klar, hier gibt es in den neuen Ländern noch viel zu tun. Aus Zeitgründen konnte ich leider an der folgenden Doktorfeier nicht teilnehmen. Deshalb lud mich der Kandidat zu einem Besuch in sein Geschwader nach Preschen ein.

c) Nachgeschichte

Der Besuch in Preschen fand im Juni 1992 statt. Es war nicht einfach, dorthin zu gelangen. Irgendwie schaffte ich es aber, dass ich eines Abends mit meinem Pkw dort eintraf. Ich bekam ein freundliches Zimmer im dortigen Offiziersheim, verbrachte den Abend im Restaurant desselben und diskutierte mit Piloten und Technikern über die Zukunft unseres Landes. Der frisch Promovierte erläuterte mir das Programm für den nächsten Tag und erwähnte eher beiläufig, dass am nächsten Tag drei weitere Herren aus Dresden von der HfV zu uns stoßen würden.

Am nächsten Morgen machte ich meine Aufwartung bei dem Kommandeur. Dann trafen die Herren aus Dresden ein. Ich staunte nicht schlecht. Während ich meine Reise privat finanzierte und anlässlich der Doktorprüfung in Dresden kein Geld da war, um meine Auslagen zu erstatten, reisten die Dresdner mit einem Privatflugzeug an. Auf meine Frage hin sagten sie, sie seien auf Dienstreise; ihre Hochschulverwaltung habe ihnen diese genehmigt. Eine Vergleichsrechnung habe im Übrigen ergeben, dass der Flug bei drei Personen das günstigste Verkehrsmittel sei. Toll!

Nach einem ausführlichen Briefing wurde uns der Fliegerhorst gezeigt. Das sehr weiträumige Gelände war im Sinne sowjetischer Militärdoktrin angelegt. Die Sowjets gingen davon aus, dass im Konfliktfall zwischen Nato und Warschauer Pakt gleich zu Beginn taktische Nuklearwaffen eingesetzt würden. Deshalb legten sie ihre Fliegerhorste (und andere militärische Anlagen) weiträumig an und doppelten alle überlebenswichtigen Funktionseinheiten. Die Anlage war dadurch quasi spiegelsymmetrisch. Durch diese Vorgehensweise erhofften die Sowjets, dass bei einem Angriff ein Teil der Anlage „überlebt" oder, dass gegen sie mehrere Nuklearwaffen eingesetzt werden müssten. Diese Philosophie findet man auch in der sowjetischen Marine, wo auf allen größeren Schiffen wichtige Funktionseinheiten (Sensoren, Effektoren, …) „gedoppelt" sind und diese Schiffe vor allem über zwei getrennte Operationszentralen verfügen.

Nach der Besichtigung des Fliegerhorstes gab es Flugvorführungen. Spektakulär war dabei der Einsatz der MIG 29, des modernsten sowjetischen Kampfflugzeugs. Das Geschwader in Preschen war als einziges NVA-Geschwader mit diesem Flugzeugtyp ausgerüstet. Die MIG 29 war zu ihrer Zeit im Hinblick auf Flugmechanik und Aerodynamik allen westlichen Flugzeugtypen überlegen. Schwächen gab es bei der Elektronik und der Lebensdauer der Triebwerke. Die MIG 29 wurde übrigens von der Bundesluftwaffe übernommen. Nach einer Umrüstung der Elektronik und nach Schließung des Fliegerhorstes in Preschen wurden die Maschinen in Rostock-Laage stationiert. Sie flogen dort noch über 10 Jahre, bevor sie für einen symbolischen Preis nach Polen verkauft wurden.

Die Exkursion nach Preschen war am frühen Nachmittag des Besuchstages abgeschlossen; am Abend war ich wieder in Hamburg.

15.2 Aktivitäten an der TU Ilmenau

Die Technische Universität Ilmenau (1992), hervorgegangen aus der Technischen Hochschule Ilmenau (1963), diese wiederum hervorgegangen aus der Ingenieurschule Ilmenau (1926), ist die einzige universitäre Ausbildungsstätte für Ingenieure in Thüringen. Unabhängig von landsmannschaftlichen Gefühlen verband mich mit dieser Bildungseinrichtung ein enger Kontakt zu meinem Fachkollegen R., einer der Nestoren der Regelungstechnik und Kybernetik in der DDR.

R. war mir aus der Literatur wohlbekannt. Er betrachtete die Regelungstechnik systemtheoretisch, d.h. von der Technik übergreifend auf andere Anwendungen, wie z.B. in der Biologie, Medizin, Ökonomie und auch der Soziologie. Er begründete damit eine regelungstechnische Schule in der DDR (und darüber hinaus), die sich in der von *Norbert Wiener* geschaffenen Kybernetik abbildet; eine Denkweise, die auch der meinigen sehr nahe kommt. R. hatte mich mehrfach zu den auch international bekannten regelungstechnischen Kolloquien der TH Ilmenau als Vortragenden eingeladen, die DDR-Regierung verweigerte aber stets die Einreise. Einmal endete mein Protest sogar beim zuständigen Staatssekretär der DDR in Berlin, mit dem ich ein langes und gar nicht so unfreundliches Telefonat führte. Aber auch das nützte nichts.

Ich lernte R. dann persönlich kennen, als es ihm seine Regierung Mitte der 80er Jahre gestattete, einmal das Regelungstechnische Kolloquium in Boppard zu besuchen. Es ist dies das Jahrestreffen der Regelungstechniker im deutschsprachigen Raum (Deutschland, Österreich, Schweiz) zuzüglich einiger Teilnehmer aus den Niederlanden und Frankreich. R. und ich verstanden uns sofort; die „Wellenlänge" stimmte. Bei einer abendlichen Nachsitzung erzählte er mir aus seinem Leben, u.a. aus seiner Zeit als Soldat im 2. Weltkrieg und seinem Dienst 1944/45 als Flaksoldat in Hamburg. Es sei sein größter Wunsch, noch einmal Hamburg zu sehen - an eine Wiedervereinigung dachte zum damaligen Zeitpunkt niemand. Ich antwortete etwas naiv, wo denn das Problem sei, nach Hamburg zu fahren. Er klärte mich auf: Zum einen habe er nur eine Reiseerlaubnis nach Boppard, zum anderen fehle es aber auch an finanziellen Mitteln. Ich bot ihm an, wenn er es wolle, die Angelegenheit für ihn zu regeln. Er wollte. Das Kolloquium endete Freitagmittag. Ich lud ihn als meinen Gast in meinen Pkw und wir fuhren nach Hamburg. Dort zeigte ich ihm über das Wochenende das, was er von Hamburg sehen wollte. Danach fuhr ich ihn zu einem Bahnhof weit außerhalb Hamburgs, von wo aus er seine Heimreise nach Ilmenau antrat. Nach der Wende, obwohl schon emeritiert, engagierte sich R. an vorderster Front bei der Neuausrichtung seiner Hochschule. Ich habe ihn anfangs persönlich beraten. Später habe ich offiziell in mehreren Berufungskommissionen als auswärtiger Gutachter mitgewirkt und habe auch mehrere Gutachten - auch vergleichend - für Berufungen erstellt. Es war mir dadurch möglich, durch das alte Regime belastete Bewerber von der TU Ilmenau fernzuhalten. Es war schon erstaunlich, welche Netzwerke bestanden und wie dreist man versuchte, diese zu nutzen.

Selbstverständlich habe ich mich auch direkt vor Ort beim Aufbau bzw. Wiederaufbau der Automatisierungstechnik engagiert. Ich habe die jungen Kollegen beraten und stand als Korreferent bei Promotionsverfahren zur Verfügung.

1994 habe ich mit drei wiss. Mitarbeitern das 39. Internat. Wissenschaftliche Kolloquium der TU Ilmenau besucht. Meine Mitarbeiter hielten viel beachtete Fachreferate, ich habe auf spezielle Einladung des Rektors *Eberhart Köhler* unter dem Titel „Ingenieur 2000" einen Grundsatzvortrag zur zukünftigen Ingenieurausbildung gehalten. Darin waren viele Gedanken enthalten, die später bei der Umgestaltung der Diplomstudiengänge in Bachelor- und Masterabschlüsse realisiert wurden. Außerdem habe ich mich zu einem modernen Wissenschaftsmanagement und zur Gestaltung einer effizienten Hochschulverwaltung geäußert. Da meine Ausführungen von grundsätzlicher Bedeutung über die TU Ilmenau hinaus waren, wurden sie 1995 in der Zeitschrift Automatisierungstechnik publiziert.

15.3 Aktivitäten als Hamburger Professor in Mecklenburg-Vorpommern

Die alten Bundesländer sahen es als ihre nationale Aufgabe an, nach der „Wende" die neuen Länder möglichst schnell auf Westniveau zu bringen, um im wiedervereinigten Deutschland gleiche Lebensbedingungen zu schaffen. Dies galt natürlich auch für den Hochschulbereich. Die Freie und Hansestadt Hamburg nahm sich dabei besonders dem Bundesland Mecklenburg-Vorpommern an. Dies hatte historische und regionale Gründe.

Zur Sanierung oder flapsiger, zur „Entstalinisierung" der Hochschulen in Mecklenburg-Vorpommern wurde diese Aufgabe von Hamburg für die universitären Ingenieurwissenschaften dem Kollegen O. *Mahrenholtz* (TUHH) und mir (UniBwH) übertragen. In besonderen Rechtsangelegenheiten wurden wir durch den Kanzler der TUHH, Herrn Dr. *Woydt*, unterstützt, später kam für übergeordnete Grundsatzfragen noch Ministerialrat (MinR) Dr. *Schmidt* aus dem Bundesministerium für Bildung und Wissenschaft in Bonn dazu. Wir begannen unsere Tätigkeit im Laufe des Jahres 1991 im Marstall in Schwerin, dem Sitz des neuen Ministeriums für Bildung, Wissenschaft und Kultur von Mecklenburg- Vorpommern. Zunächst ging es um ganz grundsätzliche Fragen. Wir fanden als universitäre Bildungseinrichtungen für Ingenieure die Universität Rostock („Leuchte" des Nordens), eine der ältesten deutschen und europäischen Universitäten, mit der agrarwissenschaftlichen Fakultät und der technikwissenschaftlichen Fakultät vor und die Technische Hochschule Wismar, die 1988 aus der Ingenieurhochschule Wismar heraus gegründet worden war und diese wiederum 1969 aus der Ingenieur-Akademie-Wismar. Sollten beide Einrichtungen fortbestehen oder sollte man die Ingenieurausbildung an einem Standort konzentrieren? Welcher Standort käme bei einer Konzentration in Frage? Wäre gegebenenfalls die Neugründung und Neuerrichtung einer Technischen Universität Mecklenburg-Vorpommern sinnvoll? Über all diese Fragen wurde intensiv diskutiert, wobei als Nebenbedingungen die (schwache) Industriestruktur des Landes und seine grundsätzlichen (geringen) finanziellen Spielräume zu berücksichtigen waren. Unter Hinzuziehung von Vertretern des Landes wurde schließlich entschieden, die universitäre Ingenieurausbildung an einer neu zu strukturierenden ingenieurwissenschaftlichen Fakultät der Universität Rostock zu konzentrieren und die Technische Hochschule Wismar in eine Fachhochschule (oder, wie es jetzt moderner heißt: Hochschule für Angewandte Wissenschaften) umzuwandeln. Im Einzelnen wurde empfohlen, die Bauingenieure aus Wismar den Agrarwissenschaftlern in Rostock anzugliedern und den dortigen agrarwissenschaftlichen Bereich deutlich zu verkleinern, da es für deren Absolventen kaum noch Abnehmer gab. Ansonsten sollte sich Rostock vornehmlich auf die klassischen Disziplinen Maschinenbau und Schiffstechnik sowie Elektrotechnik und Informationstechnik konzentrieren. Diesen Teil unserer Arbeiten schlossen wir im Wesentlichen im Frühjahr 1992 ab. Wir trugen unsere Überlegungen der damaligen neu berufenen Kultusministerin *Steffi Schnoor* und ihrem Staatssekretär *Thomas de Maizière* vor, der bereits seit November 1990 im Amt war und uns damit auch zuvor als Gesprächspartner zur Verfügung stand. *Schnoor* und *de Maizière* schlossen sich unserem Votum grundsätzlich an und es wurde begonnen, es umzusetzen. So wurde zum 01.10.1992 die Hochschule Wismar, Fachhochschule für Technik, Wirtschaft und Gestaltung gegründet. *De Maizière,* Sohn des ehemaligen Generalinspekteurs der Bw, *Ulrich de Maizière,* und Vetter des ersten frei gewählten Ministerpräsidenten der DDR, *Lothar de Maizière,* bestach im Übrigen damals schon durch seine analytischen Fähigkeiten, die Klarheit seiner Gedanken und die Fähigkeit, druckreif zu formulieren. Uns war klar, „der macht 'mal noch Karriere!".

Nachdem das grundsätzliche Konzept stand, ging es an die Umsetzung vor Ort und die weitere Kleinarbeit. Hier zeichnete sich ganz besonders mein Kollege *O. Fiedler* von der Universität Rostock aus, der zwischenzeitlich unser Team ergänzt hatte und der 1992 zum Gründungsdekan der ingenieurwissenschaftlichen Fakultät der Universität Rostock gewählt worden war. Es mussten Prüfungs- und Studienordnungen erstellt und eine realistische Personal- und Investitionsplanung durchgeführt werden. Letztlich waren Professuren zu widmen, dabei zu sichten, wen man schon hat und wen man vielleicht „überleiten" kann, und es mussten die ersten Ausschreibungen vorgenommen werden. Diese Arbeiten zogen sich bis Mitte 1993 hin. Ich konzentrierte meine Tätigkeiten schwerpunktmäßig auf die „Überleitungen" und verlagerte damit meinen „Arbeitsort" von Schwerin zunehmend nach Rostock und Wismar.

Die „Überleitung" war eine verantwortungsvolle und schwierige Aufgabe. Es ging um Menschen. Hintergrund war, dass einerseits eine Vielzahl von Hochschullehrern in der DDR nach Parteibuch und nicht nach Qualifikation berufen worden waren und andererseits viele, die sich dem sozialistischen Staat verweigert hatten, im Mittelbau hängen geblieben waren und man ihnen trotz Qualifikation keine Chancen eingeräumt hatte, Professor zu werden.

Kurz vor Weihnachten 1991 - ich saß noch spät abends in meinem Büro an der UniBwH - klingelte das Telefon und es meldete sich die Wache am Eingang unserer Uni. Der Wachhabende meldete, dass bei ihm ein Kurierfahrer stünde, der mehrere Postsäcke mit Akten für mich hätte. Er fragte nach, ob das seine Richtigkeit hätte und wenn ja, wo die Akten zu deponieren seien. Da ich keine Säcke mit Akten bestellt hatte, begab ich mich zur Wache, um Fahrer und Ware in Augenschein zu nehmen. Dabei stellte ich fest, der Fahrer kam vom Kultusministerium in Schwerin und brachte mir die Personalakten meiner überzuleitenden bzw. nicht überzuleitenden Klientel. Ich verfrachtete die „heiße" Ware mit Hilfe des Kurierfahrers und der Wache in einen besonders gut gesicherten Raum meines Labors und schloss diesen erst einmal ab. Am nächsten Morgen sah ich mir die Akten an. Es waren weit über 100 Personalakten: Professoren, Dozenten und wiss. Mitarbeiter, wahllos gemischt und teilweise auch noch gemischt zwischen Rostock und Wismar. Mir graute allein vor der Arbeit, hier erst einmal Ordnung zu schaffen. Glücklicherweise hatte ich eh vor, zwischen Weihnachten und Neujahr in der Uni zu sein, um eine Publikation zu schreiben, und meine Sekretärin war „zwischen den Tagen" auch im Büro. So wurde das Abfassen der Publikation gestrichen und es wurden Personalakten geordnet. Unser Ordnungsschema war wie folgt:

- Tätigkeitsort (Rostock/Wismar),
- Fachdisziplin (Elektrotechnik, Maschinenbau, …),
- Status (Professor, Dozent, wiss. Mitarbeiter, Sonstige),
- Alphabetische Reihenfolge.

Die Sekretärin verfasste nach dem Ordnungsschema Listen und ich begann in den nächsten Wochen, mir die einzelnen Akten anzusehen. Da selbige im Schnitt zwischen 20 und 30 Seiten dick waren, merkte ich sehr schnell, dass ich so nicht weiter kommen würde. Ich griff deshalb auf ein uns anempfohlenes Klassifikationsschema zurück, die Kandidaten nach einer Reihung von 1 bis 9 einzuordnen. 1 bedeutete dabei: In jeder Beziehung untadelig, uneingeschränkt geeignet; 9 entsprechend durch (mögliche) Straftat(en) belastet, ungeeignet. Die Ziffern dazwischen waren die Abstufungen mit jeweiligen Übergängen. Ich stülpte das Klassifikationsschema dem gewählten Ordnungsschema über und landete so in meinem Labor bei drei Haufen von Personalakten. Haufen 1 mit den Noten 1, 2 und 2-3, Haufen 2 mit den Noten 3-7 und Haufen 3 mit den Noten 7-8, 8 und 9.

Den kleinsten Haufen 1 musste ich mir im Moment nicht näher ansehen, hier waren die Verhältnisse klar. Dies betraf auch den größeren Haufen 3, wo die Verhältnisse ebenfalls klar waren. Da meine Aufgabe in der fachlichen und nicht der juristischen Überprüfung und Würdigung bestand, gab ich diesen Haufen direkt an die mit Juristen besetzte Kammer ab. Es verblieb damit der größte Haufen 2, von dem jede Akte mit Akribie studiert werden musste. Ich machte mir viele Notizen und Anmerkungen und konnte diese Arbeit nach ca. 2-3 Monaten abschließen. So gut vorbereitet, begann dann die Arbeit vor Ort. Ich berichtete meiner Kommission in mehreren Sitzungen über meine Vorarbeiten, wobei die Kommissionsmitglieder Akteneinsicht zu nehmen hatten. Haufen 1 konnte daraufhin ohne Anhörung der Betroffenen schnell verabschiedet werden; für Haufen 3 schloss sich die Kommission meiner Vorgehensweise an. Haufen 2 musste dann im Einzelnen unter Anhörung von jedem Betroffenen abgearbeitet werden. Das war sehr viel Arbeit und kostete ganz viel Zeit. Wir benötigten hierfür bis Ende 1992, in Teilen sogar noch bis Anfang 1993. Das Fazit unserer Bemühungen war, dass wir entschieden, wer an der betreffenden Hochschule weiter beschäftigt wird und wer nicht, mehr noch, wer als Professor wie eingruppiert wird (C2 bis C4) und wen wir empfehlen, aus dem Mittelbau zum Professor überzuleiten. Ich bin sehr froh, dass es uns gelungen ist, immer einvernehmliche Entscheidungen zu treffen und diese den Betroffenen auch zu verdeutlichen. Natürlich gab es Härtefälle, aber auch die konnten weitgehend gelöst werden. Gegen unsere Entscheidungen wurde nur in zwei Fällen geklagt, das jeweilige Gericht hat unsere Entscheidungen in beiden Fällen bestätigt.

Die Tätigkeit der „Überleitung" war gleichermaßen schwierig und spannend. Das Aktenstudium ergab einen guten Überblick über Denken und Handeln in der DDR. Es zeigte die Unverfrorenheit auf, mit der Günstlingen Posten verschafft und die Niedertracht, mit der Regimegegnern jegliche berufliche Chancen genommen wurden. Die Verquickung zwischen Wissenschaft und Politik wurde besonders sichtbar in den gesellschaftspolitischen Gutachten, die zusätzlich zu den Fachgutachten den Promotions- und Habilitationsakten (Promotion B) beigefügt wurden. Ich bin dankbar, dass ich hier Gelegenheit hatte, mit korrigierend eingreifen zu dürfen. Einen Hauch von Geschichte spürte ich, als ich die Personalakte von *G. Krause* zur Validierung in den Händen hielt, der doch erst zwei Jahre zuvor zusammen mit *W. Schäuble* den Grundlagenvertrag ausgehandelt hatte.

Speziell in Wismar konnte ich zusätzlichen Einblick in das sozialistische System gewinnen. Mein Freund *Peter Kulzer* war als Westimport Kanzler an der neuen Fachhochschule in Wismar geworden. Er zeigte mir im Studentenwohnheim das Vernehmungszimmer der Stasi und wie von dort die Studentenzimmer verkabelt waren, um die Kommilitonen abzuhören, weiterhin im Keller Magnetbandmaschinen (westlicher Bauart), um die Gespräche auch aufzuzeichnen. Auch konnte er mir in speziellen Kellern gelagertes Propagandamaterial zeigen, das für politische Eventualfälle vorbereitet worden war. Widerlich!

Nach der offiziellen Beendigung meiner Tätigkeit im Laufe des Jahres 1993 stand ich weiterhin kollegial der neuen ingenieurwissenschaftlichen Fakultät der Universität Rostock mit Rat und Tat zur Seite. Ich habe an Berufungsverfahren mitgewirkt, mehrere eigene Vorträge, insbesondere zum Technologietransfer, gehalten und stand als Korreferent bei Promotionsverfahren zur Verfügung. Wenn ich meine Terminkalender und meine Fahrtenbücher zu Rate ziehe, so bin ich in den Jahren 1991 bis 1993 rund 30mal in Schwerin, Wismar und Rostock gewesen. Mit dem statistischen Mittel gerechnet, habe ich dabei mit meinem Pkw ca. 9000 km zurückgelegt. Zuzüglich der gelegentlichen Hotelübernachtungen bei bis in die Nächte gehenden Sitzungen habe ich so auch einen erheblichen persönlichen Finanzbeitrag bei der Wiederherstellung eines demokratischen Hochschulwesens in den neuen Bundesländern leisten können.

16. Hochschullehrer in Hamburg, Teil 3

In Kapitel 7 meiner Ausführungen habe ich über die Aufbauphase der HSBwH berichtet. Es umfasst den Zeitraum von 1974 bis in den Beginn der 80er Jahre. Das 10. Kapitel ist der Konsolidierungsphase der HSBwH und deren Übergang zur UniBwH gewidmet. Es ist dies der sich anschließende Zeitraum bis in den Beginn der 90er Jahre. Nun folgt als Schluss der dann folgende Zeitraum bis zu meiner Pensionierung in 2004.

16.1 Quasistationärer Zustand

Von der Konsolidierungsphase ist die UniBwH gleitend in einen stationären Zustand übergegangen. Es betrifft dies ihre innere Organisation und ihre Stellung nach außen gegenüber dem BMVg sowie ihre Stellung im Verbund der Hamburger Hochschulen. Da in Forschung und Lehre gleichwohl laufend Innovationen stattfanden (und stattfinden), will ich diesen Zustand genauer als quasistationär bezeichnen.

a) Lehre

Die Lehre meines Faches im Rahmen des Maschinenbau-Studiums ist durch das Curriculum festgelegt, für das wiederum Vorgaben durch den Fakultätentag Maschinenbau vorliegen. Insofern beschränkten sich Änderungen auf eine inhaltliche Fortschreibung und mehrere überarbeitete Neuauflagen der an die Studierenden ausgegebenen Vorlesungsmanuskripte. Neu erarbeitet wurden Sammlungen aller zurückliegenden Prüfungsaufgaben mit Musterlösungen einschließlich der jeweiligen Bewertungen und der Ergebnisse in den jeweiligen Klausuren. Die Studierenden konnten so eigene Probeklausuren schreiben und an Hand ihres Ergebnisses feststellen, wie ihr jeweiliger Kenntnisstand einzuordnen ist.

Im Labor wurden wieder einige Versuche überarbeitet und einige ersetzt. Insbesondere konnte auch neue Simulationssoftware (z.B. Matlab/Simulink) eingesetzt werden, die von den Studierenden dann auch im Rahmen ihrer Studien- und Diplomarbeiten genutzt werden konnte.

Das Seminar wurde fortgeschrieben. Kollege *Woehler* von der NPS führte mehrere Veranstaltungen durch, und es wurden auch wieder Vortragende von Hochschulen und aus der Industrie und Wirtschaft zu aktuellen Themen der Regelungs- und Automatisierungstechnik gewonnen.

b) Forschung

Der Schwerpunkt im letzten Drittel meiner Hochschullehrertätigkeit lag eindeutig bei der Forschung. In Kapitel 10 habe ich bereits über einige Themen durchgängig bis 2004 berichtet, andere aus der Gründungs- und auch der Konsolidierungsphase blieben unerwähnt. Dies soll jetzt nachgeholt werden.

b1) Grundlagenforschung

In den ersten Jahren stand wegen mangelnder Laboreinrichtungen die (theoretische) Grundlagenforschung im Mittelpunkt. Es handelte sich durchweg um Fragestellungen, die die Anwendung der Variationsrechnung und des Maximumprinzips auf Aufgabenstellungen der Regelungs- und Steuerungstechnik betreffen. Ich selbst habe mich mit der Herleitung von notwendigen Optimalitätsbedingungen bei Systemen mit Parametern sowie bei Systemen mit konstanten, aber auch veränderlichen Totzeiten, befasst. Dipl.-Ing. *K. Lohse* ist es gelungen, letztere Ergebnisse auf Systeme mit verteilten Transportvorgängen, die durch partielle Differentialgleichungen 1. Ordnung beschrieben werden, zu übertragen. Man konnte so Probleme aus der Strömungs- und Verfahrenstechnik in den Entwurf optimaler Steuerungen und Regelungen einbeziehen. *Lohse* schloss seine Untersuchungen mit seiner interessanten Dissertation 1979 ab. Er war mein erster Doktorand an der HSBwH und der zweite im Fachbereich MB und der Hochschule überhaupt.

Bereits in meiner Dissertation hatte ich mich mit Problemstellungen mit beschränkten Zustandsvariablen befasst. Natürlich ist da einiges offen geblieben. Ich habe deshalb meinen zweiten Doktoranden an der HSBwH beauftragt, sich diesen Fragestellungen nochmals grundlegend anzunehmen, insbesondere zu versuchen, Ergebnisse von mir und aus der *Lohse*schen Dissertation zu den

191

Transportvorgängen in seine Untersuchungen einzubeziehen. Dipl.-Ing. *K. Gwinner* ist das überzeugend gelungen, und er legte dazu seine anspruchsvolle Dissertation 1980 vor.

Über den genannten Themenkomplex wurde natürlich von mir und meinen Mitarbeitern auch publiziert und vorgetragen. Von mir selbst wurden neun Arbeiten veröffentlicht, davon zwei international. Meine Mitarbeiter haben drei Arbeiten verfasst. Vorgetragen wurde von mir achtmal, davon einmal international; die Mitarbeiter haben viermal vorgetragen, davon auch einmal international.

Angeregt durch Diskussionen mit meinem Kollegen *Woehler* begann ich mich in den 80er Jahren mit Wachstumsprozessen zu befassen. Ich untersuchte die *Lotka-Volterra*schen Differentialgleichungen, mit denen die Situationen Räuber-Beute, Symbiose und/oder Konkurrenz von zwei oder mehreren Spezies beschrieben werden können. Insbesondere untersuchte ich den Fall der Konkurrenz genauer und stellte dabei fest, dass es dazu eine Reihe interessanter Anwendungen in der Ökonomie gibt. Zusammen mit *U. Hoppe* von BDF, der entsprechende Genealogien von Parfümfamilien über einen Zeitraum von über 100 Jahren beschaffte, modellierten wir über die *Lotka-Volterra*schen Differentialgleichungen das Marktverhalten der verschiedenen Duftfamilien für Damen- und Herrenparfüm. Wir waren so in der Lage, aus den Ergebnissen zurück Prognosen für einige Jahre in die Zukunft zu treffen. Für die Rohstoffbeschaffung der entsprechenden Hersteller waren unsere Ergebnisse von essentieller Bedeutung. Wir haben darüber zwei Arbeiten veröffentlicht, davon eine international, und haben zweimal vorgetragen. Um das Thema wissenschaftlich zu einem gewissen Abschluss zu bringen, habe ich Dipl.-Ing. *R. Fuchs* gebeten, sich in seiner Dissertation grundlegend mit der Entwicklung eines Algorithmus zur Prognose der Marktentwicklung konkurrierender Produkte zu befassen. Er schloss seine Arbeit 1996 ab; sie fand nicht nur bei Ökonomen große Beachtung.

b2) Optimale Regelung von Brückenkränen

In den letzten Monaten meiner Tätigkeit bei Herrn *Mesch* in Karlsruhe hatte mich dieser gebeten, sich einem seiner jungen Doktoranden anzunehmen. Sein Thema war die aktive Dämpfung der Lastpendelungen bei Kränen, insbesondere der Einsatz von Zustandsbeobachtern für den nur schwer messbaren Pendelwinkel und die Pendelwinkelgeschwindigkeit. Nach meinem Weggang von Karlsruhe nach Hamburg gab es insofern ein Problem, als der Doktorand aus familiären Gründen keinen Ortswechsel vollziehen konnte. Wir kamen deshalb überein, ihn in Karlsruhe bei Herrn *Mesch* zu belassen. Wir wollten ihn auch in Karlsruhe promovieren, mit mir als Haupt- und Herrn *Mesch* als Korreferenten. So wurde es gemacht, und Herr Dipl.-Ing. *U. Schmidt* konnte 1978 seine Dissertation erfolgreich abschließen. Er wurde mein erster Doktorand überhaupt.

Da *Schmidt* sich im Wesentlichen auf eindimensionale Bewegungen der Laufkatze beschränkt hatte, nahm ich mir den Fall der zweidimensionalen Bewegung, wie er bei den Brücken- und Portalkränen im Hamburger Hafen vorliegt, nochmals persönlich vor. Anschließend vergab ich an Dipl.-Ing. *P. Krause* ein Dissertationsthema. Dieses lautete, von Punkt A nach Punkt B eine Last möglichst schnell oder mit möglichst wenig Verbrauch oder Energie zu befördern und dabei eventuellen Hindernissen in der Länge und Breite sowie in der Höhe auszuweichen. Zur Detektion der Hindernisse sollte ein geeignetes Messsystem entwickelt werden. Am Ende der Arbeit sollte ein Engineering Modell entworfen werden, das im Hamburger Hafen zu erproben war. Die Arbeiten gingen gut voran, die Zusammenarbeit mit dem Hamburger Hafen war mustergültig. *Krause* konnte seine Untersuchungen 1985 abschließen. Dann kam das große Erwachen. Das Engineering Modell konnte im Hafen nicht installiert werden, der Betriebsrat legte sich quer, er befürchtete den Abbau von Arbeitsplätzen. Die Konsequenz, der Hamburger Hafen konnte einen internationalen Technologievorsprung nicht nutzen, der Doktorand musste ein Modell im Labor erstellen, um seine Algorithmen zu erproben und konnte damit seine Arbeit erst ein Jahr später, 1986, abschließen. Die Ironie der Geschichte war, dass die Japaner einige Jahre später ein vergleichbares System auf den Markt brachten, das weltweit installiert wurde - ohne den Hamburger Betriebsrat zu fragen. Ich habe über die Grundlagen der Entwicklung viermal publiziert, davon einmal international und zweimal vorgetragen, davon auch einmal international.

b3) Optimale Verkabelung und intelligenter Transmitter

Ende der 70er Jahre lernte ich mit *Hans Benke* einen Mittelständler aus Reinbek kennen, für dessen Unternehmen ich viele Jahre auf verschiedenen Gebieten beratend, aber auch forschend und entwickelnd tätig war. Über die Zeit wurden wir enge Freunde.

Zum damaligen Zeitpunkt lag der Produktschwerpunkt der Firma Benke bei der Entwicklung und Fertigung von Speisegeräten für Transmitter und Sensoren und bei der Entwicklung von Transmittern selbst. Hauptabnehmer war die verfahrenstechnische Industrie, aber auch die Feinchemie und die pharmazeutische Industrie. Für diese Industrien führte die Firma Benke auch Instrumentierungsarbeiten aus.

Bei einem privaten Abendessen berichtete mir *Hans Benke*, dass die Firma Ciba-Geigy in Grenzach/BW eine neue Fabrik baue und er den Auftrag habe, die gesamte Fabrik zu verkabeln und zu instrumentieren. Seine Frage war, gibt es ein Verfahren, mit Hilfe dessen man unter Berücksichtigung der baulichen Gegebenheiten die Menge an zu verlegendem Kupfer und damit die Kosten minimieren könne. Ich sagte ihm, dass es so ein Verfahren meines Wissens nicht gäbe, ich könnte aber versuchen, es für ihn zu entwickeln. Wir einigten uns auf einen Preis und Dr.-Ing. *K. Gwinner* und ich begannen mit der Arbeit. Wir lösten die Aufgabe durch Einsatz der Dynamischen Programmierung, wobei uns unser Hybridrechner mit seiner hohen digitalen Rechenkapazität gute Dienste leistete. *Hans Benke* war begeistert, der Auftrag von Ciba-Geigy wurde für ihn sehr profitabel.

Kurz nach unserer Arbeit für die Fabrik von Ciba-Geigy meinte *Hans Benke*, ob wir nicht gemeinsam einen intelligenten Transmitter entwickeln könnten. Der damalige Sachstand war der, dass die von einem Sensor gelieferten messtechnischen Rohdaten zwar von einem Transmitter auf analoge elektrische Einheitssignale im Bereich von 4-20 mA gewandelt, ansonsten aber unbearbeitet an einen Prozessrechner weitergeleitet wurden. An einem chemischen Reaktor befanden sich ca. 20 bis 30 Sensoren für Drücke, Temperaturen, Durchflüsse, Drehzahlen usw., damit auch die gleiche Anzahl von Transmittern, die ihre Daten über teilweise bis zu 500 m lange

Kupferleitungen an den zentralen Prozessrechner übertrugen. Hier lag es nahe, dezentrale Intelligenz im Transmitter selbst zu installieren und eine Datenvorverarbeitung durchzuführen und einen solchen intelligenten Transmitter dann auch für mehrere Sensoren zu nutzen, indem von diesem aus die einzelnen Messstellen der Reihe nach abgetastet werden. Die dadurch erzielte Einsparung war evident.

Ich übertrug die Aufgabe Dipl.-Ing. F. *Blödow* als Promotionsthema. Dabei stellte sich allerdings schnell heraus, dass auf der Hardwareseite die Kompetenzen der Firma Benke nicht ausreichten. Deshalb wurde als weiterer Partner die Firma Siemens/Karlsruhe ins Boot geholt. Es ergab sich so eine ausgesprochen fruchtbare Dreier-Kooperation, die 1985 mit der Dissertation von Herrn *Blödow* und dem Bau eines Engineering Modells abgeschlossen werden konnte. Die anerkennenswerte Entwicklung ging aus Kostengründen und aus Gründen der Konkurrenz zu vorhandenen Produkten im Hause Siemens leider nicht in Serie. Immerhin entstanden von Herrn *Blödow* vier Veröffentlichungen und ein Vortrag.

b4) Untersuchungen zur elektromagnetischen Verträglichkeit (EMV)

Mitte der 80er Jahre bildete sich eine Arbeitsgruppe, die sich in Zusammenarbeit mit der WTD 53 in Munster und der WTD 81 in Greding mit Untersuchungen zur elektromagnetischen Verträglichkeit (EMV) befasste. Die Untersuchungen betrafen sowohl Grundsatzfragen aus der theoretischen Elektrotechnik als auch Anwendungen im Hinblick auf das Härten von elektronischen Schaltungen. Der Arbeitsgruppe gehörten an: Herr Kollege *Garbe* von der Universität Hannover (jetzt Leibniz Universität), Herr Kollege *Nitsch* von der Universität Magdeburg, die Herren Kollegen *Singer, ter Haseborg* und *Trinks* von der TUHH und ich von der UniBwH. Über die rund 20 Jahre dauernde Zusammenarbeit wurden größere Summen an Drittmitteln eingeworben und über 10 Doktoranden promoviert. Infolge meiner etwas anders gearteten Laborausstattung fanden alle experimentellen Untersuchungen in Hannover, Magdeburg und Harburg statt. Deshalb wurden die Doktoranden auch dort promoviert. Mein Part bezog sich auf theoretische Grundsatzfragen und die Verwaltung und Steuerung der Projekte im einzelnen und im Verbund, also das Projektmanagement. Gleichwohl entstanden an der UniBwH zum Thema vier wiss. Publikationen.

b5) Minimierung des Radarquerschnittes (RCS) von Schiffen

Wie ich in Kap. 10.3 berichtet habe, bekam ich mit Dipl.-Ing. O. *Weiland* 1986 meinen ersten militärischen wiss. Mitarbeiter der Marine. Da *Weiland* Berufsoffizier war, musste ein Promotionsthema gefunden werden, das einen Praxisbezug zu seinem späteren Berufsfeld herstellte. Keines meiner damals laufenden Forschungsprojekte war einschlägig. Nach längeren Überlegungen entschloss ich mich, ein völlig neues Thema zu beginnen; es hatte gewisse Bezüge zu den zuvor genannten Untersuchungen zur EMV.

Die Amerikaner kamen gerade mit ihrer Stealth-Technologie zur Minimierung des Radarquerschnittes von Flugzeugen an die Öffentlichkeit. Warum sollte man so etwas nicht für Schiffe (der Bundesmarine) entwickeln? Ich befragte hierzu *D. Kammholz*, damals im Planungsstab des BMVg tätig. Er war von der Idee begeistert und meinte, das sei für *Weiland* genau das richtige Thema. Gleichwohl waren wir aber auch beide der Auffassung, dass ein so komplexes Thema mit einem einzigen wiss. Mitarbeiter nicht zu bewältigen sei. Ich konsultierte deshalb meinen Freund und Kollegen *H.-G. Wäßerling* (FB ET; Professur für Hochfrequenztechnik) und konnte ihn für das Thema begeistern. Er hatte demnächst eine Stelle frei und war bereit, diese mit mir gemeinsam zu besetzen und den betreffenden Mitarbeiter der Arbeitsgruppe *Weiland* beizustellen. Damit waren die Kapazitäten zwar verdoppelt, aber ausreichend waren sie immer noch nicht. Nun half *D. Kammholz*. Er sagte mir, dass er im Führungsstab der Marine (FüM) einen Kameraden kenne, der fern aller Bürokratie modernen Fragestellungen für die Marine aufgeschlossen sei, den solle ich einmal besuchen. Ich machte einen Termin und stellte mich in Bonn einem FKpt *Lutz Feldt* (dem späteren Inspekteur Marine!) vor. *Feldt* nahm sich viel Zeit und hörte sich an, was meine Ideen zur Minimierung des Radarquerschnittes (engl. Radar Cross Section - RCS) von Schiffen waren. Ich konnte ihn voll überzeugen. Leider musste er mir aber mitteilen, dass er kein Geld für einen oder mehrere wiss. Mitarbeiter hätte. Er meinte aber, er habe eine gewisse Menge Geld zur Durchführung von Reisen und, so fuhr er fort, die Firma Dornier hätte in Schloss Kirchberg am Bodensee eine Arbeitsgruppe, die sich mit theoretischen Grundsatzfragen für die Marine beschäftigte. Ich solle mich mit denen zusammen tun. Auf diese Weise könnte ich meine Kapazitäten erhöhen. Er würde die Reisen von mir und meinen Mitarbeitern zu den jeweiligen Projektbesprechungen an den Bodensee finanzieren. Ich rief sofort bei Dornier in Schloss Kirchberg an und verlangte den Leiter der Arbeitsgruppe zu sprechen. Es meldete sich ein Dipl.-Math. *Rückgauer*. Wir kannten uns! Ich berichtete von meinem Gespräch mit FKpt *Feldt* und dessen Idee einer Kooperation zwischen uns. Er war sofort dabei. So entstand das Projekt der Minimierung des Radarquerschnittes von Schiffen an der UniBwH. Es sollte eines der erfolgreichsten Forschungsprojekte meiner Professur werden.

Weiland bekam die Aufgabe, ein Schiff, aus Basiskörpern aufgebaut, zu modellieren. Danach war die Geometrie unter Beachtung der schiffbaulichen Nebenbedingungen so zu modifizieren, dass der RCS möglichst klein wurde. Dies für Azimutwinkel von 0 - 360 und Elevationswinkel von 0 – 90 Grad. Der RCS selbst war auf Grundlage der physikalischen Optik zu berechnen. Um das Problem nicht zu überfrachten, sollten Freiraumbedingungen angenommen werden, d.h. Wechselwirkungen mit der Wasseroberfläche waren (zunächst) zu vernachlässigen. Die theoretischen Untersuchungen waren in einen Algorithmus umzusetzen, der über eine digitale Simulation ausgewertet werden sollte.

Weiland kam mit seinen Untersuchungen gut voran und konnte sie 1990 mit seiner viel beachteten Dissertation abschließen. Am Beispiel der Fregatte Karlsruhe konnte er aufzeigen, dass bei dieser - sofern sie nach den *Weiland*schen Vorgaben umkonstruiert worden wäre - der RCS um rund 30 dB abzusenken gewesen wäre. Später durchgeführte Messungen an der Fregatte Karlsruhe bestätigten die theoretischen Ergebnisse.

Aufbauend auf den Ergebnissen von *Weiland* erweiterte Dipl.-Ing. *J. Wendiggensen* diese, indem er die Freiraumbedingungen aufhob und die Wechselwirkungen des Radarstrahles mit der Wasseroberfläche in seine Untersuchungen einbezog. Mit dem Abschluss seiner Dissertation 1993, die in der Fachwelt ebenfalls große Beachtung fand, lag in meinem Institut ein mächtiges Instrumentarium vor, um den RCS von beliebigen Schiffen berechnen zu können. Nicht nur das, die Schiffe konnten auch so konstruiert werden, dass der RCS minimal wurde. Damit boten sie insbesondere angreifenden Flugkörpern gegenüber ein Minimalziel oder waren gar nicht zu detektieren.

Die Untersuchungen von *Weiland* und *Wendiggensen* beschränkten sich auf die äußere Geometrie der betrachteten Schiffe. Dies ist zwar der wesentliche Aspekt bei der RCS-Berechnung, aber nicht der alleinige. Von großer Bedeutung sind auch die elektrischen bzw. elektromagnetischen Eigenschaften der Oberfläche, die von dem Radarstrahl getroffen wird. Diese bilden sich in den Werkstoffeigenschaften der Schiffsoberfläche ab. Dies zu untersuchen war die Aufgabe von KptLt Dipl.-Ing. *Th. Machner*, der seit 1989 unser Team verstärkte. *Machner* war Zeitsoldat und im Hauptberuf nicht ganz ausgelastet. Er fertigte seine Dissertation extern an und kam zu den Projektbesprechungen von Köln, wo er stationiert war, nach Hamburg, oder ich traf mich mit ihm an den Wochenenden in meinem Haus in Radevormwald. Auch *Machner* konnte seine Dissertation 1993 abschließen. Seine Ergebnisse waren insofern spektakulär, als mit seinen Überlegungen bis zu 10fach unterschiedlich beschichtete Oberflächen in die RCS-Berechnung einbezogen werden konnten. Es erweiterte dies das vorhandene Berechnungs- und Simulationsprogramm nochmals deutlich. Die Schiffbauer begannen, sich bei uns die „Klinke in die Hand" zu geben! Infolge unserer guten früheren Kontakte zur MTG in Hamburg haben wir das gesamte Programmpaket an diese veräußert. Dort wurde es weiterentwickelt und landete dann bei Blohm + Voss in Hamburg. Nach weiteren Modifikationen und Weiterentwicklungen werden bei der Minimierung des RCS bis heute Kriegsschiffe auf deutschen Werften nach unseren Anfangsüberlegungen berechnet. Wir sind stolz darauf, hier einen wesentlichen wissenschaftlichen Beitrag geleistet zu haben. Aus dem Erlös der Veräußerung des Programmpakets konnte ich u.a. einen wiss. Mitarbeiter für zwei Jahre alimentieren.

Natürlich haben wir über unsere Untersuchungen publiziert und vorgetragen. Von den Mitarbeitern gibt es über die Dissertationen hinaus zwei internationale Publikationen und 12 Vorträge, davon drei international.

b6) Optimierung bei der Benzinproduktion

An einem lauen Sommerabend saß ich mit *Hans Benke*, wir waren mittlerweile per Du, und seiner Frau *Anna* an der Elbe und feierten einen größeren Auftrag seiner Firma, den er vom Shell-Konzern für deren Harburger Raffinerie erhalten hatte. Es betraf die Lieferung mehrerer exgeschützter Analysegeräte sowie damit zusammenhängend die Instrumentierung und Verkabelung der Messwarte. Um diesen Auftrag herum betrieben wir ein gewisses „Brain-Storming" die Benzinproduktion betreffend. Wir waren beide der Auffassung, dass man den Blending-Prozess, d.h. die Mischung des Benzins aus verschiedenen Komponententanks, wohl noch verbessern können müsste. In den nächsten Tagen nach unserem Gespräch befasste ich mich etwas detaillierter mit der angesprochenen Problematik, wobei ich immer im Hinterkopf die seinerzeit für BDF entworfene Mischungsregelung hatte. Das Fazit meiner Recherchen und Überlegungen war: Das Thema gibt wissenschaftlich und ökonomisch etwas her.

Ich traf mich wieder mit *Hans Benke* und berichtete, dass Benzin unter dem Aspekt der Erzielung einer bestimmten Motoroktanzahl (MOZ) aus verschiedenen Komponenten (im Wesentlichen verschiedene Kohlenwasserstoffe) gemischt würde. Dies sei ein hochgradig nichtlinearer Vorgang, schwer zu modellieren und zu regeln, aber in seiner Analytik mathematisch beschreibbar. Bei der Mischung selbst gebe es die Effekte

1. Off-spec-Blend

    und

2. Quality Give-away.

Bei 1. wird die Normspezifikation nicht erfüllt. Es muss ein zeitintensiver und teurer Reblend, also ein erneutes Zumischen verschiedener Komponenten durchgeführt werden. Bei 2. tritt eine Übererfüllung der Normspezifikation auf. Auch diese Qualitätsüberschreitung ist kostenintensiv, da sie in der Regel durch eine anteilig zu starke Verwendung hochwertiger Komponenten verursacht wird.

Wie der Literatur zu entnehmen war, führten beide Effekte bei einer mittelgroßen Raffinerie (Jahresproduktion ca. 1 Million Tonnen Benzin) zu Mehrkosten von ca. 750.000 bis 1.000.000 DM. Unter diesem Aspekt beschlossen wir, den Sachverhalt durch eine Dissertation wiss. untersuchen zu lassen.

Mit Dipl.-Ing. *M. Schöllhorn* hatte ich einen neuen wiss. Mitarbeiter eingestellt. Er war ein Ex-Student von mir und hatte gerade seine Bundeswehrzeit hinter sich. Ich konnte ihn für das Thema begeistern, und auch die Harburger Raffinerie war über ihren damaligen Leiter an der Untersuchung des Blending-Prozesses stark interessiert. So wurde ein neues Forschungsprojekt aus der Taufe gehoben.

Schöllhorn begann zunächst mit der Modellierung des Blending-Prozesses. Obwohl ihm umfangreiches Datenmaterial seitens der Harburger Raffinerie zur Verfügung stand, erwies sich bereits dieser Teil der Dissertation als außerordentlich anspruchsvoll und umfangreich. Deshalb wurden Teile des nichtlinearen Streckenmodells stationär unter Verwendung wissensbasierter Methoden modelliert. Es war dies ein völlig neuer Ansatz, der in der Fachwelt große Beachtung fand. Genauso verhielt es sich mit dem Einsatz von Beobachtern, die die für die Regelung benötigten Zustandsgrößen, die nicht alle messbar waren, über eine „Rechenschaltung" rekonstruierten. Letztlich führte die von *Schöllhorn* entworfene moderne Regelung des Blending-Prozesses zu einer deutlich verbesserten Dynamik des Gesamtprozesses und zu einer signifikanten Reduzierung von Off-spec-Blend und Quality Give-away. *Schöllhorn* schloss 1998 seine Dissertation ab; sie fand in Fachkreisen höchste Anerkennung. Bei Shell in Harburg wurde sie allerdings nicht operativ umgesetzt; der Werksleiter war zwischenzeitlich nach Malaysia versetzt worden, und sein Nachfolger wollte sich von ihm fachlich absetzen und anderweitig profilieren.

Schöllhorn und ich verfassten gemeinsam zwei international hoch beachtete Publikationen; ich habe einmal international vorgetragen, *Schöllhorn* ebenfalls einmal und zweimal national.

b7) Bekämpfung der obstruktiven Schlafapnoe (OSA)

Ende 1997/Anfang 1998 bekam ich ein gesundheitliches Problem. Mich überfiel der Sekundenschlaf, sei es beim Autofahren oder beim morgendlichen Diktat. Die aufgesuchten Mediziner wiegelten ab. Ich sei überarbeitet und solle ausspannen oder im Offiziersheim abends ein „Viertele" weniger trinken. Diese Aussagen waren natürlich wenig hilfreich. Ich begab mich deshalb in das Bundeswehrkrankenhaus in Hamburg, wo ich einen Flottillenarzt kannte und klagte ihm mein Leid. Er war der erste Mediziner, der mich in dieser Angelegenheit ernst nahm und mir geduldig zuhörte. Er meinte dann, er glaube zu wissen, was mir fehle. Er vermute eine obstruktive Schlafapnoe. Eine endgültige Diagnose könne man aber erst stellen, wenn ich in einem Schlaflabor „durchgemessen" worden sei. Er rief den ihm bekannten Prof. *Morgenstern* im AK Sankt Georg an und besorgte mir kurzfristig einen Platz im dortigen Schlaflabor (sonst übliche Wartezeit ca. 6 Monate). Es wurden an mir 16 Sensoren angeschlossen und ich habe dort eine Nacht computerüberwacht „geschlafen". Am nächsten Morgen stand die Diagnose fest: Obstruktive Schlafapnoe. Konkret heißt das, die Schlundmuskulatur kollabiert im Schlaf und verschließt den Atemtrakt. Durch die entstehende Sauerstoffschuld wird man durch das Gehirn geweckt, um die Atmung wiederaufzunehmen. Dies kann pro Nacht bis zu 50mal und mehr passieren. Die Konsequenz ist eine gestörte Schlafarchitektur und man ist für den neuen Tag nicht ausgeschlafen. Behoben wird das Problem maschinenbaulich. Man bekommt ein Beatmungsgerät mit Atemmaske verpasst, das für einen Überdruck im Atemtrakt sorgt und diesen damit offen hält. So ein Gerät wurde mir verordnet. Ich kam mit ihm zwar zurecht, es genügte den Ansprüchen eines Professors für Regelungstechnik aber in keinster Weise.

Nach einem intensiven Gespräch mit dem Kollegen *Morgenstern* beschloss ich, das Problem ingenieurmäßig anzugehen. Mein neuer Mitarbeiter, Dipl.-Ing. *Th. Netzel*, wurde beauftragt, sich mit mir gemeinsam in die Materie einzuarbeiten. Uns war sehr schnell klar, dass man das Beatmungsgerät mess- und regelungstechnisch verbessern konnte. Wir bildeten eine interfakultative Arbeitsgruppe, bestehend aus der Hamburger Firma Weinmann, einem der führenden deutschen Geräteherstellern, dem Schlaflabor des AK Sankt Georg und der UniBwH, vertreten durch mich und meinen Mitarbeiter. Ziel war, einen adaptiven Algorithmus für Beatmungsgeräte zu entwickeln, der den für den jeweiligen Patienten erforderlichen Beatmungsdruck selbsttätig optimal einstellt. Da das Projekt medizintechnisch eine hohe Priorität genoss, hat es die Hamburger Wirtschaftsbehörde großzügig finanziell unterstützt.

Nach drei Jahren waren die Untersuchungen abgeschlossen. Es wurden noch einige abschließende Versuche im Schlaflabor gefahren, wobei ich mich als Versuchsperson zur Verfügung stellte, und *Netzel* fasste die Ergebnisse zu seiner hoch innovativen Dissertation zusammen, die er 2003 einreichte. *Netzel* war sicher einer der ganz wenigen Doktoranden, die ihren Chef gezielt im Schlaf beobachten konnten! Die Dissertation machte bei den Medizinern Furore, denn sie wurden damit durch Ingenieure doch irgendwie „vorgeführt".

Nach Abschluss seines Promotionsverfahrens ging *Netzel* zunächst für einige Jahre in die Industrie, um dann 2010 einen Ruf auf eine Professur für Mess- und Regelungstechnik an der Hochschule für Angewandte Wissenschaften (HAW) in Hamburg anzunehmen. Auch während seiner Industriezeit blieb *Netzel* in seiner Freizeit dem Projekt treu. Er entwickelte einen Lungensimulator zum Testen von Beatmungsgeräten (eigener und der der Konkurrenz) zur Einsatzreife, ich bemühte mich um eine Vermarktung unserer Entwicklung. Über Dr. med. *H. Hein*, Großhansdorf (jetzt Reinbek), kam ich mit *M. Runge* von der Firma Rumeditec in Melle in Kontakt. Ich konnte ihn für unsere Entwicklung interessieren. So wurde aus der Firma Rumeditec heraus die Firma FLO gegründet, die seit Ende 2007 das Beatmungsgerät produziert und mit gutem Erfolg vertreibt. Es ist dies ein schönes Beispiel dafür, dass eine an einer Hochschule durchgeführte Entwicklung auch am Markt bestehen kann - ein Ziel, über das viele reden, aber wenige realisieren!

Bis 2004 entstanden von *Netzel* und mir zur Bekämpfung der OSA drei Veröffentlichungen, davon eine international. Von Herrn *Netzel* wurde dreimal vorgetragen, davon einmal international.

Nach 2004, d.h. nach meiner Pensionierung, entstand eine Vielzahl von wiss. und marktorientierten Veröffentlichungen; ebenso wurde sowohl wiss. als auch marktorientiert vorgetragen. Dreimal (2008-2010) wurde bisher der Kongress der Deutschen Gesellschaft für Schlafmedizin (DGSM) mit angeschlossener Messe besucht. Unser Messestand fand jedes Mal große Beachtung.

b8) Modellierung und Simulation von Gasnetzen

Ich befand mich 2000 in Süddeutschland auf der Rückfahrt aus dem Urlaub als mein Autotelefon klingelte. Da diese Nummer nur meine Ehefrau und meine Sekretärin kannten und die Ehefrau neben mir im Auto saß, war es die Sekretärin. Sie bat mich, rechts an den Straßenrand zu fahren und anzuhalten.

Ich wusste damit, es war etwas Schlimmes passiert. Die Sekretärin berichtete, dass mein hoch geschätzter Herr Kollege D. *Franke* (FB ET, Regelungstechnik) aus dem Leben geschieden sei. Ich war tief betroffen.

Zurück in Hamburg und nachdem der Kollege bestattet war, ging es darum, sich seiner drei wiss. Mitarbeiter anzunehmen. Der eine hatte seine Dissertation abgeschlossen, ich war eh als Korreferent vorgesehen und wir konnten ihn mit Hilfe eines weiteren Kollegen von ET umgehend promovieren. Der zweite hatte einen auswärtigen Korreferenten, dieser war bereit, ihn zu übernehmen. Der dritte, Dipl.-Ing. *J. Rüdiger*, war gerade von Prof. *Franke* eingestellt worden, er hatte noch gar kein Promotionsthema. Ich habe mich seiner angenommen.

2000 hatte gerade Dipl.-Ing. *P. Girbig* aus dem Hause Siemens/Erlangen sein Promotionsverfahren bei mir erfolgreich abgeschlossen. Mit ihm diskutierte ich über die anstehende Liberalisierung des Gasmarktes und damit verbunden die Freigabe der bestehenden Netze für unterschiedliche Anbieter. Sicher würden entstehende Verluste durch Leckagen u.ä. dann ein andauerndes Streitthema werden. *Girbig* berichtete, dass man sich darüber in seinem Hause ernsthafte Gedanken machte. Es müsse ein Berechnungsverfahren her, mit dem man Gasnetze wiss. genau, aber gleichwohl praxisgerecht, modellieren und damit simulieren könne. Damit war das Promotionsthema für *Rüdiger* festgelegt.

Da der Kandidat von Hause aus Elektrotechniker war, musste er im Hinblick auf Strömungsmechanik und Thermodynamik erst einmal fit gemacht werden. Über das Selbststudium hinaus dienten hierzu der Besuch einiger Workshops und der Kontakt zu einschlägig arbeitenden Ingenieurbüros. Weiterhin stellte *Rüdiger* Zwischenergebnisse seiner Untersuchungen in Wort und Schrift der interessierten Öffentlichkeit vor. Es gab dadurch viele positive Rückkoppelungen.

2009 legte *Rüdiger* die endgültige Fassung seiner Dissertation vor, und das Promotionsverfahren konnte erfolgreich abgeschlossen werden. Die wirklich umfassende Arbeit liefert ein praxisgerechtes Verfahren zur Simulation ebener Gasnetze beliebiger Dimension. Das Verfahren ist ausbaubar auf räumliche Netze und auf Netze mit großen Speichern. Selbstverständlich ist die Berechnung von Verlusten und deren Konsequenzen für die Verbraucher, die Ausgangsmotivation der Themenstellung, im Simulationsprogramm enthalten.

b9) Interdisziplinäre Arbeiten, Sonstiges

Zum Ende meiner aktiven Dienstzeit, d.h. mit fortschreitendem Dienst- und Lebensalter, habe ich mich zunehmend übergreifenden Themenstellungen zugewandt. Hierzu habe ich zwei schriftliche Beiträge geliefert und insgesamt 25 Vorträge gehalten.

Ausgehend von Arbeiten zur fraktalen Geometrie und zur Bildverarbeitung standen zunächst Thematiken zur Information und Kommunikation sowie zur historischen und zukünftigen Entwicklung der Automatisierungstechnik im Mittelpunkt. Es folgten Arbeiten zur wirtschaftlichen Entwicklung unseres Landes und den sich daraus ergebenden Konsequenzen für die Hochschulen, zur Kooperation zwischen Hochschulen und Wirtschaft und zum Technologietransfer. Am Schluss stand die Universität wieder zentral im Mittelpunkt. Es ging mir um die Universität in ihrem soziologischen und wirtschaftlichen Umfeld, um die Universität als Zentrum der Innovation für die Wirtschaft, um eine zukunftsorientierte Ingenieurausbildung und letzlich um das an Universitäten erworbene Humankapital. Zwischendurch habe ich mehrfach die Delphi-Berichte im

Hinblick auf ihre Prognosesicherheit kommentiert und kritisch die Entscheidungen der Politik zum Hochschullehrerdienstrecht seziert.

Der Vollständigkeit halber sei noch auf zwei Dissertationen hingewiesen, die außerhalb größerer Forschungsprojekte angefertigt wurden. Es sind dies die Arbeiten von Dipl.-Ing. *H. Grosch* (1989), der aus der Industrie heraus über ein Sensorsystem zur Verkehrsüberwachung im freien Gelände promovierte und von Dipl.- Ing. *B. Liao*, erster Stipendiat aus China an der UniBwH, den ich mit einem Beitrag zur Kamerafokussierung in der Bildverarbeitung der Dissertation von *M. Fiedler* zuarbeiten ließ.

c) Akademische Selbstverwaltung

Von Beginn der 90er Jahre an habe ich mich auch wieder stärker hochschulpolitisch engagiert. Von Ende 1992 bis Anfang 1994 wurde ich zum zweiten Mal Sprecher des Fachbereichs MB. Es war dies die Zeit, in der eine erneute Sparwelle auf die Hochschule zukam und in der das Bürogebäude asbestsaniert wurde. Das bedeutete größere Umzugsaktionen, aber Sparwelle und Asbestsanierung konnten weitgehend unbeschadet überwunden werden. Ich nutzte die Gelegenheit der Asbestsanierung, um für den Fachbereich sowohl für die Büro- als auch für die Laborräume ein Raumkataster zu erstellen. Es erleichterte dies die Debatten mit den Kollegen, die immer über zu wenig Platz klagten. Die angesprochene Asbestsanierung war im Übrigen durchaus diskussionswürdig. Sie begann in den Großräumen der zentralen Werkhalle, setzte sich über das Bürogebäude fort und endete in den Kleinlaboren der Institute. Eigene Kontrollmessungen des Fachbereichs wiesen insbesondere in den Büroräumen und in den Kleinlaboren äußerst geringe Asbestkonzentrationen nach, verglichen mit Werten im Hamburger Straßenverkehr sogar vernachlässigbar. Da Asbest aber als Gefahrenquelle eingestuft wird, muss diese beseitigt werden, auf jeden Fall zum Nutzen des Architekten und der beteiligten Baufirmen.

Zu der bei der Asbestsanierung angedeuteten Vorteilnahme noch einige ergänzende Bemerkungen: Zur Errichtung der beiden Hochschulen/Universitäten der Bundeswehr waren finanzielle Aufwendungen von über 500 Millionen DM erforderlich. Bei Projekten dieser Größenordnung - vor allem, wenn der Träger die öffentliche Hand ist - bleibt es (leider) nicht aus, dass Gelder zweckentfremdet werden. Obwohl ich bei der Errichtung der HSBwH weder beim Bau noch bei der Beschaffung an einflussreicher Stelle mitgewirkt habe, sind mir mehrere Fälle von Vorteilnahme bekannt geworden. In einem Fall wurde der zuständige Mitarbeiter des GU von seiner Erlanger Zentrale angewiesen, an ein Mitglied der Hochschule diverse Elektrogeräte an dessen Privatadresse zu liefern. Auf die Rückfrage hin, wie er das verbuchen solle, wurde ihm von Erlangen aus bedeutet, dass ihm dies bei seinem Gehalt und des ihm zur Verfügung stehenden Auftragsvolumens doch nicht schwer fallen könne; im Übrigen erwarte man von ihm auch eine gewisse einschlägige Kreativität. In einem anderen Fall wurde einem Kollegen durch den Generalunternehmer (GU) eine Küche geliefert - zu welchen Konditionen auch immer!

Die Pforte als ursprünglicher Zugang zur HSBwH lag bei deren Errichtung an der Rodigallee. Aus verkehrstechnischen Gründen, aber auch aus Gründen der Infrastruktur der HSBwH wurde der Zugang nach einigen Jahren in den Holstenhofweg verlegt. Das bot die Gelegenheit zur Errichtung eines modernen Pförtnerhäuschens. Dieses kleine Gebäude besteht aus einem Hauptraum für die Wache zur Abwicklung des Besucherverkehrs und aus zwei mini Nebenräumen. Der Hauptraum enthält zudem die Kommunikations- und Überwachungseinrichtungen für die Wache. Das Pförtnerhäuschen wurde nach seiner Fertigstellung - ohne Grundstück - mit über 300.000 DM abgerechnet, also im Wert eines stattlichen Einfamilienhauses!

Letztlich gibt es das Ondit, dass ein Mitglied der HSBwH/UniBwH bei einem Bauunternehmer in Wandsbek mehrere Eigentumswohnungen gekauft und diese jeweils aus einer alten Lederaktentasche heraus in bar bezahlt hat!

Der Fachbereich Maschinenbau der UniBwH hatte in seiner Eigenstruktur für bestimmte längerfristige Aufgaben sogenannte Beauftragte bestimmt. So gab es einen Beschaffungsbeauftragten, um die Beschaffungen über den GU zu koordinieren, und einen Raumbeauftragten, der für eine sinnvolle Belegung der Räume des Fachbereichs Sorge trug. Nach meiner zweiten Amtszeit als Sprecher wurde im Kollegium diskutiert, auch einen Personalbeauftragten zu bestimmen. Dieser sollte für den Fachbereich die interne und externe Personalplanung unter oder besser parallel zur Zentralverwaltung vornehmen, um so die Interessen des Fachbereichs sicher zu stellen, aber auch bei „Freud und Leid" den Mitgliedern des Fachbereichs als Ansprechpartner dienen, um unabhängig vom Personalrat Angelegenheiten intern regeln zu können. Die Wahl der Kollegen fiel auf mich, der Fachbereichsrat stimmte zu. Ich habe dieses Amt bis zu meinem Ausscheiden aus der Universität wahrgenommen. Es hat mir viel Freude bereitet, konnte ich doch manche Konfliktsituation durch klärende Gespräche beseitigen oder zumindest abmildern.

Der Einjahreshaushalt ist bei allen Hochschulen und öffentlichen Verwaltungen ein ständiges Ärgernis. Einerseits liefert er keine Planungssicherheit, da er zu Beginn eines jeden Haushaltsjahres auf der Grundlage der Zahlen des Vorjahres neu festgesetzt wird, zum anderen führt dies zu teilweise sinnlosen Beschaffungsaktivitäten am Ende des Haushaltjahres, und er hindert die Betroffenen, Mittel für größere Beschaffungen bzw. Investitionen über das Haushaltsjahr hinweg anzusparen. Anfang 2000 gab nun das BMVg dem ständigen Drängen des Hochschulkanzlers nach und führte für die UniBwH einen Zweijahreshaushalt ein, um ihn ein Jahr später gleich wieder abzuschaffen. Die UniBwH nutzte die Gelegenheit des Zweijahreshaltes, um sich Gedanken über eine „leistungsgerechte" Mittelzuweisung zu machen. Dazu wurden in der Hochschule sieben Pilotprofessuren ausgewählt (1xET, 2xMB, 2xPÄD, 2xWOW), um die Vorgehensweise grundsätzlich auszuprobieren, und es wurde ein gewisser (kleiner) Anteil der Haushaltmittel vom Gesamthaushalt einbehalten, um diesen dann „leistungsgerecht" zu verteilen. Bei MB war ich einer unter den ausgewählten Professuren. Zusammen mit meinem Mitarbeiter *Ch. Hof* entwickelte ich Kriterien für unseren Fachbereich, an denen die Leistungsfähigkeit gemessen werden sollte. Wir entschieden uns für drei zu berücksichtigende Themenbereiche: Lehre, Forschung und Aufgaben in der akad. Selbstverwaltung. Zur Bewertung der Lehre wurden Hörerbefragungen zu Grunde gelegt. Die Forschung wurde auf der Grundlage der abgeschlossenen Promotionsverfahren, der Höhe der eingeworbenen Drittmittel und der Anzahl und der Qualität der Publikationen bewertet. Bei der

Administration gab es Leistungspunkte für arbeitsintensive Ämter (z.B. Vizepräsident, Sprecher, Vorsitzender eines Senatsausschusses, ...). Um ein Funktionärsdasein zu verhindern, wurde allerdings die Administration im Vergleich zur Lehre und Forschung gering bewertet. Unser Modell fand in der Hochschule Anerkennung und wurde (mit geringen Modifikationen) auch von den drei anderen Fachbereichen übernommen. Die Fakultät MB - wie sie jetzt heißt - verteilt Teile ihrer Mittel auch heute noch in Anlehnung an das Modell *Hof/Lunderstädt*.

In unserem Institut für Automatisierungstechnik gab es Anfang der 90er Jahre insofern eine Veränderung, als der Kollege *Weckenmann* einen Ruf an die Universität Erlangen-Nürnberg erhielt und annahm. Auf meinen Antrag hin nutzte der Fachbereich MB dies zu einer Umwidmung der Professur von „Mess- und Feinwerktechnik" in "Mess- und Informationstechnik", um so den neueren Entwicklungen des Faches Rechnung zu tragen. Mit *H. Rothe* von der Universität Jena konnte die Stelle auch einschlägig besetzt werden.

1998 endete die Amtszeit des damaligen Präsidenten der UniBwH. Man war mit seiner Amtsführung unzufrieden. Während der 1997 beginnenden Vorbereitungen zur Neubesetzung bedrängten mich die Kollegen von MB, meinen Hut in den Ring zu werfen. Ich war zwar ein politisch agierender Hochschullehrer, aber Forschung und Lehre standen mir doch näher als das Hauptamt eines Präsidenten. Ich lehnte deshalb ab. Es wurde aber weiter insistiert. Der Studentenbereich und geschätzte Mitarbeiter der Verwaltung sprachen mich an, und Kollegen aus dem Fachbereich WOW luden mich in den Hamburger Ruderclub ein, um außerhalb der Universität mit mir eine mögliche Kandidatur zu besprechen. Sie bedrängten mich sehr und sicherten mir die volle Unterstützung ihres Fachbereichs zu. Ich lehnte abermals ab. Dann kontaktierte mich der Sonderbeauftragte aus dem BMVg, zu dem ich über das Dienstliche hinaus auch über persönliche Verbindungen verfügte, und drängte mich zu einer Kandidatur. Sein Haus stünde hinter mir! Das machte mich nachdenklich. Ich bat mir Bedenkzeit aus. Nach mehreren Gesprächen mit guten Freunden war ich soweit: Ich mache das! Ich teilte meine Entscheidung meiner Frau mit. Sie wurde sehr ernst und machte mir klar, dass ich mich bei meinem Naturell in dem Amt aufzehren würde. Sie mache sich große Sorgen um meine Gesundheit und ich solle mich hinterfragen, ob mir - bei allem sich in die Pflicht nehmen - dies die Sache wert sei. Ich hinterfragte und blieb Forschung und Lehre treu.

Kurz vor meiner Pensionierung im Dezember 2003 wurde die UniBwH in Helmut-Schmidt-Universität (HSU)/Universität der Bundeswehr Hamburg (UniBwH) umbenannt, um auf diese Weise ihren Gründungsvater gebührend zu ehren. Diese Ehrung war in der Universität unumstritten; der ehemalige Bundesminister und ehemalige Bundeskanzler genießt eine hohe Wertschätzung, seine Verdienste um seine Hochschule und um unser Land sind ohne Wenn und Aber. Der Vorgang der Umbenennung hatte allerdings volkskammerähnliche Züge. Er lief in etwa wie folgt ab: Der damalige Bundesminister der Verteidigung, *P. Struck*, rief den Präsidenten der UniBwH an und teilte ihm mit, sein Ministerium (wohl eher die SPD-Fraktion) habe beschlossen, die UniBwH in Helmut-Schmidt-Universität (HSU) umzubenennen. Er (der Präsident) möge das Weitere veranlassen und den Festakt vorbereiten. Der Präsident war perplex und wies den Minister auf die Hochschulautonomie hin, insbesondere, dass eine Umbenennung wohl auf Antrag und damit im Einvernehmen mit der Hochschule durchgeführt werden müsste. In diesem Zusammenhang sei der Akademische Senat als höchstes Beschlussgremium der Universität zu befassen. Der Minister meinte, dann solle er dies tun und einen entsprechenden Beschluss des Senats herbeiführen. Die entsprechende Senatssitzung wurde turbulent, sie stand kurz vor einem Abbruch. Nur das hohe Ansehen des zu Ehrenden verhinderte einen Eklat, und der Senat beschloss schlussendlich mit Mehrheit, „beim Bundesminister der Verteidigung zu beantragen, die *Universität der Bundeswehr Hamburg in Helmut-Schmidt-Universität/Universität der Bundeswehr Hamburg* umzubenennen". Der Minister hat dem Antrag der Universität stattgegeben.

16.2 Einzelerlebnisse

Natürlich gab es auch im Zeitraum von Teil 3 meiner Tätigkeit als Hochschullehrer Einzelerlebnisse, die einer Erwähnung wert sind. Einige von ihnen will ich im Weiteren anführen.

a) Ministerielle Nachprüfung

Einer meiner Studenten war durch die Pflichtklausur „Regelungstechnik" zweimal durchgefallen und musste nun in die mündliche „ministerielle Nachprüfung". Er hatte sich gut vorbereitet, und ich war sicher, dass er die Prüfung bestehen würde. Da er alle anderen Studienleistungen einschließlich der Diplomarbeit bereits erfolgreich erbracht hatte, wäre ein Nichtbestehen auch ein totales Desaster geworden. Zudem war er Berufssoldat und hätte dann bei einem Nichtbestehen auch aus der Bundeswehr ausscheiden müssen.

Die Prüfung war auf Freitag vor Pfingsten angesetzt. Der beisitzende Protokollführer hatte die Formalien erledigt - u.a. hatte der Kandidat zu Protokoll gegeben, dass er sich gesund fühle. Die schwangere Ehefrau saß vor meinem Büro und harrte der Dinge. Bereits bei meiner ersten (leichten) Frage zum Einstieg begann bei meinem Kandidaten die Blockade. Es ging nichts. Alle Hilfen meinerseits waren vergebens. Auch wenn ich ihn nach seinem Namen gefragt hätte, hätte er diesen während der Prüfung nicht gewusst. Andererseits konnte ich den nicht durchfallen lassen, denn ich wusste, er beherrscht den Stoff. Ich griff zu einem „Trick". Ich gab zu Protokoll, dass die Prüfung wegen eines Unwohlseins des Prüfers abgebrochen werden müsse und ein neuer Termin auf Dienstag nach Pfingsten festgesetzt würde. Nach Beendigung der Prüfung sah ich den Kandidaten intensiv an und sagte zu ihm: „Herr xxx, das bleibt aber unter Männern". Er gab mir sein Ehrenwort. Am neuen Prüfungstermin war der Kandidat wie ausgewechselt, er bestand die Prüfung mit Bravour. Leider gab es ein Nachspiel. Einige Monate später hatte ich erneut einen Ministerkandidaten zu prüfen. Dieser war nun wirklich so schlecht, dass ich ihn durchfallen lassen musste. Als ich ihm dies mitteilte, reagierte er nassforsch: „Herr Professor, kann es Ihnen nicht wieder schlecht werden?"

b) Doktorprüfungen

An der HSBwH/UniBwH/HSU war und ist der Vorsitzende des Promotionsausschusses der Sprecher/Dekan qua Amt, sofern er nicht selbst als Gutachter am Verfahren beteiligt ist. Für mich als Vorsitzenden war es selbstverständlich, die Dissertation und die Gutachten genau zu lesen und mich auch aktiv durch Fragen an der mündlichen Prüfung zu beteiligen. Da erlebte man so einiges. In einem Fall musste ich feststellen, dass der Doktorvater die Dissertation nicht vollständig gelesen hatte. Es führte dies zu mehreren peinlichen Situationen in der mündlichen Prüfung. In einem anderen Fall lieferte der Doktorvater ein Gutachten von einer 3/4 Seite (doppelter Zeilenabstand!) ab. Ich gab ihm das Gutachten zurück mit der Aufforderung, ein Gutachten zu erstellen, das der Dissertation und dem Kandidaten gerecht wird. Meiner Aufforderung wurde entsprochen, allerdings mit der Konsequenz, dass der Betroffene ca. vier Wochen lang meinen Gruß nicht erwiderte. In einem dritten Fall ging es um ein Promotionsthema, das mir fachlich sehr nahe stand und ich deshalb Dissertation und Gutachten besonders intensiv studiert habe. Im Gutachten des Doktorvaters fand ich grundsätzliche Fehler. Ich machte ihn darauf aufmerksam und bat um Korrektur. Als dies unterblieb, habe ich das Gutachten offiziell korrigiert!

c) Doktorfeier und Feuerwehr

Ein wiss. Mitarbeiter aus unserem Institut hatte das Klassenziel erreicht. Er hatte mit einem überdurchschnittlich guten Ergebnis seine mündliche Doktorprüfung bestanden. Wie in solchen Fällen üblich, wurde der Kandidat danach in dem für ihn präparierten Doktorwagen über den Campus gefahren. Anschließend begab man sich ins Labor, wo die Mitarbeiter eine kleine spontane Doktorfeier ausrichteten. Nach einigen kurzen Reden schoss der stolze Doktorvater mit einer 9 mm Gaspistole Salut. Nach nur wenigen Minuten wurden wir durch Martinshorn und Blaulicht aufgeschreckt. Ein Zug der Hamburger Feuerwehr befuhr den Campus und näherte sich unserem Institut. Sollten die Rauchmelder im Labor Alarm ausgelöst haben? Sie hatten. Was sollten wir tun? Aussitzen, oder …? Einer der Mitarbeiter hatte die rettende Idee. Er kam mit einer Kiste Zigarren, und wir zündeten uns mehrheitlich jeder eine dicke „Brasil" an. Dann hörten wir auch schon Gepolter und die Feuerwehr stürmte unser Labor. Die Beamten waren natürlich überrascht, dass sie keinen Schwelbrand, sondern eine Gruppe Bier trinkender und Zigarren rauchender Wissenschaftler vorfanden. Etwas kleinlaut, aber auch erleichtert, meinten sie, wir sollten doch bei der nächsten Feier vorab die Rauchmelder außer Betrieb setzen.

Die ganze Angelegenheit hatte dann noch ein Nachspiel anderer Art. Bei der automatischen Meldung eines Alarms auf dem Campus weiß die Feuerwehr genau, aus welchem Raum der Alarm kommt. Sie lässt sich dann an der Wache die entsprechenden Schlüssel geben, um Zugang zu bekommen. So auch in unserem Fall. Leider passte der Schlüssel nicht, er war irgendwie vertauscht worden. Daraufhin brach die Feuerwehr die Brandschutztür zum Treppenhaus auf, um in unser Labor zu gelangen. Der entstandene Schaden lag im vierstelligen Bereich.

d) Professorenparkplätze

Wie auch an anderen Hochschulen waren (und sind) die Parkplätze an der Universität der Bundeswehr nicht ausreichend. Diese Situation wurde und wird noch dadurch verschärft, dass die Studierenden auf dem Campus wohnen und mit ihren geparkten Autos die „besten" Parkplätze über Nacht belegen. Das führte dazu, dass die Professoren, als die einzige Gruppe mit vollständig freier Arbeitszeitgestaltung, bei „Dienstantritt" entweder gar keine Parkplätze vorfanden oder aber sich mit solchen im äußersten Winkel des Campus begnügen mussten. Alle Vorstellungen bei der Hochschulleitung - auch mit dem Hinweis, dass man damit die Professoren hindere, ihre Arbeitszeit frei zu gestalten - fruchteten nichts. Die Begründung war stets, dass das Thema durch den Personalrat mitbestimmungspflichtig sei und dieser stimme einer bevorzugten Regelung für Professoren nicht zu. Für die Hochschulleitung natürlich ein absolutes Armutszeugnis, auf diese Art und Weise die Führungskräfte der Institution zu frustrieren.

Eines Tages kam vom Personalrat der Wunsch, auch in den Laboratorien für das dort tätige technische Personal die gleitende

Arbeitszeit einzuführen. Wir Maschinenbauer lehnten dies ab, da in einer Reihe von Laboratorien aus Sicherheitsgründen immer mindestens zwei Mitarbeiter anwesend sein mussten, was bei einer gleitenden Arbeitszeit nicht zu garantieren gewesen wäre. Wir waren aber auch nicht kreativ. In dieser Angelegenheit sprach mich nun die Personalratsvorsitzende mehrfach an. Nachdem ich mich längere Zeit geziert hatte, schlug ich vor, dass wir uns zu einem gemeinsamen Kaffee verabreden sollten. Nach dem Kaffee hatte der Personalrat seine gleitende Arbeitszeit und die Professoren einen für sie reservierten Parkplatz.

e) Future President Inside

Um den genannten Professorenparkplatz hatte ich eine unschöne und nicht ganz standesgemäße Auseinandersetzung mit dem damaligen Präsidenten, Prof. Dr. *H.-H. Homuth*.

Der Präsident hatte auf dem Professorenparkplatz einen reservierten Parkplatz, nächst gelegen zum Hauptgebäude der Universität. Er parkte dort jeweils rückwärts mit seinem Pkw einer Stuttgarter Nobelmarke. Da ich als Frühaufsteher bereits gegen 7:00 bis 7:30 Uhr in die Uni kam, nutzte ich den zweitbesten Parkplatz neben dem Präsidenten. Ich parkte meinen Pkw einer Münchener Nobelmarke vorwärts, so dass wir uns gelegentlich beim Ein- bzw. Aussteigen „direkt" begegneten.

Eines Tages kam ich von einer Besprechung mit Kunden in der Industrie später in die Uni, alle Parkplätze waren belegt, auch durch Nichtberechtigte. Ich parkte deshalb meinen Pkw außerhalb einer Parkbox am Straßenrand im Halte- bzw. Parkverbot. Dies wurde gesehen, und ich bekam ein „Ticket" durch die Hochschulverwaltung. Ich erhob Einspruch u.a. mit der (schwachen) Begründung, dass dort auch schon einmal der Präsident geparkt habe und der habe auch kein Ticket bekommen. Ich bestünde auf Gleichbehandlung. Der Präsident wurde befragt. Er bestritt sein Parkvergehen, ich fiel in schwere Ungnade.

Einige Wochen später beantragte ich eine Dienstreise ohne Kosten für die Uni in die USA. Ich benötigte lediglich die Unterschrift des Präsidenten, um einen Mitflug mit der Flugbereitschaft der Bw zu bekommen. Ein Selbstgänger, wie üblich, dachte ich. Aber, der Präsident lehnte ab. Ich fragte nach den Gründen. Er ließ mir durch sein Sekretariat ausrichten, ich habe mir wegen der Parkplatzangelegenheit sein Wohlwollen verscherzt, er genehmige mir zur Zeit keine Reisen!

Nun hatte der Präsident mich gereizt. Wenige Tage nach der Ablehnung meines Reiseantrags war der Inspekteur Marine zu einem offiziellen Besuch an der Universität zu Gast. Da dieser mir persönlich gut bekannt war, informierte ich seinen Adjutanten in dieser Angelegenheit und vereinbarte mit ihm, dass der Inspekteur um meine Anwesenheit beim offiziellen Mittagessen mit dem Präsidenten bittet. Bei diesem Essen brachten der Inspekteur und ich das Gespräch auf eine Veranstaltung der amerikanischen Marine in den USA, die in den Zeitraum meiner geplanten und nicht genehmigten Reise fiel. Der Inspekteur empfahl dringend die Teilnahme eines Hochschulangehörigen und meinte, dafür sei ich doch prädestiniert. Ich bemerkte, dass ich ja gerne fahren würde, aber der Präsident habe derzeit da seine Probleme mit der Genehmigung von Reisen für mich. Darauf der Inspekteur mit Blick zum Präsidenten: „Das könne er sich nicht vorstellen" und der Präsident mit hochrotem Kopf: „Hier liege wohl ein Missverständnis vor, selbstverständlich würde er einen Reiseantrag von mir in die USA genehmigen". Er genehmigte, und ich fuhr. Natürlich war ich bei ihm nunmehr gänzlich „unten durch".

In den USA stieß ich im Naval Exchange der NPS zufällig auf einen Sticker mit der Aufschrift „*Caution, future President inside*". Ich erwarb diesen und befestigte ihn bei meiner Rückkehr an der Fahrertür meines Pkw. Der Präsident musste ihn damit stets lesen, wenn mein Pkw dort stand und er seinen Pkw verließ bzw. in diesen einstieg.

Nun näherte sich zeitgleich das Ende seiner Amtszeit und er beabsichtigte, sich erneut um das Präsidentenamt zu bewerben. Da seine bisherige Amtszeit nicht sonderlich erfolgreich war, bekam der Sticker eine für ihn herausgehobene Bedeutung. Er witterte in mir einen Gegenkandidaten. In einem Professorium wurde dies auch von ihm artikuliert und er distanzierte sich von Methoden, auf Autotüren Wahlkampf zu betreiben. Dies veranlasste wiederum den evangelischen Theologen aus dem Fachbereich PÄD zu der Bemerkung: „Herr Präsident, hier interpretieren Sie etwas falsch. Der Sticker von *Lunderstädt* sollte heißen ‚*Caution, potential President inside*', den hat er aber in den USA nicht auftreiben können".

f) *Elfriede V.*
Über *Elfriede V.* habe ich bereits im 7. Kapitel einmal berichtet. Sie war zwischenzeitlich Schreibkraft bei den Kollegen *Trinks* und *Wäßerling* bzw. dann bei deren Nachfolgern. Bei *Elfriede V.* fiel auf, dass sie häufig noch lange nach Feierabend in der Hochschule war und auch an den Wochenenden sah ich sie häufig an den zentral gelegenen Kopierern hantieren. Da ich selbst meine wiss. Arbeiten abends oder an den Wochenenden in der Universität erledigte, konnte ich ihr „Treiben" gut beobachten. Ich sprach diesbezüglich meinen Kollegen *Wäßerling* an. Er meinte, das ginge in Ordnung. *Elfriede V.* sei finanziell nicht gut gestellt und er habe ihr genehmigt, außerhalb der regulären Arbeitszeit Arbeiten für Dritte durchzuführen. So schön, so gut.

Kurz nach der Wende kam dann der große Knall. *Elfriede V.* wurde zusammen mit ihrem Führungsoffizier, mit dem sie zusammengelebt hatte, verhaftet. Sie war langjährige Mitarbeiterin der Stasi gewesen und hatte über viele Jahre die HSBwH/UniBwH ausspioniert. Natürlich wurde sie fristlos entlassen. Relativ zügig wurde sie nach ihrer Verhaftung zu einer mehrjährigen Freiheitsstrafe verurteilt.

g) Rosenkavalier
Eines Tages kam ein wiss. Mitarbeiter aus dem Bereich der Mathematik zu mir und bat in meiner Funktion als Personalbeauftragter um ein persönliches Gespräch. Er berichtete von einer guten Bekannten von ihm, die als Absolventin der Universität Hamburg jetzt als wiss. Hilfskraft bei einer Professur des Fachbereichs beschäftigt sei. Ihr Chef mache ihr persönliche Avancen, die ihr unangenehm seien, sie wisse aber nicht, wie sie sich wehren solle. Sie sei auch aus finanziellen Gründen auf den „Job" angewiesen. Ich vereinbarte daraufhin mit der Mitarbeiterin einen Termin in meinem Büro und

führte mit ihr ein langes persönliches Gespräch. Sie fand Vertrauen zu mir und berichtete offen und ausführlich. Die von ihr gelieferte Tatsachenbeschreibung gipfelte darin, dass sie mittlerweile jeweils morgens eine rote Rose an ihrem Arbeitsplatz vorfände. Ich schloss mich daraufhin mit dem Personalchef der Hochschule kurz, mit dem ich persönlich sehr gut bekannt war (und bin), und besprach mit ihm die Situation. Er prägte sogleich für meinen betroffenen Kollegen den Begriff des Rosenkavaliers, meinte aber auch, ihm wäre es am liebsten, wenn ich die Angelegenheit fachbereichsintern regeln könnte. Ich verabredete mich mit dem betroffenen Kollegen und konfrontierte ihn mit den gegen ihn erhobenen Vorwürfen. Er stritt natürlich zunächst alles kategorisch ab. Nachdem ich hartnäckig blieb, lenkte er ein und sprach von „Missverständnissen". Letztlich räumte er sein Fehlverhalten ein. Wir verständigten uns daraufhin, die Angelegenheit unter Männern zu regeln. Ich fand einen Kollegen im Fachbereich WOW, der die Mitarbeiterin übernahm, und der betroffene Kollege aus unserem Fachbereich finanzierte die Stelle für zwei Jahre. Die Mitarbeiterin promovierte und ist jetzt Professorin an einer Fachhochschule in Süddeutschland. Mittlerweile hat sie einen zweiten Ruf.

Die Geschichte holte mich nach Jahren wieder ein. Ich war mittlerweile im Ruhestand, der frühere Personalchef der Hochschule auch. Die Mitarbeiterin hatte nun beim Ausscheiden aus der HSU versäumt, sich ein Zeugnis ausstellen zu lassen. Bei ihrer anstehenden Berufung fehlte dies bei ihren Personalunterlagen und das zuständige Kultusministerium forderte es ein. Sie hat daraufhin die Personalverwaltung der HSU angeschrieben und um ein Zeugnis im Nachgang gebeten. Diese teilte ihr mit, nach dem Personalvertretungsgesetz gäbe es zur Beantragung von Zeugnissen Fristen, die sie versäumt habe. Deshalb könne ihr kein Zeugnis ausgestellt werden. Man schickte ihr eine Anwesenheitsbescheinigung über ihre seinerzeitige Beschäftigungszeit! Da von dem Zeugnis ihre Berufung abhing, wandte sie sich sorgenvoll an mich. Ich habe ihr das Zeugnis in meiner Funktion als ehemaliger „Personalchef" meines Fachbereichs ausgestellt und mich über das Verhalten der HSU - vorsichtig ausgedrückt - mehr als gewundert.

h) Politischer Ärger im Offiziersheim

1996 war ich in meiner Funktion als stellv. Vorsitzender der OHG einmal wieder der amtierende Vorsitzende; der Vorsitzende, ein Oberstleutnant (OTL), war auf Lehrgang zur Vorbereitung auf seine neue Verwendung.

Ich saß abends im Offiziersheim, aß und trank eine Kleinigkeit, sah nach dem Rechten und ging gegen 21 Uhr nach Hause. Mit einem anwesenden und mir bekannten Hauptmann aus dem Fachbereich WOW hatte ich zuvor noch einige Worte gewechselt. Nach meinem Weggang kamen weitere Gäste: Ein in der Nachbarschaft wohnender ehemaliger Kapitän auf großer Fahrt und ein designierter wiss. Mitarbeiter des Fachbereichs WOW mit seinem kanadischen Gast. Alle setzten sich an den Tresen und tranken Bier. Der schon genannte Hauptmann setzte sich zu dem Kapitän. Der Mitarbeiter und sein kanadischer Gast kommentierten das an diesem Tag in Hamburg gesprochene Urteil gegen den amerikanischen Rechtsradikalen und Neonazi *Gary Lauck*. Die laut geführte Kommentierung wurde von den beiden weiter Genannten und der am Tresen diensttuenden Chefordonnanz mitgehört. Der Hauptmann und die Chefordonnanz hörten aus der Kommentierung Sympathiebekundungen für *Lauck* heraus und erstatteten am nächsten Morgen bei dem Leiter Studentenbereich Meldung. Wenn auch nur das Wort Rechtsradikalismus fällt, reagiert man bei der Bundeswehr auf allen Ebenen hypersensibel, teilweise unüberlegt und vorschnell bis hin zur Hysterie. So auch hier. Ohne weitere Untersuchung wurde der Vorfall umgehend dem Präsidenten der UniBwH und dem BMVg gemeldet. Am Schluss wurde ich als „Hausherr" informiert. Ich habe die Beteiligten - soweit verfügbar - befragt. Es stand Aussage gegen Aussage, der Kapitän - er war schwerhörig - hatte nach seiner Aussage keine Details mitbekommen. Ich fasste meine Untersuchung in einem Protokoll zusammen und machte dieses dem Präsidenten zugänglich. Damit war die Angelegenheit für mich erledigt - dachte ich.

Nach einigen Tagen wurde ich zum Präsidenten zitiert. Noch anwesend war der Justitiar der Hochschule, was mich schon wunderte. Der Präsident nahm mich in relativ rüdem Ton an und teilte mir mit, gegen mich läge eine Dienstaufsichtsbeschwerde vor. Der in Rede stehende Hauptmann habe sich beschwert, ich hätte parteiisch ermittelt und Zeugenaussagen manipuliert. Ich reagierte sauer, worauf der Justitiar den Raum verließ mit der Bemerkung: „Hier sei wohl doch erst einmal ein kollegiales Vorgespräch erforderlich. Er warte draußen im Sekretariat, bis er gerufen würde". Das Gespräch fand statt. Der Präsident fand zur Sachlichkeit zurück. Anschließend wurde in Gegenwart des Justitiars vereinbart, dass mir der Gegenstand der Beschwerde zugänglich gemacht wird und ich darauf schriftlich antworte. Die gegen mich erhobenen Anschuldigungen entbehrten jeglicher Grundlage. Mir fiel insofern meine Erwiderung leicht. Ich verlangte vom Präsidenten eine schriftliche Rehabilitierung. Diese wurde erteilt, und die Dienstaufsichtsbeschwerde wurde in aller Form zurückgewiesen. Damit war der Fall zwar nunmehr für mich endgültig erledigt, ansonsten fing er aber erst richtig an.

Das BMVg weigerte sich nämlich, den designierten wiss. Mitarbeiter einzustellen. Damit war dieser arbeitslos, und der Professor, für den er vorgesehen war, hatte keinen Zuarbeiter. Damit ging die Angelegenheit vor Gericht, der Mitarbeiter klagte vor dem Hamburger Verwaltungsgericht. Es gab eine ganztägige Mammutverhandlung mit x Zeugen, sogar der Kanadier wurde eingeflogen. Natürlich ließ sich der Fall nicht aufklären, es blieb bei Aussage gegen Aussage. Ich kam zum Ende der Verhandlung in den Zeugenstand. Nach meiner Vernehmung bat ich, eine ergänzende Bemerkung machen zu dürfen. Das Gericht willigte ein. Ich wies auf den allseitigen Alkoholkonsum am besagten Abend hin, der sicher zu den Unschärfen in den Aussagen der Betroffenen beigetragen habe. Der Mitarbeiter und sein Gast hätten bar gezahlt, deshalb müsse man sich auf die Aussagen der Ordonnanzen stützen. Diese schätzten den Konsum der beiden Gäste auf 5 bis 8 kleine Bier jeweils. Der beschuldigende Hauptmann war Mitglied in der OHG. Mitglieder zahlen bargeldlos mit Bon. Ich hatte den Bon aus der Kasse ziehen lassen. Er wies vier Halbeliter Bier aus. Bei diesen Mengen schauderte es der amtierenden Richterin.

Das Verfahren ging aus wie erwartet. Vergleich! Es gab keine Gewinner und einen großen Verlierer, die Staatskasse!

i) Kontakt zu *Volker Rühe*

Mit der Amtsführung des Präsidenten der UniBwH in den 90er Jahren, Prof. Dr. *Gerhard Strunk*, waren sehr viele Hochschulangehörige unzufrieden. Es betraf dies vor allem auch die Mitglieder im Akademischen Senat, die sich von ihm hintergangen fühlten. Ein Kritikpunkt war, dass er ein dem Senat gegebenes Versprechen nicht einlöste, sondern dieses hintertrieb. Bei seiner Wahl zum Präsidenten hatte sich die Hochschule darauf verständigt, beim BMVg die Umwandlung der Präsidial- in eine Rektoratsverfassung zu beantragen. Er hatte zugesichert, dieses Ziel mit Nachdruck zu verfolgen und nach Vollzug seinen Stuhl für den Rektor zu räumen. Es passierte aber nichts. Nachfragen im Senat wurden stereotyp damit beschieden, das BMVg prüfe noch und habe sich noch nicht entschieden. Ich erkundigte mich daraufhin in dieser Angelegenheit über meine Informationskanäle im BMVg. Man sagte mir unumwunden, der Präsident sei vom ursprünglichen Votum der Hochschule abgerückt und habe das BMVg (inoffiziell) gebeten, die Angelegenheit nicht weiter zu verfolgen.

Anfang 1998 war ich zu einer gesellschaftlichen Veranstaltung an der TUHH und saß zum Ausklang mit meinem Freund *Hauke Trinks*, damaliger Präsident der TUHH, an der Bar, als sich *Volker Rühe*, damaliger Bundesminister der Verteidigung und damit mein oberster „Chef", zu uns gesellte. Wir kannten uns. *Rühe* war in seiner Funktion als Harburger Bundestagsabgeordneter auf der besagten Veranstaltung. Natürlich kamen wir im Fortgang unserer (lockeren) Unterhaltung auch auf die UniBwH zu sprechen. Ich ließ Dampf ab. *Rühe* bekam große Ohren und Augen und bat mich, ihm meine Klagen alle aufzuschreiben, meinen Bericht ihm aber nicht auf dem Dienstweg, sondern privat zugänglich zu machen. So wurde es vollzogen.

Es dauerte nicht lange, dann kam mein anonymisierter Bericht mit Grünkreuz über den Sonderbeauftragten an den Präsidenten der UniBwH zur kurzfristigen Stellungnahme. Dieser zog den Kanzler hinzu. Gemeinsam verfassten sie eine Replik auf meine Kritikpunkte. Über den Sonderbeauftragten wurde mir diese zugänglich gemacht. Sie war dreist! So viele Nicht- bzw. Falschaussagen habe ich selten auf einem einzigen Blatt Papier gelesen. Andererseits wurde es mir dadurch leicht gemacht, nochmals Stellung zu beziehen. Ich opferte hierfür ein Wochenende und sandte mit einer Reihe erklärender und erhellender Anlagen meine Stellungnahme nunmehr über den Sonderbeauftragten an den Minister. Bei einem privaten Treffen in Bonn wurde mir bedeutet, dass es nunmehr für den Präsidenten eng würde. Er hatte aber Glück. Die Sommerferien und die anschließende Bundestagswahl, die zu einer neuen Regierung führte, rettete den Präsidenten vor drohenden Unannehmlichkeiten!

Die Angelegenheit hatte hochschulintern noch ein delikates Nachspiel. Obwohl die Anonymität, meine Person betreffend, gewahrt blieb, tippte der Kanzler wegen des Duktus und der Hintergrundinformationen in den Berichten an den Minister auf mich. Er sprach deshalb einen seiner Mitarbeiter, der mir sehr gut bekannt war, an und bat ihn, mich auszuhorchen, ob ich an den Minister geschrieben hätte. Wenn ja, wäre es für ihn (den Kanzler) nützlich, Kopien des Schriftwechsels zu bekommen. Der Mitarbeiter sprach mich an und fügte aber sogleich hinzu, dass er nicht beabsichtige, mich auszuhorchen, er wolle mich vielmehr über das Anliegen des Kanzlers, dessen Vorgehensweise er nicht teile, (inoffiziell) informieren. Wir beschlossen, Kanzler und Präsident vorzuführen. Ich diktierte meiner Sekretärin unter dem alten Datum einen neuen Brief mit anderem Inhalt an den Minister und zog von diesem eine Kopie. Diese übergab ich dem Mitarbeiter, der sie an den Kanzler weiterreichte. Leider waren wir nicht zugegen, um die ratlosen Gesichter von Präsident und Kanzler beim Lesen meines „Duplikats" zur Kenntnis zu nehmen.

j) Der mit dem Spruch

Einer meiner letzten Studenten, Jahrgangsbester und Marineoffizier, war wegen seiner Studienarbeit, die er in der Industrie angefertigt hatte, zur Abschlussbesprechung in meinem Büro. Nachdem wir fachlich alles geklärt hatten und ich ihn nach einem kleineren Smalltalk verabschiedete, wies ich auf ein Poster auf der Innenseite meiner Tür zum Flur hin und sagte (ohne Hintergedanken): „Na, Herr L., den kennen Sie ja". Es hing dort *Friedrich II.*, etwas von *Andy Warhol* verfremdet im Sinne seines berühmten Posters von *Marilyn Monroe*.

Meine Frau hatte es mir anlässlich eines Besuchs in Schloss Rheinsberg geschenkt. Der Student erwiderte: „Nein, Herr Professor, den kenne ich nicht". Ich war entsetzt und insistierte: „Herr L., Sie sind zwar Marineoffizier, aber den kennt doch jeder Soldat". Der Student überlegte und sagte: „Herr Professor, wenn Sie das so betonen, dann ist es *Goethe*". Etwas ärgerlich entgegnete ich: „Herr L., es ist nicht *Goethe*, es ist *Friedrich der Große*". Darauf der Student: „Herr Professor, wer ist *Friedrich der Große*"? Daraufhin war ich fassungslos. Der Student merkte dies und fügte ergänzend hinzu: „Herr Professor, in Geschichte war ich (leider) nie gut".

Ich entließ den Studenten und riet ihm dringend an, etwas für seine Allgemeinbildung zu tun. Andernfalls würde er - trotz seines hervorragenden Fachwissens - niemals Karriere machen.

Kurz danach erschien der Präsident der Universität in meinem Büro, um mich in einer Personalangelegenheit zu konsultieren. Ich erzählte ihm von dem Vorfall. Er war fassungslos so wie ich. Als er mein Büro wieder verließ und wir auf dem Flur noch einige Worte wechselten, kam mein thailändischer Doktorand aus seinem Büro. Daraufhin meinte der Präsident, wir sollten ihn doch einmal fragen, ob er wüsste, wer auf dem Poster abgebildet sei. Ich öffnete meine Tür und fragte ihn nach der Person auf dem Poster. Sein Gesicht strahlte und er bejahte, die Person zu kennen. Es sei der mit dem Spruch. Der Präsident hakte etwas verständnislos nach. Der Doktorand erwiderte, der Name fiele ihm im Moment nicht ein, aber es sei der mit dem berühmten Ausspruch. Der Präsident fragte nach dem Ausspruch. Darauf der Doktorand: „Er kann mich 'mal am Arsche lecken". Damit waren wir wieder bei *Goethe*.

17. Ehrenpromotion

Als ich Ende 1994 von einer Dienstreise zurück kam, sagte mir meine Sekretärin, dass Herr Kollege *Fiedler* aus Rostock um einen persönlichen Termin offiziell nachgefragt habe. Sie habe an Hand meines Terminkalenders den Termin gleich auf den morgigen Tag festgelegt. Ich freute mich, *O. Fiedler* wiederzusehen und war neugierig, was er wohl auf dem Herzen hatte. Es gab ja an seiner Fakultät noch so viel zu tun!

O. Fiedler kam, wir tranken zusammen einen guten Kaffee, und er brachte das Gespräch sogleich auf den Punkt seiner Reise. Die ingenieurwissenschaftliche Fakultät der Universität Rostock hatte beschlossen, mir wegen meiner wissenschaftlichen Verdienste um die Automatisierungstechnik im allgemeinen und wegen meiner Verdienste um die Universität Rostock bei ihrer Restitution im besonderen die Ehrendoktorwürde zu verleihen. Er sei als Botschafter entsandt, mir dies mitzuteilen. Die Fakultät würde sich sehr freuen, wenn ich die Ehrung annehmen würde. Dann würde der entsprechende Antrag im Akademischen Senat der Universität gestellt. Die Verleihung würde dann sehr kurzfristig erfolgen. Ich war überrascht und gerührt. Im weiteren Gespräch - ich hatte *Fiedler* meine Zusage schon gegeben - ergab sich, dass die Ehrendoktorwürde einen Dr. h.c. betraf. *Fiedler* bemerkte, dass ich etwas mein Gesicht verzog; er fasste nach. Ich sagte, ich sei doch Ingenieur und die Ehrung würde doch auch durch die ingenieurwissenschaftliche Fakultät ausgesprochen. Da wäre doch ein Dr.-Ing. E.h. viel angebrachter. *Fiedler* meinte, darüber habe man in Rostock noch gar nicht nachgedacht. Ich hätte natürlich Recht; wenn er zurückkäme, wolle er sofort veranlassen, dass die Promotionsordnung entsprechend geändert würde. Ich bekäme den Dr.-Ing. E.h..

Die Verleihung wurde auf den 08.02.1995 nachmittags festgesetzt. Als Promotionsvortrag kündigte ich „Automatisierungstechnik als interdisziplinäre Wissenschaft" an. Ich reise mit meiner Frau bereits am Vortage an und fasste in Warnemünde im Hotel Neptun Quartier. Dieses Hotel war mir von meiner früheren Tätigkeit für die Universität Rostock gut bekannt, ich hatte schon mehrfach dort übernachtet. Am nächsten Vormittag gab es einige Interviews mit der „Ostsee Zeitung" und der Zeitung „Norddeutsche Neueste Nachrichten". Es ging im Wesentlichen um meine Meinung zum weiteren Ausbau der ingenieurwissenschaftlichen Fakultät der Universität Rostock. Am Mittag begab ich mich in die Universität, um mir schon einmal die Fazilitäten genauer anzusehen. Obwohl ich das Hauptgebäude der Universität Rostock am Universitätsplatz zuvor schon mehrfach betreten hatte, habe ich den Leitspruch über dem Portal der Universität

DOCTRINA MULTIPLEX
VERITAS UNA

selten so verinnerlicht wie an diesem Tag.

Die Aula war festlich hergerichtet und bald kamen die ersten Gäste. Von Karlsruhe reisten mein Doktorvater, Herr Prof. *Mesch*, und mein damaliger Korreferent, Herr Prof. *Föllinger*, an; die UniBwH hatte einen Bus für die Teilnehmer aus Hamburg spendiert. Nahezu alle Kollegen aus den Ingenieurwissenschaften meiner Hochschule, aber auch zahlreiche Kollegen aus den Geisteswissenschaften kamen zum Festakt. Dazu eine Reihe Militärs und Teilnehmer aus der Verwaltung. Meinen Mitarbeitern hatte ich einen Kleinbus gemietet und die Sekretärin mit einer „Kriegskasse" ausgestattet, damit sie auf der Hin- und Rückfahrt gut einkehren konnten. Weiter kamen viele Kooperationspartner aus Industrie und Wirtschaft, und auch eine Reihe von Kollegen anderer Hochschulen und Universitäten fanden den Weg nach Rostock. Den weitesten Weg hatte mein Freund und Kollege *E. Hofer* zurückzulegen, der in seiner Funktion als Prorektor der Universität Ulm von dort nach Rostock anreiste.

Die Aula füllte sich, es waren ca. 250 Teilnehmer anwesend. Punkt 14:00 Uhr zogen Rektor, Dekan und der Akademische Senat im Ornat in die Aula ein. Das Streichquartett der Hochschule für Musik und Theater eröffnete mit *Mozart*. Anschließend begrüßten Rektor, Prof. Dr. *G. Maess*, und Dekan, Prof. Dr.-Ing. *R. Kohlschmidt*, die Anwesenden. Ich war sehr gerührt und beschämt, als sie mich mit den früheren Ehrendoktoren *C. F. Gauß* und *A. Einstein* in einem Atemzug nannten. Herr Kollege O. *Fiedler* hielt dann eine sehr persönlich gestaltete Laudatio auf mich als Wissenschaftler und (hochschul)politisch agierenden Hochschullehrer. Danach folgte die Verleihung der Ehrendoktorwürde durch Rektor und Dekan. Nachdem das Fotoshooting beendet war, leitete das Streichquartett mit *Mozart* zu meinem Promotionsvortrag über. Ich referierte über die historische Entwicklung der Automatisierungstechnik als größere Schwester der Regelungstechnik von der prohellenischen Zeit an bis in die Neuzeit. In dieser stellte ich auch einige eigene Entwicklungen in den Mittelpunkt. Nach einer auch gesellschaftspolitischen Einordnung der Automatisierungstechnik gab ich meinen Kollegen in Rostock, vor denen noch ein langer Weg des (Wieder)Aufbaus lag, einen Ausspruch von *Alfred Herrhausen* an die Hand, den dieser nach der Wende (1989) formuliert hatte:

„Dieses Land hat immer noch kluge Köpfe und fleißige Hände, es ist wohlgeordnet und verlässlich, reich an Erfahrung und Kenntnissen, kulturell vielfältig und aktiv - und, was das Wichtigste ist, es ist frei. Lassen wir also alle Larmoyanz beiseite. Um die Herausforderungen, die vor uns liegen, zu meistern, müssen wir uns und unsere Mitbürger motivieren. Motivieren aber kann man nur, wenn man prägende und anregende Ausstrahlung besitzt. Haben Sie schon einmal einen Pessimisten mit Ausstrahlung gesehen?"

Am Ende meines Vortrages spielte nochmals das Streichquartett ein Stück von *Mozart*, Rektor und Dekan sowie der Akademische Senat zogen aus der Aula aus, und wir trafen uns alle anschließend im Konzilszimmer der Universität. Dorthin hatte ich alle Teilnehmer zu einem Empfang mit Speis und Trank eingeladen. Dabei wurden Zeichen gesetzt!

Den weiteren Abend verbrachte ich mit meiner Frau und meinem Bruder und dessen Frau, die beide aus Radevormwald angereist waren, bei einem guten Glas Wein in einem kleinen Rostocker Lokal. So konnte wieder zur Normalität übergeleitet werden.

Nach meiner Rückkehr nach Hamburg gratulierten mir Präsident und Akademischer Senat der UniBwH bei der nächsten Senatssitzung sehr herzlich. Ich war der erste Ehrendoktor unserer Universität; für die Ingenieure bin ich bis heute der Erste und Einzige.

Mit der Universität Rostock habe ich nach wie vor sehr engen Kontakt. Ich bin Mitglied in deren Förderkreis und besuche die Jahresveranstaltungen von Universität und Fakultät. Besonders habe ich mich über das neue Leitmotiv der Universität gefreut, das durchaus im Sinne meiner Schlussworte im Promotionsvortrag mittlerweile

TRADITIO ET INNOVATIO

lautet.

18. Für die Wissenschaft in fremden Ländern, Teil 2

In Kap. 12 habe ich über meine Reisen zu Kongressen und Tagungen bis zum Jahre 1990 berichtet. Nun folgt der Zeitraum von 1990 bis zu meiner Pensionierung in 2004.

18.1 China

Anfang 1993 sprach mich mein Freund *Hans Benke* an, dass er in seiner Firma einige Veränderungen vorhabe und dass er im Hinblick auf diese Veränderungen eine große Asienreise plane. Diese Reise diene zudem einer extensiv angelegten Akquisition für seine Firma. Er würde sich freuen, wenn ich ihn unterstützen könnte. Ich erklärte meine grundsätzliche Bereitschaft und bat ihn, mir seine Pläne zu erläutern.

Er führte aus, dass er sich gesundheitlich nicht mehr so fit fühle und er deshalb einen Beirat für seine Firma einrichten wolle. Ich sollte in diesem Beirat mitwirken bzw. seine Leitung übernehmen. Ich stimmte zu. Des Weiteren ergänzte er, dass er einen seiner Söhne in die Firma als möglichen Geschäftsführer einstellen wolle. Dieser sei Kaufmann und derzeit in Hongkong für ein Hamburger Import-/Exportunternehmen tätig. Er sei sich allerdings nicht sicher, ob sein Sohn der ihm zugedachten Aufgabe gerecht werden könne. Bei der geplanten Asienreise solle er zu uns stoßen und ich ihn unter meine Fittiche nehmen. Ich sollte ihn genau beobachten und nach der Reise *Hans Benke* berichten, was ich von ihm hielte. Auch hier stimmte ich zu.

Ende Juni 1993 starteten wir, *Hans Benke*, ein amerikanischer Freund von ihm (Elektroniker) und ich mit Lufthansa 1. Klasse nach Seoul in Südkorea. Wir verbrachten das Wochenende in einem ruhigen Landhotel im Hinterland von Seoul und bereiteten uns auf die am Montag mit mehreren koreanischen Firmen beginnenden Akquisitionsverhandlungen vor. Die Verhandlungen verliefen gut und wir reisten Mitte der Woche nach Tokio weiter. Dort stieß *Benke Junior* zu uns. Die Verhandlungen mit den japanischen Firmen verliefen zäh, über Absichtserklärungen kamen wir leider nicht hinaus. Über das Wochenende sahen wir uns Tokio an und flogen dann am Sonntagabend nach Peking weiter. Hier stiegen wir in einem Fünfsternehotel ab; es gehörte der Roten Armee und stand unter deutscher Leitung. Am Montag verhandelten wir im chinesischen Wirtschaftsministerium und reisten am Dienstag nach Lanzhou weiter, ca. drei Flugstunden westlich von Peking. Dieser Flug war ein Abenteuer für sich. Neben exotisch aussehenden Mitreisenden waren auch Kleintiere (Karnickel, Hühner, …) unsere Reisebegleiter. Zudem mussten wir kräftig „schmieren", um die uns zugesagten Tickets auch zu erhalten. Ziel in Lanzhou war das dort ansässige Kombinat für Petrochemie, mit 15.000 Beschäftigten, eigenem Hotel, eigenem Krankenhaus und eigener Hochschule seinerzeit eines der größten chinesischen Kombinate überhaupt. Wir wurden als Staatsgäste eingestuft. Entsprechend war der Empfang am Flughafen. Wir wurden in eine Staatskarosse (mit zugezogenen Gardinen an den Fenstern) verladen und ab ging es in das firmeneigene Hotel. Die ca. 15minütige Fahrt verlief geradezu halsbrecherisch, wir kamen gleichwohl gesund dort an. Wir bezogen unsere Zimmer auf einer gesonderten Etage (alles sehr ordentlich), am Aufgang bewacht durch einen Polizisten. Es gab dann ein offizielles Abendessen, bei welchem uns *Mr. Meng* vorgestellt wurde, unser Begleiter für die nächsten zehn Tage. Am Mittwoch begannen wir ein siebentägiges Seminar abzuhalten über moderne Automatisierungstechnik in der Petrochemie. Wir hatten ca. 100 Zuhörer, vom Werksdirektor über die Chefingenieure und Ingenieure bis zum Lehrling war alles vertreten. Das Seminar kam sehr gut an. Nach seinem Abschluss wurde an den restlichen Tagen hart um Aufträge verhandelt. Es gab für *Hans Benke* volle Auftragsbücher. Zum Abschluss der Verhandlungen, es war auch unser letzter Tag in Lanzhou, wurde für uns ein Bankett ausgerichtet. Es firmierte unter „Dancing Ball". Nach einem opulenten Abendessen begann ein wüstes Gelage, bei der es unsere Gastgeber darauf anlegten, uns unter die Tische zu „saufen" - mit Bier und einem übel riechenden chinesischen Schnaps. *Benke Junior* hatte uns allerdings so gut auf das Ereignis vorbereitet, dass als erster *Mr. Wang*, unser chinesischer Vertragspartner, umkippte. Dann begann die Tanzparty. Die Tanzpartnerinnen wurden dabei nach Rang des Betroffenen zugewiesen. Ich war nach *Mr. Wang* und *Hans Benke* die Nummer drei in der Hierarchie. Es wurde alles sehr anstrengend, da wir zusätzlich den Ausfall von *Mr. Wang* auszugleichen hatten. Wir haben aber dennoch alles gut überstanden.

Am nächsten Tag reisten wir nach Peking zurück und verbrachten dort noch privat einige Tage, um uns Peking anzusehen und um natürlich einen Ausflug zur chinesischen Mauer zu machen. Alles sehr eindrucksvoll! Als letzte Etappe unserer Asienreise war Hongkong vorgesehen. Leider musste dieser Abstecher wegen eines Unwetters ausfallen. Wir buchten um und flogen von Peking über Moskau zurück nach Deutschland. Da wir zwei Tage früher als geplant zurückgekehrt waren, mieteten wir uns für diese zwei Tage inkognito in einem Reinbeker Hotel ein und bereiteten dort die Reise nach. Dabei konnte ich *Hans Benke* empfehlen, seinen Sohn als Geschäftsführer in seine Firma zu holen.

18.2 Australien

Gerade aus Fernost zurückgekehrt, durfte ich Ende Juli 1993 gleich wieder die Koffer packen, um nach Sydney zu fliegen. Dort fand der 12. IFAC-Weltkongress statt. Es ist dies die Weltjahrestagung der Regelungstechniker, die im dreijährigen Turnus abgehalten wird. Länder und Kontinente werden dabei - wie bei Fußballweltmeisterschaften - immer gewechselt. Das internationale Board achtet streng auf eine gerechte Verteilung der jeweiligen Veranstaltungsorte.

Ich hatte in Sydney einen angenommenen Vortrag zur Sensorfehlerdetektion bei Gasturbinen mit wissensbasierten Methoden. Mein Mitarbeiter *M. Fiedler* hatte wenige Tage zuvor einen Vortrag über unser Projekt der Untersuchung von Zellkulturen auf der 2. Internationalen Konferenz über Modellierung und Simulation in Melbourne zu halten. Ich bat ihn deshalb, nach seinem Vortrag von Melbourne nach Sydney zu kommen, um hier einen Vortrag über komplexe Probleme bei Verkehrsregelungen für meinen Kollegen *Cremer* zu übernehmen, der wegen einer schweren Erkrankung die Reise von Hamburg nach Australien nicht antreten konnte. *Fiedler* machte das prima und hatte so die Gelegenheit, sich als Nachwuchswissenschaftler international zu profilieren. Auch mein Vortrag fand eine ausgesprochen gute Resonanz, so dass wir insgesamt einen erfolgreichen Kongressbesuch vorweisen konnten.

Auch wenn ich nur wenige Tage in Sydney war und der Kongress mich stark in Anspruch genommen hat, gab es etwas Zeit, sich diese schöne Stadt etwas näher anzusehen: Oper, Hafen mit Harbour Bridge, Zoo, King's Cross Viertel, Bondi Beach, … . Insgesamt eine sehr schöne Stadt; gerade der Wechsel zwischen modernen - architektonisch gut gelungenen - Zweckbauten und Gebäuden im viktorianischen Stil fasziniert.

Am vorletzten Tag meines Aufenthalts in Sydney war ich außerhalb der City mit meinem Kollegen und Freund *E. Hofer* am Pazifik zum Dinner verabredet. Wir genossen den Abend bei einem guten Steak und gutem australischen Chardonnay. *E. Hofer* begab sich nach dem Essen zurück in sein Hotel, um seinen am nächsten Tag stattfindenden Vortrag vorzubereiten. Ich setzte mich an den Strand und beobachtete den südlichen Sternenhimmel. Natürlich interessierte mich besonders das Kreuz des Südens mit seinen vier Hauptsternen (Acrux, Becrux, Gacrux und Decrux) und dem fünften kleineren Stern (Epsilon Crucis). Ich konnte mir gut vorstellen, dass die europäischen Seefahrer beim Befahren der südlichen Meere im 16. Jahrhundert darin das Kreuz des christlichen Glaubens sahen, zumal die senkrechte Achse des Kreuzes zum südlichen Himmelspol zeigt. Das Kreuz hat Eingang in die australische Flagge gefunden und auch in die Flaggen anderer Länder (Neuseeland, Brasilien, Samoa, Papua-Neuguinea) sowie in die Flaggen einiger australischer Bundesstaaten.

Meine Beobachtungen führten bei mir zu einer großen inneren Ruhe und Ausgeglichenheit. Der Blick in die Unendlichkeit erfüllte mich mit Demut, gleichwohl fühlte ich mich geborgen. Es entstanden Bilder von der Heimat in Deutschland, von den verstorbenen Eltern, von Freunden. Alles verschmolz zu einer Einheit; ich war einerseits Mittelpunkt und andererseits Randfigur unter dem Firmament der südlichen Himmelshalbkugel. Ich saß so mehrere Stunden und ordnete mein Gedanken und prüfte meine Empfindungen und Gefühle. Ich bestimmte meinen Standort. Weit nach Mitternacht kehrte ich sehr zufrieden und gefestigt in mein Hotel in Sydney zurück.

Auf dem Rückflug von Australien habe ich mir einen zweitägigen Stopover in Bangkok gegönnt. Über eine Stadtrundfahrt mit einem gemieteten Taxi bekam ich einen kleinen Überblick über diese lebensfrohe Stadt. Ich entschied, dort muss ich noch einmal hin. Es sollte allerdings bis 2005 dauern, ehe ich meinen Wunsch realisieren konnte.

18.3 Japan

1994 hatte ich eine Einladung zur Asian Control Conference (ASCC) in Tokio. Ich hatte dort zwei Vorträge zu halten. Einen über unser Projekt der Modellierung und der Simulation des Wachstums von Zellkulturen und einen über die messwertgestützte Modellierung bei Gasturbinen mit fehlerbehafteten Referenzmessungen. Die Tagung fand in einem Konferenzzentrum an der Peripherie von Tokio statt. Es war nicht einfach, vom Flughafen aus mit der Schnellbahn in einer ca. 60minütigen Fahrt nach dort zu gelangen. Da die Stationen nicht in Englisch ausgeschildert waren, musste man genau zählen, um den Ausstieg nicht zu verpassen. Die Tagung selbst war gut organisiert und auch inhaltlich von ordentlichem Niveau. Allerdings war die Teilnahme von „Langnasen" gering, die Asiaten waren weitgehend unter sich. Ich konnte von meinen Forschungsergebnissen zwar eine Menge weitergeben, umgekehrt war der Gewinn an Erkenntnissen für mich selbst eher spärlich. Dafür hatte ich an anderer Stelle großen Erfolg.

Ich nahm die Gespräche aus dem Jahr vorher, als ich mit *Hans Benke* in Tokio auf Akquisitionsreise war, wieder auf. Ich bestellte die Vertreter der betreffenden japanischen Firmen in mein Hotel und verhandelte mit ihnen hart um die bisher nicht erteilten Aufträge - und es klappte. Mit zwei ordentlichen Aufträgen kehrte ich nach Hamburg zurück. Mit der von *Hans Benke* gezahlten Prämie konnte ich sehr gut meine Reise im Nachgang finanzieren - es blieb auch noch etwas zur anderen Verwendung übrig.

18.4 Finnland

1997 wurde wieder ein größeres Reisejahr. Zunächst besuchte ich eine Gasturbinentagung in Helsinki. Auf diese Reise hatte ich mich besonders gefreut. Zum einen hatte ich wissenschaftlich brandneue Forschungsergebnisse vorzutragen, es war uns nämlich gelungen, die GPA auf den instationären Betrieb von Gasturbinen und auch von Flugtriebwerken auszudehnen, was die Mess- und Beobachtungszeiten bei der Diagnose deutlich verkürzte, und zum anderen hatte ich mir schon immer einmal gewünscht, dieses Land der ehemaligen Langlaufnation in der Leichtathletik (*H. Kohlemainen, P. Nurmi, L. Viren*, ...) näher kennenlernen zu können. Die Reise wurde allerdings zu einem sehr traurigen Kapitel in meinem Leben.

Ich war einige Tage vor der Konferenz angereist, hatte mir einen Pkw gemietet und mir Helsinki und Umgebung angesehen. Alles sehr eindrucksvoll. Die Tagung selbst war von hohem Niveau. Während der Vorbereitung zu meinem Vortrag klingelte das Telefon in meinem Hotelzimmer. Die Institutssekretärin war am Apparat und musste mir mitteilen, dass mein Doktorand, Dipl.-Ing. D., durch Suizid aus dem Leben geschieden war. Ich war wie gelähmt, suchte und fand keine Erklärung. Ich bemühte mich, die Angelegenheit zu verdrängen, um erst einmal meinen Vortrag zu halten. Es gelang mir nicht, der Vortrag wurde mäßig, die Diskussion ebenso. Anschließend telefonierte ich mit meinem Institut, es gab aber keine weitergehenden Informationen. Ich brach die Reise ab und flog am nächsten Tag nach Hamburg zurück.

Dipl.-Ing. D. war ein externer Doktorand. Er war Absolvent unserer Universität. Um sich wissenschaftlich weiter zu qualifizieren, hatte er eine berufliche Auszeit genommen und bei mir um ein Thema nachgesucht. Da er Elektrotechniker mit überdurchschnittlichen Informatikkenntnissen war, hatte ich ihm ein Thema zur theoretischen Abrundung der RCS-Berechnung gegeben. Dieses Thema war besonders gut geeignet, auch ohne eine tägliche Anwesenheit im Institut bearbeitet zu werden. Der Doktorand kam gut voran, die Arbeit war in fortgeschrittenem Zustand. Bei unserer letzten Besprechung - wir trafen uns alle ein bis zwei Monate, ansonsten erfolgte die Betreuung telefonisch - hatte ich ihm in Aussicht gestellt, ihm beim nächsten Termin das „Go" zum Abschluss und zum Zusammenschreiben zu geben. Mir war bei der letzten Besprechung an ihm auch nichts Besonderes aufgefallen. Aber wer weiß schon, was sich im Inneren einer geplagten Seele so abspielt. Der Fall ließ sich nicht aufklären; die Witwe meinte, die Ursache sei im Umfeld der Promotion zu suchen, wir tippten eher auf den privaten Bereich. Letztlich war es auch müßig, dem Betroffenen nützte alles Spekulieren nichts mehr.

18.5 Korea

Im Juli 1997 fand die nächste ASSC-Konferenz, nach Tokio (1994) diesmal in Seoul statt. Ich hatte einen Vortrag über die automatische Verfolgung von Zellen bei in vitro Tests unter besonderer Beachtung der Zellteilung zu halten. Außerdem stellte ich in einem zweiten Vortrag erste Ergebnisse zur Modellierung des Blendingprozesses bei der Benzinherstellung auf der Basis neuronaler Netze vor. Die Tagung war insgesamt hochkarätig. Die wissenschaftliche Ausbeute für mich war gut, so dass ich ein deutliches „Benefit" von der Konferenz mit zurück nach Hamburg genommen habe. Einer meiner Techniker ist mit einer Koreanerin verheiratet. Deren Angehörige leben in Seoul. So hatte ich die Gelegenheit, dass mir eine Gymnasiastin aus dieser Familie - sie verfügte über exzellente Englischkenntnisse - Seoul zeigte. Neben dem modernen konnte ich so auch das alte tradierte Seoul kennenlernen. Mich hat die Kultur dieses fernöstlichen Landes sehr beeindruckt. Die Synthese von Wissenschaft und Kunst/Kultur hat natürlich auch immer ihren herausgehobenen Reiz.

18.6 USA

Nachdem die Präsentation der neuen Ergebnisse zur Diagnose des instationären Betriebs von Gasturbinen in Helsinki infolge der geschilderten Umstände nur suboptimal möglich war, habe ich diesbezüglich einen zweiten Versuch bei der XIII. ISABE (International Society for Air Breathing Engines) Konferenz im September 1997 in Chattanooga, TN gestartet. Bei dieser weltweit größten Konferenz über Gasturbinen und Turboflugtriebwerke fand ich ein ungewöhnlich gutes Echo und wurde von einer Reihe von Kollegen und Repräsentanten von Firmen angesprochen; u.a. ergab sich ein Kontakt zur Firma Pratt&Whitney, dem größten US-amerikanischen Hersteller von Turboflugtriebwerken in Hartford, CT, die ich zu einem späteren Zeitpunkt anlässlich einer Reise zur Universität in New Britain, CT auch besuchen konnte. Der Gedankenaustausch war für beide Seiten sehr nützlich.

Bei der Konferenz in Chattanooga gehörte zum Begleitprogramm eine Besichtigung des Arnold Engineering Development Center (AEDC) nahe der Arnold AFB bei Tullahoma, TN. Dieses Test- und Entwicklungscenter der amerikanischen Luft- und Raumfahrttechnik ist in den Aufgaben vergleichbar mit der deutschen DLR, allerdings hat es eine andere Größenordnung. Es beschäftigt über 10.000 Personen, und das Gelände ist so groß, dass die Entfernungen zwischen den einzelnen Testfazilitäten nicht mehr zu Fuß zurückgelegt werden können. Am Eindrucksvollsten wird die Dimension der Anlage an der vorgehaltenen elektrischen Anschlussleistung deutlich: 750 MW. Es ist dies die Leistung eines mittleren Kernkraftwerks!

Die Reise nach Chattanooga nutzte ich zu einem Abstecher nach Monterey an die NPS. Wegen eines weiteren Termins in San Francisco flog ich dann auch von dort nach El Paso - und nicht, wie üblich, von San Jose - , um in El Paso die Luftwaffenmaschine nach Köln zu benutzen. Der Flug nach El Paso gestaltete sich schwierig, da in San Francisco der Flugbetrieb zum Erliegen gekommen war. Ich wurde nach Denver umgebucht. Dort endlich angekommen, musste ich 2 ½ Stunden auf einen Anschlussflug nach El Paso warten. In der Wartehalle fiel mir ein ärgerlich und unschlüssig auf und ab gehender Passagier auf. Ich erkannte in ihm „Stormin' Norman", also den ehemaligen General *H. Norman Schwarzkopf, Jr.*, früherer Kommandeur des United States Central Command (CENTCOM) und Kommandeur der Koalitionstruppen im Zweiten Golfkrieg. Ich sprach ihn an, stellte mich als deutscher Navy Professor vor und bat ihn um ein Gespräch. Er reagierte sehr freundlich und meinte, wir könnten auf diese Weise unsere beider Wartezeiten sinnvoll ausfüllen. Er stellte zunächst einige Fragen zu meiner Person und berichtete mir dann von seinen militärischen Aktivitäten am Golf.

Schwarzkopf wurde 1988 zum General befördert und übernahm zeitgleich das Kommando des CENTCOM. In dieser Verwendung entwarf er vorausschauend für den Fall einer Invasion durch den Irak einen detaillierten Plan zur Verteidigung der Ölfelder am Persischen Golf. Im August 1990 griff dann *Saddam Hussein* tatsächlich Kuwait an und besetzte dieses Land. Daraufhin entsandte der amerikanische Präsident *George Bush* auf Ersuchen von Saudi Arabien im Rahmen der Operation Desert Shield amerikanische Truppen auf die arabische Halbinsel. Im November 1990 verabschiedete der UN-Sicherheitsrat eine Resolution, in der dem Irak eine Frist bis zum 15. Januar 1991 gesetzt wurde, sich aus Kuwait zurückzuziehen. Als dies unterblieb, begann am 17. Januar 1991 unter dem Kommando von General *Schwarzkopf* eine Koalition aus 28 Staaten mit der Operation Desert Storm den Angriff auf den Irak. Der Angriff begann mit massiven Luftschlägen; der dann anschließende Bodenkrieg wurde von *Schwarzkopf* nach dem Prinzip des linken Hakens (left hook) geführt, indem die Truppen der Alliierten die sich in Kuwait befindenden irakischen Truppen zunächst umgingen, in den Irak einmarschierten und sich dann die irakischen Truppen von hinten vornehmen wollten. Der Irak akzeptierte daraufhin die Bedingungen der UNO und begann den sofortigen und bedingungslosen Rückzug aus Kuwait. Auf Weisung von Präsident *Bush* und gegen den ausdrücklichen Rat aller seiner militärischen Berater musste *Schwarzkopf* daraufhin die Kampfhandlungen einstellen. Der Bodenkrieg war damit in nur vier Tagen vorbei. Der Irak war aber nicht besiegt.

Schwarzkopf hielt dies für einen schweren Fehler und kritisierte seinen früheren Präsidenten nicht ohne Bitterkeit. Die Motivation von *Bush* war, einen funktionsfähigen Irak als Gegengewicht zum Iran zu erhalten und im Irak einen möglichen Bürgerkrieg zu vermeiden. Zudem war er der naiven Ansicht, dass *Saddam Hussein* die erteilte Lektion wohl verstanden haben würde. Welch ein Irrtum!

Schwarzkopf hielt mir gegenüber dagegen, dass man einen Diktator immer vollständig besiegen müsse. Er griff dabei auf den bedeutendsten preußischen Heeresreformer und Militärtheoretiker, *Carl P. G. von Clausewitz* (1780-1831), zurück und auf dessen in seinem Hauptwerk „Vom Kriege" niedergelegte Thesen. Demnach ist ein Krieg erst gewonnen, wenn

1. die gegnerische Streitmacht besiegt,
2. das Territorium des Gegners in Besitz genommen,
3. dem Gegner der eigene Wille aufgezwungen, sprich: Das gewünschte politische System installiert worden ist. Die Alliierten haben dies 1945 mit Deutschland entsprechend praktiziert.

Das hochinteressante Gespräch mit *Schwarzkopf* endete mit Themen zu Deutschland; er war Anfang der 80er Jahre als Brigadier General in Mainz stationiert, und mit Themen zu den Ingenieurwissenschaften, denn Schwarzkopf graduierte 1956 in West Point mit dem Bachelor of Science in Maschinenbau und erwarb 1964 an der University of Southern California den Master in Maschinenbau. Zudem lehrte er in den 60ern an der United States Military Academy Ingenieurwissenschaften.

Fazit (mit Matthias Claudius):

Wenn jemand eine Reise tut,

so kann er was erzählen.

...

18.7 Indonesien

Im April 1999 fand auf der Insel Bali die 4. Konferenz der asiatischen Wissenschaftler auf dem Gebiet der Kosmetik statt. Die Firma BDF war der Meinung, dass wir dort unsere gemeinsam erarbeiteten neuesten Ergebnisse zur Hautforschung vortragen sollten. Ich wurde gebeten, die Präsentation zu übernehmen. Ich meldete deshalb einen Vortrag zur Modellierung und Analyse der kosmetischen Behandlungseffekte auf der menschlichen Haut an. Der Vortrag wurde angenommen und mir gleichzeitig noch eine „Chairmanship" verpasst. Ich verhehle nicht, dass mich neben der Wissenschaft natürlich auch der Tagungsort sehr reizte!

Am Flughafen Denpasar auf Bali angekommen, musste zunächst das mehr oder weniger offene „Handaufhalten" von Grenzbeamten und Zoll abgewehrt werden. Dann ging es mit dem Taxi in das gebuchte Hotel, 5 Sterne, in jeder Beziehung top. Da ich einige Tage Vorlauf bis Tagungsbeginn hatte, konnte ich das Hotel mit seinen diversen Möglichkeiten voll genießen.

Die Tagung selbst war gut organisiert und wissenschaftlich auf ordentlichem Niveau. Mein Vortrag kam gut an und in der Diskussion wurde ich bei speziellen biochemischen Fragestellungen durch *Udo Hoppe* von BDF unterstützt, der zwischenzeitlich auch noch zur Tagung angereist war. Es gab eine Reihe interessanter wissenschaftlicher, aber auch kommerzieller Kontakte und *Udo Hoppe* traf auch viele Wissenschaftler aus seiner „scientific community". Am Ende der Tagung hängten wir noch zwei Tage an, mieteten uns ein Taxi und erkundeten Bali. Neben der exotischen Landschaft interessierten uns vor allem Kunst und Kultur fernab vom Touristenrummel. Die Rückreise habe ich mit einem Stopover für zwei Tage in Singapur unterbrochen. Dieser hightech Stadtstaat hat mich als Ingenieur sehr angesprochen. Ordnung und Disziplin waren sehr wohltuend, allerdings fehlte in Teilen auch etwas die Atmosphäre.

18.8 USA

Ende der 90er Jahre verschob sich der Schwerpunkt in der Forschung bei meiner Arbeitsgruppe stark in Richtung Bildverarbeitung. Das bedeutete natürlich, dass man die entsprechenden Konferenzen besuchte, um seine Forschungsergebnisse der interessierten Fachwelt zur Diskussion zu stellen. Das Mekka auf diesem Gebiet ist die Jahrestagung der Society of Photographic Instrumentation Engineers (SPIE), die unter dem Schwerpunkt Optics & Photonics in der Regel Ende Juli in San Diego, CA stattfindet.

Bei unserem ersten Beitrag 1999 fand die Konferenz wegen der zeitgleichen Convention der Republikaner, die das Konferenzzentrum in San Diego belegten, in Denver, CO statt. Ich hatte mit meinem Mitarbeiter *Ch. Hof* einen gemeinsamen Vortrag zur Analyse der Oberfläche der menschlichen Haut (mit optischen Methoden der Bildverarbeitung). Um Erfahrung zu sammeln - der Chef konnte es ja schon - musste *Ch. Hof* vortragen. Er hat es sehr gut gemacht, was uns ermutigte, die Konferenz im Folgejahr wieder zu besuchen. Diese fand nun wieder in San Diego statt. Wir hatten hier zwei Beiträge. Mein Mitarbeiter H. *Hopermann* trug mit der Vektorverschiebemethode zur Vermessung der Topographie der menschlichen Haut über Teile seiner Dissertation vor, ich griff nochmals die Analyse der kosmetischen Behandlungseffekte, diesmal mit optischen Methoden, auf. Beide Vorträge fanden eine sehr gute Resonanz. Infolgedessen gönnten sich *Hopermann* und ich noch einige Tage in San Diego und Umgebung, bis es mit der Luftwaffe nach Deutschland zurück ging. Auch wegen seines guten Vortrages hatte ich *Hopermann* am Ende der Konferenz zu einem Dinner im Hafen von San Diego eingeladen. Ziel war ein Fischrestaurant der gehobenen Kategorie. Was ich infolge der Beanspruchung durch die Konferenz nicht bedacht hatte, war eine Reservierung vorzunehmen. So standen wir nun im Foyer des Restaurants, das Restaurant war bis auf den letzten Platz gefüllt und die „waiting line" betrug ca. 20 m. Die Empfangsdame beschied *Hopermann* bei seiner Nachfrage, dass wir mindestens 2 Stunden warten müssten, wenn wir denn überhaupt noch eine Chance bekämen. *Hopermann* war enttäuscht und traurig, ich wütend - auch wegen meiner Nachlässigkeit. Wir beratschlagten. Ich schlug eine Kriegslist vor. Ich ging an der waiting line vorbei und sagte nassforsch zur Empfangsdame: „Bush, party for two. We are relatives of the President of the United States. It's urgent, we have later on this evening an important meeting". Die Dame war überrascht, aber in 15 Minuten hatten wir einen besten Tisch. Natürlich machte nach unserer Rückkehr nach Hamburg die Geschichte im Kreis der Assistenten und Mitarbeiter, aber auch darüber hinaus, ihre Runde. Kommentar: *Lunderstädt* sollte Politiker werden!

Es heißt, aller guten Dinge sind drei. Deshalb fuhr ich 2001 nochmals mit zwei Mitarbeitern zur SPIE nach San Diego. *Ch. Hof* trug über die Anwendung der Wavelet-Transformation zur Beschreibung der Hautoberfläche vor und *Th. Heinrich* über die Quantifizierung der mechanischen Eigenschaften der menschlichen Haut in vivo. Unser Team war nun schon in den dortigen Fachkreisen bekannt und es gab für beide Vortragenden (und damit auch für den Chef) großes Lob.

Es war dies meine letzte dienstliche Reise in die USA und meine letzte dienstliche Auslandsreise überhaupt. Langsam galt es, Abschied zu nehmen.

19. Abschied aus dem aktiven Dienst

Das Beamtengesetz schreibt vor, dass nach Abschaffung der Emeritierung jeder Hochschullehrer mit Ende des Monats, in dem er das 65. Lebensjahr vollendet, „wie jeder Briefträger" in den Ruhestand geschickt wird - egal, ob er das will oder ob das sinnvoll ist. Ich wurde am 20. Januar 2004 65 Jahre alt, musste also am 31. Januar 2004 gehen. Da dies ein Samstag war, musste ich zum 30.01. meine Sachen gepackt haben.

19.1 Abschiedsveranstaltung

Der 30.01.2004 war, um es mathematisch zu formulieren, für mich ein Fixpunkt. Ich konnte mich also gut darauf vorbereiten. Da ich mich zuvor über einige wissenschaftsfeindliche Entscheidungen des BMVg und auch der Hochschulleitung geärgert hatte, wollte ich zunächst still gehen. Meine Kollegen und Freunde meinten allerdings, dies könnte als „Fahnenflucht" ausgelegt werden, zudem entspräche es nicht meinem Naturell. Mich überzeugte das.

Ich bat den Sprecher des Fachbereichs, meine Verabschiedung auf den 29.01.2004 um 16:30 Uhr einzuplanen. So hatte ich am 30.01. noch genügend Zeit, bei der Verwaltung die notwendigen Formalien zu erledigen (Schlüssel und Dienstausweis abgeben, Drittmittelprojekte abzeichnen, Büromaterial und Bücher übergeben, …). Der Termin der Verabschiedung wurde acht Wochen im Vorhinein angekündigt. Nun ging es um die Ausgestaltung. Ich entschied mich beim Ablauf der Veranstaltung für eine klassische Ausgestaltung: Begrüßung durch den Sprecher, Laudatio, Abschiedsvorlesung, Empfang und musikalische Umrahmung durch das Universitätsorchester. Auch bei der Gästeliste war ich mir schnell im Klaren: Mitarbeiter und ehemalige Mitarbeiter/Doktoranden, Kollegen, Geschäftsfreunde, Hochschulleitung, meine Studenten aus der Vertiefung des letzten Jahrgangs, enge Freunde. Immerhin 250 Personen bei einem Fassungsvermögen des Hörsaals von reichlich 200. Den Empfang wollte ich in einem der Komplexräume ausrichten, wobei hierfür das Offiziersheim die Regie übernehmen sollte.

Für Management und Choreographie der Veranstaltung nahm ich mich selbst in die Pflicht, wobei ich in meiner Sekretärin eine große Unterstützung hatte. Für den Blumenschmuck im Hörsaal in den Farben derer *von Lonerstadt* sorgte meine Ehefrau.

Am 29.01. gegen 15:30 Uhr kamen die ersten Gäste, alle bepackt mit Geschenken, obwohl ich mir ausdrücklich Geschenke verbeten hatte. Es ergab sich geradezu ein Warenlager an Wein und „hard liquor" und ich hatte Mühe, dies alles am nächsten Tag abzutransportieren.

Der Hörsaal füllte sich, die Plätze reichten nicht aus, es mussten die seitlichen Treppen als Notsitze herhalten. Dies tat aber der Stimmung keinen Abbruch, im Gegenteil, es stellte Universitätsatmosphäre her.

Nach dem musikalischen Auftakt hielt der Sprecher, Herr Kollege *Lammering*, seine Begrüßungsansprache, wobei er besonders meine Aktivitäten und Leistungen der letzten Jahre an der HSU in den Mittelpunkt stellte. Herr Kollege *Fiedler* aus Rostock befasste sich in seiner Laudatio über das Fachliche hinaus mit mir als Sportler (mit Bildern aus der Jugendzeit), als Hochschulpolitiker und als Nachfahre vom Ritter mit der eisernen Hand. Ich selbst hatte als Thema für meine Ausführungen

„Das Prinzip der Rückkopplung in Natur, Technik und Wirtschaft"

gewählt. Nach einigen einführenden Bemerkungen mein Handeln als Hochschullehrer betreffend, gab ich einen kurzen historischen Abriss über die Automatisierungstechnik im Allgemeinen und die Regelungstechnik im Besonderen. Das Prinzip der Rückkopplung wurde dabei an einfachen Beispielen aus Biologie, Medizin, Wirtschaft und Technik erläutert, wobei ich auf den Philosophen *A. Schopenhauer* (1788-1860) mit seinem Stachelschwein-Dilemma zurückgegriffen habe. Dann wandte ich mich der Populationsbiologie zu. Ausgehend von ihrer klassischen Formulierung durch *Lotka-Volterra* wies ich auf weitere Anwendungen in der Chemie, der Spieldynamik und der Genetik sowie der Evolution hin. Zum Schluss meiner Ausführungen nahm ich noch einige Bemerkungen zur Situation der deutschen Universitäten in den Fokus. Es war mir dabei ein Anliegen, auf den gesellschaftlichen Wandel hinzuweisen, nämlich vom stoischen zum epikureischen Verhalten, den man auch im Mikrokosmos der Universitäten wiederfindet.

Während des Empfangs wurden weitere Grußadressen ausgetauscht und auch weitere Geschenke wechselten den Besitzer. Ich konnte Kollegen von 10 Universitäten (Bremen, Hannover, Hamburg-Harburg, Ilmenau, Karlsruhe, Magdeburg, Rostock, Stuttgart, Ulm, Wuppertal) begrüßen und von meinen damals 30 durch mich promovierten Mitarbeitern und Doktoranden waren 23 anwesend, davon einer zu meinen Ehren extra aus den USA eingeflogen, wo er als Leiter einer großen Firma tätig war.

Ein besonderes Geschenk machten mir meine Studenten, die mich als USA-Fan kannten, mit einem PKW-Schild aus Texas mit der Aufschrift

LU 4 EVER.

Der Empfang endete - wie vorgesehen - gegen 19:30 Uhr. Anschließend waren meine Mitarbeiter und ehemaligen Mitarbeiter (mit Ehefrauen), engste Freunde und mir besonders nahestehende Kollegen zu einem festlichen Dinner in das Offiziersheim von mir eingeladen. Auf dem Weg dorthin geleiteten mich meine Studenten in Uniform und unter Fackeln über den Campus. Es war dies für mich die höchste Ehre und der größte Dank, der einem Hochschullehrer zu Teil werden kann.

Im Offiziersheim haben wir nach dem Dinner und dem Austausch weiterer - in Teilen launiger - Grußadressen bis hin zum „Abwinken" gefeiert.

19.2 Reflektionen

Ich habe während meiner beruflichen Tätigkeit, mit dem Schwerpunkt an der HSBwH/UniBwH/HSU, viele Personen und Persönlichkeiten kennengelernt und bin mit vielen kleineren und größeren Ereignissen konfrontiert worden. Einige Personen und Ereignisse wurden zuvor genannt. Im Sinne einer abschließenden - auch wertenden - Nachlese will ich hierauf nochmals zurückkommen. Insbesondere möchte ich aber zunächst an meine Ausführungen in Kapitel 7.1 anknüpfen.

a) Historischer Rückblick

Die strukturelle Entwicklung deutscher Streitkräfte in den letzten 200 Jahren ist durch drei wichtige Ereignisse gekennzeichnet:

1. Die preußische Heeresreform

Nach dem Frieden von Tilsit (1807) mit seinen harten Bedingungen wurden in Preußen umfassende Reformen eingeleitet. Ein Teil von ihnen war die Heeresreform, die unter der Leitung von *Gerhard von Scharnhorst* (1755-1813) in den Jahren 1807 bis 1813 durchgeführt wurde. *Scharnhorst* griff dabei auf Modernisierungsmaßnahmen des Grafen *Wilhelm von Schaumburg-Lippe* (1724-1777) zurück, die dieser in seiner Grafschaft bereits vorab in seinem Heer eingeleitet hatte. Wesentliche Stichworte hierzu sind:

- Öffnung des Offizierskorps auch für Bürgerliche,
- Beförderung nicht nach Stand sondern nach Leistung,
- Abschaffung der Prügelstrafe,
- Einführung einer neuen Exerzierordnung,
- Schaffung des Volksheeres (*Scharnhorst*: Alle Bewohner eines Staates sind geborene Verteidiger desselben),
- Einführung des Krümpersystems, um die durch *Napoleon* festgesetzte Begrenzung der Präsenzstärke des preußischen Heeres zu umgehen, was faktisch die Einführung der allgemeinen Wehrpflicht bedeutete.

Die in ihrer Struktur moderne Armee geht also auf *Scharnhorst* zurück, wobei diesem auch bereits eine akademische Ausbildung für Offiziere vorschwebte. Diese musste allerdings noch lange auf sich warten, wie sich auch die Öffnung des Offizierskorps für Bürgerliche nur sehr schleppend vollzog. Trotz der durch *Scharnhorst* angestrebten Professionalisierung der militärischen Führer standen an der Spitze der militärischen Ideale noch lange und weitgehend ausschließlich: Disziplin, Genauigkeit, Ordnung und Befehl; dies weit vor persönlicher Initiative, Verantwortung und auch Fachwissen. So geriet das tradierte Führungssystem bald in Schwierigkeiten, seinen Nachwuchs quantitativ und qualitativ zu decken.

2. Kaiserlicher Erlass vom 29. März 1890

Zur weiteren Umsetzung von Reformen und dem Ausbau des Heeres in Preußen und im gesamten Deutschen Reich diente die Kabinettsorder von *Wilhelm II.*, die dieser kurz nach der Entlassung von *Bismarck* erließ. Aus dieser sei auszugsweise zitiert: „ ... Der gesteigerte Bildungsgrad unseres Volkes bietet die Möglichkeit, die Kreise zu erweitern, welche für die Ergänzung des Offizierskorps in Betracht kommen. Nicht der *Adel der Geburt* allein kann heutzutage wie vordem das Vorrecht für sich in Anspruch nehmen, der Armee ihre Offiziere zu stellen. Aber der *Adel der Gesinnung*, der das Offizierskorps zu allen Zeiten beseelt hat, soll und muss demselben unverändert erhalten bleiben. Und das ist nur möglich, wenn die Offiziersaspiranten aus solchen Kreisen benannt werden, in denen dieser Adel der Gesinnung zu Hause ist ...".

Es entstand so der Begriff von den erwünschten Kreisen!

Wilhelm II. präzisierte: „ ... Neben den Sprossen der adligen Geschlechter des Landes, neben den Söhnen meiner braven Offiziere und Beamten, die nach alter Tradition die Grundpfeiler des Offizierskorps bilden, erblicke ich die Träger der Zukunft meiner Armee auch in den Söhnen solcher ehrenwerten bürgerlichen Häuser, in denen die Liebe zu König und Vaterland, ein warmes Herz für den Soldatenstand und christliche Gesittung gepflegt und anerzogen werden...".

Da humanistisches Bildungsideal angesagt war, fällt in diese Zeit auch erneut die Forderung nach dem Abitur für den Offiziersnachwuchs, nachdem diese bereits 1871 erstmals erhoben worden war. Zu den Bevölkerungsschichten, die traditionsgemäß - wie Offiziere, Beamte und Gutsbesitzer - den Nachwuchs für das Offizierskorps stellten, kamen nun alle Gruppen der bürgerlichen Oberschicht hinzu. Das so strukturierte Offizierskorps war nahezu ausschließlich protestantisch. Diese Entwicklung hielt bis in das 3. Reich an. *Adolf Hitler* setzte dann einen völlig kastenfreien Zugang zum Offiziersberuf durch; dafür setzte er völkische und rassische Restriktionen. *Hitler* ging sogar soweit, ab 1943 den Offizieren das Führen jeglicher akademischer Titel zu verbieten. Er hob auch das Abitur als formale Voraussetzung für den Offiziersberuf auf.

Nach dem totalen Zusammenbruch von 1945 ergab sich auch für deutsche Streitkräfte ein völliger Neuanfang, als diese unter dem Eindruck des Ost-West - Konfliktes 1955 in Form der Bundeswehr neu aufgestellt wurden. Unter dem Primat der Politik (gegenüber dem Militär) wurde eine Integration von Militär und Gesellschaft angestrebt. Die Ideale „Charakter geht über Leistung" (*Raeder*) und „Eigenschaften des Charakters und des Herzens stehen über denen des Verstandes" (*Guderian*) wurden abgelöst durch die Maßnahmen der „Inneren Führung" mit dem „Staatsbürger in Uniform" im Mittelpunkt. Die schnell aufgebauten Streitkräfte erlangten frühzeitig ein hohes Maß an Professionalität. Gleichwohl zeigte sich Ende der 60er Jahre eine deutliche Strukturkrise der Bundeswehr, die insbesondere im fehlenden Führungsnachwuchs sichtbar wurde. In der damaligen sozial-liberalen Koalition ordnete deshalb der damalige Bundesminister der Verteidigung, *Helmut Schmidt*, an, Bildung und Ausbildung in der Bundeswehr neu zu ordnen. Hierzu wurde eine Bildungskommission eingesetzt, die unter Leitung von *Thomas Ellwein* 1970 ihre Arbeit aufnahm und 1971 ihren Abschlussbericht vorlegte.

3. Die Bildungskommission der Bundeswehr

Die Bildungskommission empfahl, und damit bin ich beim dritten und vorläufig letzten bedeutungsvollen Ereignis die Struktur deutscher Streitkräfte betreffend, für alle Berufs- und länger dienende Zeitoffiziere ein obligatorisches Studium einzuführen. Dies führte zur Gründung der beiden Hochschulen der Bundeswehr in Hamburg und München (genauer Neubiberg). Ich habe hierüber in Kapitel 7 und ff. mit spezieller Hinwendung zur Hochschule in Hamburg ausführlich berichtet. Nach einer Tätigkeit von ziemlich genau 30

Jahren an der Hamburger Hochschule stellt sich nunmehr für mich die Frage nach einer kritischen Bilanz.

b) Begegnungen und Bewertungen

Für die beiden Hochschulen der Bundeswehr gab es klare Zielvorgaben, die von allen Beteiligten konsequent und zügig umgesetzt wurden. Es ist wohl einmalig, dass bereits zwei Jahre nach Beschluss zur Gründung von Hochschulen die ersten Studenten ihr Studium aufnahmen und nach weiteren fünf Jahren der Aufbau im Wesentlichen abgeschlossen war. Die Hochschulen der Bundeswehr gliederten sich schnell in das deutsche Hochschulwesen ein. Ihr Ruf ist gut, ihre Leistungen in Forschung und Lehre sind auch international anerkannt. Ihre Absolventen - sei es als Diplomierte oder als Promovierte - gehen ihren Weg bei der Bundeswehr oder in der Wissenschaft, Wirtschaft und Gesellschaft sehr erfolgreich. Für die Zukunft wäre es wichtig, wenn die zu Universitäten avancierten Hochschulen weiter ausgebaut werden könnten und sie von den Sparzwängen des BMVg weitgehend verschont blieben. Auch wünschte man ihnen im Rahmen des militärischen Gefüges des BMVg eine größere verwaltungs- und haushaltsmäßige Autonomie. Man sollte überlegen, die beiden Bundeswehruniversitäten in allgemeine Universitäten des Bundes zu überführen. Man könnte auf diese Weise den akademischen Nachwuchs der Bundesbehörden ausbilden und damit für die beiden Bundeswehruniversitäten eine breitere finanzielle Basis schaffen. Ein Vorschlag, der von mir bereits in den 90er Jahren mehrfach den Präsidenten der Hochschule gemacht worden ist. Auch sollte im Rahmen der vorhandenen Ausbildungskapazitäten die Aufnahme ziviler Studenten zielstrebiger verfolgt werden. Hier ist man nach guten Vorsätzen auf halbem Wege stecken geblieben.

Im Weiteren äußere ich mich zu einigen Detailproblemen der Hamburger Hochschule. Meine Bemerkungen basieren auf den Erfahrungen, die ich hier vor Ort sammeln konnte. Übergeordnet gelten meine Ausführungen sicher in Teilen auch für die Schwesterhochschule in München.

b1) Infrastruktur und Beschaffungen

Die HSBwH erhielt bei ihrer Errichtung eine sehr gute Infrastruktur und die Laboratorien wurden sehr gut ausgestattet. Mittlerweile sind die Gebäude in die Jahre gekommen und erfüllen nicht mehr alle Anforderungen für Forschung und Lehre. Es fehlt an Labor- und Bürofläche und die Hochschulbibliothek droht wegen mangelnder Erweiterungsmöglichkeiten ihre Spitzenstellung unter den Universitätsbibliotheken im norddeutschen Raum zu verlieren. Auch mangelt es vor allem für die Studenten nach wie vor an Betreuungsmöglichkeiten. Das Offiziersheim als einzige Betreuungseinrichtung neben den Wohnebenen bedarf einer dringenden Grundüberholung.

Viele Gerätschaften in den Laboratorien sind mittlerweile veraltet und für Spitzenforschung nicht mehr geeignet. Auch wenn von den Professoren über Drittmittel neue Geräte beschafft werden konnten, reicht dies nicht aus, die Grundausstattung zu modernisieren.

b2) Personal

Im Rahmen der Verkleinerung der Bundeswehr und des Abbaus eines zivilen „Wasserkopfes" sehen die Planungen des BMVg vor, den Anteil der Zivilbeschäftigen um mindestens 20 Prozent zu reduzieren. Leider macht man es sich bei dieser Maßnahme wieder sehr einfach, in dem bei bestehenden Einrichtungen und damit auch bei den Hochschulen linear gekürzt wird. Die Hochschulen setzen dies nun so um, dass von unten her Personal abgebaut wird. Das bedeutet, es gibt keine Hausmeister und keinen funktionierenden Hörsaaldienst mehr; es werden die Stellen für das technische Personal in den Laboratorien und den zentralen Werkstätten ausgedünnt, wodurch Lehre und Forschung theorielastig werden. Es werden in den Sekretariaten die Stellen für Schreibkräfte drastisch reduziert. Während ich noch den Vorzug einer ganzen Schreibkraftstelle hatte, teilen sich mittlerweile drei Professoren eine Stelle (und es soll noch schlechter werden!). Damit lässt sich natürlich ein funktionierender Institutsbetrieb nicht aufrecht erhalten. Zudem führt es wegen der teilweisen Dislozierung der betroffenen Professuren zu ihren Sekretariaten zu verwaltungsmäßigem Leerlauf.

b3) Hochschulleitung

Die HSBwH/UniBwH/HSU wird durch einen zivilen Präsidenten geleitet. Zum Präsidium gehören weiter der Vizepräsident, der Kanzler und der Leiter Studentenbereich.

In Deutschland ist es üblich, dass die Universitätspräsidenten nach der Größe ihrer Universität besoldet werden, wobei die Größe an der Anzahl der Studenten gemessen wird. Die Universitäten der Bundeswehr mit ihren 2000 bis 2500 Studenten gehören zu den kleinsten Hochschulen. Die Präsidenten werden folglich nach B4 besoldet, also in etwa wie ein Ministerialrat; in der militärischen Hierarchie ist ihre Besoldung zwischen Oberst und Brigadegeneral/Flottillenadmiral angesiedelt. Da alle größeren Schulen der Bw einen General/Admiral zum Kommandeur haben, sind die Universitäten der Bw im Vergleich schlechter gestellt. Dies hat durchaus Auswirkungen bei der BMVg-internen „Hackordnung". Der Kommandeur der Führungsakademie (FüAk) in Hamburg ist beispielsweise Generalmajor/Konteradmiral nach B7.

Unter diesen Randbedingungen tat sich die HSBwH/UniBwH/HSU stets schwer, hochkarätige Präsidenten zu gewinnen. Prof. *Ellwein* als Gründungs- und erster Präsident der HSBwH hatte noch einen Sondervertrag und seinem Nachfolger, Prof. *Sanmann*, wurde aus seiner Besitzstandswahrung vom Professorenamt her ein über B4 hinaus gehendes Gehalt gewährt. Alle weiteren Nachfolger im Amt blieben auf B4 hängen.

Zu den Präsidenten der HSBwH/UniBwH/HSU muss noch einiges gesagt werden.

Der Gründungs- und erste Präsident, *Thomas Ellwein,* wurde schon mehrfach erwähnt. Er war eine Ausnahmeerscheinung, ohne ihn wäre die Universität der Bundeswehr Hamburg nicht das geworden, was sie jetzt ist. Leider hat er die damalige HSBwH bereits nach einer Amtszeit von 3 Jahren verlassen, obwohl die Präsidenten an den Bundeswehruniversitäten - wie an den öffentlichen Hochschulen auch - für eine Amtszeit von 6 Jahre gewählt werden. *Ellwein* war durch die Ministerialbürokratie des BMVg zermürbt und wechselte auf eine Professur an der Universität Konstanz. Um seine Nachfolge bewarben sich der damalige Vizepräsident der HSBwH, Prof. Dr.-

Ing. *H.- G. Wäßerling*, Inhaber der Professur für Hochfrequenztechnik im Fachbereich ET, und der Ökonom, Prof. Dr. rer.pol. *H. Sanmann*, Inhaber einer Professur für Volkswirtschaftslehre im Fachbereich WOW. Die Ingenieure unterstützten Herrn *Wäßerling*, die Nichtingenieure Herrn *Sanmann*. *Sanmann* wurde mit knapper Mehrheit gewählt. Er gab sich große Mühe, das Amt des Präsidenten für seine Hochschule erfolgreich auszufüllen, wobei ihm dies wegen einer schweren Kriegsverletzung körperlich nicht immer leicht fiel. Als Anhänger einer Ordinarienuniversität tat er sich zudem häufig schwer, bei seinen Gesprächs- und Verhandlungspartnern einen zeitgemäßen Ton zu finden. Gleichwohl beabsichtigte er, am Ende seiner Amtszeit sich erneut um das Amt des Präsidenten zu bewerben. Dies unterband allerdings der damalige Bundesminister der Verteidigung, *Manfred Wörner*, der seiner Hochschule unmissverständlich klar machte, dass er bei einer Wahl von *Sanmann* diesen nicht ernennen würde. Das Vertrauensverhältnis zu ihm sei (auf Grund welchen Ereignisses auch immer) nachhaltig gestört. Der Hochschule gelang es gleichwohl, dem BMVg mit Prof.Dr. *M. Timmermann* von der Universität St. Gallen einen erstklassigen Nachfolger für *Sanmann* vorzuschlagen. *Timmermann* war von allweinschem Zuschnitt. Das merkte auch das BMVg und warb *Timmermann* kurz und bündig als Staatssekretär in das BMVg ab. Die Hochschule wählte daraufhin den amtierenden Vizepräsidenten, Prof.Dr. *H.-H. Homuth* (triple „H"), Mathematiker aus dem Fachbereich ET, zum Präsidenten. Diese Wahl war hochschulintern außerordentlich umstritten, auch ich konnte mich ihr nicht anschließen. Es gab ein sechsjähriges „Gewürge", die Hochschule wurde in dieser Zeit nicht weiter gebracht. Dennoch bewarb sich *Homuth* nach Ablauf seiner Amtszeit erneut um das Amt. Der Akademische Senat beschloss allerdings, seine Bewerbung nicht anzunehmen. Da auch kein anderer geeigneter Bewerber gefunden werden konnte, blieb das Amt wieder beim amtierenden Vizepräsidenten, Prof. Dr. *G. Strunk*, Erziehungswissenschaftler aus dem Fachbereich PÄD, hängen. Diesem rang allerdings der Akademische Senat ab, dass er sich nur als Übergangspräsident zu verstehen habe und nach der Einführung einer beim BMVg beantragten Rektoratsverfassung seinen Sessel wieder räumen müsse. Leider hat er seine entsprechende Zusage nicht eingelöst (s. Kap. 16.2 Punkt i)). Nach Beendigung seiner Amtszeit wurde mit dem Juristen Dr. *H.-G. Schultz-Gerstein* ein auswärtiger Bewerber berufen. *Schultz-Gerstein* war Kanzler der Universität Lüneburg und kannte damit das Hochschulgeschäft. Zudem war er unter *Sanmann* an der HSBwH u.a. Leiter des Senatssekretariats und des Studiensekretariats und war damit auch mit den Besonderheiten einer Universität der Bundeswehr wohl vertraut. Nach meiner Beurteilung hat *Schultz-Gerstein* die Hochschule in seiner Amtszeit durchaus nach vorn gebracht. In seine Amtszeit fällt die Umbenennung in Helmut-Schmidt-Universität (HSU), er hat das Leitbild der Universität durch den Akademischen Senat verabschieden lassen und das neue Logo der Hochschule kreiert. Außerdem stieß er Reformen in der Verwaltung an und hat auch die Fachbereiche zu Reformen stimuliert. Bei einigen meiner Kollegen tat er sich allerdings als „Nichtprofessor" schwer, auch im BMVg hatte er nicht nur Freunde. Letzteres allerdings auch ausgelöst durch einen nicht optimalen Auftritt auf einer Kommandeurtagung der Bw, wo er die Interessen seiner Hochschule etwas zu forsch vertreten hat und was zu einer Rüge durch den damaligen stellv. Generalinspekteur, GenLt *H. Moede*, führte (der Stellvertreter des Generalinspekteurs ist auf der militärischen Seite für die Hochschulen der Bw zuständig).

Wie auch an den öffentlichen Hochschulen, so wird auch an den Universitäten der Bw der Präsident durch den Vizepräsidenten vertreten. Er ist ein aus dem Kollegenkreis durch den Akademischen Senat gewählter Professor. In Hamburg ist es dabei üblich, einen Ingenieurwissenschaftler zum Vizepräsidenten zu wählen, wenn der Präsident Geisteswissenschaftler ist und umgekehrt. Während der Vizepräsident unabhängig von seiner Beratungsfunktion für den Präsidenten ansonsten nur vertretungsweise agiert (Anmerkung: Zwischenzeitlich hat die HSU zwei Vizepräsidenten mit eigenen Zuständigkeitsbereichen), ist der deutlich wichtigere Partner für den Präsidenten der Kanzler. Er ist als der leitende Verwaltungsbeamte für den Haushalt der Hochschule zuständig.

Ich habe während meiner Amtszeit drei Kanzler erlebt. Auf den ersten Kanzler, *K. von Borck-Erlecke*, habe ich bereits in den Kap. 7 und 10 hingewiesen. Nach seiner Pensionierung folgte ihm *H. Fischer* nach. Dieser hochbegabte Schnelldenker verließ die Hochschule zu Beginn der Amtszeit von Präsident *Strunk*, da er mit diesem so seine Probleme hatte. Auf dem Umweg über den Wehrbereich in Kiel machte *Fischer* in Mecklenburg-Vorpommern Karriere. Als Ministerialdirigent (MinDirig) wurde er dort Leiter des Hochschulamtes in Schwerin. Nachfolger von *H. Fischer* wurde *E. Redlich*. Er kam aus der Hochschulgruppe des BMVg und kannte damit die Informationsstränge BMVg - Hochschule und umgekehrt genau. In seinem Verhalten war er durch die Arbeit im BMVg geprägt. Alle Kanzler haben mit mehr oder weniger gutem Erfolg zum Wohle der Hochschule gewirkt, gleichwohl betrieben aber auch alle parallel zum jeweiligen Präsidenten ihre eigene Politik. Mitunter stellte sich dabei durchaus die Loyalitätsfrage.

Weiter wirkt in der Hochschulleitung auch der Leiter Studentenbereich (LSB) mit. Er repräsentiert den militärischen Teil der Hochschule und hatte (und hat) unter dem Wohl des Ganzen speziell die militärischen Interessen zu vertreten. Der LSB ist im Rang eines Oberst/Kpt zS. Die jeweiligen Amtsinhaber wurden durch das BMVg speziell für diese Verwendung ausgesucht; in der Regel hatten sie studiert, teilweise waren sie sogar promoviert. Während einige von ihnen an der Universität ihre Endverwendung hatten, machten andere noch Karriere. Immerhin wurden drei von ihnen Generäle. Natürlich unterlagen die verschiedenen LSBs hinsichtlich ihrer Qualifikation und ihrer Wirksamkeit auch einer gewissen Verteilungsfunktion, aber gleichverteilt gut war stets ihre Loyalität zu Präsident und Hochschule.

b4) Verwaltung, Studenten- und Studentenfachbereich, Geistlichkeit

Zwischen der Verwaltung und dem akademischen Bereich einer Universität besteht an allen Hochschulen ein gewisses Spannungsverhältnis, zu unterschiedlich sind die Denk- und Arbeitsweisen beider Bereiche. Der Verwaltung der Universität der Bundeswehr Hamburg kann man gleichwohl ohne Wenn und Aber bescheinigen, dass sie stets kooperativ und kreativ den akademischen Bereich unterstützt hat (Ausnahmen bestätigen auch hier nur die Regel!). Allerdings war und ist durchaus feststellbar, dass nach Abtreten der Mitarbeiter der ersten Stunde der Service der Hochschulverwaltung sichtlich nachgelassen hat.

Im Studentenbereich (SB) sind - wie bereits erwähnt - die militärischen Aktivitäten der Hochschule zusammengefasst. Dieser gut organisierte Stab hat den akademischen Bereich der Hochschule stets unbürokratisch unterstützt. Zu seinen Leitern, aber auch zu den weiteren Mitarbeitern, hatte ich stets beste Beziehungen. Allerdings stehen auf der Arbeitsebene die Studentenfachbereiche (SFB) dem akademischen Bereich näher, da hier die Schnittstelle zu den Studierenden besteht. Die Maschinenbauer haben mit ihrem Studentenfachbereich MB oder später, nach der Fusion mit dem Studentenfachbereich ET, mit dem Studentenfachbereich A - wie der Studentenfachbereich der Ingenieurwissenschaften nunmehr genannt wird - stets hervorragend zusammengearbeitet. Es hat sich hier zum Wohle der Studierenden, aber auch darüber hinaus, eine echte Symbiose entwickelt. Begünstigt wurde dies durch die Auswahl der jeweiligen Leiter (OTL bzw. FKpt), die durchweg alle selbst Ingenieure waren. Besonders erwähnen möchte ich in diesem Zusammenhang OTL Dipl.-Ing. *Steffek* (späterer Oberst und LSB an der Schwesterhochschule in Neubiberg), Major Dipl.-Ing. *Birk*, OTL Ing. grad. *Tresbach* und OTL Dipl.-Ing. *Friese*, mit denen mich ein besonderes Vertrauensverhältnis verbunden hat. Ergänzend zu unserer Tätigkeit im akademischen Bereich waren wir auch jeweils gemeinsam im Vorstand der Offiziersheimgesellschaft tätig, haben also auch Aufgaben anderer Art für die Gemeinschaft übernommen. *Paul J. Friese* gehört übrigens zum ersten Jahrgang der Absolventen der HSBwH (MB 73) und ist damit einer meiner ersten Schüler, woran man sieht, wie die Zeit vergeht.

Zu einer Einrichtung der Bw gehört auch eine seelsorgerische Betreuung durch die Militärseelsorge. Dies geschieht durch einen evangelischen (ESAK) und einen katholischen (KASAK) Militärpfarrer (ESAK=„evang. Sünden-Abwehr-Kanone"; KASAK= „kathol. Sünden-Abwehr-Kanone"). In den Gründerjahren der HSBws tat sich die evangelische Kirche mit der geeigneten Auswahl ihrer Militärpfarrer sehr schwer. Das ging in einem Fall in Hamburg sogar soweit, dass der Betreffende seine seelsorgerische Betreuungsfunktion darin sah, die ihm anvertrauten Soldaten - unsere Studenten - zur Kriegsdienstverweigerung zu animieren. Ich habe mich daraufhin beim zuständigen Militärbischof beschwert. Dieser schrieb mir einen sehr netten Brief zurück, der damit endete, dass wohl auch bei der Besetzung von Professuren Fehlberufungen unterliefen. Leider könne man diese dann kaum abberufen. Da sei er in einer besseren Position und handelte.

Sehr erfreulich war die Zusammenarbeit mit dem katholischen Militärpfarrer (später Militärdekan) *Appold*. Er hatte das Herz auf dem rechten Fleck und war immer fürsorglich für die Studenten ansprechbar. Er war in allen Lebenslagen ein wirkliches Vorbild! Ich erinnere mich mit großer Dankbarkeit an die vielen Gespräche, die ich mit ihm führen konnte - oft bis weit nach Mitternacht - , sei es über die Hochschule, die Bundeswehr, die Gesellschaft, den christlichen Glauben. Durch ihn wurde es mir als Protestanten möglich, neue Facetten des christlichen Glaubens zu erschließen und insbesondere auch den Katholizismus besser zu verstehen.

b5) Kollegium

Bei aller bekannten Individualität von Professoren waren die erstberufenen Kollegen des Fachbereichs Maschinenbau eine irgendwie verschworene Gemeinschaft. Sie waren alle dem gemeinsamen Ziel verpflichtet, möglichst zügig ihren Fachbereich und auch ihre Hochschule/Universität aufzubauen, um die HSBwH/UniBwH leistungsorientiert in die Gemeinschaft der wissenschaftlichen Hochschulen unseres Landes einzubringen. Jeder war dabei auf Jeden angewiesen! Die Anstrengungen galten der Forschung und Lehre gleichermaßen. Das in Deutschland neue Trimesterkozept war auch für die Lehrenden (und Forschenden!) eine Herausforderung.

Das Klima im Kollegium war ausgesprochen angenehm. Auch bei Auseinandersetzungen in der Sache herrschte stets Respekt vor dem Anderen und es konnten immer Kompromisse gefunden werden. Es wurden so Synergieeffekte frei gesetzt, die bei etablierten Fakultäten nicht möglich sind. Der Fachbereich Maschinenbau nahm in seiner Hochschule immer eine Spitzenstellung ein, was sich in den Forschungsberichten der HSBwH/UniBwH etablierte und was auch mehrfach durch die entsprechenden Standesorganisationen und auch die Deutsche Forschungsgemeinschaft (DFG) zum Ausdruck gebracht wurde. Die neue Generation von Kollegen möge dies als Verpflichtung verstehen und auf dem vorgezeichneten Weg weiter voranschreiten.

b6) Mitarbeiter der Professur

Während meiner Tätigkeit an der HSBwH/UniBwH/HSU habe ich rund 50 Mitarbeiter/innen eingestellt, davon rund 40 für meine Professur und rund 10 für den Fachbereich. Ich habe mir dabei stets große Mühe gegeben und kann rückblickend sagen, ich würde sie wohl alle wieder einstellen. Es herrschte ein ausgesprochen gutes Betriebsklima, die Fluktuationsrate bei den Mitarbeitern auf Dauer war extrem niedrig.

Die wichtigste Mitarbeiterin eines Hochschullehrers ist die Sekretärin. Ein gut geführtes Sekretariat trägt entscheidend zum Erfolg des Professors und seiner Mitarbeiter bei. Meine erste Sekretärin, Frau *M. Strojek*, war eine Spitzenkraft. Sie hat mir die ersten beiden Jahre des Aufbaus an der HSBwH wesentlich erleichtert. Leider konnte ich sie aus finanziellen Gründen nicht halten, sie wechselte zu einer Versicherung und verdiente dort Geld in einer anderen Liga! Ihre Nachfolgerin, Frau *U. Barkmann*, stand ihr in nichts nach; sie hat es bei mir rund 28 Jahre ausgehalten. Sie war mir stets eine loyale, umsichtige und treu dienende Mitarbeiterin. In Personalangelegenheiten und bei evtl. Misshelligkeiten im Arbeitsbereich und auch im Fachbereich waren mir ihre Meinung und ihr Rat immer sehr willkommen.

Die wiss. Mitarbeiter wurden im Rahmen ihrer Dissertationen und den weiteren Forschungsarbeiten in meinem Arbeitsbereich hinreichend erwähnt. Ich bin mit diesem „output" sehr zufrieden. Immerhin ist die Erfolgsquote bezüglich der abgeschlossenen Dissertationen rund 95 %. Das kann sich durchaus sehen lassen, wobei ich auch mit den absoluten Zahlen durchaus zufrieden bin: Ich war 31mal Erst- und 23mal Zweitgutachter.

Bei der Durchführung der einzelnen Promotionsverfahren bin ich stets nach der Devise der „Auftragstaktik" verfahren, d.h. Thema und wiss. Ziele vorgeben, den Weg musste der Doktorand dann selbst finden. So wurde auch bei allen anderen an der Professur durchzuführenden Arbeiten verfahren. Dies führte zu einer hohen Selbständigkeit bei den Mitarbeitern. Selbstverständlich stand ich für Beratungen und Rücksprachen zwischendurch immer zur Verfügung, im Bedarfsfall auch zur Problemlösung. Für das Durchsehen der jeweiligen Dissertation und das Erstellen des Gutachtens habe ich mir durchweg sehr viel Zeit genommen. Im Schnitt brauchte ich dafür mehrere Tage, wobei es bei Korreferaten meistens etwas länger dauerte, da der Inhalt und das Entstehen der Arbeit weniger gut bekannt waren als bei einer Arbeit von der eigenen Professur. Eine Situation, wie wir sie gerade bei bekannten Politikern erleben, wäre bei mir unmöglich gewesen. Ich kann dies auch für die Promotionsverfahren ausschließen, die ich als Vorsitzender geleitet habe.

Das Spezifikum einer ingenieurwissenschaftlichen Professur ist, dass zu ihr ein Laboratorium mit technischem Personal gehört. Zu meinem Arbeitsbereich gehörten ein Laboringenieur und zwei Techniker. Der Laboringenieur, Herr Dipl.- Ing. (FH) *W. Menßen,* war über 25 Jahre bei mir. Er war für das Hybridrechenzentrum verantwortlich und führte für meine persönlichen wiss. Untersuchungen die erforderlichen Simulationen und Berechnungen durch. Er war mir stets eine große Hilfe. Die beiden Techniker arbeiteten im Elektroniklabor des Instituts. Dieses wurde gemeinsam mit meinem Institutskollegen *Timm* betrieben, der ebenfalls zwei Technikerstellen besaß. Die Stellen wurden in gegenseitiger Abstimmung besetzt, so dass wir das gesamte Gebiet der Elektrotechnik und Elektronik einschließlich einer gewissen feinwerktechnischen Fertigung abdecken konnten. Das Elektroniklabor war ausgesprochen leistungsfähig und weitgehend autark gegenüber den zentralen Werkstätten der Hochschule. Dies erleichterte terminiertes Arbeiten, was bei der Übernahme von Forschungsprojekten von bzw. für Dritte von entscheidender Bedeutung ist.

Ergänzende Quellen
1 BMVg, Diverse Informationsschriften, Bonn 1980-1995.
2 Deist, W., Militär, Staat und Gesellschaft, Beiträge zur Militärgeschichte Bd 34, München 1991.

3 Ritter, G.A, Das Deutsche Kaiserreich 1871-1914, Göttingen 1992.

4 Lunderstädt, R., Die Universität der Bundeswehr – eine Bildungseinrichtung für Offiziere im Spannungsfeld von militärischer Tradition und wissenschaftlichem Anspruch, Vortragsmanuskript, Hamburg 1996.

5 General Gerhard J. D. von Scharnhorst, Der Vater der Wehrpflicht, loyal 05/11.

6 Wikipedia, Wilhelm (Schaumburg-Lippe), eingesehen 02.05.2011.

20. Außerdienstliche Aktivitäten in der „Neuen Welt"

Im 12. Kapitel habe ich von meiner ersten Reise 1975 in die USA berichtet. Bereits dort habe ich angedeutet, dass mich Land und Leute fasziniert haben. Durch den aufgenommenen Kontakt zur Naval Postgraduate School (NPS) in Monterey war es mir möglich, eine enge Kooperation in Forschung und Lehre über rund drei Jahrzehnte mit der NPS zu pflegen. Dies gab mir wiederum die Möglichkeit zu regelmäßigen Besuchen der USA. In der Regel konnte ich die Flugzeuge der Flugbereitschaft der Bw nutzen. Es ging immer von Köln-Wahn (Flughafen militärischer Teil) nach El Paso, TX; meistens über Washington Dulles Internat. Airport, manchmal auch über Goose Bay in Neufundland bzw. Winnipeg in Manitoba, beides in Kanada. Zurück dann entsprechend. Von El Paso flog ich in der Regel mit Air West über Phoenix, AZ oder Las Vegas, NV nach San Jose, CA, um dann mit dem Pkw in einer 1½ stündigen Fahrt die NPS in Monterey zu erreichen. Dort konnte ich im BOQ (Bachelor Officers' Quarters) eine Admirals Suite beziehen und blieb ca. eine Woche, manchmal länger.

Bereits bei meiner ersten Reise 1975 lernte ich über die Kollegen an der NPS hinaus eine Reihe interessanter Personen aus Monterey und Carmel kennen. Die meisten gehörten zur dort ansässigen deutschen Kolonie. Eine besonders enge Verbindung ergab sich zu *Walter Becker*, einer der Honoratioren auf der Monterey Peninsula. Über die Jahre wurden wir engste Freunde. Durch ihn lernte ich weitere Personen kennen, er führte mich in die dortige Gesellschaft ein, ich wurde dort heimisch.

20.1 Mein Freund *Walter*

Walter Becker war Ostpreuße; Notabitur, Marinesoldat, Gefangenschaft. Ohne Beruf wurde er 1945 in Bonn Ordonnanz in einem kanadischen Offizierskasino. Die Kanadier mochten ihn und ermöglichten ihm die Ausbildung zum Koch. Nach Beendigung seiner Ausbildung blieb er im kanadischen Offizierskasino als Ordonnanz und Koch. Als die Kanadier Anfang der 50er Jahre zurück in ihre

Heimat gingen, nahmen sie *Walter*, seine Ehefrau *Maxi* und seinen kleinen Sohn *Michael* mit nach Kanada. Er übernahm dort die Leitung eines Offizierskasinos und wurde kanadischer Staatsbürger. Seinen ersten Urlaub verbrachte er mit seiner Frau Anfang der 60er Jahre in Kalifornien. Dort ärgerte er sich über die schlechte Gastronomie und auf der Rückfahrt nach Kanada beschlossen *Maxi* und *Walter*, ihre Existenz in Kanada aufzugeben und nach Kalifornien überzusiedeln. Sie waren davon überzeugt, dass sie es besser als die Kalifornier konnten und stiegen in Carmel (by the Sea) in das Gaststättengewerbe ein. *Walter* als Koch im Restaurant Sanssouci, *Maxi* als Bedienung in einem Schnellrestaurant. Nach einem Jahr kaufte sich *Walter* ins Restaurant Sanssouci ein. Nach zwei weiteren Jahren verkaufte er seine Anteile am Sanssouci und kaufte sich mit 1/3 Anteilen ins Restaurant Hogs Breath Inn ein. Ein weiteres Drittel gehörte *Clint Eastwood*, das letzte Drittel einem Filmproduzenten aus Los Angeles (L.A.). Das Hogs Breath Inn entwickelte sich - natürlich auch wegen des Namens *Clint Eastwood* - zu einem echten „Inplace", es war eine Goldgrube. Die Erträge waren so gut, dass *Walter* Ende der 60er Jahre das Marquis, ein französisches Spezialitätenrestaurant, erwarb. Seine Frau *Maxi* übernahm dessen Leitung. Das Marquis wurde von L.A. bis San Francisco die Adresse für die gehobene Gesellschaft. Das Gästebuch enthält die Namen berühmter Personen aus Film und Medien und die der amerikanischen Präsidenten bis in die 90er Jahre.

Walter Becker hat niemals seine deutsche Herkunft und seine deutsche Heimat vergessen. Er hat sich stets großzügig um die deutschen Studenten an der NPS und auch um deutsche Dienstreisende nach dort gekümmert. So lernte ich ihn 1975 kennen. Er lud mich bei der Abreise sogleich ein, ihn wieder zu besuchen. So geschah es jährlich bis zu seinem Tod 1996. Seine Frau *Maxi* besuchte ich letztmalig 2004. Mittlerweile ist auch sie verstorben.

Bereits bei meinem ersten Besuch stellte mich *Walter* seinem Geschäftspartner *Clint Eastwood* vor. Dieser begab sich gerade in den Wahlkampf, um Bürgermeister von Carmel zu werden. Ich habe mich lange mit ihm an der Bar vom Hogs Breath Inn unterhalten. Er beeindruckte mich durch seine zurückhaltende Art, die so gar nichts mit seinen Rollen in Western- und Kriminalfilmen gemein hatte.

Ansonsten erinnere ich mich bei diesem 1975er Besuch noch sehr gut an Gespräche im 19. Loch des berühmten Pebble Beach Golf Course, wo ich dessen Pächter *Pierre* (ein Franzose aus der Bretagne) kennenlernte und bei einem guten Cognac mit ihm über Deutschland und Frankreich philosophierte. Dabei fiel mir über der Bar eine leere Fläche auf, an der wohl ein Bild gehangen hatte. Auf meine Frage hin erklärte mir *Pierre*, dass diese Gegend sehr republikanisch sei und dort ein Schild gehangen habe, das man erst neulich auf Grund des vom amerikanischen Präsidenten *Lyndon B. Johnson* 1964 durchgesetzten Civil Rights Act entfernte. Es hatte „Negern und Juden" den Zutritt zum 19. Loch verwehrt. Mich stimmte dies einerseits wegen der Verhältnisse in Deutschland im 3. Reich und andererseits wegen der viel gepriesenen Liberalität der amerikanischen Gesellschaft sehr nachdenklich.

In den folgenden Jahren besuchte ich meinen Freund *Walter* regelmäßig. Ich machte seinen Umzug von Carmel in sein neues Haus in Pebble Beach innerhalb des 17 Mile Drive mit und begleitete die Neugründung zweier weiterer Lokalitäten von ihm in Monterey: Den Cellar als italienisches und die Brasserie als französisches Restaurant. Mittlerweile kannten wir uns so gut, dass ich nach Abwicklung meiner dienstlichen Aktivitäten an der NPS zu ihm in sein Gästehaus zog und dort für mehrere Tage blieb. Mit den Jahren wurden diese Aufenthalte immer länger und ich begann, am Geschäftsleben von *Walter* teilzunehmen. Ich arbeitete mich in das Management seiner Unternehmen ein und war in der Lage, sein „bookkeeping" zu verstehen und mit seinem „accountant" zu verhandeln. So fragte er mich dann, ob ich nicht einmal für 3 bis 4 Wochen sein Haus hüten könnte. Er wollte mit *Maxi* seine Verwandten in Deutschland besuchen. Ich müsste mich nur um die Hunde kümmern und mich ansonsten unverhofft regelmäßig einmal täglich in seinen Lokalitäten zeigen und das Management kontrollieren. Ich stimmte zu.

Walter wies mich ein: Wo im Haus der Smith&Wesson lag und wann und wie ich ihn zu benutzen hätte, wie die Hunde zu versorgen seien (zwei Dobermänner, er: *Cognac*; sie: *Brandy*), und er machte mich mit seiner Bank und mit seinem Anwalt bekannt.

a) Machtprobe

Ich fuhr *Walter* und *Maxi* mit ihrem „station car" zum Flughafen nach San Francisco, von wo aus sie ihre Deutschlandreise antraten. Die Hunde saßen im hinteren Teil des Wagens. Dort war ihr angestammter Platz. Nachdem ich *Walter* und *Maxi* am Flugsteig abgeliefert hatte und in das Parkhaus zum Auto zurückkehrte, saß *Cognac* auf dem Beifahrersitz, was für ihn verboten war. Ich befahl ihn nach hinten, er ignorierte meine Order. *Brandy* sah im Fond aufmerksam zu. Mir war klar, mit *Walter* war der Chef des Rudels abwesend, es musste nun entschieden werden, wer neuer Rudelchef wird. *Cognac* nahm dies für sich in Anspruch. Sollte ich diese Machtprobe verlieren, standen mir keine guten vier Wochen bevor. Ich fuhr aus dem Parkhaus heraus und hielt am Highway rechts an. Hier gab ich *Cognac* erneuten Befehl, sich in den Fond zu begeben. Er weigerte sich hartnäckig. Darauf stieg ich aus, ging um den Wagen herum, öffnete die Beifahrertür, holte ihn heraus und setzte ihn an den Straßenrand. Ich befahl ihm, dort Platz zu nehmen, was er auch befolgte. Ich ging zum Wagen zurück, stieg ein und fuhr ca. 100 m davon. Dann hielt ich an und rief ihn. Er kam sofort und begab sich unaufgefordert in den Fond. Er machte einen glücklichen Eindruck, dass er wieder im Rudel aufgenommen war, wenn auch unter einem neuen Chef.

b) Kleinunternehmer

Nach dem Vorfall in San Francisco wurden *Cognac* und *Brandy* mit mir sehr gute Freunde. Obwohl sie auf dem großen Grundstück von *Walter* hinreichenden Auslauf hatten, machte ich zweimal täglich mit ihnen meine Runde. Morgens ca. ½ Stunde um das Anwesen durch den Wald von Pebble Beach, nachmittags in den Abend hinein ca. 1 ½ Stunden auf und um die verschiedenen Golfplätze in Pebble Beach. Einige von ihnen liegen direkt am Pazifik. Das hat zur Folge, dass insbesondere während der Nutzung der Plätze durch Angehörige einer bestimmten asiatischen Nation viele Golfbälle in den Pazifik versenkt werden. Es gelang mir, *Cognac* und *Brandy* dazu abzurichten, mir diese Bälle aus dem seichten Wasser zu apportieren. Ich hatte jeden Abend 40 bis 50 Bälle in meinem Jutesack. Pro Ball gab es vom Platzwart des Golfplatzes 1 $, damit hatte ich in den vier Wochen als Hausmeister von *Walter* einen Nebenverdienst von über 1.000 $ und das noch steuerfrei (!).

c) Supervisor

Die mir von *Walter* übertragene Aufgabe der Kontrolle seiner Unternehmungen nahm ich sehr ernst. Das Hauptaugenmerk richtete ich dabei auf das Hogs Breath Inn, an dem *Walter* mittlerweile 2/3 der Anteile besaß, *Clint Eastwood* gehörte 1/6, ein weiteres Sechstel dessen geschiedener Ehefrau. Mit der Managerin *Joyce* kam ich sehr gut zurecht. Wir machten einen hervorragenden Umsatz und ich konnte nach den vier Wochen *Walter* einen Rohgewinn vor Steuern von rund 25.000 $ übergeben. Hinzu kamen die Erlöse aus dem Marquis, dem Cellar und der Brasserie, die im Einzelnen jeweils geringer, aber auch nicht schlecht waren. Um diese Ergebnisse zu erzielen, musste ich mich aber auch sputen. Ich habe mehrfach in den Einkauf eingegriffen, sei es, dass ich selbst auf den Großmarkt gefahren bin und Obst und Gemüse eingekauft habe, oder aber in Supermärkten nach Sonderangeboten geschaut habe (Hähnchen, Fisch, …). Als ich einmal den gesamten Hähnchenbestand (ca. 200 Stück) in einem Supermarkt aufgekauft hatte, stellte mich der Marktleiter zur Rede. Ich gab vor, ich sei Angehöriger einer kirchlichen Organisation und kaufte für ein „barbecue" ein. Er gab sich mit dieser Erklärung zufrieden.

d) Erfolgreicher Versuch als Broker

Eines Abends, ich saß auf der Terrasse von *Walters* Haus und trank guten kalifornischen Chardonnay, rief mich sein Anwalt an und sagte mir, er habe für das für *Walter* zu verkaufende Grundstück einen Interessenten. Er wolle wissen, was er tun solle. Ich kannte den Vorgang nicht und bat um eine Frist, da ich *Walter* in Deutschland anrufen müsse. Ich klingelte ihn 7:00 Uhr Ortszeit in Bonn aus dem Bett und informierte ihn (Der Zeitunterschied zwischen Kalifornien und Deutschland beträgt neun Stunden.). Er nannte mir sein Limit und gab mir Prokura, das Grundstück zu verkaufen. Am nächsten Morgen rief ich den Anwalt an und teilte ihm die Entscheidung von *Walter* mit. Wir trafen uns dann am Abend zusammen mit dem Makler in der Brasserie und erledigten die Formalien. Anschließend lud ich Anwalt und Makler zu einem standesgemäßen Abendessen „auf das Haus" ein.

Als *Maxi* und *Walter* aus Deutschland zurückkamen, ich holte sie wieder in San Francisco am Flughafen ab, und ich dann im Hause meinen Bericht erstattet hatte, waren beide sehr zufrieden mit meiner Arbeit. Es wurde beschlossen, dies in Folgejahren zu wiederholen.

Walter nahm mich später am Abend zur Seite. Er fragte mich nach meinem Einkommen in Deutschland. Ich nannte ihm dieses. Daraufhin sagte er, er habe sich mit *Maxi* besprochen und wolle mir anbieten, bei ihm als Manager zu beginnen. Nach einer Einarbeitungszeit böte er mir die Teilhabe an. Später könnte ich ihn auszahlen und den „Laden" vollständig übernehmen. Er merke, dass er älter würde, sein Sohn (*Michael* war Lehrer) habe kein Interesse an der Gastronomie und er wolle seine Angelegenheiten rechtzeitig regeln. Ich war natürlich völlig überrascht. Der Gedanke einer Metamorphose vom deutschen Professor zum kalifornischen Wirt war sicher weit hergeholt, aber warum eigentlich nicht. Ich sagte nicht nein und machte *Walter* klar, dass man darüber mehrmals schlafen müsse. Das sah er auch so.

Um einerseits eine gewisse Bodenhaftung in Kalifornien zu bekommen und um andererseits etwas Geld anzulegen, bat ich *Walter*, mir bei dem Erwerb eines Grundstücks behilflich zu sein. *Walter* schloss daraus richtig, dass ich mir durchaus Kalifornien als zukünftige Bleibe vorstellen konnte. Mit Hilfe von *Clint Eastwood* wurde ein Grundstück gefunden und ich kaufte im Carmel Valley 4 acre (1 acre = rd. 4000 m^2) Land.

In diese Zeit fiel auch meine Bekanntschaft zu *Uschi*. Sie war eine jüngere Freundin von *Maxi*, ebenfalls gebürtige Deutsche und lebte im Carmel Valley mit ihrer Mutter auf einer kleinen Farm, auf der sie etwas Landwirtschaft betrieb. *Uschi* war nicht unattraktiv, sie hatte gerade ihren Ehemann wegen Alkoholproblemen gefeuert und konnte sich mich gut an ihrer Seite vorstellen. Nun ging mir das doch alles etwas schnell und ich tauchte erst einmal wieder in Hamburg ab.

Bei einem meiner nächsten Besuche auf der Monterey Peninsula lernte ich über *Walter* und *Clint* in einer flüchtigen Bekanntschaft *Gene Hackman* kennen. Mit ihm habe ich den besten Whiskey meines Lebens getrunken.

Eine ausgesprochene Freundschaft entwickelte sich zu *Ray Travers*, Apple Farmer in Watsonville, ca. 30 Meilen nördlich von Monterey. Ich lernte ihn als einen guten Freund von *Walter* kennen. *Ray* war erfolgreicher Unternehmer in dritter Generation; sein Großvater war seinerzeit unter dem Namen *Traveros* aus Portugal eingewandert. *Ray* betrieb mit vielen mexikanischen Hilfsarbeitern und einigen wenigen Führungskräften eine viele Hektar große Apfelplantage und zusätzlich eine Fabrik zum Konservieren, Einlagern in Kühlhäusern und den Versand von kalifornischen Äpfeln. Mit seiner Fabrik war er auch Dienstleister für kleinere Plantagen in seiner Nachbarschaft. Ich habe ihn gemeinsam mit *Walter* häufig besucht; sein Betrieb interessierte mich. Ich war überrascht, wie viel Geld man allein mit kalifornischer Sonne verdienen konnte.

In den Folgejahren legte ich meine Besuche stets so, dass sie in die Zeit des in Carmel stattfindenden Bach-Festivals fielen. Es ist dies kulturell und gesellschaftlich ein absolutes Highlight. Es kamen die besten Künstler weltweit, sogar aus der DDR durfte man anreisen. Das Einzugsgebiet der Besucher erstreckte sich von L.A. bis San Francisco und teilweise noch darüber hinaus. Die Karten waren sehr begehrt, es empfahl sich eine Vorbestellung bereits ein Jahr im Voraus. Ich hatte es insofern etwas leichter, als *Walter*s Sohn *Michael* beim Bach-Festival als „stage manager" beschäftigt war und er mich mit Karten außer der Reihe versorgen konnte.

Irgendwann musste ich mich nun einmal entscheiden, ob ich Beruf und Wohnort nach Kalifornien verlagern sollte (wollte). Dafür sprachen die Gegend, der von mir geliebte „american way of life", die finanziellen Möglichkeiten und die Herausforderung nach etwas Neuem und Ungewöhnlichem. Dagegen sprachen mein Leben als akad. Lehrer und Forscher und natürlich meine wiss. Neugierde. Ich entschied mich, Hochschullehrer in Deutschland zu bleiben.

Ich teilte dies *Maxi* und *Walter* mit; sie fanden es zwar schade, aber hatten großes Verständnis. Auch *Uschi* machte ich klar, dass es mit uns nichts würde. Auch sie bedauerte dies; sie fand ein neues Glück, sie heiratete *Ray*.

Bei meinen weiteren Besuchen an der NPS und damit bei *Walter* ergründete ich mit ihm die nähere Umgebung: Den Redwood Park in Felton, das Garlic Festival in Gilroy, die Basilika in Hollister, den Freizeitpark in Santa Cruz, den Geburtsort von *John Steinbeck* in Salinas, das Pinacle National Monument und in der nächsten Umgebung The Whole Enchilada in Moss Landing und das Rancho Canada im Carmel Valley und immer wieder San Francisco.

Auch während meiner Zeit in Monterey kümmerte sich *Walter* in großzügiger Weise um deutsche Studenten an der NPS sowie um Dienstreisende aus dem BMVg. Manch deutscher General war bei ihm zu Gast. *Detlef Kammholz* und ich beschlossen deshalb, für ihn das Bundesverdienstkreuz zu beantragen. Der Antrag lief über den DMBV in Washington in das BMVg und von dort in das Bundespräsidialamt. Es gab noch einige Rückfragen, dann hat der Bundespräsident zugestimmt.

e) Ordensverleihung

Die Ordensverleihung sollte der Deutsche Generalkonsul in San Francisco vornehmen. Er bat *Detlef Kammholz* und mich, die Angelegenheit zu organisieren. Wir schlugen die NPS als Verleihungsort vor. Der Superintendent der Schule, Rear Admiral (RADM) *Austin*, willigte ein.

Die Zeremonie begann mit einer Rede von RADM *Austin*, dann sprach der Generalkonsul, Herr *König*, am Schluss hielt *Walter* eine kleine Dankesrede. Bei der Verleihung selbst gab es einen kleinen Eklat. Als der Generalkonsul ihm das Bundesverdienstkreuz (am Bande) an das Revers heftete, protestierte *Walter* energisch. Er forderte das Umlegen des Ordens um seinen Hals ein. Als alter Soldat war er der Meinung, das Bundesverdienstkreuz sei eine zivile Variante des Ritterkreuzes!

Nach einem kleinen Empfang in der Schule folgte für ca. 40 auserwählte Gäste im Marquis ein festliches Essen. Es waren engste Freunde, einige Honoratioren aus Carmel und Monterey, *Clint Eastwood* und der Kommandeur von Fort Ord mit Ehefrau geladen. Um das militärische Gleichgewicht zu wahren, war noch ein deutscher NATO-General aus Washington hinzu gebeten. *Detlef Kammholz* machte die Tischordnung. Nach Etikette wies er ihm die Ehefrau des Kommandeurs von Fort Ord als Tischdame zu. Als diese auf den Namensschildern die entsprechende Zuordnung sah, lehnte sie es ab, Platz zu nehmen. Der General sei als (boob)-grabber bekannt! *Detlef Kammholz* gelang es gerade noch, durch ein schnelles und diskretes Umarrangement einen Skandal zu vermeiden.

Nach dem offiziellen Essen gab es angeregte Unterhaltungen in gemütlicher und teilweise lockerer Atmosphäre. *Walter* erzählte aus seinem Leben und anwesende Freunde berichteten über Ereignisse, die sie gemeinsam mit ihm erlebt hatten. In diesem Zusammenhang ermunterte mich *Walter*, die „Geschichte mit dem General" zu erzählen.

Es war Ende der 70er Jahre zu Beginn meiner Bekanntschaft mit *Walter* und *Maxi*. Ich war zu Besuch an der NPS und hatte u.a. dort einen Vortrag über aktuelle Forschungsergebnisse von mir gehalten. Ich traf mich anschließend mit *Walter* und *Maxi* im Hogs Breath Inn. Dabei erzählte ich beiläufig, dass an der NPS eine internationale Konferenz stattfinde, bei der auch deutsche Teilnehmer aus dem BMVg zugegen seien. *Walter* meinte spontan, ich solle diese für ihn zum Dinner ins Hogs Breath Inn einladen. So trafen sich *Walter*, *Maxi* und ich an einem der folgenden Tage mit einem Ministerialbeamten und einem Heeresgeneral aus Bonn im Hogs Breath Inn zum Abendessen. Es war ein niveauvoller Abend mit anregenden Gesprächen, bis die beiden Gäste begannen, sich mit den feil gebotenen Getränken (Wein, Tequila, …) zu überfordern. Während der Ministeriale mit fortschreitendem Alkoholkonsum in eine mehr weinerliche Phase eintrat, wurde der General laut und anzüglich. Es brachte dies ihm eine deutliche, aber noch höfliche Rüge des Gastgebers ein. Diese war aber wirkungslos, denn er begann anschließend lauthals zu rülpsen, was *Walter* zu der Bemerkung: „Aber Herr General, wir sind hier doch nicht im Biwak in Munsterlager" veranlasste. Auch dies steckte der General ungerührt weg, denn er versuchte anschließend, die mir nahestehende Waitress *Dalah* zu „betatschen". Daraufhin löste *Walter* die Runde auf und bat mich, die Gäste durch den Hinterausgang aus dem Lokal zu geleiten.

Nun kommt der zweite Teil der „Geschichte mit dem General". *Walter* war zum damaligen Zeitpunkt im Besitz von zwei älteren Pkw der Marke Rolls-Royce, einer davon aus dem ehemaligen Besitz der Beatles. Die beiden Fahrzeuge waren völlig identisch (Typ, Design, Farbe, …), sie unterschieden sich lediglich in der Steuerung. Der eine hatte Rechts-, der andere Linkssteuerung. Während ich die Gäste durch den Hinterausgang zur Straße geleitete, verließ *Walter* über den Vorderausgang das Hogs Breath Inn, setzte sich in den Rolls-Royce mit Rechtssteuerung, fuhr ums Karree und fing uns am Hinterausgang ab. Höflich fragte er, ob er die Gäste nach Hause fahren solle. Diese bestaunten das Auto, waren aber ansonsten unschlüssig. *Walter* meinte, sie könnten es sich ja noch überlegen und fuhr davon. An der nächsten Ecke wechselte er die Fahrzeuge und kam ums Karree gefahren mit dem Rolls-Royce mit Linkssteuerung wieder bei uns an. Er bot sich erneut als Chauffeur an. Der Ministeriale bemerkte wohl etwas, denn er meinte, er würde wetten, dass Mr. *Becker* zuvor auf der rechten Seite des Fahrzeugs gesessen sei. *Walter* verneinte dies und belehrte ihn dahingehend, dass sein Wahrnehmungsvermögen durch zu viel Alkohol ganz offensichtlich getrübt sei. Das Spiel wiederholte sich. *Walter* fuhr davon, wechselte die Autos und kam mit dem Rolls-Royce mit Rechtssteuerung wieder zurück. Nun war der Ministeriale völlig verunsichert. Frustriert meinte er, er sei sich jetzt sicher, dass er „besoffen" sei. Er wolle nach Hause. Ich lud daraufhin ihn und den General in meinen Pkw und fuhr mit ihnen in die NPS.

Dort angekommen, folgt der dritte und letzte Teil der „Geschichte mit dem General". Nachdem ich beide Herren aus meinem Pkw heraus bugsiert hatte, bot ich mich an, sie in ihr Quartier zu bringen. Sie waren aber desorientiert und wussten nicht, wo sie wohnten. Da dem General sein Zimmerschlüssel aus der Hose fiel, konnte ich über diesen das Gebäude und seinen Raum ausfindig machen. Dann hakte ich beide unter und versuchte sie, vom Parkplatz aus auf ihre Stuben zu dirigieren. Dies scheiterte allerdings an einem Befehl des Generals, der sich unmissverständlich verbat, „angefasst" zu werden und dies auch physisch durchzusetzen versuchte. Ich ließ ihn daraufhin los, was zu einer satten Bauchlandung auf dem Parkplatz führte. Mehr noch, da die Gärtner zuvor die Rabatten um den

Parkplatz per Schlauch gegossen hatten, hatte auch der Parkplatz selbst einiges abbekommen. Der General fiel so in eine riesige Wasserlache. Das Gute daran war, dass dies zu einer gewissen Ernüchterung beitrug …. In Teilen kehrten nämlich zivilisierte Umgangsformen zurück.

Die Feier im Marquis anlässlich *Walters* Ordensverleihung klang an der Bar des Hauses fröhlich, aber gesittet aus. Bei einem Glas Champagner nahm mich *Ray* beiseite und fragte mich, ob ich sein Partner werden wollte. Er habe keine qualifizierten Erben und beabsichtige, sich in fünf Jahren zur Ruhe zu setzen. In diesen fünf Jahren könnte ich bei ihm so viel verdienen, dass ich ihn danach abfinden könnte. Ich fühlte mich sehr geehrt, lehnte aber mit dem Hinweis auf das bereits früher abgelehnte Angebot von *Walter* ab.

f) Holzfäller und Fahrt nach Las Vegas und zum Lake Tahoe

Das Anwesen von *Walter* lag in Pebble Beach „on top of the hill" mit einem wunderschönen Blick auf den Hafen von Monterey. Das Grundstück seitlich unter ihm durfte nicht bebaut werden. Allerdings wuchsen über die Jahre die Bäume auf diesem Grundstück derart in die Höhe, dass von seinem Blick auf den Hafen nicht mehr viel übrig blieb.

Eines Tages sprach mich *Walter* an und meinte, wir sollten einmal zusammen mit seinem Freund *Fritz* eine Herrenpartie nach Las Vegas machen und auf der Rückfahrt uns noch einen Abstecher zum Lake Tahoe gönnen. Er veranschlage für die Reise ca. eine Woche, *Fritz* und ich seien seine Gäste. Zuvor gäbe es aber noch etwas zu erledigen. Er wies auf die Bäume auf dem Nachbargrundstück hin. Da Bäume in Pebble Beach nicht gefällt werden dürften, solle ich das für ihn machen. Wenn dann der Sheriff erschiene, käme er hinzu. Ich solle den Mund halten, er würde alles regeln. Die Aktion koste 500 $, das sei ihm die Sache wert. Eines Morgens schnappte ich mir die Motorsäge und legte die Bäume um. Der Sheriff erschien - wie erwartet - und *Walter* trat aus dem Hintergrund hervor. Er entschuldigte sich bei dem Sheriff, man kannte sich, und machte ihm klar, hier läge ein Missverständnis vor. Sein Gast, dabei wies er auf mich, sei der englischen Sprache nicht mächtig. Ich hätte Sträucher in seinem Garten kürzen sollen und hier wohl etwas verwechselt. Der Sheriff zwinkerte und meinte, es koste aber trotzdem 500 $ Strafe. *Walter* übergab ihm diese abgezählt, worauf er erneut zwinkerte und ihm eine Quittung ausstellte.

Bei besonderen Anlässen holte *Walter* seinen 500er Mercedes S Klasse aus der Garage. Die Fahrt nach Las Vegas war so ein Anlass. Da *Walter* ein nur mittelmäßiger Autofahrer war, sollte - wie gewohnt - ich fahren. Startpunkt Sonntag früh 2:00 Uhr. Walter meinte, es wäre schön, wenn wir in Las Vegas im Bally's um 9:00 Uhr unseren Einlauf-Champagner trinken könnten. Ich rechnete ihm vor, dass bei einer Entfernung von Monterey nach Las Vegas von rund 600 Meilen dies - ohne „Pinkelpausen" - einen Schnitt von 85 Meilen/h bedeute. Erlaubt seien 55 Meilen/h. Er erwiderte, dass wir deshalb auch Sonntagnacht bzw. -früh fahren würden. Im Übrigen wisse er, dass ich ein guter Autofahrer sei. Sollten wir dennoch „geschnappt" werden, würde er bezahlen.

Wir fuhren; ich wählte die Route über Salinas, Bakersfield und Barstow nach Las Vegas und wir waren um 9:00 Uhr in Bally's Hotel und Casino. Wir blieben vier Tage und hatten eine wunderschöne Zeit. *Fritz* und ich nutzten die Gelegenheit zu einem Abstecher zum Hoover Dam, dessen Konstruktion und das in ihm integrierte Kraftwerk zur elektrischen Energieversorgung mich als Ingenieur natürlich besonders interessierten. Auf der Rückfahrt machten wir eine Kaffeepause in einem kleinen Bistro am Straßenrand. Dort kamen wir mit einem älteren Herrn ins Gespräch. Es war ein weiser Mann, aber von sehr bescheidenem Äußeren. Wir luden ihn zum Kaffee ein, er nahm an. Bei der Verabschiedung stellte er sich als einer der Haupteigner von Bethlehem Steel vor!

Nach Las Vegas ging es am Rande vom Death Valley über den Mono Lake nach Lake Tahoe. Wir stiegen in Harveys Resort und Casino ab. *Walter* kannte dessen Geschäftsführer, Mr. *Tanzi*, der uns fürstlich umsorgte. Wir blieben drei Tage und fuhren dann über Sacramento, Stockton und San Jose nach Monterey zurück. Insgesamt eine beeindruckende Reise!

1995 verschlechterte sich *Walters* Gesundheitszustand. Ich suchte mit ihm einen Spezialisten in Stanford auf. Nach einer gründlichen Untersuchung bestätigte er die Diagnose seines Hausarztes in Monterey. Er fügte auch hinzu, dass er bei diesem in guten Händen sei. Darüber hinaus könne ihm nicht geholfen werden. Wir fuhren sehr deprimiert nach Monterey zurück.

Der Cellar und die Brasserie wurden verkauft, der Verkauf des Marquis in die Wege geleitet. Das Hogs Breath Inn wurde von *Joyce* unter der Obhut von *Maxi* gut weitergeführt. Im Mai 1996 rief mich *Maxi* an und teilte mir mit, dass es *Walter* sehr schlecht ginge. Ich buchte sofort einen Lufthansaflug und flog außer der Reihe nach Monterey. Wir nahmen voneinander Abschied. Er verfügte, dass seine Asche dem Pazifik übergeben werden sollte. Jede Welle würde dann von ihm beste Grüße übermitteln.

Im August 1996 verstarb *Walter*, ich verlor meinen besten Freund.

20.2 Land und Leute

Bei meinen Reisen zur NPS und zu meinem Freund *Walter* versuchte ich stets, vor dem Aufenthalt in Monterey ca. eine Woche zur freien Verfügung zu haben oder aber diese an den Aufenthalt in Monterey anzuhängen, um Land und Leute im Westen und Südwesten der USA kennenzulernen. Ausgangspunkt der jeweiligen mit dem Pkw durchgeführten Exkursionen war entweder mein An- und Abreiseort El Paso, TX oder aber Monterey, CA. Da diese Reisen ein wesentlicher Teil meines damaligen Lebens sind, soll über sie auch ausführlich berichtet werden. Die etwas reiseführerhafte Darstellung wird dabei in Kauf genommen.

a) Texas (TX)

El Paso liegt im äußersten Westen von Texas im Dreiländereck zu Mexiko und New Mexico. Es ist eine typische Grenzstadt mit starkem mexikanischen Einschlag. Zielort der Flugbereitschaft des BMVg wurde sie deshalb, da in dem in El Paso gelegenen Fort Bliss sowie auf der rund zwei Fahrtstunden entfernt gelegenen Holloman Air Force Base viele deutsche Soldaten stationiert waren und teilweise auch noch sind.

Wenn man in El Paso ist, versteht sich ein Besuch im mexikanischen Ciudad Juárez (C.J.), direkt jenseits einer der Brücken über den Rio Grande gelegen, von selbst. Man kommt dort in eine andere Welt. Ich bin mehrfach in C.J. gewesen, um mir Land und Leute anzusehen. Einige Male habe ich auch Hunderennen besucht und bin in C.J. Essen gewesen. Der servierte Tequila ist vorzüglich.

Bei einem meiner Aufenthalte in El Paso traf ich meinen Klassenkameraden *Burkhard Eigen* vom Röntgen-Gymnasium in Remscheid-Lennep wieder. Er war dort als deutscher Ausbilder in Fort Bliss stationiert. Wir haben im Airport Hilton Hotel, meinem regelmäßigen Quartier in El Paso, ein kräftiges Wiedersehen gefeiert. Am Tag darauf ermöglichte mir *Burkhard E.* eine umfassende Besichtigung von Fort Bliss und verschaffte mir Zugang zur Missile Range von White Sands.

Von El Paso aus habe ich zu verschiedenen Zeiten zweimal den Big Bend National Park besucht, rund 300 Meilen entfernt über den I.S.Hwy 10 (I.S.: Interstate) und den U.S.Hwy 385 in südöstlicher Richtung am Rio Grande gelegen. Dieser gewaltige Park mit seinen Berg- und Dünenformationen ist wirklich beeindruckend. Obwohl Halbwüste, erkennt man beim genauen Hinschauen eine vielfältige Flora und Fauna. Es gibt dort auch noch Bären und zahlreiche Berglöwen. Mit einem der Pumas kam ich in eine bedrohliche Situation, als ich seiner Kinderstube unbeabsichtigt und unwissend zu nahe gekommen war. Für einen Hobbyfotografen wie mich bietet der Park so viele Motive, dass man beim Fotografieren Zeit und Raum vergessen kann.

b) New Mexico (NM)

Von El Paso aus habe ich auch wesentliche Teile von New Mexico durchstreift. Natürlich White Sands National Monument, die weltweit einmaligen schneeweißen Dünen aus Gipssand, und die Carlsbad Caverns mit den Millionen von Fledermäusen in den unterirdischen Tropfsteinhöhlen. Auch der dortige Living Desert Zoo ist sehr beeindruckend, in dem Tiere und Pflanzen der Chihuahua Wüste zu sehen sind, die sich von New Mexico über den westlichen Teil von Texas bis nach Mexiko in die dortige Provinz Chihuahua erstreckt.

Von White Sands gelangt man schnell nach Alamogordo, wo sich das sehenswerte New Mexico Museum of Space History befindet. Ich habe dieses Museum zu verschiedenen Zeiten mehrfach aufgesucht und war immer überrascht über die Aktualität der Exponate. Abgerundet wurden meine Besuche in New Mexico durch einen Aufenthalt in Albuquerque mit einer Besichtigung des dortigen National Museum of Nuclear Science & History.

c) Arizona (AZ)

Von El Paso gelangt man über den I.S.Hwy 10 in westlicher Richtung in einer ca. dreistündigen Autofahrt nach Arizona. Ich bin diese Strecke mehrfach gefahren. Kurz vor der Grenze von New Mexico nach Arizona liegt Steins, eine alte Geisterstadt (ghost town); nach der Grenze kommt man in ehemaliges Apachenland. Hier lebten die berühmten (Chiricahua-) Apachenhäuptlinge *Cochise* und *Geronimo*, die sich mit den Mexikanern und den angloamerikanischen Neusiedlern im 19. Jahrhundert blutige Gefechte lieferten. Das Rückzugsgebiet der Apachen, die Chiricahua und Coronado Gebirgsketten, sind sehenswert. Es gibt dort einmalige Felsformationen, die man einfach fotografieren muss.

Natürlich ist auch das in dieser Gegend gelegene Tombstone ein Muss. Diese alte Westernstadt ist durch das Revolvergefecht zwischen *Wyatt Earp* und *Doc Holiday* auf der einen und dem *Clanton* Clan und den *Mc Laurys* auf der anderen Seite 1881 am O.K. Corral weltberühmt geworden. Die Gräber einiger der Opfer kann man auf dem Graveyard in Tombstone heute noch in Augenschein nehmen. Kehrt man dann auf den I.S.Hwy 10 zurück, erreicht man nach einer weiteren Stunde Fahrt Tucson. Östlich von Tucson ist die Attraktion das Saguaro National Monument, ein riesiger Kakteenpark mit vornehmlich Säulenkakteen. Westlich von Tucson befindet sich ein kleinerer Kakteenpark, das Arizona-Sonora Desert Museum und Old Tucson, eine künstlich aufgebaute Westernstadt, die der amerikanischen Filmindustrie zur Produktion ihrer Westernfilme dient(e). Weiter westlich erstreckt sich die Sonora-Wüste. Diese Wüste ist mit ihren über 300.000 km² eine der größten sowie vielseitigsten und artenreichsten Wüstenregionen auf diesem Globus. Für Kakteenfreunde ist es ein Dorado. Ich bin mehrfach hier gewesen und habe diverse Dia-Serien über Kakteen angefertigt, über die ich auch zu Hause verschiedentlich Vorträge gehalten habe. Bei meinen Streifzügen durch die Sonora-Wüste bin ich bis an die mexikanische Grenze vorgedrungen und habe im Organ Pipe National Park die vornehmlich dort wachsenden Orgelpfeifenkakteen fotografiert.

Meine weiteren Stationen in Arizona waren die Hauptstadt Phoenix, auf dem Weg zum Grand Canyon (South Rim) Sedona (mit den einmalig rot gefärbten Felsformationen) und Flagstaff, dann der Grand Canyon selbst und der Petrified Forest mit seinen versteinerten Bäumen und Wäldern. Selbstverständlich war ich auch mehrfach am Lake Powell (im Übergang zu Utah) und im Monument Valley, die Gegend mit der landschaftlichen Westernatmosphäre schlechthin.

Ein besonderes Erlebnis hatte ich bei einer Übernachtung in der Fort Apache Indian Reservation. Ich hatte in Globe das Best Western Apache Globe Hotel gebucht, das ausschließlich von Indianern geführt wird. Nach einem guten Abendessen im Hotelrestaurant machte ich noch einen kleinen Rundgang um das Hotel. Dabei bemerkte ich, dass auf dem Hotelvorplatz (groß wie zwei Fußballfelder) eine Musikbühne aufgebaut war, Musiker ihre Instrumente stimmten und Techniker elektronische Verstärker einrichteten. Mit Einbrechen der Dunkelheit kamen aus allen Richtungen Indianerfamilien, teilweise mit Kind und Kegel. Sie bauten Campingtische und Stühle auf, nahmen auf den Pritschen ihrer Pickups Platz oder setzten sich mit oder ohne Decken einfach auf den Boden. Es begann ein großes Picknick. Dann spielte die Musik Beat, Westernmusic und Indianerweisen. Es wurde kaum gesprochen, alle hörten diszipliniert und andächtig zu. Es herrschte eine ganz tolle, teilweise schon weihebehaftete Atmosphäre. Die Veranstaltung ging bis weit nach Mitternacht. Ich fühlte mich in der großen Indianerfamilie (mehrere hundert Teilnehmer) voll integriert. Erworbene CDs erinnern mich noch heute an diese so schöne und für mich ganz spontane Veranstaltung.

d) Colorado (CO)

Mein erster Besuch in Colorado war 1975, als ich zusammen mit meinem Kollegen, *H.-G. Wäßerling,* von Denver mit dem Pkw nach Monterey gefahren bin. Im Schnellverfahren passierten wir über den I.S.Hwy 70 mit den Orten Vail, Glenwood Springs und Grand Junction das Colorado Tal und waren von der grandiosen Landschaft tief beeindruckt. Deshalb suchte ich bei einem meiner nächsten Besuche der USA Colorado erneut auf. Ich fuhr von Arizona/Utah kommend in den südwestlichen Teil von Colorado und besuchte die Städte Cortez (mit einem hervorragenden deutschen Brauereirestaurant) und Durango, das ehemalige Versorgungszentrum für die Silberbergwerke in den San Juan Mountains. Dazwischen liegt der Mesa Verde National Park mit den eindrucksvollen Zeugnissen früher indianischer Kulturen in den USA. Eine vom Besucherzentrum ausgehende Rundstraße führt zu über 30 Ruinen aus der Anasazi-Zeit (6. bis 12. Jahrhundert). Von Durango ging es dann über New Mexiko zurück nach El Paso.

Bei einem weiteren USA-Aufenthalt bin ich von El Paso nach Denver geflogen und habe mir den ca. 100 km nordwestlich von Denver gelegenen Rocky Mountains National Park angesehen. Diese rund 1000 km^2 große Bergszenerie inmitten der Rockies ist wahrhaft grandios. Ich bin die Trail Ridge Road, eine Panorama Straße in über 3700 m Höhe auf der kontinentalen Wasserscheide, von Anfang bis Ende gefahren. Mitunter war ich durch Wolkenbänke vollständig eingehüllt, Sicht gleich Null. Es ging nur im Schritttempo weiter. Obwohl ich nicht ängstlich bin, war mir zwischenzeitlich nicht ganz wohl. Dennoch, bei freiem Blick wurde man durch die beeindruckende Aussicht dann mehr als entschädigt.

Meine vierte Reise nach Colorado war 1999, als ich zusammen mit meinem Mitarbeiter *Ch. Hof* die in Denver stattfindende SPIE-Konferenz besucht habe. Wir waren schon einige Tage früher vor Ort und nutzten die Zeit, um einen Abstecher zur University of Colorado in Boulder und zur Air Force Academy in Colorado Springs zu machen. In Denver selbst besuchten wir das Denver Art Museum und den im Denver City Park gelegenen zoologischen Garten.

Nach Ende der Konferenz ließ ich meine Ehefrau aus Deutschland nachkommen. Mit ihr bin ich dann nochmals, wie 1975 mit *H.-G. Wäßerling,* durch das Colorado Tal gefahren, mit einem kleinen Abstecher nach Aspen, bekannt als nobler Ferien- und Wintersporttreff der nicht ganz armen Amerikaner.

e) Utah (UT)

Wenn man sich im Südwesten der USA bewegt, kann man Utah mit seinen diversen Nationalparks und Canyons nicht auslassen. Ich habe Utah zweimal von Ost nach West und zweimal von Süd nach Nord mit den entsprechenden Abstechern zu den diversen Sehenswürdigkeiten durchfahren. Von Ost nach West von Colorado kommend zunächst nach Moab in den Arches National Park und Canyonlands National Park. Von dort weiter in den Capitol Reef National Park. Bei meiner zweiten Reise (mit Ehefrau) übernachteten wir dort im Best Western Capitol Reef Resort. Am späteren Nachmittag erlebten wir in unserem Hotel ein gewaltiges Gewitter, das in seinen Ausmaßen der dortigen Canyonlandschaft voll entsprach. Nach seinem Abzug entwickelte sich nicht nur ein wunderschöner Regenbogen, es stellte sich auch eine Stimmung - wie von *E. Hopper* gemalt - ein. Ich habe einen gesamten Film „verknipst", um diese einmalige Atmosphäre auf meinen Dias festzuhalten.

Vom Capitol Reef National Park ging es weiter zum Bryce Canyon und von dort über den U.S.Hwy 89 nach Arizona zum Grand Canyon North Rim. Da der Grand Canyon nicht zu überqueren ist, ging es wieder zurück nach Utah in den Zion National Park und von dort dann Richtung Las Vegas in Nevada.

Von Süden kommend habe ich Utah einmal von Arizona aus besucht. Ich habe mich am Glen Canyon aufgehalten, wo der Colorado River zum Lake Powell aufgestaut wird und habe dort in Page den Glen Canyon Dam und das zugehörige Visitor Center besichtigt, in dem der Dammbau und das System der Colorado Stauseen eindrucksvoll erläutert wird. Von Page aus ging es dann über eine „Scenic Route" nach Kanab und von dort wieder in den Zion National Park. Danach über den I.S.Hwy 15 nach Salt Lake City.

Bei der zweiten Süd-Nord Reise kam ich von Las Vegas und fuhr über St. George und Cedar City in den Capitol Reef National Park. Von dort dann in den Canyonlands National Park, das Monument Valley in Arizona und über den Four Corner Point, wo Arizona, Colorado, New Mexico und Utah aneinander stoßen, über Farmington in New Mexico zurück nach El Paso in Texas.

f) Nevada (NV)

Nevada liegt im Great Basin zwischen der Sierra Nevada im Westen und den Rocky Mountains im Osten. Es ist ungefähr so groß wie Deutschland, Österreich und die Schweiz zusammen, hat aber nur etwas über zwei Millionen Einwohner; davon leben rund 500.000 in Las Vegas. Insofern prägen menschenleere Landschaften diese größte Wüste Nordamerikas!

Weltweit bekannt ist Nevada durch die Hochburgen des Glückspiels in Las Vegas und ihrer kleineren Schwester in Reno. Über meinen Besuch mit *Walter* hinaus bin ich mehrfach in Las Vegas gewesen und auch Reno habe ich zweimal besucht. Man muss diese künstlichen Glitzerwelten mit ihren teilweise spektakulären Hotels und Casinos sicher einmal gesehen haben - wenn man denn schon in dieser Gegend ist - , meine Welt ist es allerdings nicht. Bei meinen Besuchen dort standen für mich die Beobachtung der Spieler in den Casinos und die fotografischen Motive von Las Vegas und Reno bei Nacht im Mittelpunkt. Interessanter war für mich die Landschaft mit ihren unterschiedlichen Gesteins- und Vegetationsformen und natürlich Flora und Fauna schlechthin.

Erwähnenswerte Touren von mir in Nevada waren von Las Vegas kommend ein Besuch am Lake Mead, einer der Stauseen des Colorado River, über den die Wasserversorgung von Las Vegas erfolgt, und anschließend ein Besuch im Valley of Fire, wo Wind und Wetter eine grandiose Felslandschaft aus rotem Sandstein geschaffen haben. Vereinzelte Petroglyphen lassen vermuten, dass diese Gegend schon vor rund 2000 Jahren von Anasazi-Indianern bewohnt war. Wanderwege führen zu versteinerten Bäumen und zu außergewöhnlichen Felsformationen wie zum Beispiel den Seven Sisters, Poodle Rock, White Domes und dem Elephant Rock.

Vom Valley of Fire nach Norden über den U.S.Hwy 93 gelangt man (diese Fahrt mit Ehefrau) nach einer mehrstündigen Autofahrt durch Wüste und Halbwüste auf den nach Westen führenden U.S.Hwy 50. Es ist dies der „loneliest" Highway der USA. In unserer dreistündigen Fahrt nach Carson City und dann weiter nach Reno sind uns lediglich rund zehn Fahrzeuge pro Stunde begegnet! Von Reno ging es dann weiter nach California zum Lake Tahoe bzw. bei einer anderen Fahrt in den Yosemite National Park.

Von Las Vegas in nordwestlicher Richtung über den U.S.Hwy 95 und dann über die Route (Rte) 373 bzw. 374 und 190 gelangt man in das Death Valley (CA) und von dort über den U.S.Hwy 395 zum Mono Lake (CA), östlicher Eingang zum Yosemite National Park (CA), dazwischen liegt Bodie, die ehemalige Bergbausiedlung und jetzige Geisterstadt. Ich bin diese Route mehrfach gefahren und komme bei „California" genauer darauf zurück.

Bei der Fahrt über den U.S Hwy 50 übernachteten meine Frau und ich in einem Best Western Hotel einer kleinen Provinzstadt mitten in der Einsamkeit der Wüstenlandschaft Nevadas. Nach dem Einchecken packte meine Frau in unserem Quartier unsere Sachen aus, ich erkundete den Ort auf der Suche nach einem Restaurant zum Abendessen und einem Coffeeshop für das morgendliche Frühstück. Beides war schnell gefunden, es gab jeweils nur eines. Als ich mich im Coffeeshop nach der morgendlichen Öffnungszeit erkundigte, bugsierte mich die Inhaberin sogleich in die Küche und wies mich in die Küchenarbeit ein. Es fiel schwer, ihr zu erläutern, dass ich Gast sei bzw. dies am nächsten Morgen sein wollte. Die Erklärung für ihr Verhalten stand an der Ladentür, sie suchte dringend einen „dish-washer" und stufte mich als einen „Bewerber" dafür ein. Mein lässiger und bequemer Kleidungsstil für die langen Autofahrten hatten wohl dazu beigetragen, mich als möglichen Jobinteressenten zu outen.

g) California (CA)

Der Sonnenstaat oder auch "Golden State" Kalifornien ist flächenmäßig nach Alaska und Texas der drittgrößte Staat der USA. Er hat eine mittlere Nord-Süd Ausdehnung von rund 1200 km und eine mittlere Ost-West Ausdehnung von rund 400 km. Mit rund 40 Millionen Einwohnern ist er der mit Abstand bevölkerungsreichste Staat der USA. Wegen des hohen technologischen Standards seiner Industrie und der hohen Qualifikation seiner Hochschulen findet in Kalifornien die höchste Wertschöpfung der amerikanischen Wirtschaft statt.

In Kalifornien habe ich mich über Jahrzehnte „bewegt". Über Monterey und seine nähere Umgebung habe ich an anderer Stelle bereits ausführlich berichtet. In der weiteren Umgebung bin ich mehrfach die berühmte Küstenstraße Nr. 1 von Monterey nach Süden bis Los Angeles (L.A.) oder auch dann über den I.S.Hwy 5 bis nach San Diego gefahren. Zwischenstationen waren Big Sur, Hearst Castle, Morro Bay, Pismo Beach, Santa Barbara, Ventura und Santa Monica. In Malibu habe ich das Paul J. Getty Museum in der Getty Villa besucht. Zunächst einmal vor 1997, bevor in Brentwood (Distrikt von West L.A.) das eigentliche Getty Center errichtet wurde. Dann später nochmals, als man sich in der Getty Villa vornehmlich auf Exponate aus der griechischen, römischen und etruskischen Zeit konzentriert hat. Von über 44.000 vorhandenen Exponaten sind rund 1200 zu besichtigen.

Das Getty Center enthält das Getty Museum und diverse wiss. Einrichtungen. Der Gebäudekomplex, entworfen vom amerikanischen Architekten *Richard Meier,* und die Gartenanlagen allein sind schon eine Augenweide. Im Museum selbst sind ca. 50.000 Exponate von dem amerikanischen Milliardär und Kunstmäzen *Jean Paul Getty* zusammengetragen und der allgemeinen Öffentlichkeit kostenlos zugänglich gemacht. Die Auswahl konzentriert sich dabei vorrangig auf klassische Kunstwerke wie Skulpturen, Gemälde, Zeichnungen, Manuskripte und Fotografien. Ich habe das Center 2004 mit meiner Ehefrau zusammen besucht. Wir hatten dafür einen ganzen Tag veranschlagt. Die Zeit hat gerade gereicht, um Architektur und Gartenanlagen und eine kleine Fotoausstellung zu genießen. Da müsste man eben noch einmal hinfahren!

Von L.A. aus bietet sich ein Besuch im Joshua Tree National Park als südlicher Teil der Mojave Wüste und in Palm Springs, dem Wüstenmekka mit 330 Sonnentagen pro Jahr und Aufenthalt sonnenhungriger Millionäre und „gestresster" Filmstars, an. Der 2250 km² große Joshua Tree National Park trägt seinen Namen nach den Joshua-Bäumen, einem über zehn Meter groß werdenden Agavengewächs, das überwiegend nur in dem über 900 m hoch gelegenen Parkgebiet vorkommt. Die Bäume werden bis zu 1000 Jahre alt, von März bis Mai tragen sie sehr schöne weiße Blüten. An der südöstlichen Peripherie des Parks, direkt an dem I.S.Hwy 10 gelegen, ist ein Besuch des General Patton Museums lohnenswert. *George Smith Patton, Jr.* (1885-1945) war einer der erfolgreichsten, aber auch umstrittensten amerikanischen Heerführer im zweiten Weltkrieg. Das Museum gibt einen sehr guten Überblick über seinen Werdegang, seine Einstellung und Geisteshaltung und natürlich über seine militärischen Aktivitäten. Es enthält eine Vielzahl von persönlichen Gegenständen dieses Generals und eine repräsentative Waffensammlung aus der Zeit des Zweiten Weltkriegs.

Ich habe den Joshua Tree National Park zweimal besucht. Einmal von San Diego aus über den Anza Borrego Desert State Park kommend, um dann weiter ins Death Valley zu fahren, und einmal von L.A. aus auf der Weiterfahrt nach Las Vegas und dann nach El Paso.

San Diego ist mit 1,3 Millionen Einwohnern nach L.A. die zweitgrößte Stadt Kaliforniens. Nach Tijuana in Mexiko sind es nur wenige Meilen; insofern ist der mexikanische Einfluss in San Diego groß. San Diego profitiert als Küstenmetropole am Pazifik von seiner bevorzugten Lage in einer geschützten Bucht, so dass dort sogar im Winter frühlingshafte Temperaturen herrschen. San Diego ist Heimathafen der amerikanischen Pazifikflotte und ist neben Norfolk in Virginia (Heimat der amerikan. Atlantikflotte) einer der größten Marinestützpunkte auf diesem Globus.

Ich bin mehrfach in San Diego gewesen. Über meine Besuche als Wissenschaftler anlässlich der Teilnahme an den SPIE-Konferenzen habe ich bereits berichtet. Gerade diese Besuche weckten mein Interesse an dieser Stadt, um sie dann mehrfach auch als Tourist aufzusuchen. Highlight für mich war jedes Mal ein Besuch im Balboa Park gelegenen San Diego Zoo, einem der besten Tierparks weltweit. Nicht nur sein mit über 800 Spezies großer Artenreichtum ist beeindruckend, sondern vor allem die Anlage des Tierparks, die durch Größe und Großzügigkeit, aber auch durch Ideenreichtum besticht. Viele Tiere bewegen sich in einer natürlichen Umgebung, die man mit viel Sachverstand nachgebildet hat. Ich konnte im Zoo viele Fotos von Flora und Fauna in Postkartenqualität machen. Neben dem Zoo waren für mich das Gaslamp Quarter, Alt-San Diego („Old Town") und die Marina von besonderem Interesse. Das Gaslamp Quarter ist aus dem früheren Rotlichtviertel der Stadt hervorgegangen und enthält jetzt zahlreiche kultivierte Restaurants und hochwertige Einkaufsmöglichkeiten. „Old Town" ist der historische Kern von San Diego, viele Amerikaner bezeichnen ihn als den Geburtsplatz von Kalifornien. „Old Town" ist heute ein California State Park mit zahlreichen historischen Gebäuden, die zwischen 1821 und 1872 errichtet wurden. Da sie auch viele Werkstätten von Handwerkern aus dieser Zeit enthalten, erhält man einen guten Überblick, wie man dort vor rund 150 Jahre gelebt und wie sich daraus das heutige San Diego entwickelt hat. Die Marina in San Diego ist für einen Marineoffizier natürlich ein Muss. Die Anlage östlich der Point Loma Peninsula ist einfach beeindruckend. Ich habe mir mehrere Törns gegönnt und bin auch einmal zum Hochseeangeln mitgefahren.

Den im südlicheren Teil Kaliforniens an der Grenze zu Nevada gelegenen Death Valley National Park habe ich zweimal durchfahren. Einmal, wie erwähnt, von Süden aus dem Joshua Tree National Park kommend über die Rte 127 und einmal von Osten von Las Vegas kommend über die Rte 373. Beide Routen vereinigen sich an der Death Valley Junction, dem Eingang zum Park, zur Rte 190, auf der man dann den Park bis zum U.S.Hwy 395 durchfährt.

Das Death Valley ist eine der spektakulärsten natürlichen Sehenswürdigkeiten der USA. Es ist der trockenste und heißeste Nationalpark der Vereinigten Staaten. Im Sommer sind Temperaturen von 50 °C (und manchmal mehr) durchaus üblich, damit werden auch die besten Klimaanlagen der Pkw an ihre Grenzen geführt. Wenn man den Park von Süden aus befährt, gelangt man zunächst zu Bad Water, mit 86 m unter N.N. der tiefste Punkt der Vereinigten Staaten. In seiner Nachbarschaft liegt mit Devil's Golf Course eine der eigentümlichsten Landschaften des Parks. Es dehnen sich dort aufgeworfene, zerpflügt aussehende Salzflächen aus, die bei der Verdunstung früherer Salzseen entstanden sind. In 1669 m Höhe liegt mit Dante's View einer der schönsten Aussichtspunkte über den zentralen Teil des Tals. Insbesondere im Morgengrauen vor und bei Sonnenaufgang ergeben sich spektakuläre Farbpaletten im Tal und an den Hängen der Black Mountains. Fährt man im Park nach Norden weiter, kommt man zu dem durch mehrere Filme berühmt gewordenen Zabriskie Point. Sonnenauf- und Sonnenuntergang verwandeln dort die kargen, vegetationslosen Berge des Tals in eine sich minutiös verändernde Landschaft aus Licht und Schatten. Nicht wenige Besucher sind von diesem Naturschauspiel derart fasziniert, dass sie nach dort wie zu einem Wallfahrtsort pilgern. Über Furnace Creek, das dort liegende Visitor Center und über eine saharaähnliche Dünenlandschaft verlässt man das Tal über den Townes Pass (1500 m) in westlicher Richtung.

Fährt man nach Verlassen des Death Valley den U.S.Hwy 395 nach Norden parallel zur Ostflanke der Sierra Nevada, gelangt man an den schon erwähnten Mono Lake. Bei dem Mono Lake handelt es sich um einen alkalischen Salzsee (pH-Wert von 10) ohne natürlichen Abfluss. Der Wasserspiegel steht im Gleichgewicht mit dem Zufluss vom Rush Creek und etwas Regen und dem Abfluss durch Verdunstung und einen Aquädukt zur Wasserversorgung von L.A. Als man 1941 den Abfluss durch den Aquädukt deutlich anhob, sank der Wasserspiegel des Sees dramatisch. Dadurch wurden die unter Wasser gebildeten Kalktuff-Gebilde freigelegt, die dem See sein charakteristisches Aussehen verleihen. Durch das Absenken des Wasserspiegels wurde das ökologische Gleichgewicht im See massiv gestört, es musste sogar seine Austrocknung befürchtet werden. Um das zu verhindern, wurde 1994 eine Verordnung des Staates Kaliforniens erlassen, die die Wasserentnahme begrenzt. Seitdem steigt der Wasserspiegel wieder um rund 0,5 m pro Jahr. Dies ist wichtig für das Gedeihen der nur in diesem See lebenden Salzwasserkrebse. Ihnen dienen als Nahrungsquelle auch nur dort lebende einzellige Algen. Das Ende der Nahrungskette bilden fast zwei Millionen Wasservögel, denen der See wichtiger Zufluchts- und Nahrungsort ist. Der Mono Lake ist ein Paradebeispiel für den negativen Einfluss des Menschen auf ein funktionierendes Ökosystem, aber auch ein Paradebeispiel dafür, den alten Zustand wieder herzustellen, wenn man denn den Mut dazu hat.

Den U.S.Hwy 395 nach Norden weiter, kommt man vom Mono Lake zum Lake Tahoe. Auch ihn habe ich schon erwähnt. Unweit vom Mono Lake passiert man Bodie, die alte Goldgräberstadt, die jetzt eine der markantesten Geisterstädte der USA ist. Es gab dort noch bis in die 1950er Jahre letzte bergbauliche Aktivitäten. Danach wurde es dort menschenleer. So findet man den Ort jetzt mit einer rund 50jährigen Staubschicht überzogen und dadurch konserviert als ein Zeugnis seiner Epoche für die Nachwelt vor.

Vom Mono Lake nach Westen passiert man den östlichen Eingang zum Yosemite Park. Nach Durchfahren des Parks gelangt man über Merced, Los Banos und Gilroy wieder zurück auf die Monterey Peninsula.

Von Monterey aus habe ich natürlich auch den Norden von Kalifornien erkundet. Mit meinem Freund *Walter* war ich häufig nördlich der Golden Gate Bridge in Sausalito und San Rafael und natürlich im kalifornischen Weinland, im Napa und im Sonoma Valley. Wir haben uns dort sowohl touristisch als auch kommerziell bewegt. Auf diversen Weingütern haben wir an Weinproben teilgenommen, um für die Lokalitäten von *Walter* Weine in größeren Gebinden zu erwerben. Im Mittelpunkt standen dabei vornehmlich Weine aus Cabernet Sauvignon-, Zinfandel- und Chardonnay-Trauben.

Mit meiner Ehefrau bin ich von San Francisco aus die Küstenstraße Nr. 1 nach Norden gefahren. Wir haben uns den auf der Reyes Halbinsel sichtbaren San-Andreas-Graben angesehen, der sich von Mexiko über 1100 km bis nördlich San Franciscos erstreckt und Kalifornien in zwei Hälften teilt: San Francisco liegt auf der nordamerikanischen Platte und L.A. auf der pazifischen Platte. Da sich beide Platten rund 6 cm pro Jahr gegeneinander bewegen, ist diese Gegend - wie man weiß - stark erdbebengefährdet. Ich habe selbst einmal ein kleineres Erdbeben in Kalifornien miterlebt. Auf der Reyes Halbinsel haben wir weiter den Point Reyes mit dem berühmten Leuchtturm besichtigt und sind nach Bodega Bay gefahren, um auf den Spuren von *Alfred Hitchcock* zu wandeln, der dort seinen berühmten Film „Die Vögel" gedreht hat. Wir sind auf der Küstenstraße Nr. 1 mit ihren teilweise bizarren und schroffen Felsformationen bis Fort Ross gelangt, das von russischen Pelzjägern gegründet wurde, die von Alaska kommend bis nach dort der Seaotter-Jagd wegen vorgedrungen waren, und das bis 1841 zu Russland gehörte! Da die Befahrung der Küstenstraße Nr. 1 von Norden nach Süden sehenswerter ist, beendeten wir diese Fahrt in Fort Ross und kehrten über den U.S.Hwy 101 nach San Francisco zurück.

Um noch in der Bay Area zu bleiben, habe ich natürlich auch als Hochschullehrer die dort ansässigen Elite-Universitäten besucht und mit meinen Fachkollegen einen Meinungsaustausch geführt. Ich war zweimal an der Stanford University in Palo Alto, ebenfalls zweimal an der University of California in Berkeley und mehrmals an der San Jose State University in San Jose, wo ich mit meinem Kollegen *Don Kirk* besonders enge wiss. Kontakte unterhalten habe. Weiter war ich zweimal im IBM Research Laboratory in San Jose, wo ich meine zu unterschiedlichen Zeiten dort weilenden Kollegen und Freunde *Eberhard Hofer* und *Hans Burckhardt* besuchte, die bei IBM ihre „Sabbatical" verbrachten. Durch die beiden Kollegen bekam ich einen guten Einblick über Teile der bei IBM laufenden Forschungsaktivitäten.

h) Nordkalifornien, Oregon (OR) und Washington (WA)

Um den rauen Norden Kaliforniens kennenzulernen, beschlossen meine Frau und ich nach der südnördlichen Anfangserkundung auf der Küstenstraße Nr. 1 eine dreiwöchige Urlaubsreise von Monterey aus nach Nordkalifornien, Oregon und Washington (State) durchzuführen. Die Reise begann mit einem etwas frechen Benehmen meinerseits. Bei unserem Start in Monterey früh morgens stellten wir fest, dass wir einige Reiseutensilien vergessen hatten. Wir steuerten den nächsten Supermarkt an und ich stieg aus, um diese zu besorgen; meine Frau blieb im Pkw. Wie das in solchen Situationen ist, fand ich die zu besorgenden Teile zunächst nicht, dann hielt eine Amerikanerin an der Kasse den Betrieb auf, da sie Probleme mit dem Ausfüllen ihres Schecks hatte. Ich fühlte mich zeitlich unter Druck. Als ich dann endlich bezahlt hatte und den Supermarkt verlassen wollte, kam mir am Ausgang in der zweiflügeligen Tür unter „out" eine wohlbeleibte Amerikanerin entgegen, die mir mit ihrer Körperfülle den Ausgang versperrte. Ich fuhr sie an mit „alte Kuh", was sie zwar nicht verstand, aber an meinem Ton und Gesichtsausdruck merkte, dass es etwas nicht Freundliches war. Sie fragte zurück „What's Kuh?" Ich machte „Muh". Das begriff sie. Es hob ein wildes Gekreische an, den Ausgang machte sie aber frei. So starteten wir dann gen Norden.

Es ging von Monterey nach San Francisco, von dort über die Bay Bridge nach Oakland und dann nach Sacramento, der Hauptstadt Kaliforniens. Nach einem kurzen Aufenthalt dann weiter über den I.S.Hwy 5 bis Redding. Von dort aus erkundeten wir den östlich von Redding gelegenen Lassen Volcanic National Park. Rund um den Mt. Lassen (3187 m, derzeit friedlicher Vulkan) liegt ein wunderschöner Park, durchsetzt mit heißen Thermal- und Schwefelquellen. Die Gegend ist sehr dünn besiedelt, wohl auch wegen der strengen Winter (bis 15 m Schnee pro Jahr), in denen sämtliche Straßen und Zufahrtswege gesperrt sind.

Über die Rte 89 weiter nach Norden gelangt man vom Lassen Volcanic National Park zum 4317 m hohen Mt. Shasta, einem der höchsten Berge dieser Region. Er ist ganzjährig schneebedeckt und bei guter Sicht bereits aus einer Entfernung von rund 100 Meilen sichtbar. Es heißt, dass am Mt. Shasta gewaltige Energieströme zusammenlaufen. Deshalb hat sich in dem am Fuß des Berges gelegenen Ort Mount Shasta ein Esoterikzentrum der New-Age-Bewegung etabliert. Dies zur Freude und zum Profit derer, die den zahlreichen Wallfahrern mit kostspieligen Kursen und Kuren Heilung versprechen!

Wir kehren nun auf den I.S.Hwy 5 in Richtung Oregon zurück. Es geht bis Medford und dort auf die Rte 62 zum Crater Lake National Park. Hier liegt der schönste See im Nordwesten der USA. Vor rund 7000 Jahren explodierte der Mt. Mazama und bildete eine riesige Caldera (kesselartiger Vulkankrater), die sich im Laufe der Jahrtausende mit Wasser füllte; es entstand der Crater Lake, ein 600 m tiefer Kratersee mit tiefblauem Wasser.

Über die Rte 138 zurück zum I.S.Hwy 5 ging es dann über Eugene und Salem, der Hauptstadt von Oregon, nach Portland, der mit rund 550.000 Einwohnern größten und bedeutendsten Stadt von Oregon. Portland liegt am Zusammenfluss der Flüsse Willamette und Columbia River und wird auch die Stadt der Rosen genannt. Das Klima ist dort für Rosen besonders günstig und man begegnet diesen edlen Blumen an vielen Stellen der Stadt. Besonders sehenswert ist der International Rose Test Garden im Washington Park, in dem über 7000 verschiedene Rosenarten und über 500 Abarten zu bewundern sind. Von Portland aus in östlicher Richtung empfiehlt sich über den Mt. Hood-Columbia Gorge Loop Scenic Drive bzw. den Historic Columbia River Highway ein Abstecher zum Mt. Hood, mit 3425 m der höchste Berg von Oregon. Die Straße schlängelt sich direkt auf Flusshöhe am Columbia River entlang. Es bietet sich eine wunderschöne Aussicht über eine noch weitgehend unberührte Bergwelt, und zahlreiche Wasserfälle laden zur Rast und zum Fotografieren ein. Die berühmtesten sind die Multnomah Falls, wo sich aus einer Höhe von 190 m die Wassermassen in die Tiefe stürzen.

Zurück nach Portland geht es über den I.S.Hwy 5 nach Washington (State). Der erste Abstecher führt über die Rte 504 nach Osten zum Mt. St. Helens National Volcanic Monument. Dort liegt der Mt. St. Helens, ein aktiver Vulkan (die dort lebenden Indianer nennen ihn Feuerberg oder auch rauchender Berg), der am 18. Mai 1980 explodierte. Der ursprünglich 2950 m hohe Berg verlor bei der genannten Eruption seine gesamte Kegelspitze und verkürzte sich um rd. 400 m auf eine Höhe von 2549 m. Etwa drei km^3 Gestein und Geröll wurden bewegt, die Asche- und Gaswolken wurden bis in eine Höhe von 18 km, also über die Troposphäre hinaus in die Stratosphäre geschleudert. Pyroklastische Ströme (Feststoff-Gas-Dispersionen), in denen Temperaturen von über 650 °C herrschten, rasten mit einer Geschwindigkeit von rund 400 km/h talwärts. Ihnen folgte ein Lahar (Schlammstrom aus Asche und Wasser) nach, der sich durch Vermischung der pyroklastischen Ströme mit dem Eis und Schnee der oberen Bergflanke mit einer Geschwindigkeit von 120 km/h nach unten bewegte und für weitere Verwüstung sorgte. Es herrschten apokalyptische Zustände. Die gesamte Flora und Fauna wurde über eine Fläche von rund 650 km^2 vernichtet; es starben 57 Menschen und rund 1,5 Millionen Tiere. Meine Frau und ich haben die Gegend 1998, also 18 Jahre nach der Eruption, besucht. Der Eindruck über die angerichtete Zerstörung ist nachwievor bedrückend und faszinierend zugleich. Die umgesetzte Energie muss ein Vielfaches der Hiroshima-Kernwaffenexplosion betragen haben. Dennoch, der Lebenswille der Natur, die mit anderen als menschlichen Zeitkonstanten rechnet, ist stärker; in einigen Jahrzehnten werden nur noch wenige Narben in Flora und Fauna von dem Desaster von 1980 Zeugnis ablegen.

Zurück zum I.S.Hwy 5 und weiter nach Norden ist nächstes Reiseziel der Mt. Rainier National Park, den man über den U.S.Hwy 12 und die Rte 123 nach Osten erreicht. Der Mt. Rainier ist mit 4392 m der höchste Berg im Staat Washington. Er ist dauernd schneebedeckt, und seine Gletscher bedecken eine Fläche von rund 100 km^2. Durch seine Höhe und seine reichen Niederschläge bestehen am Mt. Rainier mehrere Vegetationszonen. Der Fuß des Bergs ist in dichten Urwald bzw. Regenwald gehüllt, in den höheren Lagen folgen Gebirgswald, eine subalpine Wald- und Wiesenlandschaft und oberhalb der Baumgrenze ab 2100 m beginnt die arktisch-alpine Vegetation. Ab 2700 m liegt die Zone des ewigen Schnees und Eis. Die verschiedenen Vegetationszonen sind Lebensraum von über 50 Säugetier- und über 150 Vogelarten. Bei klarem Wetter ist der Berg vom 100 km entfernten Seattle gut zu sehen. Berg und Park sind das Naherholungsgebiet der Bürger vom Puget Sound.

Über die Rte 410 geht es in nordwestlicher Richtung zurück auf den I.S.Hwy 5 und dann direkt nach Seattle, der mit rund 600.000 Einwohnern größten Stadt und dem wirtschaftlichen und kulturellen Zentrum im Nordwesten der USA. Seattle liegt zwischen dem Puget Sound im Westen (Verbindung zum Pazifik) und dem Lake Washington im Osten. Bis zur kanadischen Grenze sind es rund 150 km.

Seattle hat ein maritimes Klima, was zu angenehmen Lebensbedingungen führt. Über die eigentliche City hinaus hat die Metropolregion rund 3,5 Millionen Einwohner und die dort erwirtschaftete Wertschöpfung ist hoch. Schwerpunkte sind die Luft- und Raumfahrttechnik mit Boeing in Everett nördlich von Seattle, Eisen- und Stahlindustrie, holzverarbeitende Industrie und mittlerweile die Informationstechnologie mit Microsoft in Redmond nordöstlich von Seattle.

Wahrzeichen von Seattle ist die Space Needle, der 184 m hohe Fernseh- und Aussichtsturm, der 1962 zur Weltausstellung in Seattle errichtet wurde und im Seattle Center liegt. Er prägt mit seiner filigranen Architektur noch heute futuristisch die Silhouette dieser schönen Stadt. Vom Drehrestaurant des Turms aus hat man einen herrlichen Blick über Stadt und Region - dies auch am Abend bzw. nachts.

Von den zahlreichen Museen war ich im Museum of Flight, einem der besten Museen mit Exponaten aus der Luft- und Raumfahrttechnik und ich habe auf der Pier 59 das Aquarium besichtigt, in dem sehr anschaulich die Meeresflora und -fauna des Puget Sound repräsentiert ist. Natürlich war auch ein Besuch in der University of Washington angesagt, einer der renommiertesten und mit ca. 45.000 Studierenden einer der größten Universitäten der USA. Insbesondere deren Germanistikabteilung gehört zu den besten der USA und wohl auch darüber hinaus. Es liegt sicher mit daran, dass in Washington und Oregon über 20 Prozent der Bevölkerung deutsche Vorfahren besitzen.

Nach dem Besuch von Seattle geht es auf die Olympic Peninsula, im Nordwesten von Washington gelegen. Die Route verläuft zunächst nach Süden über Tacoma und Olympia, die Hauptstadt von Washington, dann nach Norden um den Puget Sound herum nach Port Angeles. Wir bewegen uns dabei auf dem schon bekannten U.S.Hwy 101. In Tacoma gehört es sich für einen Ingenieur, die Tacoma-Narrow-Bridge zu befahren, die als Rte 16 von Tacoma nach Bremerton auf der Kitsap-Halbinsel führt. Diese Brücke wurde erstmals 1940 als Hängebrücke mit einer Spannweite von 853 m fertig gestellt. Nur vier Monate nach ihrer Einweihung stürzte die Brücke infolge winderregter Schwingungen spektakulär ein. Das Ereignis wurde von Wissenschaftlern der University of Washington gefilmt, da sie die Brücke auf Grund von aufgetretenen Resonanzschwingungen schon längere Zeit systematisch beobachtet hatten. Der Einsturz erfolgte allerdings nicht durch aerodynamisch über Karman-Wirbel angeregte Resonanzen, sondern durch selbsterregte Schwingungen, die durch eine windbedingte Queranströmung der Brücke über Torsionsschwingungen erzeugt wurden. Sie „pumpten" so viel Energie in das Schwingungssystem, bis die Träger der

Brücke rissen. Nach einem neuen statischen Konzept wurde die Brücke 1950 wieder aufgebaut. Mittlerweile wurde parallel zur alten Brücke 2007 eine neue Brücke erstellt, um den Gegebenheiten des zugenommenen Straßenverkehrs gerecht zu werden.

Port Angeles auf der Olympic Peninsula ist der Eingang zum Olympic National Park. Dieser National Park wurde 1938 gegründet, seit 1976 ist er als Biosphärenreservat der UNESCO ausgewiesen, und 1981 erklärte ihn die UNESCO zum Weltkulturerbe. Der Park ist rund 4000 km^2 groß und beinhaltet den einzigen echten und großflächigen Regenwald auf der Nordhalbkugel dieses Planeten. Das Klima ist mild, die Niederschläge sind hoch, in Teilen bis zu 4000 mm pro Jahr. Es wachsen Epiphyten, Moose, Flechten und Farne, die dem Wald ein dschungelartiges Aussehen verleihen. Da der Park auf einer abgelegenen Halbinsel liegt, haben sich hier Tier- und Pflanzenarten entwickelt, die nur in diesem Park vorkommen (endemische Arten). Die bekannteste dieser Arten ist der Roosevelt-Wapiti, mit 450 kg Gewicht die größte Unterart der Wapitis. Neben den Wapitis kommen natürlich auch die wesentlich kleineren Maultierhirsche vor. Von den Raubtieren sind Puma, Luchs, Schwarzbär und Kojote vertreten. An der Küste zum Pazifik kann man Seehunde und Seeotter und natürlich Weißkopfseeadler, das US-amerikanische Wappentier, und Fischadler beobachten.

Der Baumbestand besteht im Wesentlichen aus Sitka-Fichten und westamerikanischen Helmlocktannen. Viele der Bäume sind über 100 Jahre alt und können bis zu 80 m hoch werden und einen Durchmesser von über 3 m erreichen.

Nachdem man den Park verlassen hat, geht es auf dem U.S.Hwy 101 wieder nach Süden, meistens entlang der Küste zum Pazifik, bis man nach Überquerung der Mündung des Columbia River den Staat Washington verlässt und bei Astoria wieder nach Oregon kommt. Nach einer weiteren Fahrt von rund 360 Meilen auf dem U.S.Hwy 101 nach Süden entlang der rauen und zerklüfteten Pazifikküste von Oregon gelangt man nach Kalifornien.

Das Küstenpanorama von Nordkalifornien ähnelt sehr dem in Oregon. Spektakulär ist der Redwood National Park, in dem mit über 110 m die höchsten Bäume unserer Erde stehen. Es sind Redwoods (genauer: Sequoias sempervirens). Weiter nach Süden kommt man südlich von Eureka in den Humbold Redwoods State Park. Hier stehen mit den Mammutbäumen (verwandt mit den Redwoods) die größten Bäume unserer Erde. Sie sind rund 90 m hoch und haben einen Stammdurchmesser von rund 8 m. Sie werden über 2000 Jahre alt. Parallel zum Hwy 101 verläuft durch den Park eine 30 Meilen lange Parkstraße, die Avenue of the Giants, von der aus man besonders prachtvolle Exemplare von Mammutbäumen bestaunen kann. Man genießt diesen Anblick in besonderer Demut vor der uns anvertrauten Schöpfung.

In Legett verläßt man den Hwy 101 und kehrt auf die alte Küstenstraße Nr. 1 zurück. Auf dieser geht es längs der Steilküsten von Fort Bragg weiter nach Mendocino, Fort Ross, Bodega Bay bis nach San Francisco. Dieser Küstenstreifen in Nordkalifornien - von der Grenze zu Oregon bis nach San Francisco - ist rund 600 km lang und von beeindruckender Schönheit. Er stellt einen kontrastreichen Gegenpol zu den Wüsten- und Halbwüsten des Südens und des Südwestens der USA dar.

Ergänzende Quellen:

1 Scheunemann, J. u.a., USA. Westküste, Rocky Mountains, Der Südwesten, München 1996.

2 Bosley, D. u.a., Kalifornien&Westküste USA, Berlin 1999.

3 Rand Mc Nally, The 2011 Road Atlas, Chicago 2011.

21. Back to the Roots

Mit der Herstellung rechtsstaatlicher Verhältnisse in der ehemaligen DDR 1989/90 und der sich abzeichnenden Wiedervereinigung beider Teile Deutschlands wurde mein Interesse an dem landwirtschaftlichen Anwesen in Trockhausen wiedergeweckt. Nach Auskunft meines Vetters *Wolfgang* war das Anwesen seinerzeit nach meinem Weggang aus der damaligen DDR verstaatlicht worden.

21.1 Rückübertragung

Ich begann in alten Akten meiner Familie zu recherchieren. In Unterlagen meiner 1984 verstorbenen Mutter fand ich einen Hinweis auf das Testament meines Großvaters *Max*. Demnach hatte dieser, nachdem sein Sohn und Erbe, mein Onkel *Horst*, in Russland gefallen und juristisch für tot erklärt worden war, am 30.03.1946 sein Testament zu meinen Gunsten geändert. Ich war zwar „Republikflüchtiger", was in der DDR als Straftatbestand eingestuft wurde und zum Verlust des gesamten Vermögens führte, war aber beim Eintreten dieses Tatbestandes erst 10 Jahre alt und damit auch nach DDR-Gesetzen sicher nicht strafmündig. Zudem war davon auszugehen, dass bei einer Wiedervereinigung altes Unrecht sicher beseitigt werden würde. Vor diesem Hintergrund begann ich Anfang 1990, mich um das Problem Trockhausen zu kümmern. Ich schrieb mir zuständig erscheinende Behörden und Ministerien in „Ost und West" an. Entweder bekam ich gar keine, nichtssagende oder unqualifizierte Auskünfte. Deshalb beauftragte ich einen mir bekannten Anwalt, sich der Angelegenheit anzunehmen. Dieser beschritt wenig kreativ den gleichen Weg wie ich zuvor; der Unterschied bestand lediglich darin, dass der Professorenbriefbogen durch den Anwaltsbriefbogen ersetzt wurde. Das Ergebnis war entsprechend. So beschloss ich, meinem Naturell entsprechend, die Dinge vor Ort selbst in Angriff zu nehmen. Hilfreich hierzu war ein Schreiben, das ich am 06.09.1990 vom Vorsitzenden der LPG (T) „Karl Marx" aus Schlöben, einem Nachbarort von Trockhausen, bekam (LPG= Landwirtschaftliche Produktionsgenossenschaft, T=Tier). Hierin teilte er mir mit, dass die LPG das landwirtschaftliche Anwesen in Trockhausen Nr. 4 bewirtschafte. Nach seinen Recherchen sei ich der rechtmäßige Eigentümer und er wolle mich fragen, was meine Pläne mit dem Anwesen nach einer möglichen Rückübertragung seien. Er sei durchaus interessiert, das Anwesen weiter zu bewirtschaften. In seinem Schreiben teilte der LPG-Vorsitzende mir erklärend weiter mit, dass das Anwesen am 17.07.1952 in Volkseigentum überführt, sprich enteignet, worden sei. Dieser Beschluss sei aber am 13.07.1954 wieder aufgehoben worden - aus welchen Gründen auch immer - und das Anwesen sei dann unter staatliche Verwaltung gestellt worden. Eine LPG „Kurt Hilbert" in Trockhausen habe das Anwesen bewirtschaftet. Diese sei im Rahmen weiterer Konzentrationen in der DDR-Landwirtschaft 1956 aufgelöst worden und in der LPG „Karl Marx" in Schlöben aufgegangen. Die wichtigste Information im Schreiben des LPG-Vorsitzenden war sein letzter Satz: Anträge für die Restitution von Eigentum müssten bis zum 13.10.1990 bei den zuständigen Behörden der (ehemaligen) DDR gestellt werden.

Also fuhr ich am 25.09.1990 nach Thüringen. Mein erster Besuch galt der LPG. Mit dem Vorsitzenden, Herrn E. *Auerbach*, führte ich ein sehr konstruktives Gespräch. Er machte auf mich einen kompetenten und geradlinigen Eindruck. Vor allem war er Pragmatiker, zudem stimmte die Chemie zwischen uns. Nach dem Gespräch besichtigten wir das Anwesen und schritten die Flur ab. Wiesen und Felder waren in ordentlichem Zustand. Der Wald, er wurde nicht durch die LPG bewirtschaftet, sondern stand unter Verwaltung der staatlichen Forstbehörde der DDR, war nach meinem ersten Eindruck in sehr gemischtem Zustand. Am Gehöft kämpfte ich mit den Tränen. Es war total heruntergewirtschaftet. Das Herrenhaus ohne Putz, die Gärten verwahrlost, die Ställe nicht mehr in Nutzung, die Mieter im Herrenhaus teilweise „streifig". Nachdem ich diesen Schock verdaut hatte, verabschiedete ich mich von Herrn *Auerbach* und suchte den Bürgermeister von Schlöben auf, der für Trockhausen infolge einer Eingemeindung zuständig war (und ist). Nach dem gegenseitigen Kennlernen vereinbarten wir, wechselseitig im Gespräch zu bleiben.

Am zweiten Tag meiner Reise suchte ich in Jena im staatlichen Forstwirtschaftsbetrieb den zuständigen Oberforstmeister auf, um mit ihm über meinen Wald zu sprechen. Es handelte sich um einen durch die neuen Verhältnisse frustrierten Altfunktionär, der über keinerlei Dynamik verfügte. Immerhin erfuhr ich von ihm das zuständige Forstamt: Bad Klosterlausnitz, Oberförsterei Ascherhütte. Hier traf ich einen jungen Revierförster an, der das Herz auf dem rechten Fleck hatte. Ich bestieg als Sozius sein Leichtmotorrad und wir fuhren in die Wälder *Lunderstädt* zu einer Bestandsaufnahme. Anschließend machten wir ein Protokoll als Grundlage der anstehenden Rückübertragung.

Den dritten Tag meiner Reise widmete ich den Behörden und Banken. Schwerpunkt war zunächst die Kreisverwaltung in Stadtroda. Hier meldete ich meine vermögensrechtlichen Ansprüche an und führte mit diversen Mitarbeiterinnen und Mitarbeitern unterschiedlicher Referate Informationsgespräche. Dabei stellte sich heraus, dass diese mehr Fragen an mich hatten als ich an sie. In einer Reihe von Punkten konnte ich ihnen weiterhelfen, in weiteren konnte ich im Nachgang von Hamburg aus behilflich sein.

Von Stadtroda aus ging es dann nach Gera zu einem Ableger des Thüringer Finanzministeriums, das für Reprivatisierungsfragen zuständig war. Hier kam ich allerdings einige Monate zu früh, denn dort war man noch von keiner Sachkenntnis getrübt.

Von *E. Auerbach* hatte ich erfahren, dass seit dem 13.07.1954 die unterschiedlichen Bewirtschafter des Anwesens in Trockhausen (geringe) Nutzungsentgelte gezahlt hatten. Davon seien Teile für Instandsetzungsarbeiten verwendet worden, Restgelder müssten aber noch vorhanden sein. Ich begab mich deshalb in Gera zu der dafür zuständigen Deutschen Kreditbank und bat um Auskunft. Man war dort wenig kooperativ. Nachdem ich ankündigte, mit einem Anwalt wiederzukommen, wurde man tätig. Das Ergebnis war für mich allerdings negativ. Irgendjemand hatte die Zeit des Umbruchs genutzt, wie an vielen anderen Stellen auch, sich die Taschen zu füllen. Ein anschließendes Gespräch bei der Kriminalpolizei im Hinblick auf eine mögliche Anzeige verlief auch nicht zielführend. Ich beschloss deshalb, in dieser Angelegenheit aufzugeben und meine Kräfte auf erfolgversprechendere Aktivitäten zu konzentrieren.

Zurück in Hamburg begann ich meine Gedanken zu sortieren und die gewonnenen Eindrücke zu verarbeiten. Mit Hilfe meiner

Sekretärin verfasste ich ein umfangreiches und ausführliches Protokoll und leitete diversen Schriftwechsel ein.

Es begann nun ein langer, mühevoller und aufwendiger Weg durch viele Instanzen, bis ich mein Eigentum endlich wieder in Besitz nehmen konnte. Ich will diesen Weg hier nicht im Einzelnen schildern. Drei volle große Leitzordner beinhalten den gesamten Vorgang. Die Ergebnisse waren und sind:

Am 05.12.1991 verhandelte ich gemeinsam mit meinem Vetter *Wolfgang*, den ich als Fachmann und Zeugen mitgenommen hatte, im Forstamt Bad Klosterlausnitz erfolgreich die Rückübertragung meiner Wälder. Das entsprechende Protokoll unterzeichnete ich mit Vorbehalt, da ein während der Wende abgeholztes Flurstück noch aufgeforstet und eine durch Anwohner eingerichtete Müllkippe beseitigt werden mussten. Außerdem gab es Unstimmigkeiten mit einem Flurstück im Kataster von Schlöben. Alle Mängel konnten kurzfristig durch ABM-Maßnahmen beseitigt bzw. nach Rücksprache mit dem Katasteramt in Stadtroda geklärt werden. Damit wurden der Weg frei zur eigentlichen Rückübertragung des Gehöfts, der Felder und Wiesen. Hierzu fanden am 25.10. und 06.12.1991 im Thüringer Landesamt zur Regelung offener Vermögensfragen, Dezernat Gera, entsprechende Gespräche statt. Die Verhandlungen wurden von einem „weiblichen Westimport" geführt; ich hatte als Zeugen und zur Rechtsberatung den schon erwähnten Anwalt zur Seite. Der Gesprächsort war das ehemalige Gebäude der Stasi für Ostthüringen. Entsprechend war der Verhandlungsraum ausgestattet. Er war vollständig verwanzt. An Türen, Fenstern, Lampen, unter dem Tisch und an Wandbildern befanden sich Mikros. Ich zählte auf Anhieb 14 Stück. Der „Westimport" versicherte uns bei Verhandlungsbeginn sogleich, dass die Abhöranlagen nicht mehr in Betrieb seien. Ich bat, dies in das Protokoll aufzunehmen. Die Verhandlungen selbst verliefen ausgesprochen zäh. Irgendwie schafften wir es aber doch, einen (kleinsten) gemeinsamen Nenner zu erzielen. So erhielt ich unter dem Datum 06.11.1991 einen Zwischenbescheid und unter dem Datum 19.05.1992 (!) einen Teilbescheid mit Rechtswirksamkeit rückwirkend auf den 05.12.1991, in denen mir mein Eigentum rückübertragen wurde. So wurde ich (wieder) Gutsbesitzer. Auf den endgültigen Bescheid, der vor allem die entstandenen Vermögensschäden betrifft, warte ich heute noch!

Nachdem die LPG in Schlöben mittlerweile das Zeitliche gesegnet hatte, machte sich ihr ehemaliger Vorsitzender, Herr E. *Auerbach*, selbständig. Ihm verpachtete ich 1992 für 12 Jahre Wiesen und Felder; er war auch bereit, sich temporär um das Gehöft als Verwalter zu kümmern.

An anderer Stelle habe ich über meine Erfahrungen als Hochschullehrer in den neuen Ländern berichtet. Mit der Beschäftigung und Durchsetzung persönlicher Eigentumsangelegenheiten konnte ich Erfahrungen ganz anderer Art sammeln. Wenn ich diese zusammenfasse, so sind sie ausgesprochen negativ. Beide Teile Deutschlands sind völlig konzeptionslos in die Wiedervereinigung gestolpert. Insbesondere in den kleinen Angelegenheiten und Problemen vor Ort herrschten teilweise chaotische Zustände. Dass nunmehr nach 20 Jahren doch noch etwas aus der „Sache" geworden ist, spricht für die Robustheit des Systems und das Engagement, den Mut und das Können Einzelner. Ich habe bei meinen Verhandlungen viele Personen aus „Ost und West" kennengelernt. Etwas holzschnittartig ist bei mir folgender Eindruck zurückgeblieben: Bei den „Ostdeutschen" hatte sich ein Teil der Führungsschicht über die Jahre zuvor in den Westen abgesetzt, d.h., er war nicht mehr vorhanden. Der andere Teil war - aus welchen Gründen auch immer - systemtreu. Durch den Zusammenbruch der DDR und die Wiedervereinigung zu einem gemeinsamen Deutschland brach für einen Teil dieser Gruppe eine ideologische Welt zusammen. Sie gingen in die innere Immigration oder betrieben Obstruktion, sie standen damit für einen Wiederaufbau auch nicht zur Verfügung. Der andere Teil dieser Gruppe öffnete sich den neuen Gegebenheiten und machte mit (teilweise Wendehälse, teilweise aber auch überzeugte Konvertiten). Es blieben somit wenige kompetente Personen für den Wiederaufbau übrig, und es musste aus der zweiten und dritten Reihe aufgefüllt werden. Entsprechend waren Niveau und Leistungsfähigkeit!

Bei den „Westdeutschen" konnte man zwei Gruppen unterscheiden. Es gab einen kleineren Teil von Idealisten, die sich selbstlos in den Dienst der Sache stellten. Sie waren (und sind) die echten

Leistungsträger, die die Wiedervereinigung voran gebracht haben. Der andere, größere Teil bestand aus Glücksrittern, viele davon auch aus der zweiten und dritten Reihe. Ich habe etliche davon erlebt, in Teilen arrogant und „besserwessi"haft, aber eben auch inkompetent. Ein Beispiel: Ich hatte mir zu Beginn 1991 einen Termin im Landwirtschaftsministerium in Erfurt geben lassen, um einige grundsätzliche Dinge zu klären. Ich reiste extra von Hamburg aus an. Zur vereinbarten Zeit klopfte ich an der Tür des avisierten Gesprächspartners. Keine Reaktion, ich klopfte abermals. Wieder keine Reaktion, ich trat ein. Am Schreibtisch ein gut gekleideter Herr „(?)", beschäftigt mit einer Frankfurter überregionalen Zeitung (immerhin!). Er blickte ungehalten auf. Ich stellte mich vor und bemerkte, wir hätten einen Termin. Er: das könne nicht sein. Ich bat ihn meinerseits noch höflich, er möge doch einmal in seinen Terminkalender schauen. Er tat dies. Da er offensichtlich feststellte, dass das mit dem Termin in Ordnung war, fragte er unwirsch, um was es denn ginge. Da platzte mir der Kragen. Ich machte ihm deutlich, dass ich extra aus Hamburg zu diesem Termin angereist sei (immerhin einfache Strecke ca. 500 km), er wisse nichts von dem Termin und sei auch nicht vorbereitet. Das könne er mit mir nicht machen. Daraufhin reagierte er sauer, meinte, er ließe sich durch mich nicht psychisch unter Druck setzen und verwies mich seines Büros. Ich begab mich daraufhin an allen Sekretärinnen vorbei in das Ministerbüro und schilderte dort militärisch kurz den Vorfall. Der Angesprochene hilflos: „Aber Herr Professor, was soll ich denn machen, das ist doch mein bester Wessi"!

Die Situation in den „neuen Ländern" stellt sich heute so dar, dass vor allem auf kommunaler Ebene, aber auch darüber hinaus, viele der alten Kader wieder Fuß gefasst haben. Es lässt sich dies nicht beschönigen, die Wahlergebnisse für die „Linke" zeigen es eindrucksvoll auf.

21.2 Eigentumsverwaltung und Eigentumsabwicklung

Eigentum verpflichtet, das merkte ich schnell, als ich nach den offiziellen Verwaltungsakten einmal in Ruhe vor allem das Gehöft und die Wälder besichtigte. Es galt Prioritäten zu setzen. Dabei kristallisierte sich akut die Sanierung des Herrenhauses heraus. Es musste investiert und bei den Mietern sollte einiges gerade gerückt werden. Vor allem eine allein erziehende Mieterin (Kinder von verschiedenen Vätern!), die sich asozial verhielt und obendrein mit der Miete im Rückstand war, musste heraus geklagt werden. Ein schwieriges und langwieriges Verfahren! Herr *Auerbach* war mir dabei in allen Angelegenheiten eine große Hilfe.

Um mir einen Überblick zu verschaffen, beauftragte ich einen Gutachter, mir eine Expertise über Zustand und mögliche Sanierungskosten des Herrenhauses zu erstellen. Das Ergebnis war ernüchternd. In einer ersten - auch aus Sicherheitsgründen notwendigen Maßnahme - müssten ca. 800.000 DM investiert werden, zur Erzielung einer passablen Wohnqualität und der Wiederherrichtung einer standesgemäßen Fassade dann noch einmal ca. 400.000 DM. Nicht enthalten waren in diesen Beträgen Kosten für Sanierungsarbeiten im Hofplatz und Aufwendungen für die drei weiteren Gebäude (Scheune, Stallungen), da diese Kosten von der weiteren Verwendung dieser Gebäude abhängig waren. Bei einer vollen Fremdfinanzierung war leicht auszurechnen, dass bei einer Wohnfläche von 600 m^2 und dem in Trockhausen herrschenden Mietspiegel - auch ohne Leerstand - von mir jährlich ein Zuschuss aus privatem Vermögen von rund 25.000 DM zu leisten gewesen wäre. Dazu war ich nicht bereit, vor allem auch deshalb, da ich das Gehöft nicht als Alterssitz anstrebte. Also musste wohl verkauft werden.

Meine Gedanken zur Veräußerung von Trockhausen Nr. 4 wurden nachhaltig beeinflusst durch den Abbrand der östlichen Stallungen. Ein elfjähriges und damit nicht strafmündiges Kind der schon erwähnten Prekariatsfamilie hatte im Stroh mit einem Feuerzeug „gefinkelt" und dabei das gesamte Gebäude abgefackelt. In eben dieser Stallung hatte mein Großvater eine seiner Waffen mit einer erheblichen Menge an Munition in einem hohlen Balken verborgen. Wie er mir seinerzeit sagte: „Für Notfälle", was er auch immer damit meinte. Ich glaube, ich war noch der Einzige, der von diesem Versteck wusste. Natürlich ging die Munition bei dem Brand hoch. Es veranlasste dies einen älteren Feuerwehrmann, der wohl noch meinen Großvater kannte, zu dem trockenen Ausspruch: „Ein letzter Gruß von *Max Stöckigt*".

Einen Käufer für das Herrenhaus oder gar für das gesamte Gehöft zu finden, erwies sich als außerordentlich schwierig. Viele Angebote (aus Westdeutschland) waren unseriös oder aber die Interessenten verfügten über keine hinreichende Bonität. Einige Projekte scheiterten auch am Nichteinverständnis von Gemeinde und Bürgermeister, da die Interessenten das Gehöft als Nukleus für größere Lösungen (Wohnungsbau, Reiterhof, Golfplatz, ...) nutzen wollten. Es dauerte bis 1995/96, als ich durch einen eher unglücklichen Zufall mit einer Baufirma in Kontakt kam, die sich aus dem Westen kommend im Raum Jena niedergelassen hatte und die für ihr Unternehmen eine Bleibe suchte. Das Herrenhaus wollte sie als Büro und Wohnung für Inhaber und Mitarbeiter nutzen, und der Hofplatz und die Scheune sowie der Rest der Stallungen waren als Lager und Unterstand für ihre Maschinen vorgesehen. Wir wurden uns relativ schnell handelseinig, beim Preis gab es Differenzen. Wir überbrückten diese in der Weise, dass ich die Preisvorstellungen der Gegenseite akzeptierte, diese mir dafür im Herrenhaus ein Einzimmerappartement als Eigentum überließ und nach meinen Wünschen ausbaute. Ich konnte so bei Besuchen in Thüringen noch über ein Resteigentum verfügen. Leider konnte ich das Appartement in der Folge nur wenig nutzen, da die Baufirma 1998 Konkurs anmelden musste. Mit den Banken waren dann die Eigentumsverhältnisse neu zu regeln.

Nach dem Verkauf des Gehöfts entschloss ich mich, auch sukzessive den Wald zu verkaufen, da sich seine Pflege für mich als schwierig gestaltete und ich zudem merklich bestohlen wurde. Es wurden dreist Bäume gefällt und als Brennholz verwendet. Als ich einmal per Zufall einen der Täter in flagranti ertappte, wurde ich von diesem sogar körperlich bedroht. Für den Wald gab es genügend Interessenten, so dass ich mir die Kundschaft aussuchen konnte. Es waren Privatleute und auch kleinere bis mittlere Handwerksbetriebe, die den Kauf als Kapitalanlage ansahen. Die letzten Hektare habe ich 2009 an Herrn *Auerbach* verkauft.

Felder und Wiesen blieben zunächst in meinem Besitz. Den Pachtvertrag mit Herrn *Auerbach*, mit dem mich mittlerweile ein sehr freundschaftliches Verhältnis verband (und verbindet), habe ich 2002 um weitere 12 Jahre verlängert, wohlwissend, dass dieser Zeitrahmen wegen des Erreichens seiner Altersgrenze nicht voll ausgeschöpft werden konnte. 2008 teilte er mir dann mit, dass er beabsichtigte, 2009 beginnend seinen Betrieb in 2010 aufzugeben. Wenn ich wieder verpachten wolle, könne er für Nachfolge sorgen. Die Agrargenossenschaft in Gernewitz habe Interesse, seinen Part zu übernehmen. Ich machte einen Termin mit dem Vorsitzenden der Agrargenossenschaft, und wir trafen uns zusammen mit Herrn *Auerbach* in der Hammer-Mühle in Stadtroda. Das Gespräch verlief sehr erfreulich, der Vorsitzende der Agrargenossenschaft, Herr *Klippel*, war ein kompetenter und aufgeschlossener junger Mann, der in Einstellung und Geisteshaltung zu Herrn *Auerbach* und mir passte. Nach ca. 1 ½ Stunden hatten wir den gesamten Themenkomplex verhandelt. Ich hatte nicht verpachtet, ich hatte verkauft. Bis auf ein Reststück im Trockhäuser Grund (saure Wiesen, drei kleinere Teiche, Erlenbewuchs und ein Bach als Grenze zur Gemeinde Lotschen), das nicht landwirtschaftlich genutzt werden konnte, war ich damit meine gesamten Liegenschaften los. Ich war darüber einerseits froh, da es mir zunehmend Mühe bereitete, mich um meinen Besitz in der Diaspora zu kümmern, andererseits war ich aber auch traurig und hatte ein wenig ein schlechtes Gewissen, denn „Was Du ererbt von Deinen Vätern, erwirb es, um es zu besitzen", trieb mich um, so wie es uns *Goethe* ins Stammbuch geschrieben hat. Ich beschloss deshalb, mit meinem Restbesitz etwas für die Allgemeinheit zu tun und insbesondere meinem Großvater *Max* ein kleines Denkmal zu setzen.

21.3 Was bleibt?

Was wird und was bleibt, wissen wir nicht.

1993 trat die Kreisverwaltung von Stadtroda an mich heran, die Flurstücke 55 und 57 in der Gemarkung Trockhausen zum geschützten Landschaftsbestandteil zu erklären. Diese im Trockhäuser Grund gelegenen Flurstücke können landwirtschaftlich nicht genutzt werden. Die dortigen Wiesen sind sauer, der Untergrund ist trotz einer versuchten Trockenlegung moorig und kann mit Maschinen nicht befahren werden. Das Grund- und Regenwasser sammelt sich in drei kleineren Teichen, umgeben von dichtem Schilfbewuchs. Um den Bach, der die Grenze zur Gemeinde Lotschen bildet, haben sich Erlen angesiedelt, die mittlerweile eine stattliche Größe erreicht haben. Infolge eines weiteren Nachwuchses ist gleichwohl dichtes Unterholz vorhanden. Da die Flächen über Jahre nicht genutzt wurden, hat sich eine einmalige Flora und Fauna angesiedelt. Sie gilt es zu schützen. Insofern habe ich dem Anliegen der Kreisverwaltung 1993 spontan zugestimmt.

Mir lag dieses Gebiet schon viel früher am Herzen. Als Kind bin ich oft mit meinem Großvater zur Landschafts- und Tierbeobachtung dort gewesen. Bei meiner Reise 1986 in die DDR habe ich es besucht, und bei meiner ersten Reise 1990 war ich während der Flurbegehung mit Herrn *Auerbach* auch dort. Mir kam damals schon die Idee, daraus etwas zu machen.

Trockhausen hatte bis weit nach dem Krieg eine eigene Wasserversorgung. Dazu stand im Trockhäuser Grund ein Pumpenhäuschen, von wo aus Wasser in einen Hochbehälter am Rande der Ortschaft gepumpt wurde. In natürlichem Gefälle wurden dann von dort die einzelnen Gehöfte mit Wasser versorgt. Das Pumpenhäuschen steht noch, es befindet sich auf Gemeindeland auf dem (kleinen) Flurstück 56, zwischen den ehemals mir gehörenden Flurstücken 55 und 57 gelegen. Es war 1991/92 mein Wunsch, dieses durch die Gemeinde nicht genutzte Flurstück zu erwerben, damit sich ein zusammenhängendes größeres Landschaftsgebilde ergibt. Mit dem Pumpenhäuschen hatte ich auch so meine Ideen. Leider scheiterten meine Bemühungen des Erwerbs am Bürgermeister von Schlöben, da er den Erlös aus dem Verkauf nicht verbuchen konnte, sondern an das Land Thüringen hätte abführen müssen. Das wollte er aber nicht!

Dies ging mir nun alles wieder nach dem Verkauf meiner Felder und Wiesen durch den Kopf.

Seit 2000 hatte ich Kontakt zum Landratsamt in Eisenberg, Amt für Naturschutz und Landschaftspflege. Man war von dort aus an mich herangetreten, eine mir gehörende, frei stehende Stieleiche als Naturdenkmal unter Schutz zu stellen. Natürlich hatte ich dem zugestimmt. 2003 brachte nun die gleiche Behörde das Verfahren des geschützten Landschaftsbestandteils im Trockhäuser Grund verwaltungsmäßig zum Abschluss. In diesem Zusammenhang vereinbarten wir, dass die Behörde die Flächen für einen (symbolischen)

Pachtzins pachtet. Damit standen die Flächen unter behördlicher Obhut und wurden auch gepflegt. Den bestehenden Pachtvertrag kündigte ich nunmehr auf und trat mit der Behörde in Verhandlungen ein im Hinblick auf eine neue Verwendung des Areals. Mir schwebte die Einrichtung eines Biotops vor, das den Namen meines Großvaters erhalten sollte. Die Behörde war zwar aufgeschlossen, aber unbeweglich, wie wir das von vielen Behörden so kennen. Allerdings gab es dort einen findigen Mitarbeiter, der die Gunst der Stunde erkannte. Er war (und ist) Mitglied im Umwelt- und Naturschutzverein Stadtroda e.V.. Er sprach mich an und bekundete sein Interesse, das Areal für seinen Verein zu erwerben. Aber, der Verein hatte kein Geld. Da ich überzeugt war, dass der Verein für die weitere Pflege und Fortentwicklung gerade dieses Landschaftsbestandteils die richtige Institution sei, suchten wir gemeinsam nach einer Lösung des Finanzierungsproblems. Mein Ansprechpartner im Verein, Herr *Rode*, tat einige kleinere Geldquellen auf, den noch offenen Betrag glich ich durch einen entsprechend niedrigen Verkaufspreis aus. Bedingung meinerseits war: Der Landschaftsbestandteil wird öffentlich als *Max Stöckigt Biotop* ausgewiesen; der Name wird zusätzlich am Pumpenhäuschen, das ebenfalls durch den Verein erworben und liebevoll als Heimstatt für Fledermäuse und diverse Vogelarten hergerichtet worden war, auf einer erklärenden Schautafel kenntlich gemacht. Am 04.06.2010 war in Gegenwart des Bürgermeisters von Stadtroda und der Lokalpresse die Einweihung, bei der ich mit meiner Frau natürlich auch anwesend war. Es war für mich ein erhebender Moment, denn „mission accomplished".

Zur Einweihung erschien in der vom Umwelt- und Naturschutzverein Stadtroda herausgegebenen Reihe „Naturwanderungen um Jena" deren Band 3 unter dem Titel: „Buntsandsteingebiet um Stadtroda - Zwischen Wachtelberg und Gletscherstein", EchinoMedia Verlag, Bürgel (ISBN 978-3-937107-23-3). Für dieses Buch habe ich einen Beitrag über meinen Großvater verfasst, der dort - abgesehen von einigen redaktionellen Kürzungen - im Wortlaut wiedergegeben ist. Mit meinem Originalbeitrag will ich dieses Kapitel, das mich zurück zu den Wurzeln meiner Kindheit und damit meiner Familie geführt hat, beenden.

Erinnerungen an Max Stöckigt

Von Reinhart Lunderstädt

Max Stöckigt (30.12.1877 – 31.05.1949) war der Inhaber des landwirtschaftlichen Anwesens in Trockhausen Nr. 4. Ich erinnere mich an ihn, meinen Großvater, in Ehrfurcht und Dankbarkeit, obwohl ich bei seinem Tod erst 10 Jahre alt war. Kriegsbedingt – der Vater als Soldat im Felde, die Mutter in der Rüstungsindustrie verpflichtet – verbrachte ich meine Kindheit bei den Großeltern in Trockhausen. Trotz der Kriegsereignisse war dies für mich ein in jeder Hinsicht unbeschwertes Leben, wenn auch mit dem Zusammenbruch 1945 deutliche Veränderungen eintraten.

Die *Stöckigts* stammen aus der Janismühle im Zeitzgrund. Mein Urgroßvater erwarb das Anwesen in Trockhausen für seinen Sohn *Max*, der es nach einem Brand in der in Teilen heute noch vorhandenen Form wieder aufbaute. *Max* war in erster Ehe mit *Thea Koch* aus Grabsdorf (b. Schkölen) verheiratet.

Aus dieser Ehe stammt Sohn *Rolf*, mein Stiefonkel. Er lebte später in Ronneburg. Da *Thea Stöckigt* sehr früh starb, heiratete *Max* in zweiter Ehe *Martha Oelsner* aus der Scheermühle (b. Podelsatz). Aus dieser Ehe stammen Tochter *Wanda*, die Mutter meines Vetters *Wolfgang Seim* in Untergneus, Tochter *Erika*, meine Mutter, und Sohn *Horst*. *Horst* sollte das Anwesen als Erbe in Trockhausen übernehmen. Da er in Russland gefallen ist, wurde ich Nacherbe.

Max Stöckigt war eine beeindruckende Persönlichkeit; er gehörte in Trockhausen und darüber hinaus zu den Honoratioren. Seine Stimme hatte Gewicht, man hörte auf ihn an der Wöllmisse – nicht nur wegen der herausgehobenen Größe seines Anwesens. Politisch/weltanschaulich war *Max Stöckigt* durch das Kaiserreich geprägt, allerdings danach mit durchaus republikanischen Zügen. In die Kirche nach Mennewitz ging er zum Erntedankfest, in späteren Zeiten insbesondere dann gern, wenn sein Enkel dort „etwas aufsagte".

Mit den Repräsentanten und Funktionsträgern des 3. Reiches konnte er wenig anfangen. Für ihn waren diese „Goldfasanen" – wie er sie nannte – inkompetent und inhuman. Als man ihn einmal angeschwärzt hatte, dass er seine Kriegsgefangenen und Fremdarbeiter/innen zu gut behandele, beschied er den vorsprechenden Funktionär so, dass er ihm sagte, er betrachte die für ihn arbeitenden Mägde und Knechte als Schutzbefohlene und behandele sie so, wie er es sich wünsche, dass sein Sohn behandelt würde, wenn er denn in russische Kriegsgefangenschaft käme. Freunde im politischen System des 3. Reiches hatte er bei dieser Verhaltensweise nicht. Andererseits hat sie ihm nach 1945 nach Einmarsch der Russen das Leben gerettet. Allein deshalb, weil er als „Großbauer" eingestuft wurde, wurde er durch die Russen mit zwei weiteren Landwirten aus Trockhausen nach Buchenwald in das berüchtigte Speziallager Nr. 2 gebracht. Die noch anwesenden seiner Kriegsgefangenen bürgten daraufhin für ihn und er kam nach wenigen Tagen wieder frei. Die beiden anderen hat man lebend nie wieder gesehen. Verständlich, dass ihn die politischen Verhältnisse nach 1945 sehr bedrückten. Er hat unter der Siegermentalität der Besatzer außerordentlich gelitten. Nicht mehr freier Bauer sein zu können, war für ihn unerträglich! Als dann seine Frau *Martha*, meine Großmutter, infolge eines ärztlichen Kunstfehlers 1948 plötzlich starb, nahm ihm dies den Lebensmut. Sein Anwesen wurde verpachtet, und er starb ein Jahr später.

Max Stöckigt war Landwirt und Jäger von ganzem Herzen und schon zu seiner Zeit um Nachhaltigkeit bemüht. Insbesondere der Trockhäuser Grund mit seiner pflanzlichen Vielfalt und seiner seltenen Kleintierwelt war für ihn ein biologisches Kleinod. *Max Stöckigt* war geradlinig und korrekt, aber auch durchaus mit hintergründigem Humor ausgestattet. Schon früh nahm er mich mit auf den Ansitz und erklärte mir Flora und Fauna. Ich erinnere mich noch heute an seine letzte Treibjagd 1944, die er gemeinsam mit seinem Jagdgenossen *Moritz Plötner*, dem Inhaber der Bahnhofsgaststätte in Stadtroda, leitete und bei der ich zugegen sein durfte, wie er nach der Einweisung von Jägern und Treibern sagte: „… und wer sich nicht an unsere Anweisungen hält, wird von der Jagd ausgeschlossen, so wahr wir *Max* und *Moritz* heißen". Einige seiner Trophäen (Brauns Lehden 1937, Im Mühltal 1942, …) hängen noch heute in meinem Büro; ein anderer Teil, wie auch seine umfangreiche Sammlung ausgestopfter Tiere, wurde nach seinem Tod 1949 von unserer Familie der Schule in Schlöben übergeben.

1993 wurden die Flurstücke 55 und 57 der Flur 3 in der Gemarkung Trockhausen „Im Trockhäuser Grund" durch die Kreisverwaltung Stadtroda mit meiner Einwilligung zum geschützten Landschaftsbestandteil erklärt. 2003 wurde das Verfahren durch das Landratsamt des Saale-Holzland-Kreises formal zum Abschluss gebracht. Den Formalien sollen nunmehr auch Inhalte folgen. Ich habe deshalb die Flurstücke mit insgesamt 2.26.97 ha an den Umwelt- und Naturschutzverein Stadtroda e.V. zu Sonderkonditionen veräußert, um diese schützenswerten Flächen sachkundig zu pflegen und damit der Nachwelt zu erhalten. Zum Andenken und zur Erinnerung an meinen Großvater wird der Landschaftsbestandteil fortan

Max Stöckigt Biotop

heißen.

Verfasser:
Reinhart Lunderstädt
Prof. Dr.-Ing. Dr.-Ing. E. h.
Buchenstr. 32b
22885 Barsbüttel

22. Pensionärsdasein

Wie bereits in Kap. 19 ausgeführt, stand mit dem 31.01.2004 der Zeitpunkt meiner zur Ruhesetzung a priori fest. Da der Regelungstechniker weiß, dass Sprungfunktionen in einem System maximale Unruhe erzeugen, begann ich bereits ca. 1 ½ Jahre vorab, meine Kapazitäten langsam „herunter" zu fahren. Der Übergang vom Dienst in den Ruhestand vollzog sich insofern „smooth". Dennoch war ich die ersten Wochen oder sogar Monate im Ruhestand physisch und psychisch ziemlich ausgebrannt. Die Last von rund 40 Berufsjahren hatte ihre Spuren hinterlassen. Erst gegen Mitte April 2004 zog es mich wieder an den Schreibtisch. Ich hatte für Anfang Mai zugesagt, die Laudatio für meinen Freund und Kollegen *Hans Burkhardt*, nunmehr Informatikprofessor an der Universität Freiburg, zu dessen 60. Geburtstag zu halten. Die Vorbereitung bereitete mir Freude, und ich lieferte zu der wohlgelungenen Veranstaltung auch einen ordentlichen Beitrag ab. Anschließend flog ich mit meiner Frau für vier Wochen in die USA, um alte Freunde zu besuchen und Land und Leute weiter zu erkunden. Stützpunkt war Monterey, und von dort ging es in den Süden von Kalifornien und dann weiter nach Arizona, New Mexico und Texas.

    Aus den USA zurück war ich dann wieder fit, um mich neuen Aufgaben zuzuwenden. Mein Augenmerk galt der Schlafmedizin, die ich zusammen mit *Th. Netzel* voran getrieben habe, und meinen Latifundien in Thüringen; über beides habe ich an anderer Stelle ausführlich berichtet. Zu Ende 2004/Anfang 2005 plante ich eine längere Asienreise, die ich zusammen mit meiner Frau durchführen wollte. Leider konnte meine Frau wegen gesundheitlicher Probleme nicht mitkommen. Ich plante deshalb um und flog Anfang Januar 2005 zu einem 10-tägigen Besuch nach Bangkok, um meinen früheren Mitarbeiter und Doktoranden *Pongpan Kaewjinda* zu besuchen, der mittlerweile in der Königlichen Thailändischen Luftwaffe Karriere machte. Immerhin war er zwei Jahre nach Studium und Promotion an der UniBwH schon Major! Ich flog mit LH von Hamburg nach München und von dort mit Thai Airways direkt nach Bangkok. Der Flug mit einer nur halb besetzten Boeing 747 und dem bekannten guten Service von Thai Airways war ein Genuss. Herr *Kaewjinda* hatte sich eine Woche Urlaub genommen und holte mich am Flughafen ab. Er brachte mich in mein Hotel; ich hatte wie 1993 im Shangri La Hotel Quartier bezogen. Dieses fünf Sterne Luxushotel, direkt neben dem weltberühmten The Oriental Hotel am Chao Phraya Fluss gelegen, ist an sich schon eine Reise wert. Nach dem Einchecken feierten wir erst einmal gebührend Wiedersehen!

Mein erstes Interesse galt den Nachwehen des Tsunami, der am 26.12.2004 auch Thailand heimgesucht hatte. Herr *Kaewjinda* ermöglichte es mir, die Auswirkungen und Folgen dieser Naturkatastrophe in Augenschein zu nehmen. Schrecklich!

Danach konzentrierte ich mich auf Bangkok. Ich frischte Erinnerungen aus 1993 wieder auf. Zusätzlich zeigte mir Herr *Kaewjinda* den Königspalast, und wir statteten dem wirklich sehenswerten Zoo in Bangkok einen ausführlichen Besuch ab. Wir besichtigten weiter die Red Cross Snake Farm, in der die giftigsten Schlangen Südostasiens gehalten werden, um Sera für Gegengifte zu entwickeln, und wir besuchten als Kontrastprogramm den Suan Chatuchak Weekendmarket, auf dem es auch wirklich alles gibt und auf dem man Gelegenheit hat, die thailändischen Handelspraktiken aus unmittelbarer Nähe kennenzulernen. Abends kehrten wir stets in mein Hotel zurück und genossen im Gartenrestaurant bei gutem Essen und gutem Wein die abendliche Atmosphäre mit Blick auf den Fluss. Wir diskutierten über den Sinn des Lebens im Allgemeinen und den Buddhismus im Besonderen. Dazu las ich in meinem Hotelzimmer ein dort ausliegendes Buch über den Buddhismus immer kapitelweise vorab, um mir dann von Herrn *Kaewjinda* weitere Erläuterungen geben zu lassen.

Mein Besuch in Bangkok wurde abgerundet durch zwei besondere Highlights. Wir besuchten zum einen ca. 30 km südlich von Bangkok eine Krokodilfarm, wo in einer landschaftlich wunderschönen Umgebung Krokodile zu wissenschaftlichen Zwecken, aber auch zur Lederproduktion gezüchtet werden, und wir mieteten uns ein Wassertaxi (Longtail-Boot), um die verschiedenen Klongs (Kanäle) westlich des Chao Phraya Flusses zu befahren. Man lernt dort ein ganz anderes Bangkok kennen. Vorbei an Pfahlbauten und Wasserhyazinthen wird Bangkoks Vergangenheit wieder lebendig. Wir sind mit dem Wassertaxi bis in dschungelartige Gegenden vorgestoßen und haben mehrere Orchideenfarmen besichtigt. Es war für mich als Hobbyphotographen ein echtes Dorado!

Zum Rückflug brachte mich Herr *Kaewjinda* wieder zum Flughafen, und ich flog mit einem Airbus 340 der LH nach Deutschland zurück. Welch ein Unterschied in Service und Bequemlichkeit im Vergleich zum Hinflug! Ich habe mir geschworen, eine A 340 der LH in der „Holzklasse" nie mehr zu benutzen.

Die Reise nach Bangkok war meine bisher letzte größere Auslandsreise.

Mein derzeitiges Tagewerk ist geprägt durch übliche Alltagspflichten und meine diversen Hobbys: Ich pflege meinen (kleinen) Garten, nehme am Zeitgeschehen teil, fotografiere, lese und sammle Briefmarken. Zwischendurch gibt es zusammen mit meiner Frau kleinere Reisen, meistens in Verbindung mit Kunst, Kultur und/oder Natur. Seit 2004 bin ich Mitglied im Verein „Freunde der Kunsthalle" in Hamburg.

Im Zusammenhang mit meinen Hobbys will ich zwei Dinge herausheben. Das eine ist der weitere Kontakt zur Wissenschaft und deren Einrichtungen. Ich fühle mich drei Hochschulen besonders verpflichtet. Es ist die HSU, an der ich 30 Jahre lang gewirkt habe. Es ist die TUHH, an der ich Gründungssenator war und deren Aufbau ich wesentlich mitgestalten konnte, und es ist die Universität Rostock, deren Ingenieurfakultät ich nach der Wende mit neugestaltet habe und die mich zum Dr.-Ing. E.h. promoviert hat. Wichtige Veranstaltungen fachlicher und gesellschaftlicher Art werden von mir an allen drei Hochschulen besucht. Es ist dies für mich wichtig, um „am Ball" zu bleiben, aber auch, um zurückliegendes Wissen an die jüngeren Kollegen weiterzugeben. Über die jeweiligen Fördervereine leiste ich auch einen materiellen Beitrag. An der HSU habe ich die Patenschaft für einen ausländischen Studierenden übernommen.

Das andere ist mein Hobby des Briefmarkensammelns. Wie das in meiner Generation so üblich war, habe ich bereits als Kind begonnen, von alten Briefen die Marken abzulösen und diese nach einem eigenen Ordnungsprinzip zu sortieren. Diese kleine Sammlung musste ich dann allerdings bei meinem Weggang aus der DDR zurücklassen. Mein Vater ermöglichte mir dann im Westen, wieder neu anzufangen. Er hatte einen Fabrikanten an der Hand, von dem er die Umschläge von Geschäftspost für mich bekam. Die abgelösten Briefmarken führten zu einer schönen kleinen Sammlung. Mit fortschreitendem Alter traten dann allerdings mit dem Modellbau (von Flugzeugen) und der Leichtathletik andere Interessen in den Vordergrund, so dass das Sammeln von Briefmarken nachrangig wurde. Vor allem meine Mutter fand dies schade und sie begann, für mich weiter zu sammeln. Während ich relativ unsystematisch gesammelt hatte, ging sie mit Kopf an die Sache heran. Sie konzentrierte sich auf die Bundesrepublik und die DDR und zwar postfrisch. Die von mir vorhandenen Marken anderer Länder benutzte sie als Tauschobjekte. Um auch die Sperrwerte aus der DDR zu bekommen, hatte sie einen offiziellen Tauschpartner im Osten (das funktionierte tatsächlich), mit dem Ost- gegen Westmarken verrechnet und getauscht wurden. Bei ihrem Tod 1984 hinterließ sie mir einen ausgezeichneten Grundstock zum Weitersammeln. Aus Zeitmangel kümmerte ich mich allerdings bis 1986 nicht um die Sammlung. Dann kam ich in Radevormwald mit einem Experten seines Faches in Kontakt: *Gisbert Rademacher*. Er war national einer der Experten für Briefmarken. Bei ihm lernte ich u.a. „Ben Wisch" (*Hans - Jürgen Wischnewski*, bekannter SPD-Politiker) kennen, der leidenschaftlicher Briefmarkensammler war und seine Marken von *Rademacher* bezog. Ich zeigte *Rademacher* die Sammlung meiner Mutter und er empfahl mir dringend, diese fortzusetzen. Ich ließ mich überzeugen. Wir machten einen Beschaffungs- und Finanzierungsplan und ich begann, die Lücken in BRD und DDR aufzufüllen. Als ich damit à jour war, begann ich die Sammlung auf Berlin (West) und das Saarland auszudehnen und zu einem späteren Zeitpunkt fing ich an, die Europa-Marken (CEPT) zu sammeln. Als *G. Rademacher* Mitte der 90er Jahre plötzlich verstarb, suchte ich mir einen neuen Händler in Wuppertal. Mit ihm baute ich meine Sammlung weiter aus und begann nun auch, UNO-Briefmarken (Genf, New York, Wien) zu sammeln. Nach dem Tod des Wuppertaler Händlers versorgt mich seit 2008 ein Hamburger Briefmarkenhaus.

Meine Sammlung hat mittlerweile einen beträchtlichen Umfang erreicht. Optisch wird dies sichtbar an rund sechs Metern Regallänge, die die verschiedenen Alben beanspruchen. Aber auch inhaltlich sind durchaus einige Raritäten vorhanden. Alle Briefmarken sind einbruchsicher verwahrt. Ich habe verfügt, dass nach mir die Sammlung verkauft und der Erlös einer wissenschaftlichen Einrichtung zugewendet wird.

Auch nach Beendigung meiner aktiven Berufstätigkeit halte ich nachwievor Kontakt zu einer Reihe von Kollegen an verschiedenen Hochschulen und natürlich zu meinen ehemaligen Mitarbeitern und Doktoranden. Ich werde noch als Gutachter bei Promotionen und Berufungen angefordert und war auch während des Pensionärsdaseins noch Mitglied von verschiedenen Berufungskommissionen. Für meine „Ehemaligen" stehe ich jederzeit gern mit Rat und Tat - sei es beruflich und/oder privat - zur Verfügung. Es wird davon durchaus gern Gebrauch gemacht.

Im Rahmen meines sozialen Engagements betreue ich als Mentor einen Strafgefangenen in der Justiz-Vollzugsanstalt Hamburg-Fuhlsbüttel. Ich stehe mit ihm in regelmäßigem schriftlichen Kontakt und besuche ihn ebenso regelmäßig in der Haftanstalt. Ich begleite seine Berufsausbildung, die er zielstrebig verfolgt, und „coache" ihn bei seinen Vorbereitungen für ein Fernstudium. Seine Ausarbeitungen werden von mir korrigiert, und ich versorge ihn mit der einschlägigen Literatur. Bei meinen Besuchen stehe ich ihm über das Fachliche hinaus auch für persönliche Fragen als Gesprächspartner und Berater zur Verfügung.

23. Strandgespräche

In diesem - vor dem Epilog - abschließenden Kapitel will ich über Gespräche berichten, die für mein Leben und meine Entwicklung wichtig waren.

Der erste Teil von Kapitel 20 war meinem Freund *Walter* in Carmel/Pebble Beach gewidmet. Es wurde bereits dort deutlich, dass *Walter Becker* eine herausragende Bedeutung in meinem Leben hat.

Unsere Freundschaft war innig und nachhaltig. Unser Verhältnis war brüderlich, wir waren Kumpel oder, wie es *Walter* formulierte: Kriegskameraden. Als solche konnten wir, wie er es nannte, auch einmal gemeinsam „einen runterlassen".

Prägend waren unsere gemeinsamen Gespräche, die wir beim Ausführen der Hunde - sei es morgens im Wald um *Walters* Haus oder insbesondere abends am Strand von Pebble Beach - führten. Es ging um geschäftliche Angelegenheiten, um gemeinsame Unternehmungen und Reisen, um die politischen Verhältnisse in den USA und in Deutschland, um historische Abläufe von *Friedrich dem Großen* bis in die Neuzeit, um Persönliches und natürlich um die Religion und die Zeit nach uns. *Walter* überraschte mich dabei stets mit seinen historischen Detailkenntnissen und den Schlüssen, die er daraus zog.

Walter hatte eine hohe Affinität zum Meer im Allgemeinen und zum Pazifik im Besonderen, was sich u.a. aus seiner Zeit als Marinesoldat in der Wehrmacht erklärt. Wir spazierten stundenlang am Strand und diskutierten über den Sinn des Lebens und unsere Stellung im Weltgeschehen. Dabei wurde mir deutlich, dass das Meer für *Walter* eine entscheidende Bedeutung in seinem Leben besaß. Es bildete sich für ihn darin der Kreislauf alles Geschehenden, also die Ewigkeit ab. Das Kommen und Gehen der Wellen entsprach den Höhen und Tiefen im Leben, deren ständige Wiederkehr war für ihn Leben und Sterben sowie Ewigkeit zugleich. Als es im Fortgang der Jahre für ihn schwieriger wurde, längere Spaziergänge am Stück zu absolvieren, machten wir Unterbrechungen bei einem Glas Bier im Restaurant des Tennisclubs von Pebble Beach (elitär, eine erste Adresse; Walter war dort Mitglied und Sponsor). Wir hatten dort des

Öfteren die Gelegenheit, *Doris Day* mit ihrer Damenrunde beim Kartenspielen zu beobachten, oder aber *Walter* traf dort den einen oder anderen Geschäftspartner, um mit diesem ein Schwätzchen zu halten oder aber, um gleich mit ihm Geschäfte zu machen. *Walter* konnte dabei sehr schnell umschalten; ich habe diese Eigenschaft von ihm bewundert. Vielleicht ist sie aber auch notwendig, um im Geschäftsleben erfolgreich zu sein.

Walter war ein Geschäftsmann, der durch Fleiß, Zielstrebigkeit und Können in Kalifornien zu Wohlstand gekommen war. In der poltischen Einstellung eher konservativ, im Weltbild christlich geprägt mit deistischer Grundhaltung. Mit zunehmendem Alter stellten sich allerdings auch esoterische Züge ein. Es begann dies mit morgendlichem Kartenlegen, um den folgenden Tagesablauf zu erkunden und führte zu der Verarbeitung eines Ereignisses, das auch mich noch lange beschäftigt hat.

Bei einem unserer Strandspaziergänge begleitete uns *Bruno*, ein gemeinsamer Freund aus Prunedale, CA. Er berichtete völlig verunsichert von einem Ereignis, das ihm in den letzten Tagen widerfahren war.

Eines Abends klingelte die neue Lebensgefährtin (Deutsche mit noch geringen Englischkenntnissen) eines Freundes von ihm und bat ihn zu kommen, da es ihrem Partner *Heinz* gesundheitlich sehr schlecht ginge. *Bruno* kam, konnte aber nicht mehr helfen, der Freund verstarb. Sein letzter Wunsch war ein Seemannsgrab im Pazifik. Da der Freund finanziell nicht gut gestellt und die Lebensgefährtin mit ihren geringen Sprachkenntnissen der Organisation der Beisetzung nicht gewachsen war, nahm *Bruno* die Angelegenheit in die Hand. Er organisierte die Einäscherung in San Jose und machte sein Boot klar, um die Urne „mit Bordmitteln" dem Pazifik zu übergeben. Dafür benötigte er einige Tage, während derer er die Urne in der Garage des verstorbenen Freundes zu parken versuchte. Die Lebensgefährtin hatte er darüber nicht unterrichtet. Sie rief ihn nachts an und bat ihn zu kommen. Sie könne nicht schlafen, der verstorbene *Heinz* stünde im Schlafzimmer am Fuße ihres Bettes im weißen Gewand und winke ihr zu. *Bruno* kam und nahm die Urne diskret und unbeobachtet mit zu sich in seine Garage. Die Lebensgefährtin konnte daraufhin wieder schlafen. Einige Tage später versenkte *Bruno* die Urne von seinem Boot aus im Pazifik. Er hatte aber wohl etwas falsch gemacht. Als *Bruno* nach der Beisetzung und einigen weiteren Besorgungen abends nach Hause kam, stand der Sheriff vor seiner Tür und brachte ihm die Urne von *Heinz* zurück. Trocken bemerkte er (man kannte sich): „I bring you back your friend, it was too cold for him in the Pacific Ocean".

Bruno war perplex. Die Urne war offensichtlich angeschwemmt worden und er hatte vergessen, von ihr das Label des Beerdigungsinstituts in San Jose zu entfernen, worüber der Sheriff ihn identifizieren konnte.

Bruno fuhr erneut zum Haus des Freundes und verbarg die Urne bei Abwesenheit der Lebensgefährtin in deren Garage. Nachts klingelte dann das Telefon bei *Bruno* und die Lebensgefährtin meldete sich mit der alten Geschichte. *Heinz* stand im weißen Gewand im Zimmer und winke ihr zu…

Bruno fuhr abermals zum Haus des Freundes, nahm die Urne an sich und versenkte sie anschließend - und diesmal erfolgreich - im Pazifik.

Am Ende von *Brunos* Bericht diskutierten wir zu dritt lange über das Ereignis. Wir konnten uns weder das Ereignis an sich noch die möglichen telepathischen Fähigkeiten der Lebensgefährtin von *Heinz* erklären. Aber auch weitere Einzelheiten dieser Geschichte blieben offen und erschlossen sich nicht unserer Ratio. Gibt es vielleicht doch etwas im oder aus dem Transzendenten?

Walter kam zum Ende seines Lebens mir gegenüber häufig auf diese Geschichte zurück, sie beschäftigte ihn. Aber auch für mich ist da vieles offen geblieben.

Das Verhältnis zu meinem Freund *Walter* hatte in weiten Bereichen eine eher emotionale Grundlage. Anders das Verhältnis zu meinem Kollegen und späteren Freund *Kai Woehler* von der NPS. Aus einem anfänglichen kollegialen Miteinander entwickelte sich über die Jahre eine tiefe, intellektuell getragene Freundschaft. Hier der Physiker und Philosoph, dort der Ingenieur und „Macher". Es ergaben sich aus dieser Kombination unterschiedlicher Wissenschaftsdisziplinen über anregende Streitgespräche für beide Seiten wertvolle Synergieeffekte. Aber der Reihe nach:

Ich lernte *Kai Woehler* bei meinem ersten Besuch an der NPS 1975 bei einem Empfang kennen, den er für meinen Kollegen *Wäßerling* und mich und einige dazu geladene deutsche Studierende nebst Professoren der NPS in seinem Haus in Hidden Hills von Carmel Valley gab. Der Kontakt wurde bei weiteren Besuchen von mir an der NPS vertieft. Ich stellte dabei schnell fest, dass *Kai* nicht nur über ein breites Wissen verfügte, sondern auch ein ausgezeichneter Lehrer war. Ich lud ihn deshalb nach Hamburg an die HSBwH ein, um an meine Studenten im Institutsseminar Teile seines Wissens weiterzugeben. Ich habe darüber in Kapitel 10 berichtet. Bei seinen ersten Besuchen begleitete ihn seine Ehefrau *Annedore*, eine gut aussehende und gebildete Erscheinung. *Annedore* war in der amerikanischen Friedensbewegung (peace movement) engagiert und machte mit dieser Front gegen die Politik des amerikanischen Präsidenten *Ronald Reagan*. Für *Kai* war dies nicht einfach, war er doch Staatsbediensteter und damit zur Loyalität gegenüber seinem Dienstherrn verpflichtet, zudem war er auch politisch in vielen Dingen ganz anderer Meinung, als von seiner Ehefrau vertreten.

Die von *Kai* an der HSBwH/UniBwH abgehaltenen Seminare waren Ganztagsveranstaltungen, die sich in der Regel über eine Woche erstreckten. Nach jeder Veranstaltung traf man sich abends im Offiziersheim und setzte bei Speis und Trank die Diskussion fort. Es ging dabei um die wiss. Inhalte des Seminars von *Kai*, bei der Anwesenheit von *Annedore* dann aber um politische Tagesfragen und dabei um den Sinn des Militärs schlechthin. Meine Studenten boten dabei kräftig Paroli und gaben insgesamt eine sehr gute Figur ab. Es entwickelte sich so eine Nebenveranstaltung, die sich in der Hochschule/Universität herumsprach und auch Kollegen - vor allem auch aus den Geisteswissenschaften - sowie Offiziere aus dem Studentenbereich anlockte. Diese Abendveranstaltungen - oft bis nach Mitternacht - waren ein echtes Highlight. Teilnehmer berichten noch heute davon.

Im Fortgang des Kontakts zu *Kai Woehler* klinkte ich mich in einige seiner Forschungsprojekte ein. Zu seinem Seminar über die Arbeiten des Club of Rome mathematisierten mein Mitarbeiter *R. Junk* und ich die entsprechenden ökonomischen, ökologischen und soziologischen Zusammenhänge, Herr *Junk* programmierte sie und führte den Seminarteilnehmern aussagekräftige Simulationen auf dem PC vor. Auf dem Gebiet der Wachstumsprozesse (Räuber/Beute, ...) habe ich dann selbst intensiv geforscht und darüber mehrfach publiziert. In Kapitel 16 habe ich dies genauer erläutert.

Der intensive wiss. Kontakt zu *Kai Woehler* verbunden mit meinen jährlichen Besuchen an der NPS führte zu einer großen persönlichen Nähe. Daraus ergaben sich häufigere Treffen außerhalb seiner und meiner offiziellen Funktion an der NPS. Wir trafen uns bei ihm in Hidden Hills oder machten ausgiebige Strandspaziergänge, sei es in Ventana (südl. Carmel in Richtung Big Sur), am Point Lobos oder in Carmel, Pacific Grove und Monterey bis nach Seaside. Wir besprachen die Inhalte der von *Kai* bei mir in Hamburg zu haltenden Seminare, kamen von dort zu grundlegenden Phänomenen der modernen Physik, speziell der Relativitätstheorie und der Astrophysik und landeten letztlich bei der Metaphysik, d.h. wir versuchten, die „letzten Fragen" zu diskutieren, also, gibt es einen letzten Sinn und warum existiert die Welt überhaupt? Und warum ist die Welt, so wie sie ist. Gibt es einen Gott oder keinen, vielleicht auch mehrere? Gibt es einen Unterschied zwischen Geist und Materie, wenn ja, welchen? Besitzt der Mensch eine (unsterbliche) Seele und verfügt er über einen freien Willen? Ist alles einer Veränderung unterworfen oder gibt es auch Dinge und Zusammenhänge, die bei allem Wechsel der Erscheinungen immer gleich bleiben (Invarianzen)? Es betraf also Fragen, die ich mit meinem Freund *Walter* - wenn auch auf einer anderen Ebene - ebenfalls bei Strandspaziergängen diskutierte.

Natürlich konnten *Kai* und ich die uns gestellten Fragen nicht beantworten, gleichwohl machte uns das Bemühen darum klüger und mich auch deutlich reifer.

In den letzten Jahren - wohl initiiert durch unsere Beschäftigung mit den Arbeiten des Club of Rome - diskutierten wir verstärkt mehr gegenständliche Probleme, nämlich das Überleben der Spezies Mensch auf diesem Planeten (Stichworte: Ressourcenverbrauch, Überbevölkerung, Umweltschutz, Nord-Südgefälle, bzw. Gefälle zwischen Arm und Reich, ...). Wir machten und machen uns aber auch Gedanken über die derzeitigen politischen Systeme und die Strukturen unserer Wirtschafts- und Finanzsysteme; natürlich vorrangig in Deutschland und den USA, aber auch weltweit. Sind sie hinreichend leistungsfähig, kann man mit ihnen die Zukunft der Menschheit meistern? Wir sind dabei ausgesprochen skeptisch. Wir folgen hier der Auffassung von *Jacob Burckhardt* (1818-1897), der meint, eine Zivilisation beginnt *stoisch* und endet *epikureisch*: Am Anfang also Arbeit, Fleiß, Pflichterfüllung, Hingabe, Aufopferung für die Gemeinschaft, Mut und Tapferkeit. Am Ende einer Kultur dann: Genuss, Selbstverwirklichung, egoistischer Anspruch auf Glück zu Lasten des anderen und eben Müßiggang. Dies im Verhalten jedes Einzelnen, aber auch im Verhalten der Staaten untereinander. Aus theologischer Sicht kann man dies wohl auch durch den Sündenfall und der dadurch ausgelösten Vertreibung aus dem Paradies erklären.

Die Akteure sind in die Jahre gekommen. Strandgespräche finden zwischen ihnen nicht mehr statt. *Walter* ist verstorben, *Kai* und *Reinhart* reisen nicht mehr über die Kontinente. Sie telefonieren aber regelmäßig miteinander und tauschen ihre Gedanken aus. Jedes Telefonat empfinden sie als Geschenk.

Epilog

Im Vorwort dieser Abhandlung habe ich die Motivation dargestellt, die mich zum Abfassen dieser Autobiografie veranlasst hat.

Der Prolog enthält einen kurzen Auszug aus der *Lunderstädter* Familiengeschichte. Ihr füge ich nunmehr ein weiteres (kleines) Kapitel hinzu. Mit diesem Kapitel endet ein Ast des *Lunderstädter* Lebensbaums, so wie im Prolog von *Homer* beschrieben.

In meinem Leben haben mich viele Personen begleitet und meinen Lebensweg beeinflusst. Ihnen bin ich zu großem Dank verpflichtet. Einigen konnte ich sicher auch etwas von mir zurückgeben. Ich gedenke meiner Großeltern und Eltern, die in schwierigen Zeiten das Schiff der Familie *Lunderstädt* auf Kurs halten konnten, meinen akademischen Lehrern, Kollegen, Schülern, Geschäftspartnern und Freunden. Einige wurden genannt.

Wenn ich meinen Lebensweg selbst bewerte, so stehen die beruflichen Aktivitäten eindeutig im Mittelpunkt. Ich habe 31 junge Wissenschaftler promoviert, davon sind sieben wieder Hochschullehrer und viele in führenden Positionen in Industrie, Wirtschaft und Bundeswehr, und ich habe selbst rund 150 wissenschaftliche Originalarbeiten publiziert und eine entsprechende Anzahl von Vorträgen gehalten. Abgerundet wird dies durch fünf erteilte Patente.

Die Kooperation mit der Industrie hat zu einer Vielzahl von innovativen Betriebs- und Fertigungsabläufen geführt, und es sind zahlreiche innovative neue Produkte entstanden. Insofern hat die Tätigkeit von mir und meinen Mitarbeitern und Doktoranden nicht nur die Wissenschaft als solche befruchtet - was schon ein Gewinn an sich wäre -, sondern meine Arbeitsgruppe hat in ihren unterschiedlichen Zusammensetzungen auch einen Beitrag zum Bruttosozialprodukt unseres Landes geleistet.

Privat bin ich meiner Ehefrau *Oda-Maria Pohle* zu großem Dank verpflichtet, mit der ich seit 1993 in einer glücklichen Zweierbeziehung lebe. Sie ist mir in vielen Lebenslagen eine hervorragende Beraterin und gleicht dort aus, wo ich ansonsten eher frontal die Dinge regele.

Mit fortschreitendem Alter denkt man natürlich auch häufiger über den eigenen biologischen Grenzfall nach. Viele einem nahestehende Personen sind den Weg der Nichtwiederkehr in die irdische Welt schon gegangen. In diesem Zusammenhang halte ich es mit *Hindenburg*, der einmal sagte, dass man ab einem bestimmten Alter „mit sich selbst und seinem Herrgott im Reinen sein müsse". Darum bemühe ich mich.

Anhang

A1 Betreute und referierte Dissertationen[1]

1. Schmidt, U. *) **), Zustandsbeobachter für einen Brückenkran. Karlsruhe 1978, Korreferent: F. Mesch, Karlsruhe.

2. Lohse, K., Steuerung und Regelung von Transportprozessen unter Verwendung von Beobachtern. Hamburg 1979, Korreferent: M. Cremer, Hamburg.

3. Gwinner, K., Beiträger zur optimalen Steuerung zustandsbeschränkter Systeme mit Transportvorgängen. Hamburg 1980, Korreferent: M. Thoma, Hannover.

4. Kern, R., Zur rekursiven Schätzung von Zieltrajektorien mit Hilfe passiver Messungen. Hamburg 1983, Korreferent: E. Hofer, Hamburg.

5. Roesnick, M., Eine systemtheoretische Lösung des Fehlerdiagnoseproblems am Beispiel eines Flugtriebwerkes. Hamburg 1984, Korreferent: K. Fiedler, Hamburg.

6. Blödow, F., Zur digitalen Messdatenaufbereitung in Transmittern und deren Betrieb in Datentransportsystemen. Hamburg 1985, Korreferent: H. Trinks, Hamburg.

7. Krause, P., Regelstrategien für einen Brückenkran. Hamburg 1986, Korreferent: M. Cremer, Hamburg.

8. Pagel, P. ***), Anwendung des Generalized Likelihood Ratio Tests zur Unterdrückung von systematischen Fehlern bei verrauschten Systemen. Hamburg 1988, Korreferent: L. ter Haseborg, Hamburg.

9. Grosch, H. **), Sensorsystem zur automatischen Verkehrserfassung im freien Gelände. Hamburg 1989, Korreferent: M. Cremer, Hamburg.

---

[1] *) Verfahren an der Universität Karlsruhe abgewickelt.
  **) Externer Kandidat.
  ***) Eigener wiss. Nachwuchs.

10 Willan, U. ***), Integration von modellbezogener und wissensbasierter Diagnose am Beispiel eines Turboflugtriebwerkes. Hamburg 1990, Korreferent: K. Fiedler, Hamburg.

11 Weiland, O. ***), Ein Algorithmus zur Berechnung des Radarquerschnittes von Schiffen auf der Grundlage einer Modellierung mit verschiedenen Basiskörpern. Hamburg 1990, Korreferent: H.-G. Wäßerling, Hamburg.

12 Hornig, A. **) ***), Bedrohungsberechnung und Zielzuweisung am Beispiel einer schwimmenden Plattform. Hamburg 1991, Korreferent: H.-G. Wäßerling, Hamburg.

13 Machner, Th. **) ***), Berücksichtigung von Werkstoffeigenschaften bei der Radarquerschnittsberechnung komplexer Strukturen. Hamburg 1993, Korreferent: L. ter Haseborg, Hamburg.

14 Liao, B., Ein Beitrag zur Kamerafokussierung bei verschiedenen Anwendungen der Bildverarbeitung. Hamburg 1993, Korreferent: H. Burkhardt, Hamburg.

15 Wendiggensen, J., Ein Vergleich von berechneten und gemessenen Radarsignaturen und Radar-Images von Schiffen. Hamburg 1993, Korreferent: L. ter Haseborg, Hamburg.

16 Watter, H. **) ***), Ein Beitrag zur optimalen Lenkung von autonomen Unterwasserrobotern. Hamburg 1993, Korreferent: G. Trenkler, Hamburg.

17 Fiedler, M., Quantitative Analyse der menschlichen Haut mit Methoden der digitalen Bildverarbeitung. Hamburg 1993, Korreferent: H. Burkhardt, Hamburg.

18 Hillemann, Th. ***), Zustandsdiagnose und Sensorfehlerdetektion an Gasturbinen unter Verwendung unscharfer Verfahren. Hamburg 1994, Korreferent: K. Fiedler, Hamburg.

19 Müller, U. ***), Strukturuntersuchungen der menschlichen Hautoberfläche. Hamburg 1995, Korreferent: H. Rothe, Hamburg.

20 Fuchs, R. **) ***), Ein Algorithmus zur Prognose der Marktentwicklung konkurrierender Produkte auf Basis der *Lotka-Volterraschen*-Gleichungen. Hamburg 1996, Korreferent: K.-W. Hansmann, Hamburg.

21 Junk, R. ***), Zustandsdiagnose an Flugtriebwerken unter realen Betriebsbedingungen mit integrierter Sensorüberwachung. Hamburg 1997, Korreferent: K. Fiedler, Hamburg.

22 Schröder, A. ***), Ein Beitrag zur messwertgestützten Modellbildung der Oberfläche menschlicher Haut. Hamburg 1998, Korreferent: G. Trenkler, Hamburg.

23 Schöllhorn, M. ***), Die Optimierung des Blending-Prozesses bei der Benzinproduktion durch verbesserte stationäre Modelle und eine Qualitätsregelung. Hamburg 1998, Korreferent: B. Niemeyer, Hamburg.

24 Wolff, D. ***), Eine zytotoxikologische Prüfmethode unter Anwendung moderner Verfahren der Bildverarbeitung und Mustererkennung. Hamburg 1999, Korreferent: G. Grigat, Hamburg.

25 Girbig, P. **), Thermodynamische Zustandsdiagnose an Dampfturbinen. Hamburg 2000, Korreferent: K. Fiedler, Hamburg.

26 Hopermann, H. ***), In vivo Vermessung der Mikrotopographie menschlicher Haut. Hamburg 2001, Korreferent: G. Goch, Bremen.

27 Hof, Chr. ***), Analyse dreidimensionaler Messdaten der menschlichen Hauttopographie mittels Wavelet- und Wavelet-Paket-Transformation. Hamburg 2002, Korreferent: G. Trenkler, Hamburg.

28 Kaewjinda, P. ***), Modellbildung und thermodynamische Zustandsdiagnose an Heiß- und Nassdampfturbinen. Hamburg 2003, Korreferent: K. Fiedler, Hamburg.

29 Netzel, Th., Neue Regelungskonzepte zur Auto-nCPAP-Beatmung. Hamburg 2003, Korreferent: B. Niemeyer, Hamburg.

30 Heinrich, Th. ***), Analyse der mechanischen Eigenschaften der menschlichen Haut. Hamburg 2003, Korreferent: G. Trenkler, Hamburg.

31 Rüdiger, J., Gasnetzsimulation durch Potentialanalyse. Hamburg 2009, Korreferent: J. Horn, Hamburg.

A2 Mitbetreute und korreferierte Dissertationen

1. Tomaske, W., Einfluss der Bewegungsinformation auf das Lenkregelverhalten des Fahrers sowie Folgerungen für die Auslegung von Fahrsimulatoren. Hamburg 1983, Referent: I. Schmid, Hamburg.

2. Sandweg-Kohmann, A., Koordination von Energie- und Materialfluß in einem ereignisdiskreten Stückgutprozeß. Hamburg 1991, Referent: D. Franke, Hamburg.

3. Schmidt, K.-J., Experimentelle und theoretische Untersuchungen zum instationären Betriebsverhalten von Gasturbinentriebwerken. Hamburg 1992, Referent: K. Fiedler, Hamburg.

4. Brenneisen, C., Beitrag zur dynamischen Prüfung automatischer Steuersysteme von Flugzeugen mittels digitaler Simulation. Dresden 1992, Referent: P. Horn, Dresden.

5. Plocher, Th., Einsatz von Kalman-Filtern und Bayesschen Schätzverfahren zur Verfolgung bewegter Objekte in Bildsequenzen. Stuttgart 1992, Referent: E.D. Gilles, Stuttgart.

6. Ni, J.-R., Experimentelle Untersuchungen über instationäre Diffusorströmungen im Radialverdichter. Hamburg 1993, Referent: K. Fiedler, Hamburg.

7. Dietmayer, K., Messung der translatorischen und rotatorischen Geschwindigkeitskomponenten ebener Bewegungen mit CCD-Bildsensoren. Hamburg 1994, Referent: K. Timm, Hamburg.

8. Berghaus, H., Diagnose mit der GPA an einer Gasturbine und einem Flugtriebwerk. Hamburg 1996, Referent: K. Fiedler, Hamburg.

9. Awad-Muhammed, M., Optimaler Rendezvous- und Andockvorgang zweier Raumflugkörper. Bremen 1997, Referent: A. Schöne, Bremen.

10. Krüger, K., Modellbildung und Regelung der elektrothermischen Energieumsetzung von Lichtbogenöfen. Hamburg 1997, Referent: K. Timm, Hamburg.

11. Oest, L.-P., Bildgeführte Regelung von Verbrennungsprozessen. Hamburg 1998, Referent: H. Burkhardt, Freiburg.

12 von der Fecht, A., Beitrag zur Entwicklung von bildgebenden, augensicheren Laser Radar Systemen basierend auf dem Gated Viewing Verfahren. Hamburg 1999, Referent: H. Rothe, Hamburg.

13 Kabatek, U., Leitlinienplanung bei Binnenschiffen. Stuttgart 1999, Referent: E.D. Gilles, Stuttgart.

14 Zur Nieden, H., Anpassung der Gas-Pfad-Analyse an Erfordernisse der Diagnose einer militärischen Flugtriebwerksflotte. Hamburg 2000, Referent: K. Fiedler, Hamburg.

15 Lages, U., Untersuchungen zur aktiven Unfallvermeidung von Kraftfahrzeugen. Hamburg 2000, Referent: K. Timm, Hamburg.

16 Zimmermann, R., Repräsentation dynamischer Schiffsmodelle in einem Navigationssystem für die Binnenschifffahrt. Stuttgart 2000, Referent: E.D. Gilles, Stuttgart.

17 Höben-Störmer, R., Thermodynamische Zustandsdiagnose einer Gasturbinenanlage mit rekuperativer Wärmerückgewinnung. Hamburg 2000, Referent: K. Fiedler, Hamburg.

18 Sawodny, O.[2*]), Kranautomatisierung und Großraumrobotik. Ulm 2001, Referent: E. Hofer, Ulm.

19 Huth, J., Modellierung und Regelung dynamischer Prozesse mit Fuzzy-Systemen. Hamburg 2001, Referent: D. Franke (†), U. Zölzer, Hamburg.

20 Simanski, O., Entwicklung eines Systems zur Messung und Regelung der neuro-muskulären Blockade und der Narkosetiefe. Rostock 2002, Referent: B. Lampe, Rostock.

21 Lambeck, St., Analyse und Entwurf von Anti-Windup-Erweiterungen für zeitdiskrete Regler im Frequenzbereich. Ilmenau 2003, Referenten: M. Günther und H. Puta, Ilmenau.

22 Weisen, R., Gekoppelte Quer- und Längsregelung eines Personenkraftwagens im fahrphysikalischen Grenzbereich. Hamburg 2003, Referent: K. Timm, Hamburg.

---

[2] *) Habilitationsverfahren

23 Wächter, Ch., Modellierung, Regelung und Simulation des Betriebsverhaltens eines SOFC/GT-Hybridkraftwerks. Hamburg, 2008, Referent: F. Joos, Hamburg.

Namensregister

Adenauer, K.	44
Appold, G.	252
Auerbach, E.	289-290, 292ff.
Austin, R.	173, 263
Awad-Muhammed, M.	318
Baehr, H. D.	75, 84
Barkmann, U.	253
Bauer, W.	40
Baudissin von, W.	76
Becker, Ma.	257ff.
Becker, Mi.	257, 261-262
Becker, W.	256ff., 280, 307ff.
Beller, W.	97-98
Belletskii, V.V.	65ff.
Benke, H.	194-195, 199, 226-228, 230
Bense, M.	37
Berghaus, H.	318
Bethge, A.	136-137
Biallas, D.	88
Biedermann, J.G.	14
Birk, H.-J.	251
Bismarck, O.	243
Blödow, F.	195, 315
Bohr, N.	114
Borck-Erlecke von, K.	85, 120, 249
Böttcher, K.	85
Brauer, M.	109
Bremer, H.	130
Brenneisen, C.	318
Bülow von, A.	88
Burkhardt, H.	112, 281, 302, 316, 318
Burckhardt, J.	312
Bush, G.	234, 237
Claudius, M.	235
Clausewitz von, C.	234
Cochise	270
Cremer, M.	228, 315
Dalah,	264
Danielmeyer, H.G.	111
Day, D.	308
Dietmayer, K.	318
Doc Holiday	270
Dornier, Cl.	54-55
Earp, W.	270
Eastwood, Cl.	257, 260-263
Eigen, B.	50, 269
Einstein, A.	223
Eitel, O.	52
Ellwein, Th.	74, 76-77, 81, 88-90, 97-100, 102, 109, 153, 156, 244, 247-248
Eppler, R.	147-148, 151
Fecht von der, A.	319

Feldt, L.	196-197	Grosch, H.	205, 315
Fiedler, K.	96, 119-120, 123-124, 315ff.	Grüneberg, G.	85, 92
		Günther, M.	319
Fiedler, M.	128, 132, 205, 228, 316	Gwinner, K.	192, 194, 315
Fiedler, O.	186, 222, 240	**H.**, Michael	142
Fieser, O.	71	Haas, F.	266-267
Fischer, Ha.	35	Hackman, G.	262
Fischer, He.	249-250	Hager, E.	31
Fischer-Appelt, P.	88	Hamza, M.	163
Fliege, N.	112	Hansmann, K.-W.	316
Föllinger, O.	69, 223	Harbig, R.	51
Franke, D.	155, 203, 318-319	Hartmann, C.	5
		Haseborg ter, L.	195, 315-316
Friedrich II.	220-221, 307	Hein, H.	202
Fricke, U.	161	Heinrich, Th.	129, 237, 317
Friese, P. J.	251	Herrhausen, A.	224
Fuchs, R.	192, 316	Hesslein, B.C.	89
Funk, W.	150, 158ff.	Heuss, Th.	37, 40
		Hillemann, Th.	123, 316
G., Jürgen,	105-106	Hindenburg von, P.	314
Garbe, H.	195	Hitler, A.	20, 244
Gauß, C. F.	223	Höben-Störmer, R.	319
Genschel, D.	98-99		
Geronimo,	270	Hof, Chr.	128-129, 207-208, 236-237, 272, 317
Gerschler, W.	51		
Getty, J. P.	276		
Gilles, E. D.	318-319	Hofer, E.	73, 111, 223, 229, 281, 315, 319
Girbig, P.	124, 203, 317		
Goch, G.	317		
Goethe von, J. W.	221, 296	Homer	14, 313
Graef, S.	5	Homuth, H.-H.	213, 248
Grigat, R.	317	Honecker, E.	169, 175

Hopermann, H.	129-130, 237, 317	Krause, G.	175, 189
		Krause, P.	125, 193, 315
Hoppe, U.	124-125, 130, 132-133, 192, 236	Krenz, E.	175
		Krüger, K.	5, 318
		Kuhr, D.	63
Hopper, E.	273	Kulzer, P.	189
Horn, J.	317		
Horn, P.	318		
Hornig, A.	118, 316	Lages, N.	319
Hussein, S.	234	Lambeck, St.	319
Huth, J.	319	Lammering, R.	240
		Lampe, B.	319
Ivachnenko, A. G.	62	Lauck, G.	217
		Laufer, H.	52
Johnson, L. B.	258	Leber, G.	71, 98
Joos, F.	320	Lehmann, B.	117
Junk, R.	123, 310, 317	Liao, B.	205, 316
		Lohse, K.	191, 315
Kabatek, U.	319	Lonerstadt von, E.	15, 169
Kaewjinda, P.	124, 302-304, 317	Lüst, R.	57-58
		Lunderstädt, A.	15
Kammholz, D.	90-91, 107, 136, 156, 173, 196, 263-264	Lunderstädt, D.	16, 22, 30
		Lunderstädt, Em.	16
		Lunderstädt, Er.	16
Kanai, K.	158, 160	Lunderstädt, K.	15-16
Kern, R.	116, 315	Lunderstedt, P.	14
Kirk, D.	281	Lunze, J.	111-112
Klippel, M.	296		
Klose, H.-U.	109	Machner, Th.	198, 315
Köhler, A.	74-75, 77	Maess, G.	233
Köhler, E.	184	Mahrenholtz, O.	70, 184
König, W.	263	Maizière de, L.	175, 186
Kohlschmidt, R.	223	Maizière de, Th.	185-186
Korneck, G.	50	Maizière de, U.	186

Mann, G.	37
Mann, H.-J.	173-174
Martini, F.	37
Meier, R.	276
Meng, X.	227
Menge, M.	176
Menßen, W.	254
Mesch, F.	54-55, 59, 61ff., 86, 148, 192-193, 223, 315
Messerschmitt, W.	30
Meyer-Abich, K.M.	113-114
Modrow, H.	175
Moede, H.	249
Moeller, A.	98-99
Moltke von, H.	93
Monroe, M.	220
Morgenstern, B.	79
Morgenstern, C.	201
Müller, U.	128, 316
Münzer, Th.	15
Napoleon, B.	242
Nett, T.	51
Netzel, Th.	5, 201-202, 302, 317
Ni, J.-R.	318
Nieden zur, H.	319
Niemeyer, B.	317
Nitsch, J.	195
Oest, L.-P.	318

Pagel, P.	130, 136, 165, 315
Panholzer, R.	116, 156, 164
Patton, G. S.	277
Perschau, H.	91
Plocher, Th.	318
Pohle, O.-M.	5, 313
Pontrjagin, L.S.	154
Puta, H.	319
R.	31-33
R., Karl	182 ff.
Rademacher, G.	305
Reagan, R.	310
Redlich, E.	250
Ridderstroem, E.	52
Rode, P.	298
Roesnick, M.	119, 125, 315
Roessler, B.	308-309
Rommel, E.	71
Rosendahl, Heinz	51
Rosendahl, Heide	51
Rosenow, U.	139
Rothe, H.	208, 316, 319
Rückgauer, D.	197
Rüdiger, J.	203-204, 317
Rühe, V.	176, 219ff.
Runge, M.	202
S., Horst	176 ff.
S., Kurt	93
S., Peter	41ff., 58-59, 64, 67, 73

Sandweg-Kohmann, A.	318	
Sanmann, H.	101, 247-249	
Sawodny, O.	319	
Schaefgen, H.	143-144	
Scharnhorst von, G.	242	
Schaumburg-Lippe, W.	242	
Schäuble, W.	175, 189	
Schmid, I.	120, 318	
Schmid, S.	120	
Schmidt, B.	56	
Schmidt, H.	76, 88, 155, 244	
Schmidt, K.-J.	318	
Schmidt, U.	193, 315	
Schmidt, U.	185	
Schnoor, St.	185-186	
Schöllhorn, M.	113, 200, 317	
Schöne, A.	318	
Schopenhauer, A.	240	
Schröder, A.	128, 317	
Schuchard, H.	88	
Schultz-Gerstein, H.-G.	249	
Schwarz, H. W.	97	
Schwarzkopf, H.N.	233-235	
Seiler, H.	90	
Seim, W.	20, 169, 288, 291	
Simanski, O.	319	
Singer, H.	195	

Sinn, H. J.	111	
Soest, H.	34	
Steffek, K.-H.	251	
Stein v., H.-D.	79-80	
Stöckigt, E.	16, 25	
Stöckigt, H.	17, 25, 288	
Stöckigt, Mar.	17, 24-25	
Stöckigt, Max	16-17, 24, 288, 294, 296, 298ff.	
Stoltenberg, G.	176	
Stoph, W.	175	
Strauß, F.-J.	40-41	
Strojek, M.	253	
Struck, P.	209	
Strunk, G.	219, 248, 250	
Tanzi, E.	267	
Thoma, M.	70, 315	
Timm, K.	79, 84, 87, 89, 254, 318-319	
Timmermann, M.	248	
Tomaske, W.	318	
Travers, R.	262-263, 266	
Tresbach, G.	143, 251	
Trenkler, G.	316ff.	
Trinks, H.	87, 166ff., 195, 215, 219, 315	
Tsuchida, K.	159ff.	
Tsukahara, I.	158	
Uschi	261-262	

V., Elfriede	94, 215	Wiener, N.	183
Voscherau, H.	133	Wilberg, H.	1 165-166
		Wilhelm II.	243
Wächter, Ch.	320	Willan, U.	123, 136, 315
Wäßerling, H.-G.	156ff., 196, 215, 248, 272-273, 316	Wischnewski, H.-J.	305
		Woehler, A.	310
		Woehler, K.	116, 156, 164, 191-192, 309ff.
Wang, J.	227		
Wangerin, A.	74-75	Wörner, M.	248
Warhol, A.	220	Wolff, D.	133, 317
Watter, H.	117, 316	Woydt, J.	113, 185
Weckenmann, A.	84, 208		
Wehner, H.	99, 109	Zatopek, E.	51
Weichmann, H.	109	Zierep, J.	68
Weiland, O.	136-137, 196ff., 315	Zimmermann, R.	319
		Zölzer, U.	319
Weisen, R.	319		
Wendiggensen, J.	197-198, 316		

Carola Hartmann Miles-Verlag

Politik, Gesellschaft, Militär

Dietrich Ungerer, *Der militärische Einsatz. Bedrohung – Führung – Ausbildung*, Potsdam 2003.

Jens Bargmann, *Ethik in der Offizierausbildung*, Münster 2004.

Silvio Gödickmeier, Martin Schlossmacher, *Soldatenfamilien im Einsatz*, Berlin 2006.

Hans-Günter Fröhling, *Innere Führung und Multinationalität*, Berlin 2006.

Christian Walther, *Im Auftrag für Freiheit und Frieden. Versuch einer Ethik für Soldaten der Bundeswehr*, Berlin 2006.

Rüdiger Schönrade, *General Joachim von Stülpnagel und die Politik*, Berlin 2007.

Uwe Hartmann, *Innere Führung. Erfolge und Defizite der Führungsphilosophie für die Bundeswehr*, Berlin 2007.

Uwe Hartmann, Claus von Rosen, Christian Walther (Hrsg.), *Jahrbuch Innere Führung 2009. Die Rückkehr des Soldatischen*, Eschede 2009.

Uwe Hartmann (ed.), *Connecting NATO. NCSA under the leadership of Lieutenant General Ulrich H. Wolf*, Berlin 2009.

Helmut R. Hammerich, Uwe Hartmann, Claus von Rosen (Hrsg.), *Jahrbuch Innere Führung 2010. Die Grenzen des Militärischen*, Berlin 2010.

Ingo Werners, *Fahren, Funken, Feuern. Hinweise für die Einsatzvorbereitung*, Berlin 2010.

Peter Heinze, *Bundeswehr „erobert" Deutschlands Osten*, Berlin 2010.

Reinhard Schneider, *Neuste Nachrichten aus unseren Kolonien. Pressemeldungen von den Aufständen in Deutsch-Ostafrika und Deutsch-Südwestafrika 1905-1906*, Berlin 2010.

Dieter E. Kilian, *Politik und Militär in Deutschland. Die Bundespräsidenten und Bundeskanzler und ihre Beziehung zu Soldatentum und Bundeswehr,* Berlin 2011.

Reiner Pommerin (ed.), *Clausewitz goes global. Carl von Clausewitz in the 21st Century,* Berlin 2011.

Hans-Christian Beck, Christian Singer (Hrsg.), *Entscheiden – Führen – Verantworten. Soldatsein im 21. Jahrhundert,* Berlin 2011.

Dieter E. Kilian, *Adenauers vergessener Retter – Major Fritz Schliebusch,* Berlin 2011.

Uwe Hartmann, Claus von Rosen, Christian Walther (Hrsg.), *Jahrbuch Innere Führung 2011. Ethik als geistige Rüstung für Soldaten,* Berlin 2011.

Einsatzerfahrungen

Kay Kuhlen, *Um des lieben Friedens willen. Als Peacekeeper im Kosovo,* Eschede 2009.

Sascha Brinkmann, Joachim Hoppe (Hrsg.), *Generation Einsatz, Fallschirmjäger berichten ihre Erfahrungen aus Afghanistan,* Berlin 2010.

Schwitalla, Artur, *Afghanistan, jetzt weiß ich erst… Gedanken aus meiner Zeit als Kommandeur des Provincial Reconstruction Team FEYZABAD,* Berlin 2010.

Romane

Christoph Karich, *Bewährung im Grünen Meer,* Berlin 2009.
Robert B. Thiele, *Die Treuhänderin,* Berlin 2012.

Erinnerungen

Blue Braun, *Erinnerungen an die Marine 1956-1996,* Berlin 2012.
Harald Volkmar Schlieder, *Kommando zurück!,* Berlin 2012.

www.miles-verlag.jimdo.com